광복 80년,

국가 · 민족 정체성의 형성과 분화

서울대학교통일학연구총서 65

광복 80년,

국가 · 민족 정체성의 형성과 분화

초판 1쇄 발행 2025년 12월 12일

지은이 김범수 외 9인

펴낸곳 서울대학교출판문화원
주소 08826 서울 관악구 관악로 1
도서주문 02-889-4424, 02-880-7995
홈페이지 www.snupress.com
페이스북 @snupress1947
인스타그램 @snupress
이메일 snubook@snu.ac.kr
출판등록 제15-3호

ISBN 978-89-521-3965-8 94300
978-89-521-1029-9 (세트)

과제 번호: 0563B-20250001.

서울대학교 통일 · 평화연구원에서 운영하는 2025년 서울대학교 통일 · 평화기반구축사업의 지원을 받아 수행한 연구의 결과물임.

This is part of the project "Laying the Groundwork for Unification and Peace," funded by the Institute for Peace and Unification Studies at Seoul National University.

서울대학교 통일학연구총서 65

광복 80년,
국가·민족 정체성의 형성과 분화

김범수 외 9인 지음

서울대학교출판문화원

Eighty Years after Liberation: The Formation and Transformation of State and National Identities in Korea

Kim Bumsoo
Jeon Jae Ho
Hyun Jaehwan
Chung Youngchul
Kang Hyesuk
Park Myung Lim
Kim Philo
Hahn Monica
Kim Sung Kyung
Kim Yae Rim

Seoul National University Press

서울대학교통일학연구총서를 내면서

냉전 체제가 와해되고 남북 교류가 증대하면서 21세기 한반도의 창조적 미래 구상이 절실히 요청되고 있다. 우리의 희망과는 달리 남북관계는 여전히 불안정하고 국제 정세 또한 유동적이지만, 상호적대적인 분단 체제는 더 이상 유지되기 어려운 상황임이 분명하다. 민주화와 경제발전을 성공적으로 이룩한 우리 사회의 역량을 바탕으로 이제 통일한국의 미래를 기획하고 추진하는 일이 핵심적인 시대적 과제로 부각되고 있다.

어떤 형태의 통일이 바람직할 것인가에 대해 완전한 합의를 얻기는 쉽지 않다. 통일이 이루어질 시기를 예측하기도 어려우며, 통일 과정이 반드시 점진적이거나 평화적일 것이란 보장도 없다. 우리가 원치 않는 방식으로 통일문제에 맞부딪치게 될 가능성도 얼마든지 있다. 그럼에도 불구하고, 아니 그렇기 때문에 통일에 대한 연구는 더욱 총체적인 시야에서 체계적으로 이루어져야 한다. 실제로 통일 과정에 돌입했을 때 전 과정을 적절히 관리할 역량이 갖추어지지 못하면 오히려 심각한 갈등과 후유증을 겪을 우려가 크기 때문이다.

통일논의가 구체화되고 정책적 실현 가능성이 높아질수록 그에 적합한 전문성과 책임성을 갖추기 위해 노심초사해야 하는 것이 한국 지식인의 책무일 것이다. 반세기 이상 남북한 주민들이 경험해 온 상이한 제도와 관행을 적절히 통합하고 전쟁의 상처와 오랜 대립에서 비롯된 적대감과 이질성을 극복하기 위해서는 고도의 전문성과 기획력이 무엇보다도 필요하다. 한반도 통일을 바람직한 동북아지역 질서와 연계시키고 더 나은 공동체를 구현하는 일도 지식인들의 높은 식견과 섬세한 대응역량이 없이는 불가능하다.

서울대학교는 2003년부터 통일학연구 지원사업을 시작하였고, 우리 사회의 지적 대응능력을 키우는 데 진력하고 있다. 서울대학교의 통일연구 사업은 북한에 대한 지역연구 차원을 넘어서 통일과정 전반에서 고려되어야 할 쟁점들을 학제적으로 분석하는 데 목적을 둔다. 따라서 정치, 경제, 사회, 역사, 문화, 환경의 영역은 물론이고 농학과 의학, 과학기술과 예술 및 체육에 이르기까지 광범위한 영역을 포괄한다. 이 일을 총괄하는 서울대학교 통일평화연구원은 국내외 연구 기관 및 연구자들과 교류하면서 종합학문으로서의 통일학을 정립하고자 애쓰고 있다.

서울대학교통일학연구총서는 이러한 학문적 노력의 결실이다. 이 총서가 우리 시대 최대의 과제인 분단극복과 통일한국을 향한 역사적 장정에 긴요한 지적 자산이 되기를 기대한다. 또한 소모적인 이념 논란을 지양하고 창조적인 대안과 정책적 지혜를 탐색하는 이성적 도구로 활용되기를 바란다. 끝으로 통일연구의 시대사적 중요성을 인식하고 서울대학교 통일연구 사업의 제도적 바탕을 마련해 주신 정운찬 전 총장님과 변함없이 이 연구사업을 지원, 격려해 주신 이장무 전 총장님, 그리고 종전의 통일평화연구소를 통일평화연구원으로 승격하여 새로운 도약과 발전의 기틀을 마련해 주신 오연천 총장님께 깊은 감사를 표한다.

2011년 9월

서울대학교 통일평화연구원

머리말

본 서는 광복 80주년을 기념하기 위해 기획된 책으로 1945년 광복 이후 최근까지 남한과 북한에서 국가 정체성과 민족 정체성의 형성과 변화, 그리고 한반도 밖으로 이주한 조선인 후손들의 정체성 변화를 살펴보는 것을 목적으로 한다. 주지하는 바와 같이 1945년 8월 15일 광복 이후 지난 80년간 한반도의 남과 북에서는 다양한 역사적 사건이 발생했다. 우선 1945년 8월 15일 광복과 함께 38도선을 기준으로 남쪽은 미군이 점령하고 북쪽은 소련군이 점령함에 따라 사실상 남북분단이 시작되었다. 이후 한반도에 통일 정부를 수립하고자 하는 노력이 좌절되면서 1948년 8월 15일 한반도 남쪽에는 대한민국 정부가, 그리고 1948년 9월 9일 한반도 북쪽에는 조선민주주의인민공화국 정부가 수립되면서 남북분단은 공식화되었다. 곧이어 1950년 6월 25일 북의 남침으로 인해 동족상잔의 비극을 겪게 되었고, 결국 1953년 7월 27일 휴전협정 체결과 함께 전쟁은 '일시' 중단되었다. 이후 냉전 기간 남북은 모두 상대방의 국가성과 정당성을 부정하며 자신들만이 한반도 전체를 대변하는 유일한 국가라는 입장을 견지하며 체제 경쟁에 매달렸다. 그러나 1991년 9월 17일 남북이 동시에 유엔에 가입하면서 이러한 입장에 변화가 불가피해졌다. 즉 유엔 동시 가입을 계기로 한반도에 사실상 2개의 국가가 존재한다는 현실을 국제사회가 인정하면서 남북 모두 상대방의 실체를 부분적으로나마 인정할 수밖에 없게 되었다. 그리고 최근에는 북한의 김정은 국무위원장이 남북한 관계를 동족 관계가 아니라 '적대적인 두 국가 관계'로 선언하기에 이르렀다.

본 서는 이처럼 광복 이후 지난 80년간 발생한 역사적 사건들 속에서 남과 북에서 국가 정체성과 민족 정체성이 어떻게 형성되고 변화했는지 문학, 북한학, 사회학, 역사학, 유전학, 정치학 등 다양한 학문적 관점에서 복합적으로 살펴보고자 한다. 더 나아가 한반도를 떠나 타국에 정착한 한민족 디아스포라의 정체성 변화에도 주목하고자 한다. 구체적으로 제I부 '남북한의 민족 개념과 민족주의'에서는 남한과 북한의 민족 개념과 민족주의의 변화에 대해 살펴보고, 제II부 '남북한의 국가 정체성 형성과 변화'에서는 남한과 북한의 국가 정체성 형성 과정과 향후 통일국가를 수립할 때 고려해야 할 국가 정체성 문제를 살펴본다. 마지막으로 제III부 '경계를 넘나드는 주변인의 정체성'에서는 '수복지구 주민', '북한 출신 주민', 한국에 거주하는 '재일조선인'과 중앙아시아 '고려인' 등 남한과 북한, 또는 출신국과 이주국의 경계를 넘나드는 '주변인'의 정체성 문제를 살펴본다. 이러한 고찰은 지난 80년 동안 한국과 북한 사회 내부의 변화를 이해하고 새로운 시각으로 남북 관계를 바라보는 데 기여할 것으로 기대한다.

마지막으로 본 서를 출간하는 데 도움을 주신 분들에게 감사를 표하고자 한다. 우선 본 서 연구와 집필 기간 일종의 간사 역할을 맡아 귀찮은 행정 일을 깔끔하게 처리해 준 서울대학교 통일평화연구원의 김민지 연구원과 편집 및 오탈자 교정, 디자인을 맡아 주신 서울대학교출판문화원의 편집자님과 디자이너님에게 감사드린다. 그리고 무엇보다도 바쁘신 와중에 좋은 원고를 써주신 필자 선생님들께 다시 한번 감사의 인사를 전한다.

2025년 12월 12일
김범수

차례

서울대학교통일학연구총서를 내면서 • v
머리말 • vii

서론 분단과 정체성의 정치 • 김범수

1 들어가며: 분단과 민족·국가 정체성의 분화 • 1
2 남북한의 민족 개념과 민족주의 • 6
3 남북한의 국가 정체성 형성과 변화 • 10
4 경계를 넘나드는 주변인의 정체성 • 12
5 마치며 • 16

제I부 | 남북한의 민족 개념과 민족주의

제1장 한국에서 단일민족 인식의 형성과 변화에 관한 고찰: '혈통중심적 사고'를 중심으로 • 전재호

1 들어가며 • 21
2 단일민족 인식의 등장 • 24
3 단일민족 인식의 확산 • 30
4 단일민족 인식의 변화와 그 요인 • 43
5 마치며 • 45

제2장 단일민족 신화의 과학적 해체와 재구성 사이에서: 1990~2000년대 유전 과학과 종족 민족주의 • 현재환

1 들어가며 • 51
2 통일 민족주의에서 열린 민족주의론까지: 1990년대 단일민족론의 대중적 부상 • 55
3 '다문화 사회'의 도래와 역사분쟁: 2000년대 단일민족론의 정치적 논쟁화 • 60
4 유전 과학으로 단일민족론을 비판하기 • 64
5 유전 과학으로 재구성된 민족 정체성 • 70
6 민족 정체성에 대한 유전적 설명의 대중적 수용과 활용 • 77
7 마치며 • 85

제3장 민족에서 국가로: 북한 '두 국가론'의 정치적 의미 • 정영철

1 들어가며 • 89
2 북한 민족·민족주의론의 역사적 변천 • 92
3 민족에서 국가로: 우리민족 제일주의에서 우리국가 제일주의로 • 100
4 '통일'의 토대로서 민족·민족주의의 약화: 보편적 가치로서의 '통일' • 111
5 마치며 • 118

제4장 북한의 두 가지 '민족론': 원형과 긴장, 그리고 현재적 함의 • 강혜석

1 들어가며 • 121
2 북한의 민족건설과 정치적 긴장들 • 123
3 통합의 논리로서의 민족건설: "민족통일"론과 "조선민족" • 132

4 배제의 논리로서의 민족건설:
"우리민족 제일주의"와 "김일성민족" • 141

5 마치며: 김정은 시대의 민족론과 한반도의 미래 • 154

제II부 | 남북한의 국가 정체성 형성과 변화

제5장 한국과 조선의 헌법제정과 국가 정체성 연구: 국가 및 헌법 특성의 비교적 · 관계적 해석 • 박명림

1 들어가며 • 161

2 관계성: 상호성, 대면성, 대쌍성(對雙性) • 164

3 국가성: 중앙성, 독점성, 유일성 • 170

4 분단성: 통일지향성, 잠정성, 과도성, 그리고
상호 반(反)민족성 규정 • 178

5 국제성: 냉전성, 진영성, 동맹성의 비교와 차이 • 184

6 역사성과 비교성 • 190

7 마치며 • 197

제6장 한국과 조선: 남북한의 정통성 경쟁과 통일국가의 정체성 모색 • 김병로

1 들어가며 • 201

2 코리아 민족국가 건설의 역사적 배경 • 203

3 한국과 조선의 민족 정통성 경쟁 • 210

4 한국과 조선의 국가 정체성 분화 • 216

5 통일과 국가 정체성 모색 • 219

6 마치며: 대한조선 – 통합을 위한 대안 • 222

제Ⅲ부 | 경계를 넘나드는 주변인의 정체성

제7장 '인민'에서 '국민'으로 · '국민'에서 '인민'으로: 한국전쟁과 '수복지구' · '신해방지구' 주민의 정체성 전환 • 한모니까

1 들어가며 • 229
2 한국전쟁 이후 주민 구성 변화와 '월북' · '월남' • 231
3 남북한의 주민 편입 정책: 동화와 차별 • 237
4 주민들의 대응: 저항과 지지 • 245
5 마치며 • 257

제8장 북한이탈주민은 말할 수 있는가? • 김성경

1 들어가며 • 261
2 북한이탈여성의 이동: 식량난, 탈냉전, 글로벌 자본주의 • 265
3 탈북 여성을 둘러싼 인식론적 폭력 1: 성애화된 피해자 • 270
4 탈북 여성을 둘러싼 인식론적 폭력 2: 노동하는 국민 만들기 • 278
5 서발턴은 말할 수 있는가? 한성옥 씨 모자 사망 사건 • 286
6 마치며 • 291

제9장 이동하는 국적, 월경하는 주체, 경계적 문화자본: 한국 내 재일조선인 3세의 정체성 정치와 문화실천 • 김예림

1 들어가며 • 295
2 '포스트 냉전' 시대의 이동하는 국적 • 303
3 경계적 문화자본과 그 월경적 운용 • 313
4 마치며 • 325

제10장 나의 '고향'은 어디인가?: 중앙아시아 고려인의 디아스포라 정치 • 김범수

1 들어가며 • 329

2 중앙아시아 고려인의 이주 및 '귀환' • 332

3 중앙아시아 고려인의 민족 정체성 분화 • 341

4 국내 이주 중앙아시아 고려인의 '역디아스포라' 형성 • 350

5 마치며 • 365

참고문헌 • 369

찾아보기 • 405

표 차례

표 4-1 민족의 존재와 구성에 대한 제입장 • 126

표 4-2 북한 민족 · 민족주의 담론의 주요 변화(1985~2005) • 129

표 4-3 『근로자』에 등장한 〈김일성민족〉(1995~1997) • 151

표 8-1 북한이탈주민 현황(1953~2011) • 265

표 8-2 북한이탈주민 현황(2012~2024) • 266

표 10-1 러시아와 중앙아시아 출신 외국국적동포 체류자격별 체류자 수 (2014~2024) • 338

표 10-2 중국 및 구소련 지역 출신 외국국적동포 방문취업과 재외동포 체류자격 차이 • 340

서론

분단과 정체성의 정치

/

김범수

1. 들어가며: 분단과 민족·국가 정체성의 분화[1]

정치공동체를 구성하는 구성원의 '경계(boundaries)'를 어떻게 설정할 것인가의 문제, 특히 오늘날 가장 중요한 정치공동체인 국가를 구성하는 '국민'의 범주에 누구를 '포섭(inclusion)'하고 누구를 '배제(exclusion)'할 것인가의 문제는 전근대에서 근대로의 전환 시기 대부분의 정치공동체가 직면했던 가장 중요한 문제 가운데 하나였다. 이에 서구 근대 국가들은 민족주의 이념에 기대어 공통의 혈연, 언어, 문화, 역사를 공유하는, 또는 공유하는 것으로 '상상(imagine)'하는(Anderson, 1983) 사람들을 '민족'으로 재구성하여 정치공동체 구성원인 '국민'으로 포섭하는 한편, 여타 사람들을 '이방인'으로 '타자(Others)'화하고 국민의 범주에서 배제함으로써 자신들의 경계를 설정하고자 했다(김범수, 2009: 177-178).

이처럼 근대국가 형성 과정에서 공통의 혈연, 언어, 문화, 역사를 공유하는, 또는 공유하는 것으로 상상하는 '민족'을 국가 구성원인 '국민'으로

1 본 절의 내용 가운데 일부는 기존에 필자가 출간한 논문(김범수, 2009; 2019)에서 논의한 내용을 본 시에 맞게 수정한 것임을 밝혀 둔다.

재편한 서구와 달리 한반도는 일제 식민 지배와 1948년 남북한 단독정부 수립에 따른 분단으로 인해 '민족'의 경계와 '국민'의 경계 사이의 불일치가 발생했다. 즉 민족은 하나인데 나라는 사실상 '두 개의 국가'로 나뉘어졌고, '단군의 자손'으로 수천 년 동안 '단일민족'을 이어 온 것으로 '상상'되었던 '한(韓)민족'은 '대한민국 국민'과 '조선민주주의인민공화국 공민'이라는 '두 개의 국민'으로 분화되었다. 이는 겔너(Gellner, 1983: 2)의 표현을 빌리자면 문화적 단위인 민족의 경계와 정치적 단위인 국가의 경계 사이의 일치를 요구하는 민족주의 원칙이 분단으로 인해 한반도에서 온전히 실현되지 못하고 '좌절(frustration)'되었음을 의미한다.

그러나 현실에서의 '좌절'에도 불구하고 분단 이후 상당 기간 한반도 남쪽의 대한민국과 북쪽의 조선민주주의인민공화국(이하 특별한 언급이 없는 경우 조선으로 약칭)은 각각 상대 정부를 '괴뢰정부'로 호칭하며 상대방의 국가성과 정통성을 부정한 채 자신이 한반도 남과 북에 거주하는 한민족 전체를 대변하는 유일한 '국가'라고 주장했다. 즉 현실은 분단으로 인해 '하나의 민족'이 사실상 '두 개의 국가와 두 개의 국민'으로 나뉘었지만, 남한과 북한 모두 현실을 외면한 채 '한 개의 국가와 한 개의 국민'만이 존재한다고 역설하며 자신들이 한민족 전체를 대변하는 정당성과 정통성을 가진 유일한 국가라고 주장했다.

실례로 제1공화국 시기 내내 이승만 대통령과 정부는 "대한민국의 영토는 한반도와 그 부속도서로 한다."라고 규정한 헌법의 영토조항과 유엔이 대한민국을 한반도의 유일한 합법정부로 승인했다는 '한반도 유일 합법정부론'을 근거로 북한을 우리 영토를 불법적으로 점령하고 있는 '괴뢰정부'로 취급하며 북한에 거주하는 모든 주민을 대한민국 국민으로 간주했다.[2] 이승만 정부 입장에서 볼 때 한반도에 거주하는 한민족은 모두

2 1948년 12월 6일부터 프랑스 파리에서 개최된 제3차 유엔총회는 12월 12일 대한민국을 '한국 내의 유일한 정부'로 선언한 결의안(유엔총회 결의안 제195호)을 찬성 48표,

대한민국 국민이며, 대한민국이 전체 한민족을 대변하는 유일한 국가다. 즉 한민족이라는 '한 개의 민족'이 현실에서는 분단으로 인해 남북으로 나뉘어져 있지만 법적으로 대한민국 국민이라는 '한 개의 국민'을 구성하고, 대한민국이라는 '한 개의 국가'를 형성한다. 이승만 정부의 이러한 입장은 박정희 · 전두환 대통령 시기에도 기본적으로 그대로 유지되었으며, 1991년 남북한 유엔 동시 가입으로 국제사회가 북한의 국가성을 실질적으로 인정한 이후에도 현재까지 큰 변화 없이 유지되고 있다(김범수, 2019: 301-302). 제헌헌법 제4조에 명시된 "대한민국의 영토는 한반도와 그 부속도서로 한다."라는 영토조항은 지난 80년간 9차례의 헌법 개정에도 불구하고 현행 헌법 제3조에 그대로 유지되고 있으며, 정부는 이 조항을 근거로 북한 지역은 대한민국 영토이고 북한에 거주하는 모든 주민은 법적으로 대한민국 국민이라는 입장을 견지하고 있다.

이러한 정부의 공식 입장과 달리 분단이 80년 이상 장기 · 고착화하면

반대 6표, 기권 1표로 채택했다. 특히 본 결의안 제2항은 다음과 같이 선언하고 있다.

> 임시위원단의 감시와 협의가 가능했으며 또한 모든 한국 국민의 대다수가 거주하고 있는 한국의 지역에 대해 실효적 지배권과 관할권을 가진 합법정부, 즉 대한민국 정부가 수립되었다는 것과, 동 정부는 한국의 동 지역의 유권자의 자유의사의 정당한 표현이자 임시위원단에 의해 감시된 선거에 기초를 두었다는 것과, 또한 동 정부가 그렇게 성립된 한국 내의 유일한 정부라는 것을 선언한다(*Declares* that there has been established a lawful government - the Government of the Republic of Korea - having effective control and jurisdiction over that part of Korea where the Temporary Commission was able to observe and consult and in which the great majority of the people of all Korea reside; that this Government is based on elections which were a called expression of the free will of the electorate of that part of Korea and which were observed by the Temporary Commission; and that this is the only such Government in Korea).

본 결의안이 유엔총회를 통과한 이후 이승만 대통령과 정부는 위 결의안을 근거로 대한민국은 '유엔의 승인을 받은 한반도의 유일한 합법정부'이고 북한은 대한민국 영토를 불법적으로 점령하고 있는 '괴뢰정부'라고 주장했으며 이러한 주장의 연장선상에서, 국가로서 북한의 실체를 부정하고 북한에 거주하는 모든 주민을 대한민국 국민으로 간주했다(국가기록원, 2025).

서 북한 주민을 대한민국 국민의 일원으로 간주하는 인식은 일상생활에서 점차 옅어지고 있다. 실례로 2005년과 2010년에 실시한 설문조사 결과를 분석한 강원택의 연구는 남북분단이 장기 · 고착화하면서 북한과 별개의 국가로 존재하는 대한민국의 국민이라는 국가 정체성이 '한민족'의 일원이라는 민족 정체성과 분리되어 한국 사회에 존재하고 있음을 잘 보여 준다. 강원택이 인용한 2005년 설문조사 결과에 의하면 "남북한은 별개의 독립국가인가?"라는 질문에 전체 응답자 1,002명 가운데 79.4%에 달하는 796명이 "그렇다."라고 응답했으며 "그렇지 않다."라고 응답한 응답자는 20.6%에 해당하는 206명에 불과했다. 또한 북한 주민이 '남'인지 '대한민국 국민'인지를 묻는 질문에는 21.7%의 응답자가 '남'이라고 응답했다(강원택, 2006: 27-30). 비슷한 맥락에서 2010년 설문조사 결과에 의하면 "남북한은 별개의 독립국가인가?"라는 질문에 전체 응답자 1,019명 가운데 80.4%에 달하는 819명이 "그렇다."라고 응답했으며 "그렇지 않다." 라고 응답한 응답자는 19.6%에 해당하는 200명에 불과했다. 또한 북한 주민이 '남'인지 '대한민국 국민'인지를 묻는 질문에는 44.4%의 응답자가 '남'이라고 응답했다(강원택, 2011: 20-25). 강원택은 이처럼 남한과 북한을 별개의 국가로 인식하고 북한 주민을 '남'으로 인식하는 경향이 젊은 층을 중심으로 한국 사회에 새롭게 나타나고 있다고 지적하며 이를 '대한민국 민족주의'의 등장으로 설명한다(강원택, 2006: 38; 강원택, 2011: 30-31).[3]

한편, 북한도 남한과 마찬가지로 분단 이후 상당 기간 남한의 국가성과 정통성을 부정하고 '미제 앞잡이 괴뢰도당'으로 비난하며 남한 주민을 조선민주주의인민공화국의 일원인 '조선인민'으로, 즉 '조선민주주의인민공화국 공민'으로 간주했다. 실례로 1963년에 제정된 조선민주주의인

3 김범수(2019: 302-303)에서 재인용했다.

민공화국 국적법 제2조는 "공화국 창건 이전에 조선의 국적을 소유했던 조선인과 그의 자녀로서 그 국적을 포기하지 않은 자"를 조선민주주의인민공화국의 공민으로 규정하고 있는데, 이러한 규정은 북한이 "공화국 창건 이전에 조선의 국적을 소유했던" 남한 주민도 조선민주주의인민공화국의 '공민'으로 간주하고 있음을 드러낸다.

그러나 분단 이후 시간이 지남에 따라 북한 또한 남한과 마찬가지로 점차 '조선인민'의 범주에서 남한 주민을 배제하는 방향으로 변화하고 있다. 본 서 제4장에서 정영철이 논의하는 바와 같이 북한은 1980년대부터 '조선민족 제일주의'를 주장하며 한반도 전체를 포괄한 '우리민족' 또는 '전체민족'과 구별되는 개념으로 북한 주민만을 포함하는 별개의 민족을 상상하기 시작했고, 이러한 인식은 1994년 김일성 사망 이후 남한 주민을 배제하고 북한 주민만을 민족의 범주에 포함하는 '김일성민족' 개념의 등장으로 이어졌다.

이처럼 1980년대부터 한반도 전체를 포괄하는 '전체민족'과 북한 주민만을 포괄하는 '김일성민족'을 구별하기 시작한 북한은 최근 남북관계를 '적대적 두 국가 관계'로 선언하고 한반도에 별개의 두 국가와 별개의 두 민족이 존재한다고 주장한다. 주지하는 바와 같이 김정은 국무위원장은 2023년 12월에 열린 노동당 중앙위 제8기 제9차 전원회의에서 "북남관계는 동족 관계가 아닌 적대적인 두 국가 관계"라고 선언하며 대남 정책의 근본적인 방향 전환을 대내외에 천명했다(『한겨레』, 2024/1/1). 김정은 국무위원장은 이어서 2024년 1월 15일 최고인민회의 제14기 제10회 회의 시정연설에서 남북관계가 "적대적인 두 국가 관계"이자 "전쟁 중에 있는 두 교전 국가"임을 다시 한번 강조하며 "공화국의 민족역사에서 '통일', '화해', '동족'이라는 개념 자체를 완전히 제거해 버려야 한다."라고 강조했다. 또한 "인민들의 정치사상생활과 정신문화생활 영역에서 '삼천리 금수강산', '8천만 겨레'와 같이 북과 남을 동족으로 오도하는 낱말들을 사용하지 말아야 하며, "헌법에 있는 '북반부', '자주, 평화, 민족대단결'이라는 표현들이 삭제되어야 한다."라고 언급했다. 이 외에도 '조국통일 3대헌장 기념탑'을 철거하라고 지시하는 등 남북관계가 더 이상 "동족 관계"가 아니라 "적대적인 두 국가 관계"임을 분명히 했다(『한겨레』, 2024/1/17).

광복 이후 지난 80년간 남한과 북한에서 발생한 이러한 일련의 흐름은 분단이 장기·고착화하면서 한국 사회와 북한 내부에서 민족 정체성과 국가 정체성이 크게 변화하고 있음을 시사한다. 즉 1948년 남북한에서 단독정부가 출범함에 따라 '1민족 1국가' 수립이 좌절되고 사실상 '1민족 2국가' 체제가 수립된 상황에서, 처음에는 남북한 모두 상대방의 국가성과 정통성을 부정하고 통일을 통해 '1민족 1국가' 체제를 실현하고자 노력했으나 분단의 장기·고착화로 결국 '2민족 2국가' 체제를 점차 수용하는 방향으로 변화하고 있다. 본 서는 이처럼 광복 이후 지난 80년간 남한과 북한에서 나타난 민족·국가 정체성의 변화, 그리고 한반도를 떠나 타국에 정착한 한민족 디아스포라의 정체성 변화를 문학, 북한학, 사회학, 역사학, 유전학, 정치학 등 다양한 학문적 관점에서 복합적으로 살펴보고자 한다. 이러한 고찰은 지난 80년간 한국과 북한 사회 내부의 변화를 이해하고 새로운 시각으로 남북 관계를 바라볼 수 있도록 해줄 뿐만 아니라, 최근 급격히 다문화 사회로 진화하고 있는 한국 사회의 통합을 모색하는 데에도 기여할 것으로 기대한다.

2. 남북한의 민족 개념과 민족주의

본 서 제I부 '남북한의 민족 개념과 민족주의'는 남한과 북한의 민족 개념과 민족주의의 변화에 대해 살펴보는 다음의 4장으로 구성한다. 우선 제1장 「한국에서 단일민족 인식의 형성과 변화에 관한 고찰: '혈통중심적' 사고를 중심으로」에서 전재호는 한국에서 단일민족 인식이 어떻게 혈통중심적으로 형성되었는지, 그리고 형성 과정에서 어떤 변화와 균열이 발생했는지 살펴본다. 전재호에 따르면, 한국에서 단일민족 인식은 1920년대 일제강점기 시기 한민족의 독자성을 드러내는 표상으로 등장했고 단군과 결합하면서 혈통중심적 성격을 띠게 되었다. 이후 해방과 함께 단일민족 인식은 신탁통치와 분단 반대, 통일의 당위성, 이승만 정부 중심의 일치단결을 정당화하는 논리로 사용되었고, 이 과정에서 혈통중심적 성격이 더욱 강화되었다. 특히 국사 교과서는 '한민족=핏줄·혈통의 동질성=단일민족'이라는 순혈주의적 단일민족 인식을 새로운 세대에 전달하는 역할을 했으며, 이 결과 단일민족 인식은 한국 사회의 '상식'으로 자리 잡게 되었다. 그러나 1990년대부터 지구화, 이주민의 유입, 학계의 탈민족주의 경향, 단일혈통을 부정하는 유전학과 의학 연구의 영향 등으로 인해 단일민족 인식에 대한 비판이 제기되었고, 결국 단일민족 개념은 2000년대 후반 들어 교과서와 공적 영역에서 사라지게 되었다. 전재호는 이처럼 해방 이후 본격적으로 확산하여 우리 사회의 '상식'으로 자리 잡았던 단일민족 인식이 앞으로 지구화의 흐름 속에 점차 퇴조할 것으로 예상한다.

제2장 「단일민족 신화의 과학적 해체와 재구성 사이에서: 1990~2000년대 유전 과학과 종족 민족주의」에서 현재환은 한국에서 유전적 역사(genetic history)라는 과학적 연구가 20세기 말~21세기 초 한국의 사회정치적 변화와 상호작용하며 한국인의 민족 정체성을 재구성하는 데 미친 영향을 살펴본다. 현재환에 따르면, 20세기 말 이후 한국의 유전학자들은 DNA 기술을 활용한 외국의 유전적 역사 연구의 영향을 받아 한국인 집단의 기원에 관한 과학적 연구를 추진하며 민족 정체성을 둘러싸고 여러 층위에서 벌어지는 사회정치적 논쟁에 중요한 지식을 제공했다. 구체적으로 유전학자들은 1990년대 초중반 무렵 새로운 유전자 기술을 활용해 단군 단일 기원설에 입각한 단일민족론을 과학적으로 비판했고, 2000년대 초반에는 한국인이 남방계와 북방계의 혼합이라는 이중기원설을 제

시하며 단일민족론에 반대되는 과학적 결론을 도출했다. 그러나 이후 중국의 동북공정을 둘러싼 고대사 논쟁이 발발하면서 유전학자들은 고구려연구재단이나 국립문화재연구소와 같은 연구 지원 기관으로부터 고대부터 현대에 이르기까지 한국인이 줄곧 단일민족이었다는 결론을 도출하도록 요구받았다. 이러한 요구에 직면하여 유전학자들은 결국 '단일기원민족'과 '단일민족'을 개념적으로 구분하고, 한국인이 비록 단일기원민족은 아니지만 일정 기간 언어적, 문화적 통일체로 존속하면서 비교적 유전적으로 균질한 단일민족이 될 수 있다고 해석했다. 이 시기 유전학자들은 또한 유전적 데이터 해석에 필요한 역사적 자료를 임의적, 선별적으로 활용하며 '기원전 2333년 단군기원' 등을 별다른 비판 없이 역사적 사실로 간주하고 유전적 데이터를 해석하는 모습을 보이기도 했다. 결국 유전학자들의 유전적 역사 연구는 한편으로는 단일민족 신화에 대한 과학적 해체에 기여했지만, 다른 한편으로는 단일기원민족과 단일민족을 구분하고, 단군기원의 부적절한 과학화를 통해 단일민족론을 과학적으로 옹호할 여지 또한 제공했다. 현재환은 이처럼 유전적 역사라는 과학이 민족주의 및 다문화주의와 상호작용하는 가운데 단일민족이라는 한국인 민족 정체성을 재구성하는 양상을 검토한다.

제3장 「민족에서 국가로: 북한 '두 국가론'의 정치적 의미」에서 정영철은 북한이 최근 남북관계를 동족관계가 아닌 '적대적인 두 국가 관계'로 선언한 것의 배경과 정치적 의미를 살펴본다. 정영철에 따르면, 북한의 이러한 선언은 직접적으로는 2018년 이후 북미관계 교착과 남북관계 악화 등의 영향을 받은 것으로 볼 수 있지만, 한 발 더 들어가 보면 북한 내부에서 지난 수십 년 동안 일어난 민족과 민족주의를 둘러싼 개념 변화가 이론적 토대로 작용했음을 알 수 있다. 정부 수립 초기 스탈린의 '민족이론'을 수용했던 북한은 1960년대를 지나며 독자적인 민족·민족주의 이론을 정립했고, 1990년대 들어 '부르주아 민족주의'와 '참다운 민족주의'를 구분하고 후자는 사회주의와 애국주의라는 공통 분모를 가진다

고 선언했다. 이러한 배경하에서 남북은 '우리민족'으로 포괄되는 하나의 민족이며, 통일의 주체이자 대상으로서 관계를 유지할 수 있었다. 그러나 다른 한편으로는 전체 한민족을 포괄하던 '민족' 개념이 김일성 사망 이후 '김일성민족'의 등장으로, 그리고 김정은 시대에 들어와 '국가 제일주의'로 변화하면서 민족에서 국가로 초점이 옮겨갔다. 급기야 북한은 지난 2021년 제8차 당대회에서 '우리국가 제일주의' 시대를 선포하기에 이르렀다. 정영철은 이러한 변화가 민족보다 국가를 우선시하겠다는 북한의 정책 변화를 상징적으로 드러내는 것으로, 당분간 통일은 "책상의 서랍 속에 넣어두고 경제 건설에 모든 힘을 집중"하겠다는 의미라고 분석한다. 역사적으로 이러한 변화는 1955년 김일성에 의해 선언되었던 4월 테제 즉, '사회주의 건설과 조국통일'의 2대 과제를 폐기하겠다는 것이며, 결국 민족 정체성보다 '북한'의 국가 정체성을 앞세우고, 통일은 먼 훗날의 일로 생각하겠다는 의지의 표현이라고 정영철은 주장한다.

제4장 「북한의 두 가지 '민족론': 원형과 긴장, 그리고 현재적 함의」에서 강혜석은 '조선민족'과 '김일성민족'으로 구분되는 북한의 두 가지 '민족건설' 과정을 분석하고 이것이 김정은 시대, 특히 2023년 12월 전격적으로 선언된 통일 포기 및 남북 간 두 민족론의 전면화 과정에서 어떤 양상으로 나타나고 있는지 살펴본다. 강혜석에 따르면, 북한은 정부 수립 시기부터 민족해방운동의 연장선에서 통일의 과정을 분단된 단일민족의 복원 차원으로 규정해 온 '조선민족론'을 정립해 왔으며, 1980년대 중반 김정일의 주도하에 남북 간 힘의 균형에서의 열세와 사회주의 계급노선의 세계사적 실패 속에 촉발된 정당성 위기를 돌파하기 위해 '김일성민족론'을 제기해 왔다. 이 두 민족론은 북한 체제 정당성의 핵심축인 통일문제와 계급문제를 둘러싼 서로 다른 지향을 내포하고 있음에도 불구하고 상당 기간 공존하는 모습을 보여 왔다. 그러나 2019년 북미 협상이 하노이 '노딜'로 끝나고, 이후 판문점 3자회동, 스톡홀름 북미 실무회담 등이 모두 실패로 귀결되면서 북한은 2020년 '정면돌파전'을 선언했고, 이

후 '조국통일', '우리민족끼리', '전체 조선민족'과 같은 통합적 민족 담론에 대한 언급이 현저히 줄어들면서 '조선민족론'이 급격히 약화되었다. 결국 2023년 12월 김정은 국무위원장은 제8기 제9차 당중앙위원회 전원회의 확대회의 보고를 통해 남북관계가 "더 이상 동족관계, 동질관계가 아닌 적대적 두 국가 관계, 전쟁 중에 있는 두 교전국 관계로 완전히 고착"되었다고 선언했다. 이러한 선언은 '우리국가 제일주의' 및 '애국론'과 결합하여 궁극적으로 '김정은조선론'이라는 '국가론'으로 종합되고 있으며, 더 나아가 수령과 국가에 대한 충성을 일체화하고 이를 애국의 이름으로 치환함으로써 새로운 부국강병론, 즉 핵 보유를 전제로 한 '사회주의 전면발전론'으로 이어지고 있다고 강혜석은 주장한다.

3. 남북한의 국가 정체성 형성과 변화

본 서 제II부 '남북한의 국가 정체성 형성과 변화'는 남한과 북한의 국가 정체성 형성 과정과 향후 통일국가를 수립할 때 고려해야 할 국가 정체성 문제를 살펴보는 다음의 2장으로 구성한다. 우선 제5장 「한국과 조선의 헌법 제정과 국가 정체성 연구: 국가 및 헌법 특성의 비교적·관계적 해석」에서 박명림은 대한민국과 조선민주주의인민공화국의 헌법 제정 과정에 주목하여 남한과 북한의 국가 정체성 형성 과정과 특성에 대해 살펴본다. 박명림에 따르면, 남한과 북한의 헌법 제정과 국가 형성은 다음과 같은 특성을 갖는다. 첫째는 관계성으로, 남한과 북한의 헌법 제정과 국가 형성은 불가분의 상호성, 대면성, 대쌍성(對雙性)을 갖는다. 오랜 기간 단일국가를 유지하다 분단된 남한과 북한의 헌법, 즉 대한민국과 조선민주주의인민공화국의 헌법은 제정 과정, 편제, 구성, 내용의 측면에서 마치 마주 보고 대응한 것처럼 깊숙한 영향을 주고받았다. 이것은 여느 국가의 헌법 제정 과정에서는 볼 수 없는 독특한 현상으로, 두 헌법 및 국가의 원칙과 성격은 역설적으로 특정 부분은 정반대인 동시에 동일했다. 둘째는 국가성으로 주체성, 중앙성, 독점성을 말한다. 먼저 한국과 조선은 '객관적으로' 독립된 국민국가로서 근대국가의 국가성을 보지(保持)하고 있었으나, 동시에 자신들이 전체 한반도를 독점적으로 대표하는 유일 국가라고 인식하고 있었다. 규범성과 통치성, 헌법규범과 헌법현실의 괴리를 요체로 이 점은 영토조항, 의석배당, 수도조항을 포함해 헌법과 정부 구성에 그대로 나타났다. 셋째는 분단성이다. 남한과 북한은 미래의 통일에 대비해 자신들의 체제를 잠정적 임시적 분단국가로 상정하고 있었다. 이점은 반민족성에 기반한 상대의 부인 및 통일 추구를 위해 주권국가로서 자신의 주권성, 완전성, 독자성을 부인하고 부분성, 결격성, 임시성을 인정해야 하는 자기부정과 자기분열이었다. 넷째는 국제성이다. 한국과 조선의 헌법제정 과정은 국제적 결정과 흐름에 대한 국내적 대응의 산물로 둘은 공히 세계 자본주의와 사회주의 진영의 일원으로서의 국제적 특성과 냉전 정체성을 분명히 했다. 다섯째는 역사성과 비교성이다. 즉 한국은 대한민국 임시정부 헌법을 역사적 근거로 삼은 데 반해 조선은 김일성의 항일무장투쟁과 해방 직후의 민주개혁을 근거로 삼았다. 동시에 민주주의 원리, 정부구성방식, 경제체제구상의 면에서 둘은 상당한 차이를 노정했다. 둘은 사회경제적 측면에서 각각 사회주의나 자본주의의 범형이라기보다는 혼합경제 또는 사회민주주의에 근접했으나 민주주의의 측면에서는 차이를 드러내어 반대·경쟁·갈등을 포함해 한국이 크게 앞서 있었다. 박명림은 이상의 다섯 가지 특성이 정부 수립 이후 남한과 북한의 국가 정체성 형성에 큰 영향을 미쳤음을 1차 자료 분석을 통해 보여 준다.

다음으로 제6장 「한국과 조선: 남북한의 정통성 경쟁과 통일국가의 정체성 모색」에서 김병로는 통일 과정에서 남북한 간에 치열한 갈등이 예상되는 정체성 논쟁을 살펴보고 통일국가의 정체성을 어떻게 형성해 나갈지 제안한다. 김병로에 따르면, 1897년 대한제국으로 시작된 한국과 조선의 정통성 경쟁은 지난 80년 동안 상호배제와 자기 체제 중심의 민족·국가 정체성을 발전시켜 왔고 그 결과 구성원의 의식구조가 확연히 달라졌다. 한국은 삼한과 신라를 중심으로 하는 한민족을 발전시켰으며 조선은 맥족과 고구려를 중심으로 하는 '조선민족'을 강조함으로써 민족의 분리가 진행되었다. 탈냉전 이후 남북한이 유엔에 회원국으로 가입함으로써 독립국가로서의 대외적 위상이 강화되었고, 체제 내부의 정서와 지향, 가치를 공유하는 근대 민족국가의 면모를 갖춤으로써 한국과 조선의 정체성은 완연히 분화되었다. 이러한 상황에서 한국과 조선은 통일 과정에서 국가 정체성을 두고 사활을 걸고 투쟁할 것으로 예상되며, 그로 인해 발생하는 혼란을 방지하고 통합을 도모하기 위해 변화된 현실을 바탕으로 통합 정체성을 형성할 전략이 필요하다. 탈냉전 초기에는 남북 어느 한쪽을 표상하는 선택을 피해야 한다는 관점에서 제3의 대안인 고려로 통합을 시도했으나, 분단 80년을 지나는 현재는 한국과 조선 어느 쪽도 자기 정체성을 포기하지 않을 것이다. 김병로는 이처럼 달라진 상황에서 한국이라는 자산을 활용하고 동시에 조선을 통합으로 유도하는 차원에서 한국과 조선을 아우르는 대한조선을 통합 대안으로 제시하며 통일국가의 정체성을 모색하는 것이 타당하다고 주장한다.

4. 경계를 넘나드는 주변인의 정체성

본 서 제III부 '경계를 넘나드는 주변인의 정체성'은 '수복지구·신해방지구 주민', '북한 출신 주민', 한국에 거주하는 '재일조선인'과 중앙아시아 '고려인' 등 남한과 북한, 또는 출신국과 이주국의 경계를 넘나드는 '주변인'의 정체성 문제를 살펴보는 다음의 4장으로 구성한다. 우선 제7장 「'인민'에서 '국민'으로·'국민'에서 '인민'으로: 한국전쟁과 '수복지구'·'신해방지구' 주민의 정체성 전환」에서 남북 접경지역과 지역 주민의 정체성 형성의 맥락을 '편입' 관점에서 살펴본다. '수복지구'는 한국전쟁 이후 남한 체제로 편입된 북한 지역이고, '신해방지구'는 북한 체제로 편입된 남한 지역이다. 남북분단 경계선은 1945년 8.15 광복과 동시에 설정된 38선에서 한국전쟁 정전협정에 따라 군사분계선(MDL)과 비무장지대(DMZ)로 바뀌었다. 이 결과 38선과 비무장지대 사이 지역, 즉 38선 이남 지역으로 한국전쟁 이후 북한이 통치하게 된 '신해방지구'와 38선 이북 지역으로 한국전쟁 이후 남한이 통치하게 된 '수복지구'가 탄생했다. 38선 분단과 한국전쟁을 통해 탄생한 이 두 지역의 주민들은 남한 국민과 북한 인민 간의 정체성 전환을 요구받았다. 38선 이북 중동부 지역의 '북한 인민'은 남한의 '수복된 국민'이 되어야 했고, 38선 이남 서부 지역의 '남한 국민'은 북한의 '해방된 인민'이 되어야 했다. 이처럼 적대시되는 상대 진영의 인민 또는 국민이었던 이들이 참혹한 전쟁을 겪은 후 피점령되었을 때 그들에게는 강제된 선택만이 주어졌으며, 이에 두 지역 주민의 삶은 그 사이에서 살아남고 적응하기 위한 부단한 노력과 갈등·상처로 채워질 수밖에 없었다. 양쪽의 신체제 모두 구체제와의 차별성 및 우월함을 강조했으나 동화와 억압을 기본으로 하는 주민 편입 정책은 매우 유사했다. 이에 주민들은 '구체제하의 피해자' 서사를 구축하고 선거에서 정부 여당 지지를 적극적으로 드러내면서도, 두 체제를 비교하고 정치·경제적 사안에 따라 신체제의 편입 정책에 불만을 표출하거나 저항하곤 했다. 한모니까는 당시 1차 문헌자료와 인터뷰를 바탕으로 남북한이 자신의 영토 내로 들어온 '과거의 인민'과 '과거의 국민'을 자신의 국민·인민으로 편입할 때 어떠한 정책을 폈으며, 그러한 편입 정책에 대해 해당 지역 주민들은 어떻게 대응했는지 살펴본 후, 통일 논의가 주민 삶의 측면에서 더욱 세심하게 접근되어야 한다고 주장한다.

제8장 「북한이탈주민은 말할 수 있는가?」에서 김성경은 스피박(Gayatri Chakravorty Spivak)의 '서발턴(subaltern)'에 대한 문제의식을 북한이탈주민, 특히 탈북 여성 사례에 적용하여 이들이 '자유롭게 말하는 것'

을 제한하는 남한 사회의 구조적 제약에 대해 살펴본다. 김성경에 따르면, 냉전 시기 탈북민은 남한의 우월성을 증명하는 정치적 존재였지만 탈냉전 시기 '가난한' 북한을 떠나온 탈북민은 북한 체제의 폭력에 노출된 '희생자'이거나 가부장제와 글로벌 자본주의가 결합된 이동 과정의 '피해자'로 재현된다. 또한 인권 담론 속 탈북민의 증언은 그들이 경험한 힘겨운 삶과 경험을 생생하게 드러낸다는 측면에서 중요하지만, 인권 담론의 특성상 탈북민의 다양한 경험이나 행위성보다는 이들이 경험한 극단적 폭력을 강조하는 경향이 강하게 나타난다. 마찬가지로 문학이나 미디어에서도 탈북민의 고통이 하나의 스펙터클로 소비되기도 한다. 더욱이 탈북민의 70% 이상이 여성이라는 이유로 이들의 고통은 '성애화'된 방식으로 재현되고 있다. 이러한 이유로 탈북 여성은 남한 사회에서 국가 폭력, 분단 체제, 글로벌 자본주의, 가부장제, 신자유주의, 복지체계 등을 중첩적으로 경험하지만, 이들의 삶에 대한 '해독'은 언제나 이 가운데 일부만을 강조하면서 논의될 뿐이라고 김성경은 주장한다. 이러한 분석을 바탕으로, 김성경은 남한 사회의 인식론적 환경이 탈북 여성들의 '자유로운 말하기'를 제한하고 있다고 지적한다. 설혹 그들이 말한다고 하더라도 이를 제대로 해석한 인식론적 자원이 남한 사회에는 충분하지 않다고 역설하며, 남한 사회가 이러한 구조적 제약을 철폐하기 위해 노력하는 것이 필요하다고 주장한다.

제9장 「이동하는 국적, 월경하는 주체, 경계적 문화자본: 한국 내 재일조선인 3세의 정체성 정치와 문화실천」에서 김예림은 한국에서 문화 활동에 종사하는 재일조선인 3세를 대상으로 한 심층 인터뷰와 참여관찰 자료를 바탕으로 재일조선인 3세의 자기의식과 정체성 정치가 어떤 방식으로 구축되고 있는지 분석한 후 한국에서 활동하는 재일조선인 3세의 탈국경적 문화실천이 갖는 의미에 대해 살펴본다. 김예림에 따르면, 재일조선인 3세는 식민지와 냉전기를 거치면서 장기적으로 지속되어 온 종(縱)의 모순과 포스트냉전 및 지구화의 시대를 사는 그들 세대의 동시대

적 횡(橫)의 모순이 교차하는 십자형 축의 정중앙에 있다. 김예림은 이처럼 두 모순의 교차점에 자리한 재일조선인 3세, 특히 한국에서 문화 활동에 종사하는 재일조선인 3세의 정체성 정치와 실천에 대해 분석한 후 재일조선인이라는 '경계적 정체성'을 구성하게 된 역사적·현재적 맥락과 이들의 문화실천이 갖는 의미, 국경을 넘는 이동을 유도하는 주체의 욕망과 현실적 제도 사이의 복합적인 관계에 대해 살펴본다.

마지막으로 제10장 「나의 '고향'은 어디인가?: 중앙아시아 고려인의 디아스포라 정치」에서 김범수는 2000년대 후반 이후 국내로 귀환한 고려인 가운데 중앙아시아 출신 고려인에 초점을 맞춰 이들이 '조국'에서 언어 장벽과 문화적 차이, 차별과 경제적 어려움에 직면하여 '역디아스포라(reverse diaspora)'를 형성하는 과정을 디아스포라 정치(diaspora politics)의 관점에서 살펴본다. 구한말과 일제강점기 시기 연해주에 정착했다가 1937년 스탈린(Stalin)의 강제이주 정책으로 중앙아시아로 쫓겨 간 조선인의 후손인 '고려인'의 국내 '귀환'은 2000년대 후반 이후 본격화되어 2024년 12월 말 기준 약 11만 명이 넘는 고려인이 국내에 체류하고 있다. 이들은 한국에서의 환대를 기대하며 '할아버지의 나라' 조국에 찾아왔으나 한국어에 능숙하지 못해 발생하는 언어 장벽과 외국 국적에서 기인한 제도적 장벽으로 인해 한국 사회 적응에 어려움을 겪고 있다. 또한 중앙아시아 고려인의 상당수가 방문취업 자격으로 국내에 들어와 '3D 업종'에서 '단순노무'에 종사하다 보니 거주환경과 생활환경이 열악할 수밖에 없다. 이처럼 '조국'이라고 생각하고 찾아온 한국 땅에서 차별과 배제, 생활고를 경험한 중앙아시아 고려인들은 자녀 교육 등을 위해 한국 정착을 희망하기도 하지만 동시에 자신들이 태어나고 자란 중앙아시아 국가를 마음속의 '고향'으로 그리워한다. 이러한 중앙아시아 고려인 사례는 디아스포라 정치를 이해하는 데, 특히 디아스포라 개념의 핵심 요소 가운데 하나인 '고향'의 의미를 이해하는 데 많은 시사점을 준다. 즉, 디아스포라 정체성 형성에 중요한 기능을 수행하는 '고향'이 고정불변의 실체가 아니라 디아스포라 구성원이 오랜 시간 '고향'으로 간주해 온 역사적 '조국'과 자신들이 태어나고 자란 출신국 또는 현재 거주하는 거주국 등에서 경험하는 다양한 정치·사회적 관계 속에서 유동적으로 변화하는, 그리고 디아스포라 구성원 개개인의 처지와 상황에 따라 다양한 모습으로 분화하는 '상상'의 산물임을 시사한다. 김범수는 이러한 분석을 통해 디아스포라 정체성의 원천인 '고향'과 '조국'의 의미가 불변이 아니라 이주와 재이주, 귀환의 과정을 거치며 계속 변화할 수 있다고 주장한다.

5. 마치며

이상에서 간략히 정리한 바와 같이 본 서의 논의는 1945년 광복 이후 지난 80년간 한반도의 남과 북에서 발생한 민족 정체성과 국가 정체성 변화는 물론이고 일본과 중앙아시아로 이주한 조선인 후손들의 정체성 변화를 다양한 시각에서 살펴본다. 특히 제I부와 제II부의 논의는 남북분단 이후 상당 기간 남한과 북한 모두 각자의 관점에서 상대방의 국가성과 정통성을 부정하며 통일을 통해 '한 개의 민족과 한 개의 국가'를 실현하고자 노력했으나, 점차 시간이 지나고 분단이 장기·고착화 함에 따라 현실을 인정하고 '두 개의 민족과 두 개의 국가'를 인정하는 방향으로 변화하고 있음을 잘 드러내 준다.

이러한 변화는 한국 민족주의의 변화를 이해하는 데 중요한 시사점을 준다. 민족주의 연구 분야를 대표하는 학자 가운데 한 명인 겔너는 민족주의를 문화적 단위인 민족의 경계와 정치적 단위인 국가의 경계 사이의 일치를 요구하는 정치 이념으로 정의한다(Gellner, 1983: 1). 이러한 겔너의 관점에서 보았을 때 남북분단 이후 한반도의 상황은 민족주의 원칙이 온전하게 실현되지 못하고 '좌절'된 상태로, 즉 하나의 민족이 사실상 남과 북에서 두 개의 국가로 분단된 상태로 이해될 수 있다. 이처럼 분단으로 민족주의 원칙 실현이 좌절된 상태에서 민족주의 원칙을 온전하게 실현하는 방안은 크게 두 가지가 있었다. 첫 번째는 남과 북이 하나의 민족으로 동질성을 유지하는 가운데 통일을 이뤄 하나의 통일국가를 세우는 방안, 즉 민족의 경계에 맞춰 국가의 경계를 변경함으로써 '한 개의 민족과 한 개의 국가'를 실현하는 방안이다. 두 번째는 남과 북으로 분단된 국가의 경계에 맞춰 각각 새로운 민족을 구성함으로써, 즉 '두 개의 민족과 두 개의 국가'를 형성함으로써 민족주의 원칙을 실현하는 방안이다. 분단 직후 1950년대까지만 하더라도 남한과 북한 정부는 이 두 가지 방안 가운데 전자를 통해 민족주의 원칙을 실현하고자 했다. 즉 북한은 한국전쟁을 통해 통일을 이루고자 했고, 남한의 이승만 정권 또한 '기회만 주어진다면' '하루바삐 북진해서' 통일을 이루고자 했다. 그러나 이러한 방안은 냉전 질서하에서 사실상 실현 불가능했다(김범수, 2019: 343-344). 분단이 장기·고착화하고 통일이 점차 어려워진 상황에서 남한과 북한이 민족주의 원칙을 실현하기 위해서는 다른 방안이 필요했다. 본 서의 논의는 이처럼 남북분단과 한국전쟁, 뒤이은 분단 고착화 과정을 거치며 민족주의 원칙 실현이 좌절된 상태에서 남한과 북한 양쪽 모두에서 새로운 민족 정체성과 국가 정체성을 모색하는 방향으로, 즉 위의 두 방안 가운데 후자의 방향으로 변화가 일어나고 있음을 잘 보여 준다. 앞으로 남과 북에서 민족 정체성과 국가 정체성이 어떠한 방향으로 변화할지 좀 더 세심한 관심을 기울이며 지켜봐야 하겠다.

제1부

남북한의 민족 개념과 민족주의

제1장

한국에서 단일민족 인식의 형성과 변화에 관한 고찰: '혈통중심적 사고'를 중심으로

/
전재호

1. 들어가며

한국인들은 해방 이후 오랜 기간 스스로를 하나의 핏줄로 이어진 단일민족이라고 생각했다. 2005년 실시된 '한국인의 국가정체성 조사'에 따르면, "한민족 하면 가장 먼저 떠오른 것"으로 "단일민족(17.3%)"이 태극기(26.9%)와 "백의민족(26.4%)" 다음으로 선택되었고, "진정한 한국인이 되기 위해 중요한 점"으로 "한국인의 혈통"이라고 응답한 비율도 80.9%에 달했다(강원택, 2007: 20-21). 이는 이주 노동자와 혼인 이주 외국인이 급증했던 21세기 초에도 여전히 많은 한국인이 한민족을 단일민족으로, 그리고 혈통을 그 근거로 생각했음을 보여 준다.[1]

이처럼 오랜 기간 혈통중심의 단일민족 인식이 유지되는 가운데 2000

---

1 이 글은 이러한 사고를 '순혈주의적' 단일민족 인식으로 정의한다. 이는 민족의 생물학적 또는 유전적 '순수성'이 존재함을 전제하고, 자신의 집단을 혈통의 순수성을 지닌 '단일민족'으로 간주하는 사고다. 한국에서 이러한 사고는 "단군신화를 절대화하면서 고조선, 삼국, 고려, 조선으로 이어지는 영속적인 순수 혈통의 실체를 상정"(최강인, 2006: 288)한다. 이에 비해 혈통중심적 사고는 언어, 역사, 문화, 관습, 혈통 등 민족의 '객관적' 구성요소 중 혈통(혈연, 핏줄)의 동질성을 가장 중시하는 사고를 의미한다. 순혈주의는 혈통중심적 사고가 가장 극단적으로 표현된 것으로 볼 수 있다.

년대에는 이에 대한 비판도 본격적으로 등장했다. 먼저 1990년대부터 한국에 대거 유입된 이주 노동자와 여성에 대한 '차별'이 부각되면서, 그 원인의 하나로 단일민족 인식이 지목되었다. 이에 2007년 유엔 인종차별철폐위원회(CERD)는 단일민족을 강조하는 한국 사회의 뿌리 깊은 사회·문화적 인식이 다양한 인종 간의 이해와 우호에 걸림돌이 될 수 있다고 우려를 제기하면서, 한국 정부에게 한국의 다인종적 성격을 인정하고 사회·문화·교육 분야에서 이에 걸맞은 조치를 시행하라고 권고했다. 다음으로 2000년대 들어 학계에서도 한국 민족주의를 둘러싼 논쟁 과정에서 단일민족 인식에 대한 비판이 제기되었다(전재호, 2019). 연구자들은 "한국인이 단군 할아버지 이래 하나의 민족으로 존재해 왔다는 선언은 신화의 영역에 속하는 명제"(김기협, 2008: 75)라고 주장하며 단일민족 인식을 비판했다. 마지막으로 최근 유전학과 의학 분야에서 진행된 한국인의 유전적 기원에 관한 연구는 한국인 집단의 다기원적 성격을 주장하며 현대 한국인의 유전적 균질성을 부정했다.[2] 이에 따라 2000년대 이후 한국에서는 단일민족 개념이 허구라는 인식이 확산하기 시작했다.

이러한 변화에 따라 2007년 교육부는 국사 교과서에서 단일민족 개념을 삭제하고, 한민족이 태초부터 단일민족이 아니라 다양한 이주민이 한반도에 유입되면서 역사적으로 형성했다는 시각에 기초하여 교과서를 기술했다. 따라서 새로운 교과서를 사용하게 된 세대는 더는 공식적으로 한민족이 단일민족이라고 배우지 않게 되었다.[3]

물론 2020년대인 현재까지도 한국에서 단일민족 인식은 여전히 존속

---

2 2000년대 이후 유전학과 체질인류학의 연구에 대해서는 본 서 2장과 현재환(2018)의 글을 참고.

3 교과서에서 단일민족이라는 표현이 삭제된 이후인 2010년부터 2016년까지 초등생과 중학생을 대상으로 실시한 역사의식조사에 따르면, '대한민국은 단일민족국가'라는 주장에 '동의'('전적으로 동의'와 '조금 동의')하는 학생이 2010년 40.7%, 2013년 32.5%, 2014년 34.2%, 2015년 38.7%, 2016년 31.4%로 시간이 지나면서 하락하는 경향을 보여 주었다(역사교육연구소, 2020: 75).

한다. 그 이유는 단일민족 인식을 '사실'로 받아들였던 세대가 아직 다수고, 그들이 그 인식을 관행적으로 사용하고 있으며, 새로운 교과서에도 아직 그 잔재가 남아 있기 때문이다. 또한 분단 상황에서 통일을 정당화할 필요성, 그리고 중국, 일본 등 주변국과의 민족주의적 갈등에 따른 내부 통합의 필요성 등 단일민족 인식을 요구하는 환경도 지속되고 있기 때문이다. 그러나 분명한 것은 2000년대 이후 단일민족 인식에 대한 비판이 증가했고, 공적 영역에서 단일민족 개념이 사라지면서 단일민족 인식의 위상과 영향력이 약화하고 있다는 사실이다.

그런데 그동안 단일민족을 다룬 많은 연구들은 주로 그것의 등장, 확산, 역할 및 성격, 특히 이민족에 대한 배타성에 주목했다. 그러나 '한국의 단일민족 인식에서 혈통중심적 사고가 언제, 왜 등장했고, 어떻게 확산했는가', '특히 해방 후 그 인식이 어떻게 순혈주의적으로 구성되고, 변화했는가', 그리고 '변화한 이유와 현재적 함의는 무엇인가'와 같은 질문들을 던지지는 않았다. 기존 연구들은 대개 단일민족을 긍정하든 부정하든, 그것의 혈통중심적 성격이 언제, 어떻게 구성된 것인지를 문제시하지 않은 채, 단일민족을 순혈주의적 단일민족과 동일시했다. 곧 단일민족 개념은 전제될 것이 아니라 설명되어야 할 개념이라는 점을 간과했다. 그리하여 단일민족 개념과 인식이 그 내부에 여러 상이한 양상, 때로 모순되기도 한 내용을 포함하고 있다는 점, 이러한 비일관성에도 불구하고 단일민족이라는 전체적인 이미지를 유지하고 사회적·정치적 영향력을 발휘할 수 있었던 과정에 관해서는 관심을 기울이지 않았다. 따라서 이 글은 단일민족 인식의 형성과 변화 과정을 고찰하면서도, 그것이 '등장-확산-퇴조'했다는 기존 연구의 '단선적인' 시각에 머무르지 않고, 내부의 구성과 변화, 즉 단일민족 인식이 혈통중심적 성격으로 구성되는 과정에서 어떤 변화와 균열이 등장했는지에 주목하고자 한다. 이를 통해 기존의 순혈주의적 단일민족 인식을 넘어 21세기에 요구되는 한민족의 새로운 정체성을 구성하는 데 기여하고자 한다.

이를 위해 이 글은 2절에서 일제강점기 단일민족 인식의 등장과 구성을, 3절에서는 해방 직후 단일민족 인식의 표출과 확산에 결정적 역할을 했던 국사교과서에 드러난 단일민족 인식 내부의 구성과 변화를 살펴본다. 4절에서는 2000년대 이후 단일민족 인식의 변화 요인을 살펴보고, 5절에서는 이상의 고찰을 통해 발견한 내용을 정리하고, 단일민족 인식이 가진 문제점과 전망을 제시한다.

2. 단일민족 인식의 등장

1) 민족 개념의 등장: 단일민족 인식 등장 이전

한국에서 민족이 현재와 같은 의미로 사용된 것은 1907년 3월 『황성신문』에서였다. 여기서는 '아(我)민족' 또는 '이천만 민족'이라는 용어가 처음 등장했다(박찬승, 2010: 70-72). 당시 민족의 등장과 관련하여 주목할 점은 한반도 주민의 정체성이 특정 내용으로 '구성(construct)'되었다는 사실이다. 즉 1908년부터 『황성신문』에 "우리민족은 원래 단군과 기자(밑줄은 필자)의 후예라"(3/12), "이천만 민족은 모두 단군의 자손이니 그 혈맥이 이어짐"(3/12), "이천만 민족은 모두 단군의 자손"(3/13), "그 민족은 모두 단군 기자의 신성한 후예"(3/20), "단군 기자의 신성한 후예로"(4/10), "단군이 수출(首出)하사 인문(人文)을 조개(肇開)하고"(1909/5/9) 등 민족과 단군 및 기자를 연결하는 서술이 자주 등장했다(백동현, 2001: 168; 하정현, 2016: 118-120). 박은식도 1908년 서북학회 취지서에서 "우리 대한은 … 그 종족은 다 같은 단군과 기자의 자손"이고, "다 같이 같은 종족"이라고 기술했다(박찬승, 2010: 83). 그런데 1908년 무렵부터 『대한매일신보』에서 민족적 정체성과 관련한 기술에서는 기자가 사라지고 단군만 등장했다(백동현, 2001: 174).[4]

이후 1900년대 후반에 이르러 한민족의 정체성은 단군의 자손(후예)이라는 인식으로 굳어져 갔다. 이러한 인식을 주도한 인물은 신채호로, 그는 『독사신론』(1908)에서 어떤 나라에서도 다양한 민족이 존재할 수 있지만, 역사가는 지배적 민족, 즉 '주족(主族)'에 관심을 집중해야 한다고 역설했다. 그러면서 한민족의 주족은 부여족이라고 강조하며 단군을 역사 서술의 출발점에 위치시켰다. 그는 동국(東國) 민족이 선비족, 부여족, 지나족, 말갈족, 여진족, 토족 등 여섯 종족으로 구성되었는데, 그중 부여족이 형질상, 정신상 다른 다섯 종족을 정복하고 흡수했기에 4천 년간의 동국 역사는 부여족의 소장과 성쇠의 역사였고, 부여족은 단군을 건국 시조로 하고 있어서, 우리 민족의식의 뿌리는 단군에서 찾아야 한다고 주장했다(슈미드, 2007: 423-425).[5] 요컨대 신채호는 동국, 즉 한국의 주족이 부여족이고, 그 건국 시조가 단군이기에 동국 민족, 즉 한민족은 단군의 후손이라고 주장했다.

이에 근거하여 일부 연구자들은 당시 "우리민족은 모두 단군의 혈연적 자손이란 의식이 등장"(서영대, 2008: 23)했다거나, 한말 자강운동기 '단군단일민족주의'가 대중화되었다거나(김수자, 2008a: 226), 또는 "단군을 선조로 하는 동일한 혈통과 역사를 공유한 '신성한 민족'이라는 '단일민족' 인식의 맹아"(허동현, 2009: 20)가 등장했다고 주장했다.

그러나 "단군의 후손이라는 말은 단군이 세운 나라의 후손이라는 뜻이지 혈연적으로 단군과 연결되는 후손이라는 뜻은 아니었다"(박찬승, 2009: 345). 이는 우리민족이 단군 후손임을 주장한 신채호가 동국 민족이 여섯 종족으로 구성되었다는 '다종족 구성론'을 주장한 데서 잘 드러난

4 이는 당시 지식인들이 한국 문명을 중화 문명의 일원으로 인식하던 중화주의적 사고에서 벗어나 한민족의 독자성을 강조하고 있음을 보여 준다(백동현, 2001: 174).

5 신채호는 1910년 『황성신문』(8월 9일) 논설에서도 "우리의 형제자매들은 4천 년 전 백두산 신단수 아래에서 태어난 민족의 시조 단군의 자손들"(슈미드, 2007: 432-433)이라고 기술했다.

다. 더욱이 당시에는 민족이라는 개념도 생소했고, 단일민족이라는 개념과 인식도 등장하지 않았다. 따라서 단군의 후손이라는 표현에 근거하여 단일민족 개념을 유추하는 것은 '무리한' 해석이다.[6]

다만 흥미로운 점은 당시 민족을 혈연공동체로 간주하는 인식이 등장했다는 점이다. 1909년 『대한매일신보』의 "내외국인의 통혼을 금할 일(1/10)"이라는 기사에는 애국심과 독립심의 소멸, 곧 민족주의의 약화를 방지하기 위해 내외국인의 통혼을 금지할 것을 주장하는 내용이 등장했다.[7] 이는 당시 일부 민족주의 지식인이 한민족을 혈연으로 연결된 대가족으로 인식했고, 이에 기초하여 혈연의 동질성을 애국심과 독립심의 근거로 인식했다는 점을 보여 준다. 그러나 이런 인식은 아직 일부 지식인만이 가진 견해였을 뿐이다.

결국, 한국에서 민족 개념은 대한제국이 붕괴하던 1900년대 후반에 등장하여 한반도 주민집단을 지칭하는 의미로 사용되었다. 이 과정에서 민족주의 지식인들은 민족과 단군을 결합하여 한민족을 단군이 세운 나라의 후손으로 구성했다. 그리고 당시 민족을 혈연공동체와 연관 짓는 사고가 등장했지만, 이는 한민족이 단군의 혈연적 후손이라는 의미를 내포한 것은 아니었다.

---

6 "우리는 단군 기자의 신성 후예로서 지구상 역사에 우등 인종, 그 인문과 윤리를 존중하고 의리를 교상하여 4천년 유전한 고유한 조선 혼이 고금에 걸쳐 쇄락 마멸할 리가 없다"(「논설」, 『황성신문』, 1908/3/4; 김수자, 2008a: 236 재인용).

7 "자기집 혈통 중에 다른 인종이 들어옴을 허락지 아니함이 가하니 인종의 분간을 먼저 없어지게 하면 애국심이나 독립심이 어디서 나리오 다른 나라 사람과 서로 혼인하면 그 생산이 번성하다 함은 인종학을 궁구하매 이치가 그러하거니와 다만 국가의 정신이 없어져서 청국도 자기 나라로 알고 일본도 자기 나라로 알아서 나나니"(하정현, 2016: 122-123).

2) 단일민족 인식의 구성 과정: 민족의 단일성과 혼합성의 경합

한국에서 단일민족 인식은 일제강점기 시기 국권을 상실하고 민족말살 정책에 저항하는 과정에서 민족 개념이 대중들에게 확산하면서 등장했다. 1900년대 중반부터 진행되었던 지식인들의 민족의식 함양 노력은 1910년 일제의 강점으로 잠시 중단되었지만, 1919년 3.1운동을 계기로 부활하여 대중들에게 확산했다. 당시 등장한 여러 독립선언문은 민족을 독립과 자결의 주체로 규정했고, 그 결과 민족은 한민족을 대표하는 정치 공동체의 표상이 되었다.

이런 상황에서 1920년 『동아일보』의 논설(「세계 개조의 벽두를 당하야 조선의 민족 운동을 논하노라」)에 처음으로 단일민족이라는 표현이 등장했다. "민족은 각각 그 특징이 있으며, 또한 단일한 실체를 구성하야 타와 혼합치 아니하려는 성질을 가지니라, 곧 현대국가의 기초를 단일민족 위에 구하는 소이로다"(『동아일보』, 1920/4/6). 그런데 여기에서 기술된 단일민족 개념은 한민족의 특성을 지칭하는 것이 아니라, 일반적인 의미에서 현대국가의 기초로 언급된 것이었다. 곧 한민족이 단일민족이라는 의미는 아니었다.

또한 "민족은 역사적 산물인 고로 혈통 관계는 그다지 중요한 문제가 아니니 천하의 많은 민족 중에 순연히 자기의 혈통만 고수하여 한 점이라도 타민족의 피를 섞지 않은 자 능히 있지 못하도다. 오직 공통 생활의 역사로 공통한 문화를 가진 자는 곧 한민족이라 칭할지니."(『동아일보』, 1920/4/6)라는 내용도 주목할 만하다. 타민족의 피가 섞이지 않은 민족은 없기에, 민족을 규정하는데 혈통이 아닌 공통 생활의 역사와 문화가 중요하다고 기술했다. 이는 당시 민족을 정의하는 데서 혈통이 중시되지 않았던 인식이 존재했음을 보여 준다.

한편 사회주의자 김기진은 1925년 "이곳의 민족이 단일민족이 아니고 몽고족과 한족으로 혼성된 것인지 안인지도 또한 채근할 필요도 지금에 없다고 생각한다."(김기진, 1925: 29)라고 말했다. 이로 미루어 볼 때, 1920년대 중반 한민족이 단일민족이라는 인식이 등장해 있던 것으로 보인다.[8] 사실 1910년대부터 일본에서 일본 민족이 혼합민족인지, 단일민족인지를 둘러싸고 논쟁이 전개되었다는 점[9]을 고려할 때, 이러한 논쟁이 한국에 유입되어 지식계에 영향을 미쳤을 것이라 추정할 수 있다.[10]

그런데 주목할 점은 1920년대 단일민족 인식이 등장했음에도 이후 한민족이 단일민족이라는 서술이 많이 발견되지 않는다는 점이다. 단일민족이 사용된 첫 번째 사례는 이광수의 「조선민족론」(1933)에서 민족의 본질적 요소로 혈통, 성격의 기조, 문화 등을 제시하면서, "조선민족이 혈통적으로 문화적으로 대단히 단일한 민족이라는 것은 … 일점의 의심도 없는 바"(이광수, 2011: 217)라는 기술이다. 두 번째는 중국 관내에서 발간된 『한민』의 「민족진선(陳線)의 제일단계」(1937/6/30)에서 "본래 우리민족은 순수한 단일민족이기 때문에 민족진선을 결성하기에는 남보다 용이할 것"이라는 서술이다(박찬승, 2010: 104). 세 번째는 1935년 사회주의자 김명식의 주장, 곧 "조선민족도 능수(能粹)한 단일민족이 아니다. 인종적으로는 아르타이족과 곤륜(崑崙)족이 혼합되었고 민족으로는 만주 제 민족 · 한(漢)족 · 몽(蒙)족 등이 혼합되었다."라는 서술이다(김명식, 1935: 54; 허동현, 2009: 22 재인용).

이 사례들에서 유추할 수 있는 사실은 첫째, 1930년대 국내외에서 한민족을 단일민족으로 보는 인식이 존재했고, 둘째, 이광수가 단일민족의 근거로 혈통과 문화를 언급한 것을 고려할 때, 당시 단일민족 인식에

8 박찬승은 "조선민족이 단일민족이라는 단정적인 표현은 1930년대 이광수의 글에서 보인다."(박찬승, 2010: 104)라고 주장했지만, 앞서 보았듯이 그 표현은 이미 1925년 김기진의 글에 등장했다.

9 당시 일본에서의 단일민족 논쟁에 대해서는 오쿠마 에이지(2003)를 참조.

10 박찬승은 한국에서 혈통을 강조하고 단일민족 용어를 사용한 것이 1930년대 일본의 '단일민족론'에 영향을 받았다고 주장했다(박찬승, 2010: 106).

서 혈통만이 배타적으로 강조되지 않았으며, 셋째, 김명식의 발언으로 볼 때, 당시 한민족이 단일민족이 아니라는 견해도 존재했다는 점이다. 그런데 주목할 점은 김명식이 조선민족이 다인종이고 다민족이라고 주장하면서 단일민족임을 부정했다는 점이다. 즉 그는 혈통을 근거로 단일민족임을 부정했다. 이처럼 당시 단일민족 인식이 민족의 단일성과 혼합성 및 그 근거를 둘러싼 논쟁 속에서 구성되고 있었다.

그렇다면 단일민족 인식은 왜 식민지 시기에 등장했고, 그 의미는 무엇인가? 당시 단일민족 인식은 일선동조론(日鮮同祖論)을 포함한 일제의 동화정책에 대한 한국 민족주의의 저항과 연관되었던 것으로 보인다. 다시 말해, 1920년대 일제의 문화통치에 반발한 한국의 '문화' 민족주의자들은 일본과 구분되는 한국의 고유성을 발굴하고 확산하려 노력했다.[11] 그 과정에서 일본과의 차별성을 드러내는 한민족의 특성 중 하나로 단일민족 인식이 '발명(invented)'되었다. 그러나 1930년대 후반 총력전 체제와 함께 내선일체가 강조되면서, 일본인과의 차이를 강조하는 '한민족=단일민족' 담론은 더 이상 사용되지 못했다.

결국, 단일민족 인식은 1920년대 일제의 동화정책에 저항하는 과정에서 한민족의 고유성을 드러내는 표상으로 등장했지만, 1920~1930년대에 널리 사용되지는 못했다. 주목할 점은 단일민족에 대한 많지 않은 언급에서도 그 인식이 정치적·사회적 맥락 아래 등장했고, 민족의 단일성과 혼합성이 경합하고, 또 그 과정에서 단일성의 기반으로 혈통이 부각했다는 점이다.

---

11 1920년대 언론의 단군 관련 보도는 이러한 역할을 했다. 『동아일보』는 1920년 4월 11일 "단군은 우리민족의 종조(宗祖)이시오. 우리 근역에 건국하신 제1인이시오. 가장 신성하신 대위인"이라고 그 유래와 의의를 설명하고, '단군 영정 현상 모집'을 공고했다. 또한 1932년 현진건을 묘향산 단군굴, 구월산 삼성사, 강화도 마니산 등 단군 유적지에 파견하여 '단군성적순례'를 연재했다(윤한주, 2019: 9). 이는 식민지 한국인들에게 단군을 민족의 시조로 알리는 역할을 했다.

3. 단일민족 인식의 확산

1) 해방 이후 단일민족 인식의 표출

한국에서 단일민족 개념은 해방 이후 본격적으로 등장했다. 해방 정국과 정부 수립 초기 단일민족은 한민족이 독자적 역사와 정체성을 지닌 민족이라는 사실을 규정하는 개념으로, 자주독립을 요구할 수 있는 근원적인 정당성의 근거로, 그리고 혼란스러운 정국에서 민족의 단결을 촉구하는 실천의 근거이자 슬로건으로 사용되었다. 예를 들어, 1945년 12월 7일 신익희는 기자회견에서 "우리민족은 세계에서도 우수한 단일민족이다. 우리 중에는 왜국과 같이 아이누도 에비스도 아무것도 없다. 그러므로 분열이라는 것은 도저히 생각조차 할 수 없는 것이다."(『서울신문』, 1945/12/8; 박찬승, 2010: 107 재인용)라고 말했다. 그는 민족적 단결의 필요성을 주장하기 위해 단일민족 개념을 사용했다.

또한 12월 말 모스크바 3상 회의의 결정이 알려지자, 이에 반대하는 측에서는 단일민족 개념을 사용하여 반대 논리를 구성했다. 천도교 청우당은 "저들은 조선민족이 아직 자주독립할 만한 자격이 부족하다는 구실을 가진다면 우리 조선민족은 세계서 보기 드문 순연한 단일민족으로서 유구 5천 년 독립의 역사와 문화가 자존한다."(『자유신문』, 1945/12/30)라고 밝혔다. 여기서 단일민족은 자주독립의 자격을 갖추었음을 증명하는 논리로 사용되었다.

1946년 6월 3일 이승만이 정읍에서 남한 단정론을 주장하자, 한독당의 엄항섭은 "단일민족으로서의 최선의 역량을 발휘하여 한국의 모든 문제는 자결하도록 할 것이며 … 요즘 항간에 단독정부 수립설이 유포되고 있으나, 우리 당으로서는 이에 찬성할 수 없다."(『서울신문』, 1946/6/5)라고 말했다. 미국에 있던 김용중도 유엔에 공개장을 전달하면서 "조선인은 단일민족, 분할은 감수할 수 없다."(『대한독립신문』, 1946/10/25)라고 주장했다. 여기서 단일민족 개념은 남한 단독정부, 곧 분단정부 수립이 부당하다는 주장의 근거로 사용되었다.

1948년 1월에는 남한 단독선거를 위해 유엔조선임시위원단이 파견되자, 안재홍은 「유엔조선임시위원단의 내조와 국민의 태도」라는 제목의 방송에서 "단일민족 조국고토에서 다만 국제 노력에만 끌려가고 있어 눈멀건이 뜨고 민족이 분열 대립하여 패멸의 구덩이를 걸어 들어가고 있는 것을 보고만 있을 수 없다."(『조선일보』, 1948/1/8)라고 말했다. 동년 4월 김구도 남북지도자 회담을 위해 평양으로 출발하면서 발표한 성명에서 "조상이 같고 피부가 같고 언어와 피가 같은 우리민족끼리 서로 앉아서 … 앞으로 얼마 남지 않은 생을 깨끗이 조국통일독립에 바치려는 것이 이번 이북행을 결정한 목적이다. … 우리가 아무리 서로 다른 이국 사람의 환경 아래 있다 하더라도 5천 년 역사를 가진 단일민족"(『경향신문』, 1948/4/17)이라고 주장했다. 여기서 단일민족 개념은 남한 단독정부 수립의 부당성과 통일정부 수립의 정당성을 주장하는 근거로 사용되었다.

1948년 8월 대한민국 수립 직후, 이범석은 초대 국무총리 취임 회견에서 "우리는 단일민족이므로 이 강토가 양단되면 완전한 국가로 행동하지 못하게 됨을 잘 알고 있기 때문에"(『서울신문』, 1948/8/3) 남북통일을 적극 추진할 예정이라고 말했다. 여기서 단일민족 개념은 분단 정부의 불완전성, 곧 통일의 당위성을 주장하는 근거로 사용되었다.

이승만 정부는 1949년부터 일민주의를 내세우며 민족의 단결을 강조했다. 이승만은 "우리는 본래 오랜 역사를 가진 단일한 민족으로서 언제나 하나요, 둘이 아니다."(허동현, 2009: 24)라고 주장했고, 초대 문교부 장관 안호상은 "우리민족은 동일 혈통, 동일 운명을 가진 민족"이다. 곧 "우리는 일민이다. 일민은 핏줄도 하나요, 운명도 하나요, 또 주의도 하나이다." 따라서 일민주의는 "단일민족을 강조하는 '한겨레주의'"라고 주장했다(안호상, 1950: 32). 곧 일민주의는 김구 및 좌익 등 남한 단독정부 수립에 반대하는 세력에 맞서 이승만 정부를 중심으로 일치단결할 것을 정당화하는 근거로 사용되었다. 여기서 주목할 점은 이승만 정부가 내부 통합을 정당화하기 위해 일민주의를 강조하면서 한민족의 '본질적' 동질성을 의미하는 혈통/핏줄을 강조했다는 점이다. 이는 순혈주의적 단일민족 인식의 확산에 이승만 정부가 중요한 역할을 했음을 보여 준다. 이렇게 해방 정국과 정부 수립 초기에 단일민족 개념은 신탁통치와 분단정부 수립의 반대, 통일정부 수립과 민족단결의 당위성, 그리고 내부 통합의 필요성을 정당화하는 역할을 했다.

그런데 이 시기에 단일민족 인식은 점차 단군을 중심으로 한 순혈주의적 성격을 드러내기 시작했다. 여기에는 정부 수립 초기 단군 민족주의의 제도화가 큰 영향을 미쳤다.[12] 신생 대한민국 정부는 단군 민족주의를 한민족의 통합과 단결의 상징 및 새로운 국가건설의 구심점으로 삼기 위해 단군과 관련된 의례를 만들었다. 첫째, 정부는 1948년 9월 단기(檀紀)를 '공용 연호'로 결정했다(정영훈, 2008: 168). 그에 따라 공용문서는 물론 언론에서 사용하는 연호가 모두 단기로 바뀌게 되었다. 연도는 일상생활에서 항상 사용하는 것이기에 그것이 미치는 효과는 상당했다. 둘째, 정부는 단군 신화에서 유래한 홍익인간의 건국이념을 대한민국 교육의 근본이념으로 설정했다. 1949년 12월 31일 법률 제86호로 제정, 공포된 '교육법' 제1조는 "교육은 홍익인간의 이념 아래 모든 국민으로 하여금 인격을 완성하고 … 인류공영의 이상 실현에 기여하게 함을 목적으로 한다."(이용범, 2008: 58-59)라고 규정했다. 셋째, 정부는 1949년 단군의 탄강일(誕降日)이자 건국일로 알려진 개천절을 국경일로 지정했다. 이후 정부는 매년 개천절에 공식 경축 행사를 주관했고, 관공서는 물론 가정에서도 국기를 게양할 것을 요구했다(정영훈, 2010: 422-423). 이 외에도 1955년 제36회 전국체육대회부터 강화도 마니산에서 전국체전의 성화를 채화하

12 단군 민족주의는 "단군자손이라는 동질성을 기초로 민족 정체성을 확인하고 민족의 통합과 발전을 도모하려는 일련의 사상, 의식, 운동"(이용범, 2008: 57)으로 규정한다.

여 봉송하는 행사를 시작했다(이용범, 2008: 63). 이는 정부가 스포츠 행사를 통해 단군이 우리민족의 시조라는 인식을 자연스럽게 확산시키려는 시도였다. 이처럼 정부 수립 후 진행된 단군 민족주의의 제도화는 단군을 민족의 시조로, 곧 한민족을 단군의 자손으로 공식화함으로써 한민족이 단군 이래 혈통적으로 연결된 하나의 겨레라는 인식을 갖게 했다. 이로써 이전까지 모호했던 '단군의 후손'의 의미는 순혈주의적인 색채를 띠게 되었다.

그러나 해방 이후 단일민족 개념이 모두 혈통중심적인 것은 아니었다. 해방 정국의 정치적 언어는 오히려 민족 단일성의 근거를 포괄적으로 제시하고 있었다. 대표적인 사례들을 보면, 먼저 1945년 9월 안재홍은 「신민족주의와 신민주주의」에서 단일민족이라는 표현은 사용하지 않았지만, 내용상 조선을 단일민족으로 기술했다. 곧 "조선은 그 혈액이 순수·단일한 점에서, 그 동일지역인 오천 년 조국을 지키어 온 점에서, 동일언어·동일문화로서 강고한 운명공동체로서 존속하는 점에서, 단연 독자적 생존 협동체로서의 조국을 재건하여 국제협력의 일분담자(一分擔者)로 될 권리가 있다"(안재홍선집 간행위원회 편, 1983: 19). 여기서 그는 조선을 혈액의 순수·단일, 동일지역, 동일언어·동일문화로서의 운명공동체로 언급했는데, 이는 그가 민족을 혈통과 함께 여러 다른 요소의 결합체로 규정했음을 보여 준다.

다음으로, 1946년 4월 백남운은 「조선민족의 진로」에서 "조선민족은 문화적 전통과 언어와 역사적 혈연과 정치적 공동운명 등등의 역사적 조건으로 보아서 세계사상에 희귀한 단일민족"(백남운, 1991: 323)이라고 기술했다. 손진태도 『국사대요』(1948)에서 "우리민족은 지난 4, 5천 년 동안 만주와 반도라는 동일지역 내에서 성장했고, 동일한 혈족체로서 동일한 문화 속에서 변함없이 공동운명체의 생활을 하여 온 단일민족"(태학사 편집부, 1981: 3)이라고 서술했다. 또한 『조선민족의 진로』(1948)에서도 "우리는 유사 이래로 동일한 혈족이 동일한 지역에서 … 동일한 문화를 가지고 공동한 운명하에서 공동한 민족투쟁을 무수히 감행하면서 공동한 역사생활을 하여 왔고 이민족의 혼혈은 극소수인 까닭"이라고 기술했다(태학사 편집부, 1981: 291). 이승만도 1948년 9월 30일 「시정방침」 연설에서 "반만 년의 유구한 역사를 가진 우리민족은 전 세대를 통하여 동일한 혈통과 강토를 계승 보유하여 왔으며 공동한 문화와 운명을 창조 담하(擔荷)하여 온 우수한 단일민족"이라고 주장했다. 이들은 모두 문화적 전통, 언어, 혈연(혈족체), 정치적 공동운명, 지역 등 민족의 '객관적' 구성요소에 근거하여 한민족이 단일민족임을 주장했다. 곧 단일민족의 근거로 혈연뿐 아니라 다른 구성요소도 제시했다.

그런데 주목할 점은 손진태가 『조선민족사개론』(1948)에서 '부족국가' 시대에 한민족의 영역 내에 부여족, 예맥족, 숙신(읍루)족, 조선족, 옥저족, 예족, 삼한족, 고구려족 등 9개의 족속이 있었다고 보고, 이때를 민족형성의 '시초기'로, 삼국시대를 민족통일 추진기로, 삼국통일을 한민족이 일단 결정된 시점으로 파악했다는 점이다. 또한 한민족이 완성된 시기는 현재와 같은 국경선이 확정된 조선왕조 세종 때로 볼 수 있으며, 현대의 한국인은 엄격한 의미에서의 단일 혈족이 아니라 네다섯 종족의 혼혈로 된 복합민족이라는 견해를 제시했다(이기동, 2003: 17).[13] 그는 신채호와 같이 한민족이 태초부터 단일민족이 아니라 복합민족이고, 조선에 와서야 한민족이 형성되었다는 '민족형성론'의 시각을 지니고 있었다. 이는 1940년대 후반 학계에 복합(또는 혼합)민족론과 민족형성론적 시각이 존재했음을 보여 준다.

해방 후 등장한 단일민족 인식과 관련하여 주목할 점은 당시 새로운 '국가 만들기' 과정에서 단일민족이 중요한 근거로 사용되었고, 상이한 정치적 목표를 가진 세력들 모두 동일하게 단일민족이라는 개념을 통해

13 단일민족에 대한 손진태의 상반된 진술에 관해서는 추가 연구가 필요하다.

스스로를 정당화하려 했으며, 바로 그 과정에서 단일민족 인식이 대중적으로 확산했다는 점이다. 또한 이러한 단일민족 개념의 활용은, 한편으로 민족을 곧 단일민족으로 규정하게 했지만, 다른 한편으로 단일성의 근거를 오히려 확장했다는 점도 주목해야 한다. 혈통만이 아니라 문화, 언어, 역사 등이 그 근거로 제시되었을 뿐만 아니라, 심지어 '주의도 하나'라는 일민주의의 경우에는 단일성이 종족적 근거를 넘어 정치적 차원으로 확대되고, 나아가 단일민족 개념을 위해 현실에서 민족의 총체적인 단일성이 실현되어야 한다는 단계에까지 이르렀다.

결국, 단일민족 개념은 해방 후 본격적으로 등장하여 주로 신탁통치와 분단 반대, 통일의 당위성, 이승만 정부 중심의 일치단결과 같은 정치적 목적을 정당화하기 위해 사용되었다. 그리고 이승만 정부의 단군 민족주의 제도화와 일민주의의 보급은 단일민족 인식이 순혈주의적으로 구성되는 데 큰 역할을 했다. 그렇지만 이 시기에는 혈통중심적 단일민족 인식만이 아니라 문화나 역사와 같은 다른 구성요소를 강조한 단일민족 인식도 공존했다.

2) 해방 후 국사 교과서의 단일민족 인식

해방 후 새로운 세대에게 단일민족 인식을 전파하는 데 큰 역할을 한 것은 국사 교과서였다. 교과서는 해당 공동체의 공식적인 역사관을 일관된 체계로 확립하고, 그것을 대중적으로 확산시킨다. 교과서는 각종 시험의 준거로도 활용되기 때문에 학생들은 대부분 교과서의 내용을 비판적 인식 없이 '사실'로 받아들인다. 따라서 교과서에 단일민족 인식이 실려 있다면, 학생들은 대체로 그것을 자연스럽게 수용하게 된다. 그렇다면 이제까지 한국의 교과서는 단일민족 인식을 어떻게 기술했는가?

해방 후 교과서에서 단일민족 인식이 처음 등장한 것은 1946년 미군정청에서 만든 『초등 국사교본』이었다.[14] 여기에는 '역사 있기 전(前)'이라는 소제목 아래 "우리 할아버지들은 핏줄을 같이한 겨레로서 … 이 겨레가 곧 황색인종 중에 한 부분인 조선민족"이라는 내용과 함께, 단군에 대해서는 환인-환웅-단군의 계보가 역사적 '사실'로 서술되었고, 이어 단군의 후예들이 갈라져 나와 부여, 옥저, 예, 신라, 고구려, 백제 등의 여러 나라가 되었다고 서술되었다(양정현, 2008: 140). 1947년 문교부에서 발행한 『우리나라의 발달 6』에서도 고조선에 대해 "우리 할아버지들은 핏줄을 같이한 겨레"이고, 단군은 "우리가 오랫동안 혈통적 종교적 할아버지로 높이고 믿어 오던 국조"라고 서술되었다(양정현, 2008: 141-142). 여기에 단일민족이라는 표현이 기술되어 있지는 않지만, '단군의 핏줄을 같이한 한겨레'라는 기술은 단일민족 인식과 다르지 않았다. 더욱이 그 내용은 핏줄을 강조한 것으로, 원초론에 근거한 순혈주의적 단일민족 인식을 보여 준다.[15]

단일민족 개념은 제1차 교육과정(1956~1963)에서 그 존재를 확실히 드러냈다. 『중등 국사』에는 "한 핏줄기에서 나온 단일민족이라는 자랑을 가진 우리 조상들은, 민족의 시조로서 단군을 받들고 다 같이 단군의 아들딸이며, 또한 한 나라의 국민으로서 단결하려는 민족정신을 가지고 있었다. … 삼국은 모두 같은 민족이니만큼 언어, 풍속, 생활의 모양이 비슷했으나 … 흩어져 살던 우리민족은 비로소 한 땅 위에서 한 나라로 뭉치어 살게 되었으니, 이때부터 우리나라는 단일민족국가로서의 씩씩한 역사의 발걸음을 내딛게 되었다."(역사교육연구회, 1956: 9-10, 34, 41)라고 기

14 양정현은 『초등국사-5, 6학년용』이라고 기술했는데, 이는 『초등 국사교본』의 오기로 보인다. 그리고 이 교과서는 미군정이 진단학회에 의뢰해 제작했지만, 실제 필자는 학무국 편수과의 역사편수관이던 황의돈이라고 한다(김봉석, 2008).

15 단군이 등장한 시기부터 한민족이 등장했다고 보는 시각은 전형적인 원초론(primordialism)의 시각이다. 원초론은 영속론(perennialism)과 혼용되어 사용되는데, 민족이 '태초부터' 모든 시대와 모든 지역에 존재했다고 간주한다. 곧 민족이 인종과 같이 자연적으로 주어진 것이기에 영속(또는 영존)적이고 원초(또는 원생)적이라고 본다(스미스, 2016: 21-22).

술되었다. 이 교과서는 '단군의 아들딸'로서 '한 핏줄기'에서 나온 단일민족이라는 서술에서 볼 수 있듯이, 순혈주의적 인식을 분명히 드러냈다.

그런데 1950년대 학계의 단일민족 인식에서도 혈통은 중심적인 요소였지만 그 구체적인 양상은 상이했다. 먼저 이병도는 『국사와 지도이념』(1953)에서 "우리민족에도 외래의 요소-예(例)하면 만주, 몽고, 한인(漢人), 왜인 기타의 피가 다소 섞여 있으나 그렇게 잡다한 복합체는 아니다. 대개 우리민족의 근본요소는 언제나 뚜렷하고 자약하고 우세적이어서 거기에 약간 다른 요소가 들어와도 곧 흡수하고 융화하여 혼연한 일체를 이루어 있다. 그러므로 우리나라의 어느 곳을 가든지 대체로 언어가 같고 풍속이 같지 아니함이 없다. 이런 의미에서 흔히 우리민족을 단일민족이라고 한다."(이병도, 2012: 15)라고 기술했다. 이 내용은 1959년 이병도와 김재원이 같이 집필한 진단학회의 『한국사』에도 거의 동일하게 기술되었다. 가령 「총설」에는 "우리민족도 결코 온전한 단일 인종(협의)으로 형성된 것은 아니다. 그중에는 역시 수 개 이상의 다른 요소가 섞여 있다. 즉 한인(漢人)·몽고인·만주인·왜인 기타의 요소가 포함되어 있다. 그러나 그렇게 혼잡다기한 복합체는 아니다. 그래서 그 주된 기본적 요소는 언제나 우세(優勢)로 자약(自若)하고 뚜렷하여 늘 지배적 지위에 있어 다른 요소를 융합하여 왔다."(진단학회 편, 1959: 7)라고 기술되었다.

이렇게 1950년대 학계의 단일민족 인식은 민족의 단일성과 혼합성에 대한 과거의 논쟁을 일정하게 재연했다. 먼저 민족 단일성의 근거로 혈통 이외에도 언어와 풍속 등이 포괄되지만, 그것은 혈통을 중심으로 한 인과적인 위계 구도 속에 배치되었다. 다음으로 국사 교과서에서 기술된 태초부터 한 핏줄이라는, 기원으로부터의 순혈주의는 부정됐지만, 그것은 타종족의 혼합을 통한 단일민족의 '형성'으로 대체되었다. 요컨대 당시 학계의 인식은 순혈주의적 단일민족 개념과는 일정한 차이를 보이면서, 단일성 근거의 개방성 및 단일성의 형성 과정에 대한 설명을 통해 혈통중심적인 단일민족 개념을 유지했다.[16] 그러나 교과서가 일관된 역사관을 서술하기 위해 당시 학계의 주된 해석을 받아들였다면, 이와 같은 개방적·형성론적 단일민족 인식은 순혈주의적·원초론적 단일민족 인식과 조화를 이룰 수 있었을까? 이후 국사 교과서는 오히려 두 가지 인식의 모순적인 공존의 양상을 보여 준다.

5.16 군사 정변 이후 군사정권은 제2차 교육과정(1963~1973)에서 단일민족으로서 통일의 과업을 완수하려는 신념을 기르는 것을 사회II(역사 영역)의 필수 자질로 제시했다. 먼저, 『중학교 새 사회』에는 "우리민족은 처음에 여러 개의 부족국가로 나뉘어져 있었으나 같은 핏줄기였다 … 일찍부터 동족 의식을 가졌음을 알 수 있다. … 고구려·백제·신라는 원래 같은 겨레였으므로, … 신라가 통일한 이후에는 단일민족으로서 정치·사회·문화가 하나로 뭉쳐 민족문화를 형성하게 되었다."(강우철 외, 1970: 23, 52)라고 기술되었다. 고등학교 『국사』에는 "우리는 단군신화를 통하여 우리민족이 오래전부터 핏줄기를 같이하는 단일민족이라는 관념을 갖고 있었다. … 신라의 삼국통일은 … 우리민족이 비로소 하나의 국가로 통합되어 단일민족국가를 형성했다."(한우근, 1968: 59)라고 기술되었다.

이렇게 제2차 교육과정의 중고등학교 교과서는 우리민족이 '일찍부터'(또는 '오래전부터') '같은 핏줄기'이며 '동족 의식'을 가진 단일민족이라고 기술했다. 또한 동시에 신라 통일 이후 단일민족국가가 형성되었다고 기술했다. 이러한 기술은 우리민족이 원래부터 단일민족이었다는 원초론과 삼국통일을 거쳐 단일민족으로 발전하기 시작했다는 민족형성론

---

16 1990년 서울대 출판부에서 출간된 『한국사특강』의 다음과 같은 내용을 보면, 이런 한국사학계의 단일민족 인식이 상당 기간 지속되었음을 보여 준다. "한민족은 세계에서 유례가 드물게, 피를 같이한 단일민족임이 강조되어 왔다. … 한국도 고대에 종족의 이동이 없었던 바 아니고, 여러 계통의 피가 끼어들어 왔지만, … 특수한 종족이 없을 뿐 아니라, 외래 침략자들도 침략기간 동안에만 머물렀을 뿐이다. 이 때문에 한국인들은 누구나 한 핏줄이라는 의식을 공유하고 있으며, 유전자 등 생물학적 특징으로도 단일성을 퍽 많이 지니고 있다"(한국사특강편찬위원회 편, 1990: 298). 그런데 2008년 출간된 『개정신판 한국사특강』(2008)에는 순혈주의적 단일민족 인식이 사라졌다. 이는 1990년대 이후 한국사학계의 단일민족 인식이 변화했음을 말해 준다.

이 '모순적'으로 결합해 있음을 보여 준다. 이 교과서들은 '단일민족으로서 정치·사회·문화가 하나로 뭉쳐지지 않은 상태에서 어떻게 같은 핏줄기, 동족 의식, 같은 겨레라고 말할 수 있는지', '삼국이 각자의 건국신화를 갖고 있는데, 어떻게 단군신화를 통해 단일민족이라는 관념을 갖게 되었는지'와 같은 의문을 품게 만들지만, 이를 해결해 주지는 않는다. 결국 이 교과서들은 본래부터 순혈주의적 단일민족이라는 내용과 (무시할 수 없었던) 삼국통일 이후 정치, 사회, 문화가 하나로 통합되었던 역사를 동시에 담는 '모순'을 갖고 있었다. 이러한 모순된 서술은 2000년대까지 지속했다.

한편으로 이후의 국사 교과서는 계속하여 원초론에 근거한 순혈주의적 단일민족 인식을 강조했다. 제3차 교육과정(1973~1981)에서 박정희 정권은 1970년대 초·중학교 국사과의 목표 중 하나로 "우리민족이 한반도에 자리잡아 독특한 문화를 지닌 단일민족으로 성장하여, 하나의 국가 체제 아래 통일을 이룩하는 과정을 이해시키고, 민족의 순수성에 대한 자랑을 깊이 가지게" 할 것을 제시했다(최영란, 2017: 30). 그에 따라 초등학교용 『국사6』에는 "우리민족은 다른 민족과는 달리 비교적 순수한 핏줄을 지녀 왔다. … 우리민족은 … 피가 순수하고 한 가지 말만 썼기 때문에, 함께 뭉쳐 외세에 대항하여 자기 자신을 지킬 수 있었다."(양정현, 2008: 146)라고 기술되었다.

1980년대 발간된 국사 교과서는 핏줄 또는 혈통에 관한 언급이 사라졌지만, 원초론에 기초한 단일민족임을 전제로 서술했다. 예를 들어, 제4차 교육과정(1982~1987)의 『중학교 국사』에는 선사 시대에 "우리민족은 … 독자적인 문화와 전통을 세우게 되었다."(국사편찬위원회, 1982a: 4-5)라고 기술되었고, 『고등학교 국사』도 "우리민족은 오래전부터 하나의 민족 단위를 형성"했고, "삼국은 같은 민족이 세운 나라들"(국사편찬위원회, 1982b: 4)이라고 기술했다. 제5차 교육과정(1987~1992)의 『고등학교 국사』도 "신석기인들이 … 바로 오늘날 우리민족을 형성하는 근간이 되었다."(국사편찬위원회, 1990: 4)라고 기술했다. 이러한 기조는 '개방적 민족주의'를 강조했던 제6차 교육과정(1992~1997)에서도 지속되었다. 『중학교 국사』에는 "배달 민족이라고도 불리는 우리민족은 … 단군 이후 국가 생활을 시작하여 마침내 통일된 민족 국가를 이루었으며, 오늘날까지도 단일민족국가로서의 전통이 이어져 내려오고 있다. … 세계사에서 보기 드문 단일민족으로 국가 생활을 유지해 왔다."(국사편찬위원회, 1996: 9-10, 69)라고 기술되었다. 게다가 1980년대부터 "단군 이야기는 민족의 시조로 알려져" 있고, 기원전 2333년 단군왕검에 의해 최초의 국가인 고조선이 건국되었다고 기술되었다(국사편찬위원회 국정도서편찬위원회, 2002b: 34). 이를 통해 학생들이 자연스럽게 단군을 민족의 시조로 인식하게 함으로써 원초론적 · 순혈주의적 단일민족 인식을 강화했다(전재호, 2019: 86).

제7차 교육과정(1998~2007)에는 혈연적 동질성이라는 표현이 등장했는데, 이는 원초론에 기초한 순혈주의적 단일민족 인식의 질긴 생명력을 보여 준다. 『중학교 국사』에서는 "우리민족은 신석기 시대와 청동기 시대를 거치면서 점차 민족의 기틀을 형성하고, 주변의 여러 민족과 교류하면서 독특한 문화를 발전시켰다."(국사편찬위원회 국정도서편찬위원회, 2002a: 10, 63)라고 기술되었다. 『고등학교 국사』에서도 "우리민족은 반만 년 이상의 유구한 역사를 가지고 있고, 세계사에서 보기 드문 단일민족국가로서의 전통을 이어 오고 있다."(국사편찬위원회 국정도서편찬위원회, 2002b: 13), '우리민족의 기원'에서는 "신석기 시대에서 청동기 시대를 거치면서 민족의 기틀이 이루어졌다."(국사편찬위원회 국정도서편찬위원회, 2002b: 21), 그리고 '남북국 시대의 사회'에서는 "삼국통일은 삼국이 지니고 있던 혈연적 동질성과 문화적 공통성을 바탕으로 하여 우리 민족문화가 하나의 국가 아래 발전하는 계기가 되었다."(국사편찬위원회 국정도서편찬위원회, 2002b: 193)라고 기술되었다.

다른 한편으로 국사 교과서에는 순혈주의적 요소와 함께, 그와 상충하는 개방적 · 형성론적 단일민족 인식이 공존했는데, 2007년 개정 교육

과정(2007~2009)부터 양자의 우위가 역전되었다.[17] 첫째, 한민족은 역사적 과정에서 여러 종족이 통합하여 형성되었다는 민족형성론의 시각이 대세가 되었다. 곧 한민족이 신라의 삼국통일을 계기로 형성되었다고 기술한 교과서가 총 8종(중학교 7종, 고등학교 1종)으로, 청동기 시대에 형성되었다고 기술한 교과서(중학교 5종, 고등학교 1종)보다 더 많아졌다(백성현, 2016: 73-77). 대표적으로 중학교 『역사(상)』은 한민족이 "긴 시간 속에서 여러 변화를 겪으며 점차적으로 그 모습을 드러내게 되었"고, 신라의 통일을 계기로 "삼국의 주민이 점차 하나의 민족으로 통합되어 갔다."(이문기 외, 2011: 31, 80)라고 기술했다.

둘째, 많은 한국사 교과서에서 혈연 및 단일민족이라는 표현이 사라졌다. 예를 들어, 『고등학교 한국사』에서는 신라의 삼국통일에 대해 "지금까지 서로 다른 국가 체제 속에 들어 있다가 하나의 국가 안에 통합됨으로써 문화를 공유하는 민족 국가를 형성하는 기틀이 마련"되었다고 기술되었다(주진오, 2011: 31). 이러한 변화는 국사 교과서에서 순혈주의적 단일민족 인식이 퇴조했음을 보여 준다.

2009년 개정 교육과정(2010~2015)에서도 이런 변화가 지속되었다. 교과서 대부분은 민족형성론의 시각을 견지하면서, 신라의 삼국통일을 그 시점으로 기술했다. 대표적으로 금성출판사의 중학교 『역사(1)』은 "원래부터 한국인이라고 부를 수 있는 사람들이 있었던 것은 아니다. 우리는 아득하게 오래된, 그리고 복잡한 역사를 통하여 한국인이 되었다. … 신라의 삼국통일과 함께 … 삼국 문화가 본격적으로 융합되기 시작했고, 그것이 곧 오늘날 우리 민족문화의 토대를 형성했다."(강종훈 외, 2013: 17, 91)라고 기술했다.

---

17 이 교육과정에서는 국사가 역사로 명칭이 바뀌고 교과서 발행 체제도 30여 년 만에 검정제로 환원되었다. 이는 자민족 중심주의로 비판받았던 국사의 한계를 벗어나 세계사 속의 일원으로 한국사를 정립하겠다는 집필 의도를 반영한 것이었다.

그러나 일부 교과서는 여전히 민족 형성의 시점을 청동기 시대로, 고대 삼국을 동질성을 지닌 동족(同族)으로 서술했다. 금성출판사의 고등학교 『한국사』는 "청동기 시대를 거치며 만주 중남부와 한반도 일대에는 주변 지역과 뚜렷이 구별되는 농경 문화권이 형성되었다. 그리하여 혈연적 유대감과 언어 등 공통의 문화 요소를 바탕으로 점차 우리민족을 형성하는 기반이 마련되었다."(여호규 외, 2014)라고 기술했고, 리베르스쿨의 『고등학교 한국사』도 "우리민족은 신석기 시대에서 청동기 시대를 거치면서 민족의 기틀을 이루어 갔고 … 삼국은 오랜 전쟁을 치르면서도 언어나 풍습 등에서 동질성을 지니고 있었다."(윤영호 외, 2014: 41, 61)라고 기술했다. 이는 아직도 혈연적 유대감 또는 언어와 풍습의 공통성(동질성)을 근거로 내세워 청동기 시대부터 한민족이 형성되었다는 주장이 존속하고 있음을 보여 준다. 여기서 민족 단일성의 근거로 언어와 문화가 포함되었지만, 그 형성 시기를 원초론적 관점에서 접근했기에, 이 시각은 실질적으로 순혈주의적 단일민족이 주장하는 바, 곧 '우리민족은 원래 하나다'라는 인식으로 수렴한다.

결국, 단일민족 인식은 해방 직후에 등장하여 2000년대 중반까지 국사 교과서를 통해 공식적으로 학생들에게 전파되었다. 교과서는 특히 핏줄/혈통을 강조하면서 '한민족=핏줄/혈통의 동질성=단일민족'이라는 순혈주의적 단일민족 인식을 전파했다. 이렇게 해방 후부터 시작된 단일민족 교육이 지속되면서 그 인식은 자연스럽게 한국 사회의 '상식'이 되었다. 그러나 국사 교과서는 그에 대한 일관된 시각을 제공하지 않았다. 교과서에서 원초론적·순혈주의적 단일민족 인식은 개방적·형성론적 단일민족 인식과 모순적으로 공존하고 있었다. 하지만 후자도 단일성 근거의 개방성 및 단일성의 형성 과정을 설명하면서도 혈통중심적인 단일민족 개념을 유지했다. 다만 2007년 이후 교과서에서 전자가 퇴조하면서 개방적·형성론적 단일민족 인식을 바탕으로 민족 개념이 재구성되는 모습을 보여 준다.

4. 단일민족 인식의 변화와 그 요인

앞서 기술했듯이 한국에서 순혈주의적 단일민족 인식은 2000년대에 본격적으로 변화하기 시작했지만, 그에 대한 비판은 1990년대부터 본격적으로 제기되었다. 그 비판은 몇 가지 요인에 의해 추동되었는데, 첫 번째는 탈냉전 이후 본격화된 지구화(또는 세계화)의 물결이다. 1993년 출범한 김영삼 정부는 지구적 흐름에 걸맞게 국제화와 세계화를 내걸고 '경제 민족주의' 정책을 추진했고, 이 과정에서 일군의 학자들은 세계화 시대에 선진국으로 도약하기 위해 한국 민족주의에 내재한 배타성과 폐쇄성을 극복해야 하고, 그를 위해 '열린' 또는 '개방적' 민족주의가 필요하다고 주장했다. 여기서 단일민족 인식, 특히 그와 결합한 순혈주의는 한국 민족주의에 내재한 배타성과 폐쇄성의 원인으로 지목되었다.

둘째, 1990년대부터 시작된 외국인 이주 노동자와 혼인 이주 여성의 대량 유입이었다. 1990년대 중반이 되자 이주 노동자에 대한 정부의 폐쇄적인 정책과 그들에 대한 고용주의 억압이 비판받았고, 2000년대에는 혼인 이주 여성에 대한 한국 사회의 가부장적 억압과 차별에 대한 비판이 제기되었다. 많은 사람은 그 원인으로 단일민족 인식, 특히 그에 내재한 순혈주의를 지목했다. 2007년 유엔 인종차별철폐위원회의 한국 단일민족의식이 지닌 '인종차별적' 성격에 대한 지적도 이런 흐름의 연장선상이었다. 물론 한국사회의 인종차별적 성격이 순혈주의적 단일민족론이 아니라 '문화적 우월주의'에 의한 것이라는 주장(한경구 · 한건수, 2007)도 있지만, 순혈주의적 단일민족 인식이 가장 주요한 원인이라는 인식이 지배적 견해였다.

셋째, 2000년대 이후 순혈주의적 단일민족 인식을 부정하는 학술적 논의가 등장했다. 먼저, 역사를 통해 한국인이 단일민족이 아니었음을 입증하는 연구였다. 한 연구자는 한반도에는 고대로부터 조선 시대까지 대륙과 해양의 길을 따라 수많은 사람, 곧 중국인, 거란 · 여진 · 몽골 등 북방 유목민족, 일본인, 심지어 이슬람 세계의 사람들이 유입되었다고 주장했다. 곧 최근 한국사회의 다민족적 성격은 새로운 현상이 아니라 전통 시대에도 유사했다는 것이다. 따라서 현재 한국인의 관념 속에 자리하고 있는 단일민족 인식은 '만들어진 역사', 곧 허구라고 주장했다(이희근, 2008). 다른 연구자들도 우리 역사 속에는 단일민족·순혈주의 신화에 의해 가려진 이방인들이 존재했고, 따라서 우리 영토 내의 민족·혈연·문화가 다양하다고 주장했다(구문회 외, 2007).

다음으로, 단일민족 인식이 가진 부정적 특성, 곧 타민족에 대한 차별, 억압, 불관용 등을 근거로 그 인식을 비판하는 연구가 등장했다. 한홍구는 "'단군 할아버지'라는 한 분의 조상으로부터 비롯되었다는 단일민족 의식은 하나의 신화"이자 "극단적 민족주의와 부계 혈통주의가 결합된 아주 난폭한 주장"이라고 말하면서, 20세기 그것이 민족단결을 고취하고 신분 의식 타파에 기여하는 등 긍정적 역할을 했지만, 그 속에 억압과 차별과 불관용이 숨어 있다고 비판했다(한홍구, 2002: 29-30, 35). 이 외에도 많은 연구가 1990년대 이후 유입된 이주노동자와 결혼이주자에 대한 한국 사회의 차별을 지적했다.

마지막으로, 1990년대 이후 한국 민족주의에 관한 관심이 고조되는 상황에서 유전학과 의학 등에 근거하여 단일민족 인식을 비판하는 연구가 등장했다. 일제강점기 일본인 학자들은 한국인의 유전적 특성을 연구한 후, 한국인이 종족적으로 이질적인 집단으로 이루어진 혼합 민족이라고 주장했다. 해방되자 이에 반발한 한국 학자들은 한국인이 유전적으로 균질한 단일민족임을 밝히려 했다(현재환, 2018: 473). 그래서 1980년대까지 유전학자와 의학자들은 이러한 연구를 진행했고, 그에 근거하여 단일민족론의 중요한 근거인 한민족 북방기원설을 과학적 차원에서 증명했다고 주장했다(현재환, 2018: 337).[18]

---

18 당시 의학과 유전학 연구자들은 역사학과 고고학계의 논의를 구체적으로 파악하려

그러나 1990년대 이후 진행된 많은 유전학 연구들은 "한국인이 단일민족이 아니라 아시아의 북방과 남방 지역에서 여러 민족이 이동하여 구성된 복합민족"이라고 주장했다(현재환, 2018: 341). 예를 들어, 미토콘드리아 유전자(mtDNA)를 분석한 연구에 따르면, 한국인 유전자의 70~80%는 북방계이고 20~30%는 남방계이며, Y염색체를 이용한 연구 역시 한국인이 주로 몽골과 동, 남북 시베리아인에게서 흔히 볼 수 있는 유전자형, 동남아시아 및 중국 남, 북부에서 흔히 볼 수 있는 유전적 변이를 모두 가지고 있다고 주장했다. 이 결과는 한국인 집단이 동아시아의 남방과 북방의 유전자적 특성을 모두 갖고 있음을 의미한다. 곧 한국인은 유전적으로 하나의 민족이 아니라는 것이다(우은진, 2020: 9-10). 이런 연구들은 과학적으로 볼 때, 한국의 순혈주의적 단일민족 인식이 잘못된 사고라는 점을 강하게 표명했다.

결국, 1990년대부터 한국 사회에서는 여러 방면에서 순혈주의적 단일민족 인식에 대한 비판이 제기되었다. 특히 한국인이 단일 혈통이 아님을 보여 주는 역사적이고 과학적 연구들이 등장하면서 기존의 순혈주의적 단일민족 인식에 대한 신뢰가 무너졌고, 그 결과 그 인식은 공적 영역에서 사라졌다.

5. 마치며

이상에서 한국의 단일민족 인식의 형성과 변화과정을 고찰하고, 단일민족 인식이 혈통중심적 성격으로 구성되는 과정에서 어떤 변화와 균열이 등장했는지에 주목했다. 이를 통해 발견한 내용을 정리하면 다음과 같다.

는 노력 없이 단일민족론에 부합하는 방향으로 연구 결과를 해석했다고 한다(현재환, 2018).

첫째, 한국에서 단일민족 인식은 1920년대 처음 등장했다. 일제강점기 한국 민족주의자들은 단일민족을 일본과 구별되는 한민족의 독자성으로 부각하려 했다. 하지만 매우 적은 용례로 볼 때, 그 용어는 널리 사용되지는 않았다. 그런데 주목할 점은 당시의 단일민족 인식이 다양성을 보였다는 점이다. 곧 단군의 자손이라는 혈통중심적 단일민족 인식, 혈통뿐 아니라 역사나 문화 등 다른 요소에 근거한 단일민족 인식, 그리고 (이 또한 혈통중심적 사고에 기초한 것이지만) 한민족이 단일민족이 아닌 혼합민족이라는 인식이 존재했다.

단일민족 인식은 해방 후 본격적으로 사용되고 확산했다. 그것은 분단과 신탁통치의 부당성, 자주독립과 통일의 정당성, 그리고 이승만 정부 중심의 일치단결을 정당화하는 데 사용되었다. 특히 이승만 정부는 신생 대한민국의 정통성을 강조하고 애국심을 갖도록 하기 위해 한민족의 '본질적' 동질성을 의미하는 혈통/핏줄을 강조했다. 당시 단기 연호의 사용, 개천절의 국경일 지정, 홍익인간의 교육이념 채택 등 단군 민족주의의 제도화는 순혈주의적 단일민족 인식의 확산에 큰 영향을 미쳤다.

이와 함께 해방 후 출간된 국사 교과서들도 한민족이 단군의 자손이자 한 핏줄임을 강조하면서 학생들에게 순혈주의적 단일민족 인식을 전달했다. 이러한 경향은 2000년대까지 이어졌고, 이 과정에서 순혈주의적 단일민족 인식은 자연스럽게 '상식'으로 인식되었다. 그러나 이 인식도 1990년대부터 제기된 다양한 비판으로 인해 그 위상이 흔들렸고, 그 결과 단일민족 개념은 2007년 이후 국사 교과서에서 삭제되고 공식 영역에서 사용되지 않게 되었다.

둘째, 국사 교과서의 내용을 검토한 결과, 2000년대까지 그것들은 단일민족의 등장에 대한 '일관된' 시각을 제공하지 못했다. 초기부터 교과서에는 태초부터 순수혈통의 단일민족으로 등장했다는 순혈주의적 · 원초론적 인식과 여러 종족이 일정한 역사를 거쳐 단일민족으로 형성되었다는 개방적 · 형성론적 인식이 혼재되어 서술되었다. 전자는 어떤 설명도 없이 우리민족이 대략 청동기 시기부터 하나의 민족 단위를 형성하고 독자적 문화를 이룩했다고 기술한 데 비해, 후자는 고조선 이후 한반도와 주변 지역에 존재했던 부족국가와 고대 국가들이 신라의 삼국통일을 계기로 민족의식과 민족문화를 형성하기 시작했다거나 또는 단일민족국가를 이루었다고 기술했다. 그렇지만 후자 역시 단일성 근거의 개방성 및 단일성의 형성 과정에 대한 설명을 통해 혈통중심적인 단일민족 개념을 유지했다. 다만 2000년대 후반부터 다수의 교과서가 개방적 · 형성론적 시각에서 서술했다.

한편 학계 일부에서는 외래인의 유입을 인정하면서 원초론을 비판했다. 그러나 외래인이 주족에게 포섭되어 결국 단일민족이 되었다고 보았다는 점에서, 이 시각 역시 혈통중심적 사고에 기초해 있었다. 또한 많은 연구자는 한민족이 태초부터 단일민족이었던 것이 아니라 특정 시기, 예를 들어, 신라의 통일을 계기로 단일민족이 형성되었다는 민족형성론을 견지하고 있었다. 이 외에도 민족 단일성의 근거로 혈통 외에 문화, 역사, 언어와 같은 다른 구성요소를 언급한 시각도 존재했다. 이는 학계에서 혈통중심적 사고가 전일적이지 않았음을 보여 주는 동시에, 혈통과 함께 다른 구성요소에 근거한 단일민족 인식이 존재했음을 보여 준다.

셋째, 단일민족을 다룬 기존 연구들은 기초적인 개념인 단일민족이나 민족 개념에 관해 관심을 기울이지 않았다. 이 개념들은 상당히 모호하고 유동적이기 때문에 다루기 어려운 주제로 악명이 높지만, 기존 연구들은 이 개념들을 자명한 범주로 다루었다.[19] 그러나 한국의 순혈주의적 단일민족 인식은 자명하지 않으며, 당대의 정치 · 사회적 필요에 따라 '구성'된 것이었다. 우선, 민족은 특정 요소들의 동질성에 기초하여 구성된 범주다. 일반적으로 민족을 구성하는 객관적 요소로 혈통, 언어, 문화, 역사,

19 민족 개념에 대한 철학적이고 이론적인 고찰은 박동천(2008)을 참고.

지역, 종교 등이, 그리고 주관적 요소로 민족의식이 제시된다. 이 요소 중 일부를 공유하는 경우, 그 집단은 민족으로 간주된다. 물론 그중 어떤 요소를 공유해야 민족으로 정의하는가에 대해서는 암묵적 합의가 존재하지 않는다.[20] 이는 특정 요소를 강조하여 민족을 정의하는 것이 '정치적' 결정이라는 점을 말해 준다. 예를 들어, 20세기 초 민족주의자들이 한민족을 단군과 결합해 공통의 조상으로 내세운 것은 민족의 장구한 역사를 통해 대중들에게 한민족에 대한 자부심, 더 나아가 애국심을 갖게 하려는 정치적 프로젝트였다.

이러한 논리는 단일민족 개념에도 똑같이 적용된다. 어떤 요소가 동질적이어야 단일민족이라고 규정할 수 있느냐에 대해서도 암묵적인 합의가 없다. 일반적으로 단일민족은 복합(혼합) 민족과 대비되면서 하나의 종족으로만 구성된 경우를 지칭한다. 그런데 여기서 기준이 되는 종족은 무엇인가? 종족은 영어의 ethnie, ethnicity, ethnic group을 번역한 것인데, 이 개념 역시 모호하다. 종족도 민족과 마찬가지로 특정 요소를 공유한 집단을 지칭하는데, 그중 어느 것을 기준으로 종족이라고 지칭하는지에 대해 역시 쉽게 합의되지 않고 있다. 그렇기에 민족과 마찬가지로 특정 요소를 종족의 기준으로 규정하는 것도 정치적 결정이다.

해방 후 한국에서는 종족과 민족을 구분하지 않고 한민족이 태초부터 단군과 혈통을 공유한 단일민족이라고 규정했다. 물론 민족형성론적 시각에서 단일민족을 인식하거나, 혈통 이외의 다른 요소를 포함하여 단일민족을 정의하거나, 혹은 혼합민족이라고 주장하는 시각도 존재했다. 하지만 지배적 인식은 순혈주의적 단일민족 인식이었다. 해방 후 혈통이 강조된 것은 분단의 부당성을 강조하거나, 또는 민족 분열을 죄악시하려는

---

20 그렇기에 홉스봄과 같은 저명한 역사가도 민족을 "꽤 큰 집단의 사람들이 자신들을 한 '민족'의 구성원으로 생각하고 있다면, 그렇게 간주될 것"(홉스봄, 1994: 24)이라고 말했다.

정치적 목적이 내재한 것이었다.

넷째, 순혈주의적 단일민족 인식은 외국인에 대한 배타성과 같은 부정적 측면을 지녔지만, 한국 현대사에서 상당히 중요한 역할을 했다. 그것은 국권이 상실된 시기에는 민족정체성과 동질성을 표상했고, 해방 후에는 분단의 부당성과 남북통일의 정당성을 주장하는 근거가 되었다. 대한민국 정부 수립 후에는 독립 국가를 수립·유지할 자격을 보증하는 근거로 제시되었고, 한국전쟁 후에는 "세계에서 유례를 찾을 수 없는 단일민족"이라는 표현이 보여 주듯이 민족적 자존심을 세우는 역할을 담당했다.

그러면 순혈주의적 단일민족 인식은 21세기에도 계속 중요한 역할을 할 것인가? 이에 대해서는 회의적이다. 그 이유는 먼저, 그 인식에 대한 비판과 약화를 초래했던 지구화나 이주민의 유입이 지속할 것이기 때문이다. 지구화는 우리가 거스를 수 없는 세계적 흐름이고, 이주민의 유입 역시 한국 사회의 저출산 현상과 노동력 부족에 따른 자연스러운 결과이다. 다음으로, 그 인식의 긍정적 역할이 기대되는 통일에 대한 전망도 낙관적이지 않다. 특히 날이 갈수록 악화하는 남북 간의 적대와 이질성의 확대는 혈통의 '동질성'을 내세운 통일의 당위성을 약화할 것이다. 따라서 이제는 이러한 시대적 변화를 반영하는 새로운 한민족 개념의 구성이 요청된다.

제2장

단일민족 신화의 과학적 해체와 재구성 사이에서: 1990~2000년대 유전 과학과 종족 민족주의

/

현재환

1. 들어가며

오늘날 현대 사회에서 과학적 연구 결과는 다른 어떤 분야에서 도출되는 결론보다도 훨씬 믿을 만한, 오롯이 객관적인 사실로만 여겨진다. 민족의 기원에 대한 논의에서도 이는 예외가 아니다. 한국인의 기원이 유전학적으로 볼 때 남방계와 북방계의 혼합이라는 언설은 한국인의 기원과 정체성에 관해서 가장 신뢰할 만한 과학적 사실로 최근까지도 널리 유통되고 언급되고 있다. 이 주장은 2000년대 단국대학교의 김욱 연구팀이 한국인 집단과 주변 종족 집단 사이의 유전적 다형성 빈도 차이 연구를 DNA 기술을 통해 발전시킨 한국인 이중 기원설에 기대고 있다(Jin et al., 2003; Jin et al., 2009). 김욱 연구팀은 "현대 한국인 집단이 북방 아시아에 정착한 뒤 주로 중국 남부에서 북부로 여러 차례 이동한 복잡한 과정 가운데 형성"되었을 것이라고 추론했고,[1] 이와 같은 유전학적 연구는 그간 널리 퍼져

1 이 혼합민족 기원론은 최근 고인골 시료의 유전체 전체를 분석하는 전장유전체 염기서열분석(whole genome sequencing)에 기초한 고유전체학(paleogenomics)의 연구 성과들에 의해 그 세부적인 내용이 일부 수정되어 왔다. 이에 대한 정리는 박정재(2024) 참고.

있던 단일민족 신화가 과학적으로 허구임을 보여 주는 사례로 자주 인용되어 왔다(최재천, 2005). 실제로 유전학자 김욱 스스로도 2010년에 국회가 개최한 이민 정책 포럼에 참여해서 자신의 연구 결과를 소개하며 한국은 "단일민족"이 아니며, 동남아시아로부터 이주를 적극적으로 받아들여 한국인 집단을 유전적 다양성이 높은 더 건강한 유전자 풀로 만들 필요가 있다고 주장하기도 했다.[2]

이처럼 유전학적 이중 기원설로 단일민족론을 비판하는 일이 한국 유전학자들만의 독특한 모습은 아니다. 1980년대 후반부터 세계 각국의 유전학자들은 DNA 기술을 사용해 인류 집단 이주의 국가사와 세계사를 재구성하는 작업, 소위 유전적 역사(genetic history)라는 연구 분야가 갖고 있는 과학적 객관성을 주장하는 동시에, 자신들의 연구를 바탕으로 인종주의와 민족주의 같은 문화적 편견을 해소하는 데 기여하려고 노력해 왔다(Stone and Lurquin, 2005).

그런데 김욱 연구팀의 연구 결과가 과학 바깥에서 사용되는 실례를 상세히 검토하면 오히려 유전학적 연구 결과가 단일민족주의에 전혀 위배되지 않는다는 주장도 자주 보인다. 예를 들어 2013년 반다문화주의가 본격화되던 시기 다문화 정책을 "민족 말살의 길"이라고 항변했던 반다문화정책연대의 이원호 대표는 김욱의 이중 기원설을 인용하며 고대 시기에 한국인이 남방계와 북방계의 혼합의 결과로 만들어졌지만, 이들의 유전자가 오랜 기간 한민족에 섞여 오늘날 한국인은 모두 동일한 혼합 유전자를 가지고 있기 때문에 단일민족이라고 항변했다.[3] 그의 발언을 어

2 「대한민국은 단일민족국가인가? 학술적으로 살펴본 단일민족 신화의 실체」, 한국아동·인구·환경의원연맹, 2010/6/23.

3 현재 해당 카페는 폐쇄되었으나 제18대 대통령직인수위원회에 올라온 동일한 제목의 제안서에서 내용을 확인할 수 있다. 이원호, 「다문화, 인류공존의 길인가 민족말살의 덫인가, 재외동포, 다문화 정책의 주역이다」, 제18대 대통령직인수위원회, 2013/2/8. (http://18insu.pa.go.kr/mobile/propose/view.php?seq=23870&seq_num=1916)

떻게 이해해야 할까? 단순한 궤변으로 보아야 할까? 아니면 과학적 사실을 자신의 정치적 입맛에 맞춰 틀리게 해석하고 오용했다고 이해해야 할까?

과학기술의 역사를 탐구하는 과학사학자들은 단순히 과학 공동체 바깥에서 비과학자들이 과학적 결과를 다양하게 해석할 수 있을 뿐만 아니라, 유전학자들 스스로 갖고 있는 특정 인류 집단에 대한 문화적, 역사적 개념이 해당 집단에 대한 유전학적 연구 과정에서 연구 질문의 발전, 피험자 선정, 그리고 연구 결과로 도출된 유전적 데이터의 해석 방향에까지 영향을 미친다는 점을 보여 왔다.[4] 이는 한 집단의 내력에 대한 역사적 서술과 정치적, 사회적 분류 방식이 종종 유전적 역사 연구에서 선험적인 분류로 사용되기 때문이다(Chadarevian, 2010; Gannett and Griesemer, 2004). 일례로 인도의 카스트 제도에 따른 집단 구별은 남아시아인 집단에 대한 유전학적 연구에서 피험자 집단을 분류하는 데 활용된다(Egorova, 2010). 과학사학자들은 또한 유전적 역사의 과학이 각국에서 다양한 사회적 정체성과 국가 정체성의 정치와 관계 맺으며 성장해 온 과정을 조사했다. 중국, 인도, 대만, 멕시코에서는 자국민의 유전 정보에 대한 상업적 소유권을 주장하면서 국가 정체성에 대한 기존 정부 관점을 정당화하는 사회 정책을 지원하기 위한 목적으로 국가 차원의 유전적 기원 조사 연구 프로그램들이 이루어졌다(Benjamin, 2009; Sleeboom-Faulkner, 2006; Egorova, 2013; Kent et al., 2015). 미국에서도 소수 종족 집단의 보건 운동과 유전적 조상 검사(genetic ancestry testing)의 상업화라는 맥락에서 민족별 또는 인종별 유전 프로젝트가 활발하게 추진되었다(Bliss, 2012; TallBear, 2013). 이처럼 다양한 유전적 역사 연구들은 유전학자들이 살아가는 사회에서의

4 스탠퍼드 인류 유전학자 L. 루카 카발리 스포르차(1922~2018)는 이 문제에 관한 선도적인 과학자였다. 인종 차별에 대한 인류 유전학(및 인간 다양성 게놈 프로젝트)의 유용성에 대한 그의 주장에 대해서는 Stone and Lurquin(2005) 참고. DNA 기반 유전 연구가 인류학보다 더 객관적이고 문화적으로 덜 오염되었다고 보는 카발리 스포르차에 대한 비판적 분석은 Sommer(2012) 참고.

사회적 관심과 문화적 이해를 이들이 공유하는 가운데 만들어진 것인 만큼, 이들의 연구 활동과 결과를 사회와는 유리된 채 실험실에서만 만들어진, 그래서 한국인의 민족됨과 같이 정치적으로 복잡한 문제에 대한 객관적이고 중립적인 해답이라고만 보기는 어렵다.

이 장은 1990년대와 2000년대에 단일민족론이라는 주제를 두고 한국 사회의 민족 정체성 정치와 한국인 집단의 유전적 역사를 탐구하는 유전 과학이 상호작용하며 서로를 만들어 나간 과정을 검토한다. 1990년대 초부터 한국에서는 동구권의 몰락으로 인한 새로운 국제 질서의 출현, 소비문화의 성장, 그리고 세계화로 상징되는 경제적, 문화적 자유화가 진행되는 가운데 한국인이 단일민족이라는 믿음을 강화시키는 다양한 종류의 민족주의가 등장했고, 단일민족론이 대중적으로 회자되었다. 다른 한편 2000년대에 들어서는 친이민주의로 한국 정부의 정책 기조가 바뀌고 다문화주의가 한국 사회의 주요 정책 의제로 부상했으며, 이와 함께 단일민족론에 대한 비판이 제기되면서 단일민족됨이라는 믿음에 기초한 한민족 정체성이 중요한 사회정치적 문제가 되었다. 이 상황에서 2000년대 중반부터 가시화된 중국이나 일본과 같은 주변 국가와의 고대사-영토 논쟁은 다시금 단일민족론을 주변 국가의 "역사 왜곡"에 대한 대응의 주요 틀로 활용하게 만들면서 단일민족됨을 둘러싼 논쟁을 더욱 복잡하게 만들었다.

필자는 2000년대에 유전학자들이 단일민족론에 의존하던 한국인의 정체성을 재구성하는 과정에 적극적으로 참여했으며, 그들의 연구 관행, 질문, 방법이 앞서 언급한 한국 사회의 민족 정체성 정치와 관련된 일련의 사건들의 영향 가운데 만들어졌음을 주장한다. 또한 이 작업을 통해 유전 과학이 한국에서 민족 정체성을 둘러싼 논의들에서 그 방향성은 모호하지만 중요한 일부가 되었음을 보여 주고자 한다. 이중 기원설을 비롯한 유전학적 언설들은 단순히 단일민족을 '과학적 허구'라고 비판하는 일뿐만 아니라, 반대로 한국인이 단일민족임을 주장하는 논자들도 반드시 언급해야 하는 주제가 될 정도로 일반적으로 수용되었다. 이 과정에서 한국인의 유전적 역사에 대한 과학적 연구와 한국의 민족 정체성을 둘러싼 사회정치적 논쟁은 서로를 만들어 갔다.

2. 통일 민족주의에서 열린 민족주의론까지: 1990년대 단일민족론의 대중적 부상

1980년대 후반은 한국 근현대사의 중요한 변곡점이었다. 1985년 소련의 개혁 개방 정책인 페레스트로이카의 여파로 동구권에서 자유화의 물결이 확산되었다. 이 가운데 1987년 남한에서는 6월 민주항쟁을 통해 전두환 독재 군사정권이 종식되고 직선제 개헌이 이루어졌다. 1988년 2월에 출범한 노태우 정부(1988~1993)는 서울 올림픽 이후 북한의 주요 동맹국인 공산주의 국가들과의 관계 개선을 통해 남북관계 정상화를 꾀하는 북방정책을 추진했다.

같은 시기에 학생 단체와 반체제 지식인들에 의해 주도된 아래로부터의 반미-민족해방 운동은 남북단일팀 구성과 같은 스포츠 외교를 통해 북한과의 관계 개선을 꾀하고 남북한 UN 동시 가입 및 남북한 합의서를 체결하는 등 위로부터의 통일 노력과 합류와 충돌을 반복하면서 자주통일 논의를 부상시켰고, 남북한 통일을 정당화하는 주요 근거로 한민족의 종족적 단일성(ethnic homogeneity)을 강조하는 논의들이 언론과 학술담론, 그리고 교육 부문을 뒤덮기 시작했다(김수자, 2006: 57; 신기욱, 2009: 280). 김영삼 정부(1993~1998)의 출범 초기였던 1993년 4월에 통일부 산하 국책연구기관인 민족통일연구원(현 통일연구원)은 "통일 이데올로기로서의 종족 민족주의"라는 제목의 학술회의를 개최했고, "남북통일"을 "한민족 민족주의에 바탕을 두어야 한다."라고 주장했다(신기욱, 2009: 281에서 재인용). 민족통일연구원은 여기서 나아가 1994년에 『한국민족주의 연구』라는 연구 보고서를 출판했다. 연구원에 따르면, 한국 민족은 "언어, 혈연, 지역, 문화 및 자의식의 공동체로서 단일국가를 구성하려는 지향성을 지닌 역사적으로 형성된 인간집단"이며, 전근대, 근대의 시간적 구분에도 불구하고 인간집단의 내부구성이나 고유한 성격이 대체로 이어져 왔기에 한민족은 오래전부터 "'족'(族, ethnie)적 중심"을 바탕으로 존재해온 단일민족일 뿐만 아니라, "남북한주민은 동일한 하나의 민족"이고, "통일에 대한 열망은 거의 본능적인 충동으로 내면화되어 있는 상태"였다(조민, 1994: 51-53).

남한 정부의 시각과 정책 또한 이런 종족적 동질성을 강화하는 형태로 이어졌다. 노태우 정부 시기 교육부는 제5차 교육과정(1988~1992)에서 북한의 서술어를 "북한 공산집단"에서 "북한"으로 바꾸고, 김영삼 정부 시기인 제6차 교육과정(1993~1997)에서는 북한을 한 민족인 "동반자"로 묘사하기 시작했으며, 이 교육과정 동안 "민족 동질성 회복"을 위해 통일이 절실하다는 통일교육이 이루어졌다(강진웅, 2015: 262-263). 김영삼 첫 문민정부 대통령의 "어느 동맹국도 민족보다 더 나을 수는 없습니다. 어떤 이념이나 어떤 사상도 민족보다 더 큰 행복을 가져다주지 못합니다."라는 취임사 발언은 당대의 분위기를 잘 보여 준다(김영삼, 1993/2/25).

한편, 1990년대 초에 이르면 중국뿐만 아니라 동구권 시장이 새로운 경제 무대로 등장했으며, 우루과이 라운드 협상을 통해 구상되고 1995년에 출범하게 된 세계무역기구(World Trade Organization, WTO) 체제는 미국의 다국적 기업들에게 유리한 형태로 무역 질서를 재편하며 전면적인 시장 개방을 이끌었다. 또한 이런 새로운 국제 경제 체계를 확립하기 위한 경제적 단일화가 각국에서 진행되었다. 이 과정에서 자본과 노동, 금융, 정보 문화 등의 전지구적 이동을 위한 인프라가 구축되고, 정치경제적, 문화적, 사회적, 기술적 영역에서 전지구적 상호 연결과 의존이 심화되는 '지구화(globalization)'가 일어났다. 이 가운데 노태우 정부는 북방정책의 일환으로 1990년과 1992년에 소련 및 중국과 정식 수교를 맺으며 새로운 무역 관계를 형성했다. 이를 계기로 일본과의 '적대적 제휴'와 미국을 중심으로 전개되던 한국 외교는 동북아 국제정치의 중요한 경제적, 정치적 행위자로 중국을 새로이 추가했으며, 조선족이 국내로 대거 유입되는 배경이 되었다(배종윤, 2014; 강진웅, 2013: 210-211). 노태우 정부와 이후의 김영삼 정부는 이와 함께 유통, 금융, 농수산물 분야에서 급진적인 개방 정책을 실시하여 미국이 주도하는 경제적 단일화 흐름에 참여했다(지주형, 2011).

이 가운데 농수산물 시장 개방을 둘러싸고 김영상 정부 시기 동안 국내에서 격렬한 논쟁이 일어났고, 그 과정에서 정부 주도의 지구화에 반대하는 대중 민족주의(popular nationalism)가 등장했다. 특히 쌀 시장 개방은 미국의 부당한 개방 압력에 의해 "우리나라를 농업 식민지로 만드는 현대판 을사조약"이라 불리면서 전국적인 대중의 반대를 불러일으켰다. 쌀 개방 반대 시위 주도 집단은 반대 운동을 '제2의 민족독립운동' 혹은 '20세기 말의 의병운동'이라고 명명하며 국외 자본의 침입에 저항하는 한민족이라는 서사를 발전시켰다(한경구, 2008). 1993년 2월 이후 반복해서 벌어진 다양한 농업 개방 반대 시위에서 "우리는 쌀 민족 우리 쌀 먹읍시다"나 "조상님 제사상에 외국 쌀이라니", "민족농업 사수하자", 혹은 "수입개방 강요하는 미국놈은 물러나라"와 같은 구호는 흔히 볼 수 있는 풍경이었다.[5]

당시 부상한 대중 민족주의는 한편으로는 반지구화 운동과 같은 저항적 민족주의에 기초했지만, 다른 한편으로는 1980년대 후반부터 등장한 대중 소비문화 출현이라는 사회적 맥락 가운데 '민족문화'를 대중적으로

5 이에 대한 자료와 사진들에 대해서는 나음을 참고. 「정부 규단 진국 농민대회」, 민주화운동기념사업회 오픈 아카이브(https://archives.kdemo.or.kr/photo-archives/view/00755644, 2025.4.8. 접속).

소비하는 흐름에 힘입은 것이기도 했다. 1990년대 동안 영화 『서편제』, 여행서 『나의 문화유산 답사기』, '신토불이'라는 이름이 붙은 전통 식음료 등 '한국적'인 것이 유행했으며, "민족적 뿌리 찾기"와 관련된 교양 한국 역사서 출판은 호황을 맞았다. 삽살개와 같은 '토종' 동식물에 대한 관심 또한 중요한 문화적 소비 콘텐츠가 되었다. 문화 인류학자 권숙인(1998)에 따르면, 이런 대중적인 민족문화 소비는 지구화와 근대화가 앗아간 "우리 뿌리들"을 회복하고 이를 통해 한국인의 민족적 정체성을 찾으려는 시도였다. 또 문화 인류학자 조한혜정(1998)은 이 시기의 "한국적인 것"에 대한 대중적인 희구가 지구화에 의한 한국의 경제적 자유화 가운데 전통 문화를 상품으로 인식하는 새로운 이해가 출현하면서 발생한 것이라고 지적하기도 했다.

1980년대의 전두환 군사정권이 학생 운동가들과 재야인사들의 저항적 민중 민족주의를 탄압하던 것과 달리, 김영삼 및 김대중 문민정부는 이런 대중 민족주의의 수사와 민족주의적 언술들을 시장 개방 및 "세계화"와 관련된 정부 시책을 보조하는 도구로 전략적으로 길들이고 정당화하는 데 활용했다(김동노, 2010). 예를 들어 김영삼 대통령은 쌀 개방과 관련된 대국민 담화문에서 "국제사회 속에서의 고립보다는 경쟁과 협력"을, "쇄국보다는 문을 열고 나가는 개국이 우리민족의 나아갈 길일 수밖에 없다."라고 연설했다(김영삼, 1993/12/8). 또 쌀 개방 논란이 일어난 이듬해에 정부는 "21세기 대내외 여건 변화에 대응하여 정치 · 경제 · 사회 · 문화 등 각 분야를 세계적 수준으로 향상시키고 국제사회와의 협력을 증진"한다는 목적으로 국무총리 산하에 세계화추진위원회를 설치하고 세계화를 국가 정책의 성공 지표로 삼는 세계화 정책을 추진하기 시작했다.[6] 김영삼 정부는 시장 개방이 "한국인이 세계로 진출"하는 기회이며 "한국인

6 「세계화추진위원회규정(대통령령 14504호)」(관보 제12,905호, 1994.12.31.).

이 치열한 국제 경쟁"에도 불구하고 "민족의 우수함과 유구한 역사"를 통해 축적한 지혜를 바탕으로 반드시 성공할 수 있다는 수사를 펼쳤다. 이와 함께, 정부는 이런 민족주의적 논변을 정당화하기 위해 한국의 우수한 전통 문화 및 역사를 '복원' 및 '발굴'하고, 이를 통해 "우리의 것을 새롭게 살려 민족문화를 보편적인 세계 문화로 발전시키"겠다는 비전을 제시했다(김수자, 2006: 66). 문민정부의 "가장 민족적인 것이 가장 세계적인 것"이라는 주장과 같은 민족주의 담론에 기댄 "세계화" 정책은 당시 민족문화 소비와 관련한 아래로부터의 대중 민족주의 감수성과 잘 맞아떨어졌다(권숙인, 1998: 183).

이처럼 대중 민족주의가 성장하는 한편으로 인문사회 분야의 지식인들은 김영삼 정부의 세계화 의제에 발맞춰 "열린 민족주의"라는 개념을 제안하기도 했다. 예를 들어 국제정치학계에서 제출된 『세계화의 도전과 한국의 대응』(1995)과 이에 대한 서평은 "폐쇄적이고 배타적이며 감정적인 단순논리적 민족주의를 극복"하고, 대신에 "개방적 민족주의를 내면화하고 외부의 광역화된 지역주의를 적극적으로 활용하여 세계주의의 물결을 헤쳐나가자."라고 제안하며 "열린 민족주의"를 이야기했다(김경원·임현진, 1995; 류재갑, 1996). 이듬해 역사문제연구소가 주최한 "한국의 근대와 근대성" 심포지엄에 참여한 정치학자 박명림 역시 타민족과 공존하고 세계화에 동참할 수 있는 이념적 지향으로 "열린 민족주의"를 주장했다(『경향신문』, 1996/5/16). 역사학자 도진순 또한 『한국민족주의와 남북관계』(1997)에서 통일을 위한 방안을 논하면서 "개방을 하면서도 민족주체성을 잃지 않는" 방법으로 열린 민족주의를 제시했다(도진순, 1997). 1999년경에는 민족주의를 지지하는 입장의 학자들에게 "개방에 포용적이면서도 민족 정체성과 민족이익을 잃지 않는" 열린 민족주의가 "지구화 시대"에 취해야 할 "가장 적법한 이념"으로 자리 잡기 시작했다(이만열, 1999).

이후 "열린 민족주의"는 김대중 정부가 공식 이데올로기로 천명할 정도로 학술적 차원을 넘어서 한국 사회의 중요한 담론이 되었다. 물론 역사학자 임지현(2002)이 적절히 지적했듯이, 이런 개방적이고 포용적인 민족주의 역시 민족 정체성을 다른 어떠한 정체성보다도 한국 정치와 사회의 핵심으로 이해하고, 민족을 본질을 지닌 실체로 본다는 점에서 단일민족으로서의 한국인에 대한 이해와 관심을 부정하는 것은 아니었다.

3. '다문화 사회'의 도래와 역사분쟁: 2000년대 단일민족론의 정치적 논쟁화

사실 "열린 민족주의"와 같이 단일민족에 대한 관점을 견지하면서도 타종족 집단에 대한 적극적인 수용과 "개방적인 태도"를 주장하는 일견 모순적인 제안은 국내 거주 외국인의 급증이라는 인구 구조의 변동과 밀접하게 연결되어 있었다. 1980년대 말부터 인력 부족 현상이 심화되는 상황과 1988 서울 올림픽 개최와 함께 이루어진 출입국 규제 완화라는 제도적 변화가 맞물리면서 동남아시아인들의 한국 입국 비율이 급증했다. 이와 함께, 중국과 한국 정부의 외교적 관계 개선 속에서 중국 조선족의 한국 취업이 증가했다(이혜경, 2008: 114-115). 이에 대응하여 1992년 10월부터 한국 정부는 산업연수생 제도를 실시해 외국인 노동자들의 6개월 연수 및 6개월 체류 연장을 합법화하고, 1998년 4월부터는 2년 연수 후 1년 고용허가제를 처음으로 실시했으며, 2007년 1월부터는 고용허가제로 일원화했다. 이와 함께 2002년 12월부터 중국 조선족을 포함한 "재외동포"들에게 특정 직업들을 일정 기간 허용하는 취업관리제(이후 방문취업제)를 도입했다.

이상의 제도적 변화에 힘입어 1987년 6,409명에 불과하던 한국 내 외국인 노동자 수는 불법체류자를 포함하여 1991년에는 42,476명으로, 2005년에는 468,326명으로 급증했다(우평균, 2002; 이정환·이성용, 2007:

150). 1995년부터 이주 노동자와 활동가들은 당시 만연하던 한국인 고용주들의 직장 내 차별에 항의하기 시작했다. 이들은 외국인 노동자를 위한 공동위원회를 결성하고 차별적인 법률의 폐지를 요구했다. 이주 노동자 운동이 활발해지면서 비한국인 집단의 존재가 가시화되기 시작했고, 이러한 가시성으로 인해 한국인은 다른 이주민 집단의 존재를 깨닫게 되었다.

한편 2000년대 초반에 새로이 정권을 잡은 노무현 정부(2003~2008)는 이민 정책을 재조정해 한국인 디아스포라와 외국인 이민자에게 국적과 영주권의 범위를 확대하기로 결정했다. 이는 당시 정권의 진보적인 인권 정책을 부분적으로 반영한 것이지만, 주된 동기는 저출생 문제가 가시화되던 상황에서 이주민들을 노동력으로 받아들여 국가 경제 성장을 도모하겠다는 경제적 전략이었다(Lee and Skrentny, 2014). 2006년 4월 26일 노무현 대통령은 "여성결혼이민자 가족 및 혼혈인 · 이주자의 사회통합을 위한 종합대책"을 논의하는 국정과제회의에서 "다인종 · 다문화로의 진전은 거스를 수 없는 대세"라며 다문화 정책을 본격적으로 추진할 것을 확정했다. 노무현 정부가 다문화 사회로의 전환을 위해 해결해야 할 문제 중 하나로 "순혈주의"와 "단일민족" 신화를 꼽으면서, 이에 대한 교육과 캠페인이 강조되기 시작했다(교육인적자원부 외, 2006: 19). 실제로 2007년 교육부의 개정 교육과정은 단일민족주의를 강조하던 이전 교과과정과 달리 다른 인종 집단이나 타문화에 대한 편견을 극복하고 관용 정신을 기르는 다문화교육을 학습 주제로 포함시켰다(정희태, 2010: 273).

이 가운데 한국인 단일민족론에 대한 비판적인 언설들이 점차 늘어나기 시작했다. 특히 한국의 정부 주도 다문화 정책이 전제하는 동화주의에 비판적인 이주 노동자 운동가와 인류학계와 여성학계의 연구자들은 정부의 다문화주의 역시 한국의 가부장적 '민족' 문화로의 동화를 전제하고 암묵적으로 강요하는 단일민족론을 내재하고 있다고 비판하며, 단일민족론이 갖는 사회정치적 성격을 드러내려고 노력했다(청와대, 2006/4/26).

이와 같은 비판은 당시 역사학계에서 시작된 탈민족주의 담론의 부상과 조응하며 인문사회학계에 보다 일반적인 시각으로 자리잡기 시작했다(임지현, 1999; 2005). 진보적 언론도 이주민 문제와 관련해 단일민족론에 대한 비판에 동참했다(Lee, 2009).

주변 국가들과의 역사 분쟁은 단일민족론을 둘러싼 논쟁을 더욱 복잡하게 만들었다. 2000년대로 접어들면서 동북아시아에서 공산주의와 자유주의 국가 간의 이념적 투쟁은 점차 영토 경계를 둘러싼 경제적, 정치적 투쟁으로 대체되었다(천자현, 2014). 예를 들어 1992년 한국과 중국 정부가 국교를 정상화하고 주요 경제 파트너가 된 이후에는 서로의 이념적 차이에 대해서는 공식적으로 침묵을 택했지만, 대신 안보, 통상, 영토 분야에서의 갈등이 심화되었다. 중국 정부는 1990년대 말부터 중국의 현재 영토와 종족 구성을 정당화하기 위해 그간 활용해 온 '통일적 다민족국가론'을 재구축하기 시작했다. 중국 정부는 "중국은 수많은 민족으로 구성된 통일적 다민족국가이기 때문에 중국을 구성하고 있는 수많은 민족의 역사는 물론 중국 영토 안에서 이루어진 역사는 모두 중국사의 범주로 설정"한다는 논리에 따라 오늘날의 "중국 영토"를 "과거 중국의 영토"로 재정의했다. 이는 중국 내 소수민족의 독립을 차단하고 후일 발생할 수 있는 영토 분쟁을 미연에 방지하기 위해 꾀해진 작업인데, 중국 정부는 이 과정에서 2002년부터 중국 사회과학원의 동북공정을 통해 만주와 북한 지역에 세워진 고대 왕조들을 중국사에 편입시켰다.

문제는 한국에서는 이들을 한국사의 일부로 간주해 왔다는 것이다(김영심, 2011). 동북공정은 한국에서 대중적인 분노를 불러일으켰고 역사 분쟁에 불을 지폈다. 특히 오늘날 중국 동북지방과 한반도의 2/3을 통치했던 고구려(기원전 37년~서기 668년)의 역사가 논쟁의 중심이 되었다. 중국 학자들은 고구려를 퉁구스족이 수립한 국가로 간주했으며, 이 국가의 성원이 오늘날 중국 민족의 일부인 만주족과 오로첸족과 같은 퉁구스족 출신이었다고 주장했다. 이에 반해 한국의 민족주의적 시민단체 및 학자들과 정부는 고구려를 고대 중국과는 구별되는 한국 역사의 일부로, 고구려인들을 고대 한국인으로 간주했다(Gries, 2005; Chung, 2009). 이 논란은 단순한 역사 해석의 충돌이 아니라 잠재적 영토 분쟁이기도 했다. 북한이 붕괴해 가는 상황에서 고대 한국인을 중국 민족사에 포함시키는 것은 중국이 북한 영토와 만주에 거주하는 중국 조선족에 대한 영유권을 주장할 때 정당화 근거로 사용될 수 있다는 우려 또한 제기되었다.[7]

분노한 시민들과 활동가들은 정치인들에게 중국 정부에 대해 공식적으로 비판 성명을 내고 역사 분쟁에 적극적으로 대응하라고 압력을 넣었다. 한국 정부가 이에 대해 즉각적으로 문제제기에 나서지 않았지만, 학계는 2003년부터 곧장 반박 학술대회를 개최하며 학술적 대응을 시작했다. 학계의 활동 및 대중들의 분노와 규탄에 힘입어 2004년 2월에는 "중국의 역사 왜곡에 대한 학술적 대응"을 목표로 삼은 고구려연구재단이 출범하여 이와 관련된 "북방사 연구"를 지원하기 시작했다.[8] 이후 2006년 9월 한국 정부가 교육부 산하에 "일본과 중국의 역사 왜곡에 체계적으로 대응하고, 이를 위한 한국사를 연구 및 전파"하는 것을 목적으로 고구려연구재단을 흡수 · 통합한 동북아역사재단을 설립하면서 "북방사 연구"에 관한 연구와 지원은 더욱 확대되었다(김영심, 2011: 137-138). 정부와 재단 설립 지지자들은 고구려인과 현대 한국인의 상관관계를 포함한 한민족의 기원에 대한 체계적이고 과학적인 접근이 고구려에 대한 '객관적인' 자료를 제공함으로써 논란을 해소할 수 있을 것으로 기대했다(전호태, 2005). 2년 후에 문화재청 국립문화재연구소는 "주변국의 역사 왜곡에 대

---

7 1994~1998년 북한에서는 소련의 지원 중단으로 인한 경제 위기와 함께 장기적인 대규모 기근이 발생했다. 기근 기간과 그 직후에 약 350만 명이 사망한 것으로 추정된다. 또한 2002년 이른바 2차 북핵 위기 이후 미국이 주도한 대북 제재로 인해 한국인들은 북한의 임박한 붕괴 가능성에 대해 생각하게 되었다. 관련한 사례로 김연수(2006) 참고.

8 동북공정에 대한 한국의 정부와 학계의 대응에 관한 간단한 설명으로는 임기환(2007) 참고.

한 과학적 증거"를 제공하기 위해 한민족 기원에 대한 과학적 연구를 지원하기 시작했다(국립문화재연구소, 2005: 31-35).

정리하자면, 1990년대 동안 한국인의 종족적 단일성에 대한 논의가 정치, 언론, 학술, 교육 등 다양한 영역에서 일반화되고, 한국인 '민족문화'의 원형과 뿌리를 찾는 일이 한국 사회에서 중요한 소비문화의 일부로 자리 잡았다. 2000년대에 이르면, 경제적 자유화의 결과 아시아 지역 이주 노동자가 급증하고, 인구 문제에 대한 대응으로 출현한 '다문화 정책'과 다문화주의 논의는 단일민족론을 한국 사회가 '다문화 사회'로 전환하는 데 가장 큰 장애물로 제시하면서 이를 해체하고 민족 정체성을 재구성할 필요성을 본격적으로 제기했다. 여기에 동북아 영토-역사 분쟁은 주변 국가들의 '역사 왜곡'에 대응하기 위한 주류 접근으로 단일민족론에 기초한 민족주의적 역사 인식이 다시금 부상하게 만들었다. 그 결과 단일민족론에 기초한 민족 정체성은 다문화 사회에 부합하는 탈민족주의적 방향으로 재구성되어야 한다는 요구와, 단일민족됨을 더 확고하게 정위하려는 노력 사이의 긴장 관계에 놓이게 되었다. 당시 막 유전적 역사 연구를 시작한 국내의 유전학자들은 한편으로는 이러한 사회적 상황 가운데, 다른 한편으로는 이미 자국의 종족 동질성 개념에 문제를 제기해 온 해외의 과학자들의 영향 가운데 단일민족론에 대해 재고하는 연구들을 추진할 것이었다.

4. 유전 과학으로 단일민족론을 비판하기

오늘날에는 유전자를 이야기하면 쉽게 DNA(deoxyribonucleic acid)를 떠올리지만, 인류의 기원에 관한 연구가 DNA 수준에서 이루어지기 시작한 것은 비교적 최근인 1980년대에 들어서부터다. 이 시기가 되어서야 유전학자들은 제한 단편 길이 다형성(Restriction Fragment Length Polymorphism,

RFLP)이라는 분자 생물학적 기법을 활용하여 인간 DNA의 염기서열을 분석하기 시작했다.[9] 당시 미토콘드리아에 위치한 DNA인 미토콘드리아 DNA(mtDNA)는 인류의 진화사를 연구할 수 있는 유망한 연구 대상으로 떠올랐는데, mtDNA는 모계 유전이기 때문에 분석이 비교적 간단하고 유전자 재조합이 야기하는 복잡성에서 자유로웠기 때문이다. 다양한 인간 집단의 mtDNA 염기서열 데이터베이스를 기반으로 캘리포니아 버클리 대학의 분자 진화 연구소는 앨런 C. 윌슨(Allan C. Wilson, 1934~1991)이 이끄는 분자 진화 연구소에서 현생 인류가 10만 년 전 아프리카에서 기원하여 다른 대륙으로 퍼졌다는 '아프리카 이브'(African Eve, 혹은 미토콘드리아 이브, Mithocontridan Eve) 가설을 발전시켰다(Sommer, 2016: 510-511).

일본의 생물 인류학자들과 유전학자들은 미국에서 유전적 역사 연구가 막 시작되던 초창기부터 mtDNA 분석 기술을 채용하여 일본인의 기원을 연구하기 시작했고, 특히 이 신기술과 생물 인류학에서의 새로운 일본인 기원론 논의에 영향을 받으면서 일본의 '단일민족 신화'를 해체하는 데 초점을 맞추기 시작했다. 1980년대 말~1990년대 초 도쿄대학(東京大学)의 인류학자 하니하라 가주로(埴原和郎, 1927~2004)는 당시까지 제출된 인골과 치아 자료, 생체계측 자료, 혈액형 데이터 등을 종합해 다변량 분석을 실시하여 현대 일본인이 동남아에서 이주한 후기 구석기 시대의 조몬계 집단(縄文系)과 기원전 3세기부터 7세기경에 동북아 지역에서 이주한 야요이계(弥生系) 집단이 과거부터 현재까지 계속 이중 구조(二重構造, dual structure)를 유지한 채 이들 사이의 혼혈이 전개되면서 탄생한 집단이라고 주장했다(埴原和郎, 1986; Hanihara, 1990). 이처럼 일본인이 "균

9 RFLP 기술은 DNA의 특정 영역에서 제한 효소가 절단하는 고유한 패턴을 통해 DNA 다형성을 식별하는 데 사용된다. 유전학자들은 개인, 집단 또는 집단 사이에 존재하는 단일 유전자의 여러 형태를 설명하기 위해 '다형성'(polymorphism)이라는 용어를 사용해 왔다. DNA의 경우, 다형성은 상동 DNA 염기서열의 변형을 뜻한다.

질하지(homogeneous)" 않고 "이질적인(heterogeneous)" 혼합민족이라는 주장은 제2차 세계대전 이후 체질 인류학자들이 줄곧 지지하던 단일민족설에 배치되는 입장이었다(Nanta, 2008).

유전학적 분석에 관심을 갖고 있던 인류학자들은 하니하라의 주장을 확증하는 데 DNA 기술을 활용했다. 그 가운데 주목할 만한 인물이 호라이 사토시(宝来聰, 1946~2004)로, 일찍부터 일본인의 기원 연구에 유전학적 분석을 도입하는 데 큰 관심을 갖고 있었다. 호라이는 도쿄대 인류학교실에서 조수로 근무하다 네덜란드 라이덴 대학교로 유학을 떠나 박사학위를 받았으며, 귀국한 1982년에 시즈오카 미시마에 소재한 국립유전학연구소(国立遺伝学研究所)에 취직했다. 이듬해부터 1993년까지 호라이는 일본 각지의 일본인들로부터 혈액 및 구강상피세포 샘플을 채취하여 mtDNA 데이터를 체계적으로 수집했다. 그는 mtDNA 데이터베이스를 활용한 분석에서 일본인 집단의 유전적 다형성 빈도와 관련해 두 개의 뚜렷이 구별되는 클러스터가 만들어진다는 점을 발견하고, 자신의 유전적 기원 연구가 일본인이 단일민족이라는 개념을 반박한다고 주장했다. 그에 따르면, 일본인 집단에 대한 mtDNA 분석은 하니하라의 이중 구조 모델과 마찬가지로 현대 일본인 집단은 12,000년 전 동남아시아에서 도착한 조몬계 집단과 2,300년 전 한반도에서 이주한 야요이계 집단의 두 유전자 풀이 혼합된 결과임을 시사했다(宝来聰, 1997).

호라이는 일본인의 유전적 역사에 관한 연구에 Y염색체 DNA 분석도 도입했다. 1990년대에 들어 Y염색체 DNA의 비재조합 영역(non-recombining region Y)은 부계 유전과 비활성화 특성으로 인해 mtDNA 분석을 보완하는 인류 진화의 주요 연구 대상으로 새로이 부상했다(宝来聰, 1997: 46-61, 106-109). 호라이는 윌슨의 제자이자 1984년에 박사학위를 받고 애리조나 대학교에 부임한 마이클 해머(Michael Hammer)와 함께 일본인의 유전적 기원을 연구하기 위한 Y-DNA 표지자를 탐색하는 공동 연구를 추진했다(Hammer and Horai, 1995).

한편, 1990년대 이전까지 한국의 유전학자들은 한국인이 단일민족이라는 가정하에 한국인 집단을 연구했다. 당시 한국 인류 유전학계를 이끌던 서울대학교의 이정주(1935~)와 충남대학교 김영진(1932~2006)의 사례가 이를 잘 보여 준다. 이정주의 서울대 연구실은 1970년대 후반부터 한국인의 다형성 혈청 단백질을 연구하기 시작했는데, 마침 김영진은 이에 관한 기술들을 습득하고 있었다. 이 때문에 김영진은 이정주의 제자들과 긴밀히 협력하며 이소자임과 혈장 단백질을 대상으로 한 단백질 다형성 연구를 진행했다.[10] 1984년 충남대 생물학과에 김영진이 부임한 이후 김영진과 이정주는 공동으로 "한국인 집단의 분자유전학적 연구"라는 주제의 연구 프로젝트를 시작했다. 이 프로젝트는 "우리민족은 4천 년이 넘는 오랜 역사를 가진 단일민족"이라는 전제 가운데 다른 비한국인 집단과 구별되는 "한국인 집단의 독특한 유전적 구조"를 규명하기 위해 노력했다(김영진 · 김종순, 1984; Kim et al., 1985). 당시 다른 인간 생물학 연구자들도 같은 생각을 공유했다. 체질 인류학자 나세진(1908~1984)과 장신요(1919~1999)는 1981년에 출판한 한국인의 체질에 관한 책에서 일본과 중국의 침략에도 불구하고 오랜 배타주의의 역사로 인해 한국인은 고립된 유전자 풀을 이루게 되었다고 주장했다(나세진 · 장신요, 1981). 체질 인류학자들과 마찬가지로 유전학자들 또한 한국인이 족내혼 관습으로 인해 생시적으로 고립된 유전자 풀을 가지고 있다고 가정했다(Paik, 1986).

1990년대에 들어서면서 새로운 세대의 신진 유전학자들은 다양한 방법으로 한국인의 유전적 특성을 탐구했고, 이 과정에서 이전 세대가 갖고 있던 한국인 집단에 대한 전제들을 문제 삼기 시작했다. 서울대학교 이정주 연구실에서 박사과정 중이던 홍성수는 한국인의 유전 다양성 연구에 mtDNA 염기서열 분석법을 최초로 도입했다. 1993년에 발표한 논

10 안광숙, 저자 인터뷰, 2017/2/23, 대전, 대한민국.

문에서 홍성수는 중국과 일본의 "한국사는 다수의 침략자들에 의해 점유되어 왔"다는 점을 근거로 단일민족론에 대해 의문을 제기했다(홍성수, 1993: 34). 1995년에 충남대학교 김영진 연구실에서 연구하던 박화용도 Y-DNA 다형성 연구를 다룬 본인의 박사학위 청구 논문에서 "역사적으로 볼 때 중국을 비롯한 여러 북방 민족들과 일본 민족의 잦은 침략뿐만 아니라 일제의 식민지 시대가 있었고 최근에 이르러 UN군의 6.25 참전으로 인한 서구 각국의 인종에 의한 Y 염색체의 유입" 가능성을 제기하며 한국인의 민족 동질성에 의문을 제기했다(박화용, 1995: 35). 두 젊은 학자는 "한국인은 5,000년의 긴 역사와 단군의 후예인 단일민족"임에도, "잦은 침략"을 고려할 때 외래 유전자가 한국인 유전자 풀에 풍부하게 존재할 수 있음을 진지하게 고려하기 시작했다(박화용, 1995: 35).[11]

젊은 유전학자들 사이에서 단일민족론에 대한 전제의 변화는 앞서 언급한 한국의 사회정치적 상황과 연관된다. 당시 한국 사회에서는 대중적 민족주의의 부상과 함께 한국인의 단일민족됨을 증명하는 "뿌리" 찾기에 대한 관심이 증대하는 한편, 그 어느 때보다도 단일민족이라는 언술이 대중 일반에서 널리 사용되고 있었다. 이와 동시에 1980년대 후반부터 노동 국제화 정책으로 꾸준히 늘어난 이주 노동자의 유입과 이주 노동 운동의 출현 등은 한국 내 비한국인의 존재를 대중들이 인식하게 만들었다. 이처럼 종족 동질성에 대한 담론이 널리 확산되는 동시에 이에 반하는 이민자 집단이 늘어나는 사회적 조건 가운데, 젊은 세대의 유전학자들은 스승 세대와 달리 한국인 집단이 단일민족이라는 언술을 "실험적으로 검증해 봐야 할" 연구 주제로 다루기 시작했던 것이다.[12] 실제로 박화용은 당시의 "국제화 추세"를 언급하며 "또 섞이기 시작"한 데서 잘 보여지듯이 "당시 다들 단일민족이라고 말하지만 사실은 단일민족이 아니라

11 홍성수, 저자 인터뷰, 2017/7/4, 서울, 대한민국.
12 홍성수, 인터뷰.

는 것을 알았을 것"이라고 회고했다.[13] 한국의 신진 유전학자들에게 당시 외국인 노동자의 한국 유입은 그 이전에도 한반도에 이질적인 외부 집단이 유입되어 한국인 유전자 풀에 "섞이는" 일이 일어났을 상황을 고려하게 만들었고, 이는 한국사의 침략과 전쟁에 대한 기록들을 외부 유전자의 유입의 계기로 재고하게 이끌었던 것이다.

동시에 앞서 소개한 일본인 유전학자 호라이 사토시와의 관계도 한국인 단일민족론에 대한 비판적 검토를 유전학적 연구 주제로 삼는 데 중요한 영감의 원천이 되었다. 1991년에 호라이는 서울대학교에서 개최된 제14회 한국유전학회 연례 학술대회에 초청받아 일본인은 이중 기원을 가지고 있다는 mtDNA 분석 결과를 발표했다. 이 강연에서 호라이는 자신의 이중 기원 모델을 확인하기 위해 한국인의 구조에 대한 데이터가 필요하다고 설명했다.[14] 호라이의 연구에 영감을 받은 한국의 신진 연구자들이 그와 교류하게 되었는데, 앞서 언급한 서울대학교의 홍성수가 가장 적극적이었다. 홍성수는 호라이의 연구실에서 mtDNA 염기서열 분석 기술을 배웠고, 그와 협력하여 한국인 기원에 대한 연구를 심화했다.[15] 1998년에 홍성수는 호라이와 협력하여 논문을 위해 수집한 한국인의 mtDNA 다형성 데이터베이스를 다시 분석했다. 그는 아시아인 특정적 길이 다형(Asian-sepcific length mutation)으로 알려진 mtDNA의 9-bp 반복 염기서열의 결손 빈도와 관련해 이 결손 다형이 폴리네시아와 멜라네시아 등 동남아시아 지역에서 유래했으며, 남아시아 집단이 아시아 북부 지역으로 이동해 왔음을 시사한다는 호라이의 가설을 받아들였다.[16] 홍성수-호라이 연구팀은 한국인 집단에서 9-bp 결손 비율이 13%에 달하는

13 박화용, 저자 인터뷰, 한남대학교, 대전, 2017/7/1.

14 홍성수, 인터뷰.

15 홍성수, 인터뷰.

16 COII/tRNALys 유전자 사이의 9-bp(CCCCTCTA)가 두 번 반복되어 있는 경우와 한 번만 있는 경우를 구별하고, 후자를 9-bp 결손으로 정의한다.

것은 동남아시아 집단이 한국인 유전자 풀에 영향을 미친 결과로 추정했는데(Hong et al., 1998), 이처럼 한국인 집단의 기원이 단일하지 않고 복수라는 점은 한국인이 종족적으로 이질적인 집단들로 이루어져 있음을 시사했다(『동아일보』, 2001/5/16).

정리하자면, 한국 사회에서 한국인의 단일민족됨이 중요한 이슈로 떠오른 상황에서 한국의 신진 유전학자들은 당시 일본인 단일민족 신화를 비판하던 일본의 생물 인류학 및 유전학계의 영향을 받아 단일민족론을 유전학적으로 검증하는 연구를 시작했다. 다음 절에서 살펴보겠지만, 2000년대 이후 국내 유전적 역사 연구의 대표적인 유전학자로 자리매김하게 되는 김욱 역시 1990년대 중반부터 유사한 맥락에서 한국인의 단일민족됨을 비판하는 데 관심을 갖고 연구를 추진하기 시작했다. 이에 더해 2000년 이후의 사회정치적 상황의 변화는 한국인의 유전적 역사 연구에 전례 없는 기회를 제공했다. 김욱의 이중 기원설 연구는 한국 사회의 다문화 사회로의 전환 논의와 이주 노동자 유입이 급증하던 현실에 더해 당시 치열해지던 역사 분쟁 덕분에 한국인 민족 정체성을 재구성하는 데 중요한 역할을 맡게 될 것이었다.

5. 유전 과학으로 재구성된 민족 정체성

김욱은 1990년대 초반에 국외 연수를 받으면서 유전적 역사 연구 분야를 처음으로 알게 되었다.[17] 성균관대학교 생물학과에서 초파리의 집단 유전학을 주제로 박사 학위 논문을 작성한 김욱은 단국대학교 천안 캠퍼스의 생물학과 교수로 부임한 직후인 1992년부터 일 년간 애리조나 대학교에

17 김욱의 학문적 프로필과 업적은 김욱(2018) 참고.

서 마가렛 키드웰(Margaret Kidwell)의 지도 아래 초파리 유전학을 연구하며 박사후 과정을 밟았다.[18] 그곳에서 김욱은 앞서 소개한 미국인 유전학자 마이클 해머와 교류하게 되었다. 당시 해머는 Y염색체의 Yq11 부위에 삽입된 Alu라는 DNA 절편의 다형성(Y-specific Alu polymorphism, YAP; 삽입일 경우 YAP+, 결손일 경우 YAP-)에 주목해, YAP+의 빈도가 사하라 지역 아프리카인에서 가장 높고, 이후 그 빈도가 차츰 북아프리카인, 유럽인, 오세아니아인, 그리고 아시아인으로 가면서 낮아지는 연속변이(clinal variation)의 형태를 띤다는 것을 발견했다. 해머는 일본인 집단의 YAP+ 빈도가 중국인 집단이나 인도인 집단보다 특이적으로 높은 것에 착안해 이를 '조몬계' 집단의 특이적인 유전 표지자로 가정하고 호라이 사토시와 함께 일본인 집단의 유전학적 기원을 연구 중이었다. 이 가설을 정당화하기 위해 해머는 한반도에서 도래한 '야요이계' 집단의 기원으로 추정되는 한국인 집단의 데이터가 필요했고, 김욱은 한국인의 혈액과 구강 상피세포 샘플을 제공해 해머의 연구를 도왔다(Hammer and Horai, 1995: 952). 이후 해머는 김욱에게 일본인 기원 연구의 일환으로 한국인의 YAP 빈도를 보다 상세하게 조사할 것을 제안했고, 이에 영감을 받은 김욱은 한국인을 대상으로 한 유전적 역사 연구에 관심을 갖기 시작했다.[19]

귀국 후 김욱은 당시 Y-DNA 분석을 이용한 한국인 유전적 기원 연구를 막 추진하던 김영진 연구팀에 합류했다. 당시 박화용이나 홍성수와 같은 신진 유전학자들과 마찬가지로 김욱 역시 호라이의 일본인 집단의 혼합 기원설을 받아들여 이를 한국인의 유전적 역사 연구에 적용했다.[20] 1996년 겨울에 김영진과 김욱 연구팀은 한국인 단일민족론에 의문을 제기하는 영문 연구 결과 보고서를 한국과학재단에 제출했다. 이 보고

18 진한준, 저자 인터뷰, 2017/2/14, 천안; 김욱, 저자 인터뷰, 2018/8/13, 천안.
19 김욱, 인터뷰.
20 김욱, 인터뷰.

서에 따르면, 한국인 단일 기원론의 기본 전제인 단군신화가 비록 "신화적 성격의 진술"이지만, 한국인이 단일민족론이 참인지를 확인하기 위해 "5,000년 전의 TANKOON[단군왕검]"이 현대 한국인의 유일한 조상이라는 주장을 유전학적으로 검증하는 것이 연구의 주요 목표였다. 단일 기원설을 검증하기 위해 연구진은 여러 성씨 그룹을 대상으로 Y염색체 일배체형 분석을 실시했다. 샘플은 6개의 유전자 그룹으로 분류되었고, 이에 기초해 연구팀은 한국인이 "단일민족이 아니거나 단군이라는 단일 조상의 후손이 아닐 수 있다."라고 결론지었다(김영진, 1996).[21]

김영진 팀과의 공동 연구와는 별도로, 김욱은 1995년에 한국과학재단의 핵심전문연구과제로 "한국인 집단에서 Y 염색체 상의 Alu element 다형현상 분석"을 신청하고, 이듬해부터 이에 대한 연구 성과를 출판하기 시작했다. 이 연구에서 김욱은 한국인 남성 204명의 구강상피세포로부터 DNA를 추출하여 분석한 결과, YAP+ 빈도가 매우 낮아 해머와 호라이가 연구한 결과와 일치하며, 본인 연구팀의 연구 역시 해머와 호라이의 1995년 논문과 같이 YAP- 빈도가 절대 다수인 한국인 집단이 야요이 시기에 일본으로 이주하여 높은 YAP+ 빈도를 가진 조몬계 집단과 혼합되어 현대 일본인을 이루게 되었다는 일본인 이중 기원설을 강하게 지지하는 결과로 연구의 의의를 제시했다(김영진, 1996: 44-45). 김욱은 1999년경까지 한국인 집단의 Y-DNA DNA 다형성 분석을 계속해서 추진했다. 그런데 연구 대상자를 늘리고 Y-DNA 내의 DNA 다형성 검토 부위의 개수를 넓히는 것과 상관없이, 그의 한국인 Y-DNA 다형성 연구는 해머의 지도 및 조언과 그가 호라이와 함께 제시했던 결론, 그리고 일본인의 유전학적 기원에 관한 주요 주제인 "야요이계 집단이 한반도에서 이주한 도래인"임을 지지하는 내용을 도출하는 것으로 귀결되었다(Kim et al.,

21 이들은 나중에 1999년에 해당 연구 결과를 논문으로 발표했다(Kim et al., 1999).

1998).[22]

김욱이 일본인 기원 연구에서 벗어나 한국인의 유전학적 기원 연구에 본격적으로 천착한 것은 2000년대에 들어서면서부터였다. 당시 한국의 사회정치적 상황은 김욱의 유전적 역사 연구에 매우 우호적이었다. '다문화 사회'로의 전환이 본격적인 정책 의제가 될 정도로 급증하던 이주 노동자의 유입은 그의 연구에 유리하게 작용했다. 1990년대 후반 국립과학수사연구원(국과수)이 법의학 DNA 지문 감식을 위한 한국인 유전자 데이터베이스를 처음 구축했을 때, 국과수 관계자들은 이주 노동자의 증가가 가져올 다민족적 미래가 법의학 프로파일링에 미칠 잠재적 영향에 대해 우려했다. 이러한 맥락에서 그들은 종족별 DNA 지문 감식을 위한 첫 번째 단계로 DNA 데이터베이스를 구축하고자 했다.[23] 그 결과 국과수는 1999년부터 김욱 교수 연구실의 중요한 연구비 지원 기관이 되었다.[24] 또 김욱 연구팀이 '한국인 특유의' 유전 표지자를 연구할 수 있었던 것 또한 당시 눈에 띄게 증가하던 이주 노동자들 덕분이었다. 김욱 박사팀은 Y-DNA 분석을 통해 한국인과 동남아시아인의 관계를 탐구하기 위해 국내 이주 노동자들의 혈액 샘플을 채취했고, 1년 뒤에는 북방계 아시아인과의 연관성을 탐구하기 위해 단국대 천안 캠퍼스 인근에 거주하는 북방계 중국인, 만주인, 묘족 노동자들의 혈액 샘플을 채취했다(Kwak et al., 2005). 이는 국내 최초로 한국인 이외의 샘플을 수집해 한국인 집단에 대한 유전학적 연구에 활용한 사례였다.

1999년에 김욱 연구팀은 국립과학수사연구원의 재정 지원을 받아 동남아시아 이주 노동자의 생체 시료에 대한 Y-DNA 일배체형 분석을 통해 한국인 집단의 일배체형이 이중 패턴을 보인다는 점을 처음으로 언

22 김욱, 인터뷰.
23 진한준, 인터뷰.
24 김욱, 인터뷰; 진한준, 인터뷰.

급했다(신동직, 1999: 196-198). 1년 후에 김욱 연구팀은 일본 도쿄대학의 유전학자들과 협력하여 일본인 집단에서 이미 입증된 것과 마찬가지로 한국인의 이중 기원 가능성에 대한 추측적 설명을 제안했다(Kim et al., 2000). 2003년에 이르면 김욱 연구팀은 이 가설을 '이중 기원 가설(dual origin hypothesis)'이라고 명명했다. 이들에 따르면, 다양한 동아시아 종족 집단들의 남성 Y-DNA 하플로그룹 분포를 조사한 결과, "한국인은 동아시아 종족 집단 중 전반적으로 만주족과 가장 밀접한 관련이 있는 것으로 보이지만, [남아시아인으로 여겨지는] 운남성 및 베트남 집단과도 관계가 있다."라는 결론을 내렸다. 따라서 "[현대] 한국인의 형성은 초기 북아시아 정착 [약 8,100년 전(3,500~18,900년 전)] 이후 주로 중국 남부에서 북부[약 2,800년 전(1,100~5,700년)] 부계 기원과 관련하여 여러 번의 이동을 거친 복잡한 과정으로 볼 수 있다."라고 제안했다(Jin et al., 2003: 34).

다른 한편, 앞서 설명했듯이 이중 기원 가설이 제출되던 무렵 고구려를 둘러싼 중국과의 고대사 분쟁은 국내에서 커다란 민족주의적 반발을 불러일으켰고, 고구려연구재단과 국립중앙과학관은 중국의 한국 고대사에 대한 '역사 왜곡'에 맞서 과학적 증거를 수집하기 위한 방법을 유전적 역사에서 찾았다. 예를 들어 국립문화재연구소는 2006년부터 "보존과학 연구개발 사업"의 주요 용역 과제로 "한민족 기원 규명 연구"를 제시했다. 국립문화재연구소는 본 용역 과제의 필요성을 "한민족 기원에 대한 연구 부족으로 문화교류와 역사성에 대한 국가적 논쟁이 상존"하고, "역사 왜곡 등 민족 국가 관련 시비를 종식시킬 과학적 연구가 시급"하므로 "역사 왜곡 극복을 위한 과학적 대응자료 확보"의 일환으로 "고대 인골 및 현존 한국인 관련 민족 특이 염기서열 계통학적 연구"를 포함한 한국인 기원에 관한 유전학적 연구를 실시해야 한다고 밝혔다(국립문화재연구소, 2005: 31-35). 이와 같은 분위기 가운데 당시 저명한 고대사학자였던 고구려연구재단의 김정배 이사장은 고구려 역사 분쟁을 해결하기 위해 재단의 재원을 활용한 유전자 분석을 김욱에게 요청했다.[25]

고구려연구재단의 지원을 받은 김욱 연구팀은 영국 생어연구소의 크리스 타일러-스미스(Chris Tyler-Smith) 및 미국의 해머 연구팀과 함께 새로이 한국인 집단에 대한 mtDNA 다형성 분석을 진행했고, 그 결과 2005년 mtDNA 분석을 통해 한국인의 모계 기원에서도 부계 기원과 마찬가지로 이중 패턴이 존재한다는 사실을 밝혀냈다. 김욱 연구팀은 최종 보고서에서 한국인의 약 60%는 북아시아인에게 우세한 mtDNA 하플로그룹을, 약 40%는 동남아시아인에게 우세한 하플로그룹을 가지고 있다고 보고했다(김욱, 2005: 48-49, 103).

2009년에 김욱과 타일러-스미스 공동 연구진은 mtDNA와 Y염색체 표지자를 기반으로 한국인의 유전적 기원에 대한 종합적인 연구 결과를 발표했다. 이 종합적인 연구에서, 연구진은 부계 유전과 모계 유전을 모두 고려함으로써 한국인 기원의 '성 편향적 혼합'을 밝혀냈다. 이 연구에 따르면, "혼합(admixture) 추정치에 따르면, mtDNA의 경우 남방계에서 35%의 기여도를 보인 반면, Y 염색체의 경우 남방계가 83%의 기여도를 보인 것으로 나타났다"(Jin et al., 2009). 이들은 해머와 호라이의 "일본인의 이중 기원"에 대한 Y 염색체 공동 연구의 가설을 이어 받아, 이와 같은 성 편향을 "벼농사의 확산과 관련해 적어도 한 번 이상의 남성 편향적인 남에서 북으로의 대규모 이주와 [이 남아시아인 집단의] 북아시아에의 정착"에 대한 증거로 해석했다(Jin et al., 2009).

김욱 연구팀의 이중 기원 가설은 두 가지의 상반된 동기를 가지고 있었다. 한편으로는 일본인 집단에 대한 호라이의 유전학적 연구가 일본 단일민족론을 겨냥했던 것과 같이 김욱 연구팀 역시 한국인의 민족 동질성에 대한 비판적 인식 가운데 이 가설을 발전시키게 되었다. 다른 한편으로는 주요한 연구 지원 기관이었던 고구려연구재단은 한국인 집단에 대

25 김욱, 인터뷰.

한 DNA 데이터베이스를 "주변국의 역사 왜곡에 대한 과학적 증거"로 활용하기 위해 김욱 연구팀을 지원했다(김욱, 2005).[26] 이로 인해 김욱 연구팀은 고대부터 단일민족됨이 보존되어 왔다는 민족주의적 입장을 옹호하는 방식으로 한국 유전적 역사를 써야 한다는 압박을 받게 되었다.

비록 그가 명시적으로 밝히지는 않았지만, 김욱은 이중 기원 가설에 내재된 두 가지 갈등 사이의 긴장을 해소하기 위해 논리를 개발해 상황에 따라 다른 설명을 제공했다. 이에 따르면, 이중 기원 가설은 한국인이 '단일 기원' 민족이라는 믿음이 틀렸다는 점을 증명할 뿐, 단일민족론에 대한 믿음의 다른 부분을 위협하지 않았다. 필자와의 인터뷰에서 김욱은 오늘날의 한국인 집단이 종족적으로 동질적인지의 여부는 유전적 역사 연구만으로는 답하기 어렵다고 답했다. 왜냐하면 오늘날의 특정 집단이 유전적 동질성을 갖고 있는다는 주장과 해당 집단이 과거에 다양한 기원을 갖고 있다는 주장은 양립 가능하기 때문이다. 그에 따르면, 특정 집단이 "역사적으로" 다양한 기원을 가졌지만 "오늘날" 민족적 동질성을 보이는 일은 얼마든지 가능하다.[27] 즉, 한국인의 유전적 역사는 '현대 한국인이 단일 기원의 민족이 아니라는 것'만을 증명했을 뿐, '현대 한국인이 동질적인 민족'임을 부정하는 것은 아니라는 것이다.

김욱 연구팀은 이와 같은 논리를 바탕으로 2005년 고구려연구재단에 제출한 연구 보고서에서 재단이 기대했던 단일민족주의적 결론을 제시할 수 있었다. 선사시대 한국인의 조상 집단은 북방과 동남아시아의 두 집단으로 구성되었지만, "한국인은 중국인과는 다른 상대적으로 높은 유전적 동질성을 형성했다."라는 결론을 내린 것이다(김욱, 2005: 47-49; 『조선일보』, 2007/8/13). 김욱은 여기에 더해 한민족의 문화적, 언어적 유사성을 강조하며 단일민족됨을 다시 만들어 냈다. 그는 보고서에서 "민족"을

26 김욱, 인터뷰.

27 김욱, 인터뷰.

"같은 언어를 사용하고 같은 문화와 역사를 공유하는 사람들"이라고 정의했다. 서로 다른 두 집단이 각각 동북아시아와 동남아시아에서 한반도로 이주했지만, 세대를 거쳐 함께 거주하고 같은 언어를 사용함으로써 현대 중국인이나 일본인과는 다른 뚜렷한 민족 국가, 즉 현대 한국인 집단이 되었다는 것이다. 이 논리에 따르면 현대 한국인의 유전적 동질성은 단군으로부터 시작된 단일 기원의 결과가 아니라 역사적 과정을 거쳐 문화적, 언어적 동질성을 형성한 결과였다(김욱, 2005: 121).

김욱 연구팀은 단일 기원 논의를 단일민족론에서 분리시키고, 언어적, 문화적 동질성의 결과로 유전적 동질성을 정의함으로써 단일민족론 비판에서 시작된 한국인 집단에 대한 유전적 역사 연구의 결론을 역사 분쟁이라는 맥락에 맞추어 재해석할 수 있었다. 다음 절에서 살펴볼 것처럼, 단일민족론을 비판할 수도, 동시에 단일민족론을 옹호할 수도 있는 해석적 유연성을 제공하는 김욱의 논리는 민족 정체성을 둘러싼 논쟁에서 다양한 정치적 입장을 가진 행위자들이 유전적 지식을 활용하고 동원하는 일이 널리 퍼지게 만들었다.

6. 민족 정체성에 대한 유전적 설명의 대중적 수용과 활용

2006년 무렵부터 이중 기원론은 대중적인 주목을 받았다. 이 유전학적 지식은 2000년대 후반에도 여전히 중요한 쟁점이었던 단일민족론을 둘러싼 민족 정체성 논쟁을 명쾌하게 해결할 해답처럼 보였다. 김욱은 DNA 염기서열을 한민족의 이주사가 새겨진 가치중립적인 "화석"과도 같은 것으로 정의했는데,[28] 고구려연구재단이 DNA가 갖는 과학적 객관

28 김욱, 인터뷰.

성에 매료된 것처럼, 전통적인 민족 경계를 옹호하거나 이를 재정의하려고 노력하는 이들 모두에게 이중 기원설은 그들의 정치적 주장을 입증할 가치중립적인 "화석"에서 캐낸 객관적인 사실로 다가왔다.

처음에 대중 매체는 김욱의 이중 기원설을 단일민족 신화에 대한 '과학적 논박'으로 소개했다. 한국 정부가 다문화 정책을 공식적으로 시작한 2006년에 김욱 연구팀의 유전적 역사 연구는 "한국인은 유전학적으로 북방계와 동남아계가 혼합된 집단으로 단일민족이 아님"을 과학적으로 입증한다고 언론에 보도되었다(『주간동아』, 2006/3/14; SBS스페셜, 2006/11/6.). 같은 해 11월 SBS에서 방영한, 한국의 인종차별주의를 비판하고 진정한 '다문화 사회' 구현을 주장하는 다큐멘터리 〈단일민족의 나라, 당신들의 대한민국〉과 이에 기초해 출판된 대중서 등에서도 김욱 연구팀의 "한국인에게는 60%의 북방계와 40%의 남방계 여러 민족의 유전자가 섞여 있다는" 결론은 한국인이 단일민족이 아님을 보여 주는 과학적 증거로 제시되었다(SBS 스페셜 제작팀, 2012). 2009년에 『주간조선』은 한국인 단일민족론에 대한 과학적 반박 사례로 이중 기원 가설을 소개하기도 했다(『조선일보』, 2009/1/9). 서두에서 언급한 것처럼 김욱 스스로도 2010년 6월에 "글로벌 시민사회 구축을 위한 혈통적 편견을 해소"하기 위해 개최된 '대한민국은 단일민족국가인가? 학술적으로 살펴본 단일민족 신화의 실체'라는 국회 정책 포럼에 참석하여 자신의 연구 결과를 발표하며 단일민족 신화를 문제 삼는 제스처를 보였다.[29]

다문화 정책 분야의 이주민 문제 활동가와 다문화주의를 지지하는 학자들은 유전 과학을 통해 한국인 단일민족론이 허구라는 사실이 밝혀졌다며 환영했다. 성폭력 사건으로 추락했지만 한때 '이주 노동자의 대부'로 불렸던 김해성 목사는 "과학적 관점에서 볼 때 한국인은 북방계(60%)

29 「대한민국은 단일민족국가인가? 학술적으로 살펴본 단일민족 신화의 실체」, 한국 아동·인구·환경의원연맹, 2010/6/23.

와 동남방계(40%)가 혼합된 복합민족"이라고 주장했다(김해성, 2008). 그는 "다인종, 다민족 사회의 본질을 인정하는 동시에 단일민족국가라는 믿음을 포기해야 한다."라고 주장했다(김해성, 2008). 또 다문화 정책 연구자 김범수는 "한민족의 피에는 한민족뿐 아니라 북방계와 동남계 혈통이 섞여 있다는 것이 유전학적으로 밝혀졌다."라며 단일민족에 대한 믿음과 타민족에 대한 인종 차별을 규탄했다(김범수, 2008).[30] 진화생물학자 최재천조차도 이제는 유전학적 연구를 통해 한국인이 북방계와 남방계로 구성되어 있다는 사실이 밝혀졌기 때문에 단일민족론은 허구라고 주장했다. 나아가 그는 한국인이 혼합민족이라는 전제하에 적극적인 이민자 정책을 추진할 것을 제안했다(최재천, 2005: 122-130).

흥미롭게도, 2000년대 후반에 이르자 정반대 극에 있던 단일민족론의 지지자들 또한 단일민족론을 주장하는 데 유전학적 이중 기원설을 적극적으로 채용하기 시작했다. 이들이 이중 기원설에 관심을 갖게 된 것은 부분적으로 유전적 역사 연구가 고조선을 실재로 보는 민족주의 역사학과 동일한 역사적 내러티브를 공유한다는 데서 기인한다. 과학사학자 드 차다레비안(Soraya de Chadarevian)은 유전학적 데이터만으로는 특정 집단의 이주사나 유전적 역사를 판단하는 일은 어렵기 때문에, 유전학자들이 언제나 데이터 해석을 위해 이미 잘 알려진 역사적 서술 및 기록에 의존한다는 점을 지적했다(Chadarevian, 2010: 3). 김욱 연구팀 역시 한국인 집단의 유전학적 데이터를 해석하기 위해 한국 고대사 및 고고학 연구들을 참고했는데, 중요한 점은 이 과정에서 역사학계나 고고학계의 학문적 동향에 대한 고려 없이 데이터를 설명하기 적절한 문헌들을 취사선택했다는 것이다.[31] 예를 들어 2003년에 이중 기원설을 처음으로 제안한 논문에

30 유사하게 북방계와 남방계에 대한 유전적 구분을 언급한 사례로는 설동훈(2007; 2014) 및 심재훈(2010) 참고.

31 김욱, 인터뷰.

서 김욱 연구팀은 고고학자 최몽룡과 고대사학자 윤내현의 연구를 선별적으로 인용해 다음과 같이 서술했다.

> 고대 조선[고조선](한국 최초의 국가급 사회)은 기원전 2333년경 남만주 지역에 세워졌으나 이후 북한 서북부의 평양 지역으로 옮겨졌다. … 북방 계열 동아시아인과의 우세한 유전적 관계는 다른 증거와 일치한다. … 역사적 증거에 따르면 고대 조선은 만주에서 설립되었고 나중에 평양 지역으로 이동했다. 고고학 및 인류학 자료에 따르면 초기 한국인 집단은 시베리아 남동부의 알타이-사얀과 바이칼 지역의 북부 지역에서 유래했을 가능성이 높다(Jin et al., 2003: 28; Jin et al., 2009).

윤내현은 단군신화를 역사적 사실로 간주하여 고조선이 기원전 2333년에 만주와 한반도에 세워졌다고 주장했지만, 역사학계에서는 전반적으로 받아들여지지 않고 있다. 게다가 최몽룡이 바이칼 지역을 한민족의 기원지로 정위한 것 역시 학계에서 비판적으로 재검토되어 왔다. 그간 역사학계 및 고고학계는 단군기원(기원전 2333년)과 바이칼 기원에 관한 서술들이 단일민족론을 비롯해 종족 민족주의의 여러 가정들을 공유한, 학술적 근거가 다소 희박한 주장들이라고 비판해 왔다(송호정, 2016; 이평래, 2016). 필자와의 인터뷰에서 유전학자들은 이러한 비판들을 심각하게 받아들이기보다는 "우리는 인류사라는 거시적인 관점에서 역사를 이해할 뿐, 인문학자들의 한국 고대사에 대한 학문적 논쟁에는 관심이 없다."라고 선을 그었다. 그들의 주장에 따르면, "우리의 관심은 오직 유전적 역사를 연구하는 것, 즉 지난 수만 년 동안 인류 이동의 역사에서 한국인의 위치를 찾는 데 있다."[32] 그렇지만 실제 연구에서 유전학자들은 유전학적

32 진한준, 인터뷰.

데이터를 바탕으로 비교적 최근인 약 5천 년 간의 역사를 설명하는 데 단군기원과 바이칼 기원론을 인용했고, 이런 인용에는 어떠한 역사학적, 고고학적 전문성에 기초한 학술적 비판도 없었다.

앞에서 살펴본 것처럼 김욱은 이중 기원 가설이 단일민족론에 제기하는 정치적 함의를 유연하게 만들기 위해 두 가지 논리를 고안했는데, 하나는 단일 기원이 단일민족됨의 일부일 뿐 전부가 아니라는 것이었고, 다른 하나는 언어적, 문화적 동질성의 결과로 유전적 동질성을 정의하는 것이었다. 이와 같은 논리에 더해 이중 기원설이 단군기원을 역사적 사실로 받아들이고 바이칼호를 한국인의 기원으로 제안한다는 점에서 재야사학자들은 이를 활용해 한국인 단일민족론을 '과학적으로' 주장하기 시작했다. 고대사를 둘러싼 중국과의 역사 분쟁 중에 노무현 정권기의 교육인적자원부는 역사학자들과 고고학자들의 반대에도 불구하고 단군신화를 역사적 사실로 인정하고 기원전 2000년의 고조선의 존재를 인정하는 방향으로 고등학교 역사 교과서를 개정했다. 재야사학자들은 정부의 민족주의적 '개혁'을 강력히 지지하며 이러한 주장을 뒷받침하지 않는 학계를 식민주의 역사학이라며 정치적으로 공격하기 시작했다(Xu, 2012; 젊은역사학자모임, 2017). 이러한 상황에서 재야사학의 영향을 받은 일부 학자들은 한국 고대사와 기원에 대한 민족주의적 주장을 정당화하기 위해 이중 기원 가설을 채용했다.

2000년대 당시 서울대학교 의과대학 교수였던 이홍규(1944~)도 그런 지식인 가운데 한 명이었다. 이미 1980년대 후반에 이홍규는 윤내현의 고조선사 연구에 영감을 받아 한국인의 바이칼 기원에 관한 유전학적 관점에 대한 논문을 집필한 적이 있었다.[33] 고대사에 줄곧 큰 흥미를 보여오던 이홍규는 2010년에 김욱 연구팀의 연구 성과 등을 활용해 『유전학,

33 이홍규, 인터뷰, 서울, 2017/2/8.

고고학, 언어학, 신화학으로 풀어 본 우리의 과거: 한국인의 기원』을 출판했다. 책의 출판을 맡은 우리역사연구재단은 『환단고기』에 기초한 재야사학 연구들을 중점적으로 출판하는 이력을 보였고, 이들 저술에서 바이칼은 특히나 민족의 시원으로 크게 강조되었다. 마찬가지로 이 책에서 이홍규는 이중 기원설을 재해석하여 다음과 같이 한국인의 유전적 역사를 설명했다. "약 1만 년 전 빙하기가 끝나면서 바이칼 호 부근에 있던 원-몽골리안들은 남하하여 앞서 도착해 살고 있던 남방계 사람들과 섞인다…. 요하 부근으로 남하한 원-몽골리안들은 이 지역에 들어와 살고 있던 남방계 사람들과 섞이면서 새로운 문명[요하 문명]을 발달시켰다. 요하 문명이 나타나고, 알타이어가 형성된다"(이홍규, 2010: 257-258).[34] 이홍규는 바로 이 요하 문명을 만드는 데 중추적인 역할을 한 집단이 "우리의 선조"라고 말하며, "요하 문명의 흔적은 고조선의 흔적, 고구려의 흔적, 그리고 동북 아시아의 여러 선사 시대, 역사 시대의 흔적들과 어떤 형태로든 연결될 것"이라고 결론지었다. 이홍규는 또한 "그동안 필자는 남방계 30%, 북방계 70% 등의 표현을 써왔는데, 이미 두 계열의 사람들이 완전히 혼혈을 일으켜 이제 우리나라 사람들은 하나의 새로운 민족으로 거듭난 것으로 보고 있기 때문에 앞으로는 이런 표현을 쓰지 않기로 했다. 오늘날 한반도에는 체질이 다른 두 부류의 사람이 따로따로 살고 있는 것이 아니다."라고 말하며 단일민족론을 추인했다(이홍규, 2010: 10).

이홍규의 이중 기원설에 대한 재해석은 한국의 과거에 대한 민족주의적 서술의 '과학적' 근거가 되었다. 한 재야사학자는 "유전체 과학은 한국인이 한때 인류 역사상 가장 오래된 문명을 이룩한 위대한 민족이며, 바이칼 지역에서 기원해 유라시아 전역에 거대한 제국을 건설한 지배 민족

34 남방계보다 북방계 혈통을 더 강조하는 이러한 해석은 남방계 남성 집단을 오늘날 한국인의 주요 조상 집단으로 간주한 김욱 연구팀의 가설과 다소 상충되었다. 김욱은 한국인의 유전적 역사를 대중화한 이홍규의 역할을 인정하면서도 그의 해석을 받아들이지 않았다. 김욱, 인터뷰.

과 동일한 유전 구조를 공유하고 있다는 사실을 밝혀냈다."라고 주장했다(『조선일보』, 2015/10/26). 이와 같은 재야사학의 서술은 최근까지도 반복되고 있다. 예를 들어 이명박 정부에서 금융위원장을 역임한 김석동은 2018년경 '고대사 전문가'로 변신해 『김석동의 한민족 DNA를 찾아서』라는 저술을 출판했다. 이 책에서 그는 "최근 DNA 분석 연구 결과를 보면 한민족은 70%가 북방계열, 30%가 남방계열의 피가 섞여 있는 것으로 나타났다. 한민족은 중앙아시아 초원에서 바이칼 남부-몽골고원과 만주-발해만-한반도로 이뤄지는 루트를 통해 내려와 이 땅에 정착했다. 만주와 한반도, 발해만 일대에서 실존 국가인 고조선을 건국했다. 이 나라가 5대 북방 기마민족의 기원이 됐다."라는 주장을 펼쳤다(김석동, 2018; 『월간중앙』, 2018/12/19).

이와 같은 재야사학의 유전 과학의 전유는 다른 정치 집단들에게도 채용되었다. 노무현 정부와 이후 이명박 정부(2008~2013) 기간 다문화 정책이 심화하는 한편으로, 이에 반발하는 반다문화주의 정서 또한 성장하고 확산했다. 반다문화주의자들은 다문화 정책이 한국인의 민족적 순수성을 부정하고 혼혈 장려를 통한 다민족 사회 건설을 목표로 하기 때문에 "다문화는 민족말살을 의미한다."라고 주장해 왔다(강진구, 2012: 14). '반다문화'라는 구호 아래 제노포비아적인 요구들을 외치던 이들은 유전적 동질성보다 문화적 동질성이 먼저 발생한다는 김욱의 설명을 받아들여 유전적 지식을 단일민족주의의 서사에 끼워 맞추었다. 예를 들어 2010년대 초반에 잠시나마 반다문화주의자들의 최대 온라인 단체였던 반다문화정책연대의 이원호는 이홍규의 이중 기원설의 재해석을 그대로 가져왔다. 그는 고대 동안 한국인이 혼혈된 것은 사실이지만 그들의 유전자가 수백 년 동안 한민족에 섞여 이미 단일 유전자 풀을 형성했다고 주장했다. 이원호는 모든 한국인은 동일한 혼합 유전자를 가지고 있기 때문에 한국인은 인종적으로 동질적인 민족이라고 결론지었다.[35]

같은 시기에 출판된 반다문화주의 선동서인 『다문화주의를 중단하라』

에서 저자 김규철은 유전학적 논의를 받아들이더라도 한국인은 인종적으로 단일민족으로 이해된다고 주장했다. 그는 한국인은 단일 기원을 가진 민족이 아니며, 유전적으로 순수한 혈통을 가진 민족이 아니라는 사실을 인정했다. 동시에 그는 그럼에도 불구하고 문화적 동질성이 수백 년에 걸쳐 지속된다면 유전적 동질성이 어느 정도 형성될 수 있다고 주장했다. 이러한 정의에 따라 그는 한국인은 천 년 동안 함께 생활하고 문화를 공유하면서 유전적 동질성을 발전시켜 왔기 때문에 단일민족이라고 주장했다(김규철, 2012: 123-125). 한국에서 다문화주의에 적대적인 정치학자 김영명도 같은 논리로 이중 기원 가설을 한국인의 단일민족론과 일치시켰다. 그는 한국인의 기원이 다양함에도 불구하고 오랜 역사 가운데 충분히 혼혈되었기 때문에 한국인을 동질적인 집단으로 볼 수 있다고 말했다(김영명, 2013: 151).

다문화 정책의 (비판적) 지지자와 반대자, 그리고 재야사학자와 이들에게 영감을 받은 아마추어 역사가들은 모두 한민족 정체성을 재구성하는 데 유전학적 이중 기원설을 채용했다. 한국의 경제 자유화, 대중 민족주의와 다문화주의의 부상, 고대사를 둘러싼 역사 분쟁이라는 맥락 가운데 만들어진 한국인 집단의 유전적 역사에 관한 과학적 지식이 다문화주의와 민족주의의 논쟁의 증거로 순환적으로 편입된 것이다. 유전학자들은 유전적 역사를 통해 한국이 단일민족국가가 아니라는 것을 과학적으로 증명하는 한편, 연구를 지원한 고구려연구재단의 의도에 부합하도록, 한국이 고구려 시기부터 오늘날까지 유전적 동질성을 유지하는 한민족으로 이루어진 국가라는 주장을 정당화할 수 있는 여지 또한 제공했다. 이런 의도된 해석적 유연성 덕분에 이중 기원설은 2000년대 한국의 민족

35 이원호, 「다문화, 인류공존의 길인가 민족말살의 덫인가, 재외동포, 다문화 정책의 주역이다」, 제18대 대통령직인수위원회, 2013/2/8.(http://18insu.pa.go.kr/mobile/propose/view.php?seq=23870&seq_num=1916)

정체성 정치의 중요한 일부가 되었다.

7. 마치며

이 장에서는 1990~2000년대의 사회정치적 변화와 유전적 역사 연구가 상호작용하는 가운데 DNA가 한국인의 민족 정체성을 재구성하는 데 중요한 원천이 된 과정을 조명하고자 했다. 20세기 말 이후 한국에서는 대중적 민족주의가 성장하는 한편으로, 한국인 단일민족론을 둘러싼 민족 정체성의 정치가 더없이 첨예해졌다. 이와 같은 배경 속에서 한국의 유전학자들은 DNA 기술을 활용한 한국인 집단의 기원에 관한 과학적 연구를 추진하게 되면서 민족 정체성을 둘러싸고 여러 층위에서 벌어지는 사회정치적 논쟁들에 중요한 지식을 제공했다.

1990년대 초중반 무렵 유전학자들은 새로운 유전자 기술을 활용해 단군 단일 기원설에 입각한 단일민족론을 과학적으로 비판하는 것을 목표로 했고, 2000년대 초반에 비교적 분명해진 이중 기원설은 한국인이 남방계와 북방계의 혼합이라는 결론을 제시하면서 단일민족론에 반대되는 과학적 결론을 도출하는 듯했다. 그러나 이후 중국의 동북공정을 둘러싼 고대사 논쟁에 직간접적으로 연루된 유전학자들은 고구려연구재단이나 국립문화재연구소와 같은 연구 지원 기관으로부터 고대부터 오늘날까지 한국인이 줄곧 단일민족이었다는 결론을 도출하도록 요구받았다. 이 가운데 유전학자들은 '단일기원민족'과 '단일민족'을 개념적으로 구분하고, 한국인이 비록 단일기원민족은 아니지만 일정 기간 언어적, 문화적 통일체로 존속하면서 비교적 유전적으로 균질한 단일민족이 될 수 있다는 해석을 제시했다. 또 유전학자들은 이와 같은 한국인의 유전적 기원에 대한 연구 가운데 유전적 데이터 해석에 필요한 역사적, 고고학적 자료를 임의적, 선별적으로 활용했는데, 그 결과 단군기원이나 바이칼 기원 등을 비판없이 채용하면서 비과학자들에게 자신들의 연구가 이들에 대한 '과학적 증거'로 오인될 여지를 남겼다.

결국 유전학자들의 유전적 역사 연구는 한편으로는 단일민족 신화에 대한 과학적인 해체로 이해되었지만, 다른 한편으로는 단일기원민족과 단일민족을 구분하고, 단군기원 등을 부적절하게 과학화하는 등 단일민족론을 '과학적으로' 주장할 여지 또한 제공했다. 실제로 2000년대 중반 이후 다문화 정책이라는 이름으로 이민을 장려하고 이주자를 포용하는 방향으로 정부 정책이 전환된 이후 다문화주의자들과 반다문화주의자들, 단일민족 비판론자들과 단일민족론을 부흥시키려는 재야사학자들은 유전학자들이 만들어 놓은 해석들을 활용해 한국인 이중 기원 가설을 각자의 필요에 따라 적절하게 전유했다.

유전적 역사라는 과학이 대중 민족주의 및 다문화주의와의 상호작용 가운데 단일민족이라는 한국인 민족 정체성의 중핵을 재구성하는 양상을 검토하면서, 이 장은 2000년대의 한국 민족 정체성의 형성과 분화를 면밀하게 파악하기 위해서는 동시대의 과학적 활동에 주목해야 함을 보였다. 특히 과학을 민족 정체성을 둘러싼 사회적, 정치적 논쟁의 외부에서 객관적이고 중립적인 지식을 제공하는 무언가로 생각하는 것이 민족 정체성을 둘러싼 정치적 지형도를 왜곡되게 오해할 수 있음을 드러냈다. 유전 과학은 민족 정체성의 정치라는 사회정치적 논쟁에 가치중립적인 정답을 제공하는 해결책이 아니라, 한국 사회 속에서 민족 정체성의 정치와 함께 만들어지는 일부이다.

이런 지적을 한국의 유전 과학이 한국 사회의 민족주의에 의해 '오염'되었다는 주장으로 간주하는 것은 오해다. 과학기술학(science and technology studies, STS)이라는 학문 분야는 물리학과 같은 '경성과학'조차도 사회문화적 맥락 속에서 만들어짐을 보여 왔으며, 이렇게 사회 속의 과학이라는 이해 가운데 보다 민주적이고 성찰적인 과학을 만들어 내기 위해 특정 분야의 과학 전문가뿐만 아니라, 더 넓은 사회가 과학 거버넌스에 참여하고 관심을 가질 것을 요구해 왔다(한국과학기술학회, 2014). 마찬가지로 유전 과학과 관련해서도 과학이 단일민족 신화를 해체한다거나 단일민족임을 입증했다는 언론 보도들에 성급하게 일희일비하기보다는, 그 유전 과학이 더 넓은 사회 속에서 민족 정체성의 정치와 함께 만들어지는 과정을 살피고, 그 가운데 간과된 유전 과학 연구의 문제적인 전제들—예를 들어 단군기원 등을 비판적 검토 없이 역사적 사실로 활용하는 것—을 가시화하고 공공의 토론의 대상으로 제기하는 일이 요구될 것이다.

제3장

민족에서 국가로: 북한 '두 국가론'의 정치적 의미

/

정영철

1. 들어가며

> "이전 시기에는 우리가 그 무슨 남녘해방이라는 소리도 많이 했고 무력통일이라는 말도 했지만 지금은 전혀 이에 관심이 없으며 두 개 국가를 선언하면서부터는 더더욱 그 나라를 의식하지도 않습니다."(김정은, 2024b)

이 발언은 2024년 10월 '김정은국방종합학교'를 방문한 자리에서 김정은 연설의 한 대목이다. 이 발언의 핵심은 더 이상 남한과는 아무런 관계도 맺지 않고, 마주 앉지도 않을 것이라는 점이다. 이미 2023년 말 개최된 북한의 노동당 제8기 제9차 전원회의, 그리고 이듬해 1월에 열린 최고인민회의 제14기 제9차 최고인민회의에서 김정은은 시정연설을 통해 기존의 '1 민족 1 국가'에 기초한 남북의 특수 관계를 부정하고, '두 개 국가-적대적 교전 국가'로 규정했다. 북한의 이러한 정책 변화는 1991년의 '기본합의서'를 전면 부정하는 것이자, 그간 김일성-김정일 시대를 거쳐 오면서 일관되게 유지했던 '하나의 민족에 기초한 통일정책'의 실패와 좌절을 우회적으로 인정한 것이라 볼 수 있다(Frank, 2024). 이는 최고인민회의 시정연설에서 그간 통일의 '금과옥조'로 여겨 왔던 〈조국통일 3대헌장탑〉을 '꼴불견'이라 표현하면서 즉시 철거해 버리는 데서 분명하게 나타났다.[1] 또한, 〈조선중앙TV〉에서는 그간 일기예보 등에서 보여 주었던 전체 한반도 지도를 북한 지역만 도드라지게 표현하는 방식으로 남과 북의 분리를 명백히 했다.

1991년 기본합의서 이후, 정치 · 군사적 긴장과 충돌을 겪기는 했지만, 남북은 교류와 협력을 통해 정부 및 민간의 다양한 연대를 실현해 왔으며, 공동생산과 공동의 이익을 나누는 경제협력(개성공단) 및 관광을 통한 연결의 공간(금강산)을 창출할 수 있었다. 그러나 이제 '교전 국가'로 규정된 조건에서 이러한 교류와 협력을 기본으로 하는 남북관계의 연대는 사실상 시대적 소명을 다한 것으로 보인다.[2] 새롭게 남북관계를 규정하고, 그에 따른 남북의 교류와 협력의 새로운 시대를 열어야 할 과제를 맞이하고 있다.

다른 한편, 북한의 이번 주장은 현재 한반도의 현실을 냉철하게 인식하고 법-제도화한 측면도 있다. 즉, 이미 1991년 남북은 유엔 동시 가입을 통해 객관적으로 '대한민국'과 '조선민주주의인민공화국'이 별개의 주권국가로서 국제사회의 행위자로 인정받았으며, 하나의 민족임에도 불구하고 상대방에 대한 민족적 동질성은 지속적으로 약화하고 통일에 대한 희망은 갈수록 옅어지고 있는 것이 현실이다.[3] 또한, 아직까지 한국전

1 최고인민회의 연설에서 김정은은 3대헌장탑을 즉시 철거할 것을 주장했다. 이후, 미국 NK뉴스에 따르면 1월 19일까지 촬영된 3대헌장탑이 23일에는 보이지 않는다고 보도했다(정혜정, 2024).

2 물론 북한의 이번 선언과 조치는 일방적인 것이다. 따라서 북한의 주장에 대해 우리가 일방적으로 끌려갈 필요는 없을 것이다. 그럼에도 북한의 이번 조치는 우리에게도 상당한 정책적 변화를 강제하고 있다는 점에서 남북관계의 새로운 패러다임을 모색해야 할 과제를 안겨 준다. 또한, 그간의 교류와 협력이 '1991년 기본합의서'에 근거를 두고 있었다는 점에서, 더 이상 이러한 합의에 기초한 교류와 협력이 어려워졌음은 분명하다.

3 이에 대해 김상준은 코리아 양국체제라 이름한다(김상준, 2019). 또한 서울대 통일평화연구원이 해마다 실시하는 통일의식조사에 의하면, 통일의 필요성에 대한 응답이 점차 약화하고 있음을 확인할 수 있다. 특히 2021년부터 통일 필요성에 대한 응답이

쟁이 법-제도적으로 종결되지 않음으로써 '불안한 평화' 상태에 놓여 있으며, 여전한 전쟁 상대방으로서 적대적 대치를 지속하고 있는 것도 사실이다.

북한의 선언은 10여 년 전 김정은 체제가 등장할 무렵부터 예고되어 있었다고 할 수도 있다. 최고지도자로서 최초의 공개연설에서(2012/4/15), 그는 당면한 최고의 과제로서 '인민생활' 향상을 제기했고, 평화의 문제는 경제건설을 위한 수단이자 환경으로 위치시켰다(김정은, 2012). 1955년 김일성이 당면한 북한의 과업으로서 사회주의 건설과 조국통일이라는 2대 전략적 과제를 제시한 것에서의 후퇴이자,[4] 조국통일의 과제를 경제건설의 뒤편으로 밀어낸 주장이라 할 수 있다.[5] 1955년 김일성의 주장은 김정일 시대까지 별다른 저항과 굴곡 없이 유지 및 추진되었다. 이런 점에서 보자면, 북한의 '두 국가' 선언은 지난 김일성-김정일 시대의 유산을 정리하고, 지금까지의 통일정책이 실패했음을 인정하고 새로운 모색을 시도하겠음을 표현한 것이라 할 수 있다.

이제 앞으로 북한이 어떤 행보를 보일 것인지, 그에 따라 남북관계를 어떻게 재정립해야 할 것인지가 우리의 중요 과제로 제기되었다. 이 글은 북한의 '두 국가' 선언이 나오기까지의 역사적 과정을 북한의 민족과 민족주의 개념의 변천을 살펴보면서, 그 정치적 의미를 분석하는 데 있다. 1970년대 미국과 한국의 '두 개 한국'에 맞서 '1민족 1국가'를 강력하게 주장했지만, 50년이 지난 지금 오히려 북한이 '두 개 국가'를 주장하는 현

절반 이하로 떨어졌으며, 2024년 조사에서는 40% 이하로 떨어졌다(김범수 외, 2024: 32).

4 김일성은 1955년 4월 소위 '4월 테제'를 발표하게 된다. 이때 김일성은 '북반부에서의 사회주의 건설과 조국의 통일독립'을 2대 과제로 제시했다(김일성, 1980).

5 북한에서 평화적 환경의 마련은 일찍부터 경제건설을 위한 필수적 환경으로 인식 및 주장되었다. 그러나 동시에 '한반도'의 평화는 통일을 위한 전제였고, 선차적인 과제로 위치되었다. 김정은의 발언은 평화보다는 주권, 그리고 이를 위해서는 경제건설이 선차적으로 요구됨을 강조하는 것으로 이해된다.

실을 어떻게 평가하고, 향후의 북한이 어떻게, 어떤 방향으로 움직여 나갈 것인지를 민족과 민족주의 개념의 변천을 통해 살펴보고, 이것이 갖는 정치적 의미를 분석하는 것이 이 글의 목적이다. 이러한 분석을 통해 제기되고 있는 과제에 어떻게 대응하고, 앞으로의 남북관계를 어떻게 정립할 것인지를 진지하게 고민해 보고자 한다.

2. 북한 민족·민족주의론의 역사적 변천

1) 사회주의와 민족주의 그리고 근대주의

사회주의에서 민족주의는 일반적으로 배척의 대상으로 여겨졌다. 마르크스와 엥겔스에게 민족주의는 계급의식을 가로막는 혁명의 장애물이었고, 부르주아 계급의식의 산물이었다. 그러나 제2차 세계대전의 역사가 보여주듯이, 민족에 우선하여 계급을 주장했던 사회주의(자)조차도 결국에는 민족·민족주의에 굴복했고, 스탈린은 히틀러의 침공에 맞서 대러시아 민족주의를 고취하기도 했다. 콜라코프스키가 주장하듯, 역사적으로 민족(주의)과 결합하지 못했던 국제주의는 언제나 패배했다(콜라코프스키, 1986: 55). 물론, 흔히들 주장하듯 마르크스주의가 민족과 민족주의를 소홀히 했다는 것은 아니다. 오히려, 마르크스주의는 주변부에 대한 연구를 통해 민족·민족주의에 대한 중요성을 부여했다고 주장되기도 한다(앤더슨, 2020).

사회주의의 교리가 아니더라도 민족·민족주의는 근대적 구성물 혹은 발명품으로 인식되었다. 민족은 근대의 산물로서 자본주의 시장의 출현과 함께 상상된 것 혹은 발명된 것으로 인식되었고, 그래서 민족은 '상상된 공동체(imagined community)'이거나 매일매일의 국민투표로 확인되는 인간 공동체이거나 또는 역사적인 '발명(invented)'으로 인식되었다. 그리고 이러한 주장의 공통점은 민족의 구성과 발명이 모두 근대의 산물로 인식되었다는 점이다.[6] 따라서 홉스봄에게 민족과 민족주의는 1990년대 이래, 자신의 정치적 기획을 마감하고 소멸할 것으로 예상되었다.[7] 근대적 구성물로서 민족·민족주의 이론은 민족 구성에 대한 주관적·객관적 요인의 중요성에서 차이를 두기는 했지만, 대부분의 사회과학적 분석의 초점은 민족주의가 근대의 발명품 혹은 구성물로서 민족을 만들어 냈다는 것을 전제하고 있었다. 그러나 이렇게 형성된 민족이 쉽사리 소멸되거나 다른 단위로 대체되는 것은 아니었다. 또한, 이러한 논의가 세계사에 특수한 서유럽을 모델로 한 '서구 중심주의'라는 비판 또한 만만치 않았다(강철구, 2006). 따라서 스미스는 근대적 상상 속에서도 족(ethnie)에 기반한 혹은 족의 연속으로서 '민족'에 대한 심성과 의지, 객관적 조건을 중심으로 사고했고, 일부 연구자는 기존의 민족주의에 대한 접근법과 구분되는 연속주의(continualism)를 주장하면서, 오랜 역사를 거치면서 형성된 연속성에 주목하기도 했다(정수일, 2020). 또한 최근의 아자 가트(Azar Gat)는 진화론에 기초하여 서유럽과는 다른 민족형성의 일반적인 경로와 특징을 추적하기도 했다.[8] 이렇게 본다면, 지금 일반적인 상식처럼 논의

6 이 세 주장을 펼친 학자로는 각각 앤더슨, 르낭, 홉스봄이 있으며, 이들 이외에도 겔너, 네언, 브루윌리, 틸리, 기든스, 카우츠키, 한스 콘 등 다양한 연구자들이 근대 민족·민족주의를 주장했다. 민족주의에 대한 이러한 이론적 범주를 '근대주의'로 규정한다. 일반적으로 민족주의는 원초주의, 영속주의, 근대주의로 구분되는데, 오늘날 사회과학은 대체로 근대주의적 입장을 취하고 있다. 그러나 이에 대한 영속주의적 입장의 비판도 만만치 않다. 대표적으로 강철구(2006)와 아자 가트(2020)가 있다. 또한 스미스는 근대주의적 입장으로부터 영속주의와의 연속성을 강조하는 자세를 취한다.

7 홉스봄은 냉전 체제 붕괴 이후, 구소련 및 동유럽에서의 민족주의적 발흥을 목격하면서 이는 제2차 세계대전 이후의 미완성된 민족자결권의 원리가 마지막으로 실현되는 것이라 보고, 이 과정이 끝나면 민족과 민족주의는 더 이상의 변수가 되지 않을 것이라 예상했었다(홉스봄, 1994). 이러한 주장은 20세기 역사를 민족들의 국가 구성 역사로 판단했던 필연적 귀결이라고도 할 수 있다. 그러나 이들의 주장이 무색하게도 현실에서 민족·민족주의는 여전히 상당한 정치적 변동의 동력으로 영향력을 유지하고 있다.

8 최근 아자 가트는 그의 저서에서 일반적인 민족·민족주의의 근대적 구성을 비판하면

되는 근대 민족·민족주의 그리고 사회주의의 관계는 조금 더 신중하게 고려해야 할 여지가 있다.[9]

2) 북한 민족·민족주의의 변화

북한 역시 초기 사회주의 교리에 따른 민족·민족주의 이론의 수용으로부터 출발했다. 그러나 이론적인 수용과는 달리 민족·민족주의에 대한 감성과 실천은 초기 김일성 역사의 시작부터 강하게 표출되었다. 사실, 한국 공산주의 운동의 역사는 여타 제3세계의 공산주의 운동의 역사가 그러하듯 강력한 민족주의적 색채를 띠고 있었고, 따라서 이론적으로는 사회주의 민족(주의)론을 수용했음에도 불구하고, 실천의 영역에서는 민족(주의)와 강하게 연결되어 있었다(스칼라피노·이정식, 2015).[10] 김일성의 역사를 추적한 한홍구에 의하면, 주체 형성의 역사적 배경에는 만주에서 김일성의 경험이 강력하게 영향을 미쳤다. 즉, 공산주의를 지향하는 중국 공산당 및 소련 등과의 연대에도 불구하고 민생단 사건 등 김일성의 경험은 민족적 한(恨)이 자리잡게 된 결정적인 원인이라고 지적하기도 한다.[11]

서, 그 기원과 구성 등을 훨씬 더 오래전의 인류 역사로부터 추적하고 있다. 또한, 그는 현재의 서유럽에서 민족·민족주의 문제가 비교적 덜 격화되고 있는 것의 원인에 대해, 이들은 이미 갈등의 단계를 지났고, 안정된 단계에 놓여 있기 때문이라고 지적하고 있다(아자 가트·알렉산더 야곱슨, 2020).

9 특히 사회주의 붕괴 이후, 붕괴되지 않은 사회주의에 대한 연구 기획은 '민족주의'에 대한 재고찰을 요구한다(강혜석, 2017a).

10 당시 공산주의자들의 당면목표는 조선에서의 혁명 즉, 독립이었으며 이를 위해서는 반일이 가장 중요한 실천 과제였다. 또한, 반봉건 사회의 특성상 그 혁명의 성격도 부르주아 민주주의 혁명 혹은 인민 민주주의 혁명 등 사회주의 지향의 민족적, 민주적 성격을 강하게 띠고 있었다. 이로부터 초기 공산주의 운동은 민족주의와의 결합이 중요한 문제일 수밖에 없었다. 이는 곧 레닌의 제3세계, 식민지 해방운동 및 반제국주의 운동의 세계 혁명의 동력으로의 규정 등과도 연관된 것이라 할 수 있다.

11 민생단 사건의 경험은 사회주의 국가들과의 관계에도 불구하고 대국주의에 대한 문제의식을 강하게 느끼게 했으며, 이것이 훗날 주체 형성의 대단히 중요한 역사적 연원이었다고 할 수 있다(Han, 1999). 1960~1970년대 중국이나 소련 등의 수정주의 움직임

초기 북한은 당시 사회주의 민족이론의 교과서라 할 수 있는 스탈린의 민족이론을 그대로 수용했다. 스탈린은 1913년에 발표한 자신의 책에서(「마르크스주의와 민족문제」) 민족을 "공통의 문화에 나타나는 심리적 성격 및 언어, 지역, 경제적 생활의 공통성에 기초하여 이루어진, 역사적으로 형성된 사람들의 안정적 공동체"로 규정했다(스탈린, 1989). 경제생활의 공통성을 가장 중요한 특징으로 규정한 스탈린의 이론은 언어와 혈통 등에 익숙한 제3세계의 '민족' 감정과는 불일치했고, 더욱이 반제 민족해방 운동에 의해 형성된 과거 식민지·제3세계 국가에서는 그대로 수용되기 어려운 상황이었다. 그럼에도 스탈린의 민족이론은 '이론'으로서 그 권위를 대체할 여타의 이론이 존재하지 않았고, 따라서 수많은 사회주의 진영은 이를 수용했다. 북한 역시 스탈린의 이론을 수용했지만, 국가건설의 초기부터 강력한 민족적 색채를 보여 주었다.[12] 비록 민족주의 용어가 금기시되었지만, 사실상 민족주의를 의미하는 애국주의 — 사회주의적 애국주의의 이름으로 민족적 색채를 드러내고 있었다.[13]

스탈린 민족이론의 수용에도 불구하고, 김일성의 초기 발언 등을 종합해 보면, 아주 진한 민족(주의)적 색채를 띠고 있었음은 분명하다. 김일성의 초기 활동 과정에서의 발언을 보면, "공산주의자들에게는 무엇보다도 민족적 자존심을 가질 것"을 강조하고 있으며(김일성, 1943; 1979b), "자기 나라 혁명에 충실하지 않은 사람은 세계 혁명에도 충실할 수 없으며 진정한 국제주의자로 될 수 없다."라고 주장(김일성, 1936; 1979a)하기도 했다.[14] 국제주의적 연대를 강조했음에도 불구하고, 민족 혁명을 우선

에 대한 북한의 비판은 '대국주의'에 대한 비판으로 표출되었다.

12 초기 북한 형성의 역사를 연구한 암스트롱에 의하면, 북한은 '민족적 형식, 사회주의적 내용'이라는 이론적 도식에도 불구하고 실제에서는 '민족적 형식, 민족적 내용'을 추구했다고 분석한다(암스트롱, 2006).

13 북한에서 사회주의 애국주의는 1957년 김일성의 공식화로 처음 등장했다고 한다(정고은, 2016: 19).

14 이러한 강조는 1940년대 후반의 노동당 강연과에서 집필한 『민족과 민족 문제』에서도

시하고 이에 충실히 임하는 것이 국제적 혁명에도 충실한 길임을 강조했던 것이다. 더욱이 북한의 현실은 남북의 분단으로 경제생활의 공통성이 실현될 수 없는 상황에서 스탈린 민족이론을 현실에 적용하기는 어려웠다(정영철, 2003). 이후 1955년 '주체'가 제기되면서 민족이론에서도 북한의 독자적인 이론의 모색과 주장이 점차 분명해지기 시작했다. 일반적으로 1960년대에 북한의 독자적 민족이론이 등장한 것으로 평가되지만 이미 내부적으로는 언어와 핏줄에 근거한 민족이론이 논의되고 있었다.[15] 1950~1960년대를 거치면서 지금까지 경제생활의 공통성을 중심으로 한 스탈린 민족이론으로부터 이탈하기 시작하여, 핏줄과 언어, 특히 핏줄에 근거한 민족이론으로의 모색이 강조되기 시작했다. 그럼에도 아직까지는 민족주의에 대한 보편적 평가는 부르주아 이데올로기로 규정되었다. 다만 그 실체로서 '민족'에 대해서는, 오랜 기간에 걸쳐 비교적 이른 시기에 형성된 역사적 공동체로서 영속주의적 입장과 유사한 이론적 입장이 나타나기 시작했다.[16] 이러한 민족이론의 변형은 주체사상의 형성·발전과 궤를 같이하면서, 김정일에 의해 주도되어 갔다. 김정일은 이미 1960년 민족에 대한 핏줄과 언어의 공통성을 강조했고, 이러한 그의 이론이 바탕이 되어 1980년대에 북한의 독자적 민족(이론)이 공식적으로 등장했다(김정일, 1999).[17]

잘 드러난다(김태우, 2002).

15 최근의 연구에 따르면 1950년대부터 독자적인 민족이론의 문제가 제기되었다고 한다(김종진, 2021). 그리고 1960년대 김정일의 민족론에 대해서는 이계환(2010)에서 분석하고 있다.

16 이러한 민족이론의 변형에는 '통일'의 문제가 놓여 있었다. 통일을 '2대 전략과제'(사회주의 건설과 조국통일)의 하나로 규정한 이상, 민족적 동질성 혹은 민족의 통일을 위한 민족 '이론'이 정당성으로 뒷받침되어야 했다, 스탈린의 민족이론에 따르면 1960~1970년대를 거치면서 남북은 경제생활의 이질성이 강화되는 '다른' 민족으로 구분되어야 했다. 따라서 북한으로서는 오랜 기간의 민족 공통성과 영속적인 '민족'공동체의 이론이 요구되었다.

17 물론 그렇다고 하여 경제생활의 공통성 등이 완전히 부정된 것은 아니었다(강혜석,

초기 스탈린의 민족이론에 기반하여 민족과 민족주의에 대해 사고하던 북한이 이처럼 민족이론을 변형한 이유는 무엇일까? 민족과 민족주의는 정교한 이론적 체계이기 이전에 현실의 실천적 문제라고 할 수 있다. 즉, 북한에게는 러시아(소련)나 유럽 등과는 완전히 다른 현실의 문제가 있었고, 더욱이 분단이라는 조건에서 스탈린의 민족이론은 한반도의 상황에 부합하지 못했다. 비록 민족'주의'에 대한 부정적 인식 때문에 애국주의를 대체물로 사용하고 있었지만, 사실상 민족주의의 또 다른 이름일 뿐이었다. 또한, 사회주의 진영의 일원으로서 국제적 연대, 사회주의 이념의 공통성 등에 따라 민족주의를 부르주아 이데올로기로 규정하고 있었지만, 북한의 현실은 오히려 더욱 민족(주의)과의 친화성이 강화되고 있었다. 민족주의적이었지만, 민족주의를 공식적으로 호명하지 못하고 있던 상황은 사회주의의 붕괴를 전후하여 급변하게 되었다. 그리고 이는 1991년 김일성에 의해 민족주의를 재호명하는 것으로 이어졌다.

3) 북한의 새로운 민족주의 이론의 등장과 그 의미

1990년대 들어 북한은 전례 없는 위기 상황에 직면했다. 대외적으로는 소련을 필두로 한 사회주의 진영의 붕괴와 중국의 개혁·개방 심화에 따라 그간의 사회주의 진영이 무너지고 있었고, 대내적으로는 경제 침체로 인해 남북 간 우열이 분명해지고, 남한의 공세적 대외정책인 북방정책에 따라 국제적으로 '두 개 한국'이 실현되기 직전이었다. 이를 전후하여 민족과 민족주의에 대한 새로운 규정이 등장하기 시작했다. 여태껏 애국주의로 호명하던 사실상의 민족주의가 김일성에 의해 부르주아 민족주의와 진정한 민족주의로 구분되고, 진정한 민족주의가 진보적인 사상의 호

2017b).

름으로 규정됐다. 공산주의와 민족주의의 공통성으로서 애국(주의)을 놓고 그 자신이 스스로 공산주의자이자 민족주의자임을 천명했다(김일성, 1991b; 1996).[18]

1991년 김일성에 의해 민족주의에 대한 재규정이 새롭게 정식화된 이후, 북한 내부에서는 2000년대 중반 이후까지 민족·민족주의에 대한 이론적 고찰이 적극적으로 진행되었다. 이 과정에서 과거 김정일의 1960년의 언급이 소환되는가 하면, 단군에 대한 실체론적 재조명, '대동강 문명'에 대한 발견과 발명 등이 일어났다.[19] 이러한 재규정 작업은 크게 3가지 원인이 작용한 것으로 평가된다. 첫째, 국제사회의 변화에 따른 것으로, 냉전의 종식과 북한 체제의 위기 속에서 민족주의와의 결합을 통한 사상적 재무장의 필요성을 들 수 있다. 둘째, 사회주의 이데올로기의 약화 속에서 자국 사회주의의 독자성과 특수성에 대한 정당성의 추구를 들 수 있다. 셋째, 김일성의 연설이 통일문제와 관련된 인사들 앞에서 이루어진 것에서 알 수 있듯이, 당시 급변하고 있던 한반도의 상황과 통일의 사상적 동력을 새롭게 해야 할 필요성 등을 들 수 있다.

김일성에 의해 정식화된 민족주의의 진보성은 특히나 남북관계·통일문제에서 중요한 의미를 갖는다. 1980년에 제시된 '고려민주연방공화국창립방안'의 실현 가능성을 기대할 수 없는 상황에서, 남북의 유엔 동시가입 등 국제적으로 두 개의 한국이 공식화되고 있었다. 이처럼 남북이 국제적인 두 개 국가로 굳어지는 상황에도, 남북은 1991년 '남북 기본

18 그런데 당시 김일성의 이 발언이 책자로 출간되었을 때에는 '공산주의자이자 민족주의자'라는 발언이 '공산주의자이자 애국자'로 표현되었다. 나중에서야 김일성의 원래 발언대로 돌아와 '공산주의자이자 민족주의자'로 표기되었다.

19 특히, 단군릉의 발굴과 이를 둘러싼 북한 학계의 연구는 자신들의 '문명'을 독자적인 것으로 놓고, 그 시원을 5,000년 전까지 거슬러 가는 유구한 것으로 위치 지었다. 이에 기반하여 '민족'을 영속적인 것으로 규정하고, 그로부터 발생한 민족주의 이데올로기를 유구한 사상의 한 흐름으로 해석했다. 북한의 단군릉 발굴과 이를 둘러싼 학술적 발표와 토론에 대해서는 국가안전기획부(1995)를 참조.

합의서'를 통해 서로의 관계를 상호 간에 '통일을 지향하는 과정에서 형성되는 특수한 관계'로 합의했다(1991년 〈남북기본합의서〉 전문). 남북이 두 개의 특수한 관계를 이루는 이유는 그 무엇보다 '하나의 민족'에 있었다. 따라서 '하나의 민족'에 기반을 둔 공통의 이데올로기적 지향을 확인하는 것은 통일에 매우 중요한 문제였다. 김일성의 이 발언이 '범민련' 등과 관련된 인사들과 모임에서 나온 것이라는 점은 의미하는 바가 적지 않다. 즉, 김일성으로서는 불리한 여건에 놓인 국제적인 환경, 그렇지만 자신이 제안한 2대 전략적 과제를 포기할 수 없는 상황, 새로운 통일방안으로서 제시한 '낮은 단계의 연방제'의 정당성을 뒷받침하기 위한 이데올로기적 설득력을 보여 주어야 했다. 바로 그 지점의 하나로서 민족주의에 대한 사회주의의 교조에서 이탈하여, 민족주의를 하나의 진보적 사상으로 규정하고 그에 따른 남북의 공통성을 강조할 필요가 있었다. 더욱이 동-서독의 통일에 따라, 북한 붕괴 및 남한에 의한 흡수통일 담론이 당시 남한 사회에 광범위하게 확산되는 상황에서, '먹고 먹히는 통일'이 아니라 이질적인 체제의 공존에 기초한 연방제 형식의 고수와 지역 정부에 더 많은 자치권을 부여하는(외교와 국방권) 방식으로 연방을 묶어 놓는 유력한 힘은 남북 공통의 민족 감정을 강조하는 것이었다(김일성, 1991a; 1996a).[20]

사실, 2000년 정상회담에서 제2항의 합의는 이러한 배경이 있었기에 가능했다. 그러나 북한의 민족론은 여기에서 더 나아가기 시작했다. 김일성의 사망과 함께 '김일성민족'이 등장하면서 '민족'의 기표는 두 개의 서로 다른 '기의'를 담아내기 시작했다. 물론, 1986년 '민족 제일주의' 담론이 나오면서 이러한 현상이 발생했지만 1994년 이후에 '민족'론의 분기가 본격화되기 시작했다.

20 이 당시 김일성이 제시한 '낮은 단계의 연방제' 방안은 2000년 정상회담에서 남한의 연합제와의 공통성을 인정하고, 그 공통성을 지향하는 방향에서 통일방안을 마련하는 것으로 합의되었다(〈6.15 공동선언〉 제2항).

3. 민족에서 국가로: 우리민족 제일주의에서 우리국가 제일주의로

1) 우리민족 제일주의와 '김일성민족'

1955년 김일성이 제시한 2대 전략과제는 김정일 시기까지 굴곡을 거치긴 했지만, 그 기본 골격은 변하지 않은 채 유지되고 있었다. 그 이유는 남북의 분단이 해소되지 않고 있었고, 체제 경쟁과 함께 민족 정통성을 둘러싼 경쟁이 그대로 유지되었기 때문이다. 그러나 김일성의 사망과 함께, 미묘한 변화가 나타나기 시작했다. 바로 '김일성민족'의 등장이었다(김정일, 1994a; 2012a). 김일성민족은 '민족'의 기표를 사용하고 있지만, 그가 대상으로 설정한 청중은 북한의 '인민'이었고, 결국 북한이라는 사회주의 '국가'를 의미하는 것이었다. 북한 스스로도 김일성 '민족'은 '사회주의 시조'로서 김일성을 칭하는 것으로 주장했다. 민족의 기표에 두 개의 서로 다른 의미가 결합되는 순간이었다.

사실 북한에서 민족의 '기표'에 국가라는 기의가 덧씌워지기 시작한 것은 1980년대였다. 1986년 김정일에 의해 제창된 '우리민족 제일주의'가 바로 그것이었다(김정일, 1986b; 2011b).[21] 1979년 '우리식대로 살아나가자'라는 구호가 나온 이래, 1986년 '우리민족 제일주의' 혹은 '조선민족 제일주의'가 등장하면서 한반도 전체의 '민족'을 상상하던 데에서 벗어나 맥락상 '전체민족'과 '북한의 국가'를 상상하는 것으로 이중적인 의미가 덧씌워졌다. 1980~1990년대의 통일 담론으로 등장했던 '우리민족 제일주의'가 남북한 전체를 아우르는 '우리'를 말한다면, 때로는 '조선'민족 제일주의를 통해 북한만을 지칭하는 것으로 이중적인 의미를 드러냈

21 다른 한편, 우리민족 제일주의에 앞서 '조선민족 제일주의'라는 용어가 먼저 나타났다. 즉, 1986년 1월에 김정일은 공식적으로 '조선민족 제일주의'를 주창하기 시작했다(김정일, 1986a; 2011a).

던 것이다. 그리고 1994년 이후, '김일성민족'은 북한만을 지칭하는 분명한 민족적 기표로 작용했다.

실상 1990년대 북한은 소련 및 동유럽 사회주의 붕괴, 즉 현실 사회주의 체제의 붕괴에 대응하여 김정일의 「사회주의는 과학이다」를 통해 북한 사회주의 우월성, 과학성, 정당성을 주장하고 있었고(김정일, 1994b; 2012b), 자신들을 과거의 사회주의 '동방의 보루'에서 이제는 유일한 '사회주의 보루'로 위치시켰다. 그럼에도 사회주의의 이념적 붕괴는 단지 자신들 사회주의 독자성만을 강조한다고 해서 방어할 수 있는 것이 아니었다. 중국의 개혁-개방의 과정에서 '중화 민족주의'가 강대국 중국의 미래 비전으로 호명된 것처럼, 북한 역시 민족·민족주의에 대한 호명을 통해 자신들의 독자성을 보강해야만 했다(강혜석, 2017c). 이에 따라 북한은 1980년대부터 그간 소홀히 취급했던 민족적 명절과 전통 등을 재강조했고, 단군릉 발굴을 통해 유구한 역사와 정통성을 가진 민족으로서 자신들을 포장했다.[22] 이 과정에서 등장한 '김일성민족'은 민족의 형식에도 불구하고 사실상 사회주의 북한으로 한정되었고, 결국에는 이후 국가주의 담론으로 성장할 수 있는 모순을 품고 있었다.

그러나 '김일성민족'의 등장에도 불구하고, 남북한 관계에서는 결코 '김일성민족'이 호명되지는 않았다. 아직까지 '김일성민족'은 북한 내에서만 소비되는 담론이었다. 오히려 2000년 정상회담을 전후하여 등장한 것은 '우리'로 포괄되는 남북한 모두를 하나의 민족으로 호명하는 것이었다. 바로 '우리민족끼리'였다. 여기서 '우리'는 남과 북 및 해외의 모든 한민족을 포괄하는 것으로서 2000년 정상회담과 함께 고양된 '민족'의 가

22 단군릉의 발굴은 '민족'적인 측면에서의 해석도 가능하지만, 동시에 오랫동안 쌓여 있었던 사대주의의 뿌리를 완전히 들어낸다는 의미에서도 중요했다. 즉, 중국 못지않은 오랜 역사와 독자적인 문명을 건설한 '민족'의 시조로서 단군의 재조명은 '한'민족의 민족적 긍지와 자부심으로 연결되었다. 이 역시 애국주의와 관통하는 이데올로기적 효과를 가질 수 있었다(정영철, 2001).

치를 하나의 담론으로 집약한 것이라 할 수 있다. 결국 때로는 '조선민족 제일주의' 혹은 '김일성민족'을 통해 사회주의 국가로서 북한을, 때로는 '우리민족 제일주의' 혹은 '우리민족끼리'를 통해 전체 한민족을 소환하는 구조가 형성된 것이다.[23]

이러한 담론과 개념의 혼용은 그 자체의 모순에도 불구하고 현실에서는 — 적어도 북한의 현실에서는 — 전혀 충돌하지 않았다. 그것은 민족·민족주의가 정교한 이론의 체계이기 이전에 실천의 이데올로기로서 기능하는 것과 함께, 맥락을 통해 '민족'을 호명하고 이에 화답하는 청중들이 서로 달랐기 때문이다. 즉, 북한의 '인민'은 사회주의 국가 북한으로서 '김일성민족'에 자부심을 가지지만, 동시에 '우리민족끼리'의 이념을 통해 전체 한민족을 청중으로 하는 호명에도 아무런 경계와 거부감 없이 반응할 수 있었다. 어찌 되었든, 민족적 정통성이 자신들에게 있다는 자부심, 그리고 남북관계에서 민족 담론을 주도하는 것 역시 자신들이라는 긍지가 작동하고 있었던 것이다. 따라서 이 시기의 '민족 제일주의'와 '김일성민족'이라는 상호 모순될 수도 있는 담론 속에서도, 북한은 이 자체를 아무런 거부감 없이 동원할 수 있었고, 오히려 사회주의 이념의 강력한 보조적 수단으로 활용할 수 있었다.

2) 민족 제일주의에서 국가 제일주의로

2011년 김정일의 급작스러운 사망으로 김정은이 새로운 북한의 최고지도자로 등장했다. 2012년 4월의 첫 대중연설에서 당면의 최고과제를 '인민생활의 향상'으로 선언했고, 이어지는 김정은 등장 이후의 북한 사회는

23 '조선민족 제일주의'와 '우리민족 제일주의'의 포괄적 범위와 그 의미, 그리고 변화에 대해서는 김보민(2021)을, 그리고 북한의 '우리식 사회주의'의 변화와 '우리'의 포괄 범위에 대해서는 박소혜(2022)를 참조.

이전에는 볼 수 없었던 파격적인 변화를 보여 주었다. 모란봉 악단의 출현이 그 첫 번째 상징이라면, 부인 리설주의 공개석상 등장, 김정은의 대중 지도의 형식 등 모든 것이 이전과는 다른 모습이었다(정영철, 2017a; 전영선, 2021). 과거 김일성의 죽음 이후와는 달리 삼년상도 없었고, 김정일의 공식적인 장례 일정을 마무리한 이후, 비록 유훈통치가 강조되긴 했지만 당과 국가, 군대의 정상적인 작동이 유달리 강조되었다. 그리고 이 과정에서 김정은은 계승의 담론으로서 '김정일 애국주의'를 제창했다. 애국주의에 기댄 김정은 시대의 담론으로서 '김정일 애국주의'는 김정일의 권위에 기댄 승계의 정당성을 주장하는 것이었다. 동시에 김정일 시대 선군정치의 충실한 계승이 천명되었다. 김정은 시대의 초기 슬로건은 자주와 사회주의, 그리고 선군의 길을 걷는 것이었다.[24] 이 과정은 북한의 계승자가 그러하듯이, 앞선 권력의 승계의 정당성과 변함없는 주체 혁명 전통의 계승을 의미하는 것이었다.

일정 시기가 지나면서 새로운 담론이 등장하기 시작했다. 이미 인민생활 향상을 최고의 목표로 내건 상황에서 '인민대중 제일주의' 정치가 등장한 것은 자연적인 것이었지만, 선군의 시대를 마감하고 '국가 제일주의' 시대를 주장한 것은 앞선 시기와는 다른 시대정신과 미래의 비전을 제시하는 것이었다(정영철, 2020). '우리국가 제일주의'는 2017년에 처음 등장하여, 2021년 제8차 당대회에는 새로운 시대 규정으로 격상되었다.[25] 김정은의 최대 업적 중 하나로서 '우리국가 제일주의' 시대를 열었다는 것은 김일성-김정일 시대를 마감하고, 김정은을 중심으로 하는 새로운

24 2018년 이후 이 슬로건은 선군이 빠진 채, 자주와 사회주의의 길로 정리되었다.

25 '우리국가 제일주의'가 처음 등장한 시기는 '화성-15형' 미사일 발사 시험 성공 다음날인 2017년 11월 30일자 노동신문을 통해서였다(『로동신문』, 2017/11/30). 그리고 2021년 제8차 당대회에서 "지난 5년간의 성과는 새로운 발전의 시대, 우리국가 제일주의 시대를 열어 놓은 것"이라고 하면서 이를 "국가의 존엄과 지위를 높이기 위한 결사적인 투쟁의 결과로서 탄생한 자존과 번영의 새시대"라고 규정했다(정영철, 2021a).

시대가 등장했음을 의미하는 것이었다.

초기 '우리국가 제일주의'는 '우리민족 제일주의'와 나란히 병렬적으로 사용되기도 했고, 민족 제일주의의 계승으로서 국가 제일주의를 위치짓기도 했다. 그렇지만, 국가 제일주의는 민족에 앞서 국가를 호명하고 있다는 점에서, 김정은 시대의 지향이 남북관계나 통일보다는 '사회주의 국가 북한'에 있음을 간접적으로 드러내는 것이었다. 실제로 김정은 시대에 들어, 남북관계 혹은 통일에 대한 그의 언급은 원론적인 수준을 벗어나지 못하고 있다. 초기 '선대 수령들'의 유훈으로서 통일에 대한 언급, 그리고 2018년을 전후한 시기의 한반도 급변의 시기를 제외하면 거의 등장하지 않고 있음을 확인할 수 있다.[26] 특히, 김일성 시대의 통일정책과 통일방안 그리고 김정일 시대에 이를 계승한 통일정책이 이어졌음과 비교한다면, 김정은 시대의 독자적인 통일정책은 거의 찾아보기 힘든 것이 사실이다.[27] 1990년대 이래의 비정상적인 국가 체제를 정상적인 당-국가 체제로 전환하고, 비대해진 군부를 정상적인 당-국가 체제의 군으로 되돌리는 등의 활동은 모두 북한이라는 사회주의 국가의 정상화였다. 이 과정에서 남북관계의 정상화는 후순위였고, 2017년 핵무력이 완성된 이후에야 평화적 환경 마련을 위한 한반도 현상변경 정책이 실행될 수 있었다. 이 점에서 '우리국가 제일주의'는 북한 체제의 재건설과 함께 국가를

26 전미영(2018)의 분석에 따르면, 김정은의 '민족' 담론은 민족주의를 통치리더십의 윤리성, 정당성과 연계하려는 노력이 이전 시대에 비해 감소하고 있다. 또한, 통일문제에 있어서도 김일성-김정일의 유훈 관철이 노선의 계승에 머물러 있으며, 특별한 차별성을 발견하기 어렵다. 결론적으로 김정은에게 '민족' 담론은 더 이상 힘있는 이데올로기가 아니며, 경제문제 해결이 당면과제로 주어짐에 따라 자연스럽게 국가성 우위의 담론에 의존하게 되었다.

27 김정은의 통일에 대한 언급은 거의 찾아볼 수 없다. 2018년을 전후하여 남북관계 및 통일에 대한 언급이 부분적으로 존재했지만, 이 역시 앞선 김일성-김정일 시대의 통일정책과 비교하면, 당면의 남북관계에 대한 원론적인 언급에 그치고 있다. 또한, 제8차 당대회에서는 미제 침략군, 일본군국주의 재침 그리고 남조선 인민들의 투쟁지지, 전 조선의 애국적 역량과의 통일전선 강화 등 '남조선 혁명'과 관련된 기존 내용을 모두 삭제했다.

정상화하고자 했던 김정은 시대의 '전략'을 담고 있었다고 할 수 있다(정영철, 2020). 즉, 민족보다는 국가를 우선시한 정상화 전략으로서 '국가 제일주의'가 제창되었고,[28] 비록 이것이 '민족 제일주의'와 호환이 가능한 것이었다고 해도,[29] 시대적 상황에서 국가를 중심으로 한 발전 전략에 우선적인 관심이 놓여 있을 수밖에 없었다. 그것이 바로 제8차 당대회에서 공식화된 '우리국가 제일주의 시대'였고, 이런 시대의 정치방식으로 '인민대중 제일주의 정치'가 등장한 것이라고 할 수 있다.

3) 두 개 국가론의 등장과 '동족관계'로서 남북관계의 부정

2023년 12월 제8기 9차 전원회의에서 한반도 '두 개 국가론'이 공식적으로 선언되었다. 이어 다음해 1월에 열린 최고인민회의에서는 한반도의 남북관계를 교전 상태에 있는 적대적 교전 국가로 규정했다. 남쪽의 '국경선'이 확정되었다고 주장하면서, 이에 대한 침범은 주권 침범으로 간주할 것이라 경고한 뒤, 유사시 "남쪽 지역 전체를 평정"하겠다는 급진적인 발언을 추가했다(김정은, 2024a). 다음 날부터 〈조선중앙방송〉의 일기예보에서는 한반도 북쪽, 즉 북한 지역만을 도드라지게 표현한 지도가 등장했고, 〈조국통일3대헌장탑〉의 철거, 그간 남북관계를 다루어 왔던 통일전선부의 해체,[30] 남북 해외 통일운동단체인 범민련 등의 해체, 그리고 분단

---

28 김정은 시대에 들어와 각 분야의 변화 및 정상화에 대한 전략으로는 정영철(2021b)을 참조.

29 이지순(2020)은 북한의 대집단체조 〈빛나는 조국〉을 분석하면서, 북한에서 국가주의와 민족주의는 언제든 자리바꿈이 가능한 이중언어라고 분석한다. 즉, 이 모두는 공통적으로 '애국'으로 수렴된다.

30 두 국가 선언 이후, 북한은 외무성과 통일전선부의 합동회의를 통해 통일전선부를 외무성으로의 흡수한 것으로 보인다(『조선중앙통신』, 2024/1/1); 우리 정부는 기존의 통일전선부가 해체되고 노동당 내 제10국으로 개편되었으며, 조국평화통일위원회의 조국통일연구원은 대적연구원으로 개편된 것으로 파악하고 있다. 실제 지난 평양무인기 사건 이후, 북한은 이를 고발하는 대적연구원 명의의 백서를 발간하기도 했다(『로

역사에서 통일전선을 상징하는 조국통일민주주의 전선의 해체가 진행되었다(『조선중앙통신』, 2024/3/24). 또한, 그간 한 민족임을 주장해 왔던 '우리민족끼리' 사이트가 사실상 폐쇄되었고, 금수강산 등의 용어도 폐기되었다. 나아가 국가(國歌)인 애국가마저도 '조선민주주의인민공화국 국가'로 수정되었다.

두 국가 선언 이후, 북한이 일사천리로 남북관계를 닫아 버리면서 동시에 민족 및 통일과 관련된 흔적과 상징 등을 모두 제거하거나 정비한 것이다. 다른 측면에서 보면, 한반도에 두 개의 국가적 실체가 존재하는 것은 1991년 이후, 이미 국제적으로는 공식화된 것이라 볼 수 있고, 교전국가라는 정의 역시 한국전쟁이 아직 법적으로 마무리되지 못한 현실을 반영한 것이라 할 수 있다. 그러나 북한의 이번 조치는 두 가지 점에서 과거와의 단절에 무게중심을 뒀다고 할 수 있다. 첫째는, 김일성-김정일 시대의 통일 유훈을 완전히 폐기하고 있다는 점이다.[31] 대표적으로 〈조국통일3대헌장탑〉은 김정일 시대에 김일성의 조국통일 유훈의 상징이라 할 수 있으며, 북한이 고수해야 할 통일의 원칙과 방도, 내용을 규정하고 있다는 점에서 이의 철거는 과거와의 단절을 의미한다고 할 수 있다.[32] 둘째로, 관련된 조치로서 통일 관련 조직 및 제도, 표현까지도 폐기함으로써 통일의 문제를 거시적인 법, 제도적 차원에서부터 일상적인 미시적 생활에서마저도 단절시키겠다는 것을 드러내고 있다. 제8차 당대회에서 당

동신문』, 2024/11/3).

31 북한의 정치 특성상 앞선 시대의 수령(들)의 업적을 폐기한다는 것은 선뜻 상상하기 어렵다. 이번의 조치는 최소한 김정은의 권력 강화 정도와 권위가 앞선 시대의 수령의 후광에서 벗어날 수 있을 정도로 강화되었음을 의미하는 것이기도 하다.

32 참고로 북한이 말하는 조국통일 3대 헌장은 1996년 8월 김정일의 판문점 방문 당시 처음 사용되었으며, 1997년 신년공동사설에서 '3대 헌장'으로 공식화되었고, 그해 8월 김정일의 "위대한 수령 김일성동지의 조국통일 유훈을 철저히 관철하자"라는 논문을 통해 '조국통일 3대 헌장'으로 공식화되었다. 이에 대해서는 〈통일뉴스〉(2017/8/4)를 참조할 것. 조국통일 3대 헌장은 7.4남북공동성명에서 합의한 '조국통일 3대 원칙', '고려민주연방공화국창립방안', 그리고 '전민족대단결 10대 원칙'을 말한다.

규약에 '민족해방 혁명'의 삭제 등을 통해 통일이 당면과제의 중심 지점이 아님을 보여 주었다면, 이제는 전체 북한의 주민들에게도 지금 당장은 생각하지 않아도 되는 것으로 인식하도록 했다.

그렇다면, 북한의 두 국가 선언과 조치의 이면에는 어떤 요인들이 작용했을까? 여러 가지 이유가 있겠지만, 2018~2019년을 경과하면서 남한과 미국에 대한 전면적인 재평가가 있었을 것으로 생각되며, 동시에 북한이 당면하고 있는 경제건설에의 우선적인 집중 필요성, 그리고 국제정세의 변화 등이 복합적으로 얽혀 있는 것으로 판단된다.

먼저, 지난 문재인 정부하에서 진행되었던 한반도의 급격한 변화가 실상 아무런 성과도 내지 못한 채 종결되었다는 좌절과 배신감 등이 강력하게 작동한 것으로 보인다.[33] 북한 입장에서 '인민생활 향상'의 최고목표를 이루기 위해서는 남북관계의 평화적인 관리와 한반도 평화의 구축, 미국과의 관계 개선 등이 필수적이었다. 그러나 2018년과 같은 기회의 국면에서 결국 하노이 교착, 문재인 정부의 대미 종속에 따른 실행의 한계 등으로 아무런 성과도 얻어 내지 못했다.[34] 북한으로서는 남한 정부가 대미 종속의 상황을 벗어나지 못하고, 자신들의 주장처럼 '흡수통일', '체제붕괴' 혹은 '제도통일'을 포기하지 않는 이상 현상 변경은 불가능하다고 판단했을 것이다. 김정은의 발언 중 "정치는 완전히 실종되고 사회 전반이 양키문화에 혼탁 되었으며 국방과 안보는 미국에 전적으로 의존하는

---

33 이번 조치 이후, 김여정의 발표를 보면 분명하게 드러난다. 김여정의 담화 속에서 문재인 전 대통령 및 정부에 대한 배신감과 좌절감의 토로는 북한의 이번 선언에 어느 정도의 영향을 미쳤을지를 충분히 상상하게 한다(김여정, 2024/1/3).

34 이와 관련하여, 하노이 교착 이후 김정은의 발언은 많은 것을 시사한다. 하노이 교착 당시 기자회견에서 최선희 당시 외무성 부상은 미국이 '천재일우'의 기회를 놓쳤다고 주장했고, 김정은은 그해 4월 최고인민회의 연설에서 '미국과의 수뇌회담에 집착할 필요가 없으며,' '올해 말까지는 인내심을 갖고 미국의 용단을 기다려 볼 것이지만 지난번처럼 좋은 기회를 다시 얻기는 분명 힘들 것'이라고 밝혔다. 소위 '정면돌파전'을 결심한 것이다(김정은, 2019).

반신불수의 기형체, 식민지 속국에 불과"하다는 표현은 결국 한국 정부의 자율성 회복 없이는 지금 상황에서 한 발자국도 앞으로 나가지 못할 것이라는 판단이 깔려 있는 것이다(김정은, 2023).

둘째, 2018년 이후 한반도의 급변과 그 결과가 영향을 미친 것과 함께 국제적인 질서의 변화에 대한 북한의 판단 역시 중요한 요인으로 작용한 것으로 보인다. 현재의 국제질서를 '신냉전'으로 규정한 북한은[35] 하노이 교착 이후, 미국의 대북 정책 변화에 대한 기대를 접고, 신냉전의 조건에서 자신의 활로를 모색하는 것이 더욱 유리하다는 판단을 내린 것으로 보인다.[36] 더욱이 러시아-우크라이나 전쟁과 이스라엘-하마스 전쟁 등 세계가 미국, 중국, 러시아 등이 갈등하는 질서로 변모하면서, 북한은 자신들의 입지를 반미 진영으로 확고하게 위치시키면서 충분한 이익을 거둘 수 있다는 판단을 내린 것으로 보인다.[37] 여기에 남한의 윤석열 정부

35 북한은 일찍부터 현재의 국제질서를 '신냉전'으로 보고 있었다. 이미 2019년 최룡해는 아제르바이잔에서 열린 비동맹 회의에서 공개연설을 통해 현재의 국제실서를 '새로운 랭전의 유령이 배회하고 있는 현실'이라고 주장했고, 김정은 역시 2021년 9월 최고인민회의 제14기 5차 회의 시정연설에서 국제관계구도가 '〈신랭전〉 구도로 변화'되었다고 했으며, 이어 22년의 8기 6차 전원회의에서도 '국제관계구도가 〈신랭전〉 체계로 명백히 전환'되었다고 주장했다(정영철, 2023).

36 이와 관련하여 김정은은 제재를 변수가 아닌 상수로 놓아야 한다고 주장했다(김정은, 2019). 즉, 제재 해제를 위한 미국과의 협상에 더 이상 미련을 갖지 않겠다는 의미다. 그리고 신냉전의 국제질서에 편승하여 제재를 무력화할 수 있는 새로운 길을 걷고자 하는 것으로 보인다. 바로 최근의 행보가 보여 주듯 러시아 및 중국 등 사회주의 진영과의 외교 강화이며, 2024년 들어 중국, 베트남, 라오스 등에 대한 순방외교 등의 강화를 통해 이를 실행하고 있는 듯이 보인다.

37 2023년 전승절 기념은 이를 상징적으로 보여 준다. 러시아 국방장관, 그리고 중국 전인대 상무위원회 부위원장 등의 북한 방문은 최소한 동북아시아에서 북한-러시아-중국의 3각 협력체제가 어느 정도 형성되었음을 보여 준다. 또한, 2024년 12월에 열린 노동당 전원회의에서 북한은 "올해 우리 국가의 국제적 지위를 제고하고 대외적진지를 공고히 다지는 데서 이룩된 성과들과 자주세력권의 장성과 약진이 두드러지고 패권세력권의 립지가 급격히 약화 쇠퇴되고 있는 현 국제정세의 특징"이라고 하여, "정의로운 다극세계 건설을 힘있게 견인하는 대표적이고 강력한 자주력량으로서의 국제적 지위를 확고히 차지"했다고 평가했다. 그리고 앞으로도 "주동적이고 공세적인 대외활동으로 우리 혁명에 보다 유리한 대외적 국면을 마련"할 것을 천명했다(『로동신문』,

등장과 대북강경정책, 한미일 동맹 강화 등은 최소한 당분간은 남한 정권과의 대화와 협상이 무의미하다는 결정을 내린 배경이 되었을 것으로 보인다.[38]

셋째, 북한 사회 내부 질서의 변화를 들 수 있다. 북한 역시 전쟁 이후 세대 및 소위 말하는 장마당 세대를 넘어서 새로운 세대가 등장하는 등 인구 구성에서 변화가 발생했다.[39] 특히 모란봉 악단 등의 등장에서 볼 수 있듯이, 새로운 세대는 문화적으로 개방화되고 현대화된 소비 욕구를 표현했고, 이들에게 과거와 같은 민족에 대한 강력한 애착(혹은 향수) 등은 거리가 먼 것이었다. 더욱이 2000년대 이후, 짧은 기간을 제외하고 남북의 대립과 갈등의 일상화 등을 경험하면서, 민족으로서의 동질성보다는 적대성이 더욱 낯익은 것이 되어 버렸다. 특히, 2018년 능라도 '5.1 경기장'에서 문재인 전 대통령이 15만 명 이상의 북한 주민 앞에서 연설을 하는 파격에도 불구하고, 그것이 실행되지 못한 상황에 대한 배신과 좌절을 동시에 경험하기도 했다. 따라서 이들은 민족에 집착하기보다는 당장의 경제생활 향상이 더욱 절실하게 요청되고, 김정은 시대에 들어와 전개되고 있는 '경제 살리기'에 동참하면서 삶의 질을 높이는 것이 통일보다 더 절실하게 다가왔을 것이다.[40] 즉, 북한의 세대 변화, 가치관의 변화, 눈

2024/12/28).

38 이는 2019년 하노이 교착 이후, 김정은이 미국의 대북제대를 변수가 아닌 상수로 취급하고, 제재하에서의 경제건설을 제기한 '정면돌파전'의 주장에서도 드러난다. 즉, 미국에 대해서도 선의가 아닌 힘을 통해 이를 극복하겠다는 원칙을 결정한 것이다. 실제 8차 당대회에서 대미 정책의 핵심은 힘을 통해 미국을 굴복시키겠다는 것으로 나타났다.

39 북한 인구 구성의 변화를 보면, 2008년 기준 5세 이상 인구 중 1980년대 이후의 출생자는 약 33%를 상회한다. 지금의 시점으로 보자면, 과반수일 것으로 추정된다. 북한의 인구 변천에 대해서는 정영철 외(2011)를 참조.

40 우리 사회 일각에서는 '장마당 세대' 개념을 통해 북한의 세대 간 갈등 및 새로운 세대의 가치관 변화를 포착하고 있다. 탈북청소년 등을 중심으로 한 연구의 결과에 따르면, 이들은 기성세대에 비해 정치, 사회, 준법 및 교육 의식 등은 낮고 경제의식은 높은 것으로 조사되었다. 비록 이들이 앞으로의 북한 사회변동에서 얼마나 유의미한 역

앞에서 벌어진 남북관계의 파탄 등을 경험하면서 남북이 과연 같은 길을 걸을 수 있을지에 대한 근본적인 회의감이 존재했을 것으로 생각된다. 김정은의 연설 중 남한과는 '민족중흥의 길'을 같이 할 수 없다는 표현은 바로 이런 맥락에서 나온 것이라 할 수 있다.[41] 이런 점에서 북한 역시 세대변수가 중요하게 작용하고 있다고 볼 수 있다. 민족보다는 부강한 국가를 지향하는 세대의 등장, 그리고 그들을 경제건설의 중요한 동력으로 동원해야 하는 김정은의 정치적 선택 등이 어우러진 결과라고 할 수 있다.

결국 북한의 두 개 국가론 선언은 한편으로는 남북이 처한 구조적 현실과 다른 한편으로는 2018년을 전후한 시기부터의 일련의 과정에 대한 냉혹한 판단에 근거하고 있는 것으로 보인다. 여기에 북한 사회의 변화가 그 바탕에 깔려 있다. 그리고 이러한 선언에 기초하여 남북관계의 판을 완전히 새롭게 재편할 것을 예고하고 있다. 즉, '건드리지 않는다면 자신들이 먼저 행동하지 않을 것'이라면서도, 자신들을 건드리면 '남조선을 평정'할 것이라는 표현 속에서 당분간은 제각기 갈 길을 가겠다는 강력한 의지의 표명이 그것이다. 이제 남북관계는 교류와 협력을 통한 연대의 길이 시대적 한계를 다했고, 새로운 길을 개척해야 할 과제에 마주하고 있다 할 것이다.

할을 할 수 있을지는 단정하기 어렵지만, 북한 사회 전반의 가치관 변화의 중요한 주체로 등장했음은 분명해 보인다(채경희, 2019: 321).

41 이에 대한 구체적이고 객관적인 근거를 확인하기는 현실적으로 대단히 어렵다. 하지만 현재 북한의 새로운 세대, 새로운 문화와 가치관 등이 새로운 세대의 지도자 김정은을 통해 반영되고 있음은 분명하다. 이러한 북한의 문화 및 가치관의 변화에 대해서는 '장마당 세대', '북한 내에서의 한류', '북한 문화의 변용' 등을 통해 다양하게 분석되고 있다. 문제는 이 역시 탈북자 증언을 제외하고는 별다른 근거가 없다는 점이다. 북한 장마당 세대의 가치관 변화와 이들의 변화의 동력으로서의 의미를 조명한 연구로는 김기연(2023)을 참조.

4. '통일'의 토대로서 민족 · 민족주의의 약화: 보편적 가치로서의 '통일'

1) 분단 80년, 통일의 새로운 패러다임 모색

북한의 '두 국가 선언'으로 우리 사회는 여러 가지 논란과 혼란에 직면했다. 북한의 선언을 비판하는 '민족'적 입장의 논란부터, '통일을 부정'하는 파격적인 주장까지 다양한 논란이 벌어지고 있다. 분명한 것은 남북이 모두 지금까지의 '통일 패러다임'을 부정하고 있고, 새로운 접근을 모색해야 할 시기에 있다는 점이다. '민족'적 동질성에 기반하여 하나 된 국가의 창출이 사실상 실패했고, 가까운 시일 내에 가능하지도 않다는 것이 분명해지고 있다. 그렇다고 해서 분단의 모순이 해결되었거나, 저절로 해결되는 것도 아니다. 또한, 2000년부터 시작된 남북의 새로운 관계 형성도 지난 정권을 끝으로 사실상 막을 내리고 말았다.

'세기의 만남'으로 칭해졌던 북미정상회담도 별다른 성과 없이 교착상태로 귀결되었다. 그 만큼 북 · 미 간 불신의 구조가 깊고, 쉽게 해결될 기미도 보이지 않는다는 것이다. 남북 역시 마찬가지다. 남한의 경우 지금의 통일방안인 〈(한)민족공동체통일방안〉은 세상에 선포된 지 35년이 지났고, 지금의 현실을 담아내지 못하고 있다. 우리의 헌법에 담겨 있는 영토조항과 '자유민주적 기본질서에 입각한 평화적 통일'이 상대방에 의해 근원적으로 부정당하고 있는 현실은 앞으로의 남북관계 회복에 적잖은 부담으로 다가올 것이 분명해졌다. 북한 역시 헌법 개정을 통해 영토조항을 추가할 것이 확실시되고 있다. 아마도 두 국가로의 분리를 명확히 하는 영토조항을 넣을 것으로 예상된다.[42]

42 지난 2024년 10월 7일 북한은 최고인민회의 제14기 제11차 회의를 개최했다. 대부분 당시 최고인민회의에서 '국경선'을 설정할 것으로 예상했으나 공개된 내용에 의하면

더욱이 남북한 사회 모두 지난 80여 년 동안 상당 부분 달라졌고 1990년대 이래로는 그러한 차이가 더욱 커지고 있다. 또한, 세대가 바뀌고, 가치관이 바뀌었으며 '민족' 담론의 설득력이 현저히 약화되었다. 이는 서울대 통일평화연구원이 해마다 실시하고 있는 통일의식 조사에서도 확인된다.[43] 또한, 남한 사회에서 북한은 동반자국가 및 적대국가가 공존하는 모순적이면서 중층적인 이미지로 인식되고 있으며 이에 영향을 미치는 변수로는 세대와 정치적 지향이 가장 큰 것으로 나타났다(이우영·최순미, 2019). 이 역시 세대의 문제가 중요한 변수로 작용하고 있는 것이다. 정도의 차이는 있지만, 이러한 현상은 북한에서도 비슷하게 나타나고 있을 것으로 추정된다.

그렇다면, 민족을 상상하되 그것을 뛰어넘는 새로운 상상력이 요구된다(정영철, 2019). 지난 2018년 평창올림픽 여자 아이스하키 단일팀 구성을 둘러싼 우리 사회의 논란은 이를 명백히 보여 주었다. '민족'을 둘러싼 관성적인 담론과 당위성 주장은 우리 사회에서 더 이상 설득력을 갖출 수 없음을 보여 주었던 것이다. 그런 점에서 이번 북한의 주장은 단지 북한의 정치적 전략으로만 해석되어서는 안 되며, 우리를 비추는 거울로서도 심각하게 고민해야 할 지점을 던져 준 것으로 해석되어야 한다. 김정은의 발언 중 남한 사회가 "양키문화에 혼탁되었"다는 지적은 남한 사회에 대한 일방적인 비난이라 할 수 있지만, 동시에 통일의 상대인 북한이

'국경선' 설정은 없던 것으로 분석되었다(정영철, 2024). 아마 북한 역시 국경선을 설정하는 데 여러 가지 해결하기 쉽지 않은 문제가 있었던 것으로 보인다. 그럼에도 북한의 매체들은 '남쪽의 국경선'이라는 표현을 통해 사실상의 국경선을 설정했음을 보여 주고 있다. 일각에서는 헌법 개정 내용이 공표되지 않은 것으로 보아, 국경선을 설정한 헌법 개정이 이루어졌지만 이를 대외적으로 공개하지 않을 가능성이 있는 것으로 해석하기도 한다.

43 통일의식 조사에 의하면, 통일의 필요성에 대한 응답이 이미 40% 이하로 떨어졌으며, 20대(19~29세)의 경우 그 비율은 30% 이하로 나타나고 있다(김범수 외, 2024: 31-33).

생각하는 남한 사회의 이미지를 반영하고 있는 것이다. 결국, 북한의 주장은 통일을 논하기 위해서는 '자주'적이어야 함을 지적하고 있고, 최소한 미국에 대한 자율성을 갖추어야 한다는 것이자, 문화적으로는 민족에 기반한 통일 지향적 문화적 가치를 함양해야 한다는 것이라 할 것이다.

이번 선언을 통해, 북한 역시 자신들이 내세우는 연방제 방안을 포기했다. 1980년의 연방제가 1990년대를 경과하면서 낮은 단계의 연방제로 바뀌었고, 2000년 정상회담 이후, 남북 공통의 성격을 갖는 '연합연방제'를 수용했지만(김은진, 2015), 지금에 와서는 이마저도 불가능하다는 판단을 내린 것으로 보인다. 북한 역시 과거의 통일론으로는 더 이상 진전이 없음을 인식한 것으로 보인다. 이렇게 본다면, 남북 모두 통일론에 대한 반성과 고찰이 요구된다 하겠다. 이미 지난 2018년의 정상회담에서 확인했듯이, 당면의 통일보다는 지금 당장의 '평화'와 번영이 더욱 현실적이고, 더욱 큰 설득력을 갖고 있다.[44] 남북 모두에게 통일의 새로운 패러다임이 요구되는 것이다.

2) 민족주의를 넘어 보편주의로

흔히들 20세기는 민족·민족주의의 시대였다고 한다. 러시아 혁명 그리고 이어지는 두 차례의 세계대전과 맞물려, 수많은 식민지가 독립하면서 민족해방과 부국강병을 꿈꾸었다. 한반도 역시 이 역사적 흐름에 함께 했다. 그러나 분단은 한반도에서 전쟁을 불러왔고, 냉전의 최전선에서 남과 북이 서로를 향해 적대와 갈등을 지속하도록 했다. 분단 이후, 남북은 서로를 향한 민족적 감성을 분출하면서도 동시에 '부국강병'의 경쟁을 강제당했다.

44 지난 2018년 판문점 회담에서 합의한 공동선언은 〈한반도의 평화와 번영, 통일을 위한 판문점 선언〉이다. 평화와 번영을 우선적으로 강조하고 있다.

그러나 그로부터 오랜 세월이 흘렀고, 냉전도 막을 내렸다. 동서독과는 다르게 냉전의 붕괴와 함께 분단이 해소되지도 않았고, 오히려 핵과 미사일 문제를 중심으로 한 새로운 갈등의 시대를 맞이하게 되었다. 더욱이 세계화의 흐름에 편승하면서 남한은 '민족'보다는 '탈민족'의 가치와 지구화의 이름으로 진행된 신자유주의의 물결 속 민족적 가치관과 멀어졌고, 북한 역시 '고난의 행군'을 거치면서 시장의 유입 및 강고했던 집단주의의 약화를 경험하게 되었다. 이러한 역사적 과정에서 남북 모두 민족적 가치에 중심을 둔 '통일'에서 멀어져갔다. 특히 남한은 개인의 자유와 경쟁이 강화되면서 집단에 우선적인 가치를 두는 데로부터 멀어져 갔고, 따라서 통일은 먼 미래의 일로 간주하기 시작했다. 실제 서울대 통일평화연구원의 〈통일의식조사〉 결과를 보면 통일이 국가에는 도움이 되겠지만, 개인에게는 별 도움이 되지 않을 것이라는 흐름이 강화되고 있다.[45] 북한 역시 김정은 세대 혹은 혁명의 3세대, 4세대는 민족적 가치보다는 당장의 경제발전을 통한 물질적 부의 확대에 더욱 큰 관심을 가지게 되었고, 개인 소비 욕구의 강화 등이 나타나고 있다. 이는 곧 김정은 시대 '국가'의 부국강병을 우선하는 것으로 나타났고, 국가 제일주의가 등장할 수 있는 사회적 배경이 되었다.

이러한 남북한 사회의 변화는 민족적 가치에 기반을 둔 통일 담론이 더 이상 설득력이 없음을 보여 준다. 그렇다고 민족적 가치가 통일문제에서 아무런 쓸모가 없음을 의미하지는 않는다. 본질적으로 남북의 통일은 '민족'의 문제를 해결하는 '민족문제'이기 때문이다. 그러나 이를 실현

45 서울대 통일평화연구원의 통일의식조사에서 흥미로운 점은 전체적으로 통일의 필요성에 대한 긍정적인 응답의 비율이 떨어지고 있음에도 불구하고, 이를 개인과 남한(국가)과는 구분하고 있다는 점이다. 즉, 개인에게 통일이 이익이 될 것이라는 응답은 약 23.2%에 그쳤지만, 남한(국가)에 이익이 될 것이라는 응답은 약 43%에 달했다. 이는 통일에 대한 국가적인 목표와 개인적인 필요성 간의 괴리가 상당함을 말해 준다. 흥미로운 점은 이마저도 2024년에는 국가 이익이 50% 이하로 떨어지고 있다는 점이다(김범수 외, 2024: 40-41).

하는 과정에서 민족적 가치만을 앞세우는 담론은 효용성을 다해 가고 있다. 이런 조건에서 통일은 오히려 보편주의적 가치의 실현 혹은 보편적 가치를 실현하는 민족문제의 해결이라는 창의적인 상상력이어야 한다는 과제를 던져 준다. 우리와 처지가 다르지만, 과거 키프로스의 통일 국민투표가 부결된 이유 중 하나는 결국 현재의 물질적 풍요와 경제적 삶의 현상을 변경하고 싶지 않았던 (남)키프로스 주민들의 반발이었다(김연철, 2016: 15장). 단순히 키프로스의 '통일'에 대한 키프로스 민족주의만으로는 실제 통일을 이루어 내기 어렵다는 것을 말해 준다. 결국 남과 북 모두에게 물질적 삶의 향상, 정의와 연대, 평화와 공존 등의 보편주의적 가치가 결합되지 않는다면, 통일은 요원하다는 것을 보여 준다. 어떻게 보면, 지금 남북한 모두에게 '민족주의의 현대화'를 요구하고 있는 것으로 볼 수 있다.

3) 북한의 '두 개 국가론'의 정치적 의미

이런 점에서 북한의 '두 국가론'은 지금까지의 민족·민족주의에 기댄 '통일론'이 더 이상 불가능하고, 새로운 통일의 방도와 길을 찾겠다는 것으로 읽힌다. 그렇다고 해서 북한이 지금 당장 새로운 통일론을 제시하고 있는 것도 아니다. 오히려 지금은 통일을 책상의 서랍 속에 넣어 버리고 당분간 꺼내 보지 않겠다는 것이다. '통일포기론'이라기보다는 '통일유보론'이라 할 것이다. 이러한 북한의 의도를 어떻게 해석해야 할까? 앞서, 북한의 이번 선언에 대한 배경과 그 이유를 살펴보았지만, 앞으로의 그 의도는 어떻게 해석해야 할까?

일각에서는 과거 동-서독의 사례와의 비교를 통해 북한의 선언을 설명하고자 하며, 많은 사람들이 그러한 해석에 동의하고 있는 듯 보인다. 뤼디거 프랑크가 『38North』에 기고한 글에 근거하자면, 북한의 선언은 첫째, 그간의 김일성-김정일 통일정책의 실패, 둘째, 민족 담론에 대한 포기 및 남한 주도의 민족 담론에 헤게모니 상실, 셋째, 결국 통일 문제에서 남한의 주도권 행사라는 것이다(Frank, 2024). 그러나 동-서독의 경우, 국가로의 분리를 넘어 '두 개의 민족'을 공식화하고 자본주의 서독민족과 사회주의 동독민족으로의 분리, 동-서독의 분리에 따른 내독 관계에서의 분리[46]를 추구했던 것과 달리, 이번 북한의 태도는 '두 개의 국가'로의 분리를 공식화한 것에 머무르고 있다. 즉, 여전히 '하나의 민족'을 명시적으로 부정하지는 않고 있다.[47] 더욱이 동-서독은 '두 개의 민족' 혹은 '두 개의 국가'로의 분리에도 불구하고 상호 간의 교류와 협력, 평화 공존은 더욱 강화했다.[48] 이와 비교하면, 현재의 남북은 교류와 협력이 활성화되지도 못했고, 국가보안법 등 상대방을 인정하지 않는 법-제도가 여전히 작동하고 있으며, 최근에는 (신)냉전의 분위기 속에서 군사적 대치가 더욱 강고해지고 있다. 동-서독의 사례가 우리에게 시사해 주는 점이 많지만, 지금의 선언과 조치가 동-서독의 사례를 통해 설명할 수 있는지는 회의적이다.

오히려 지금의 상황은 과거 박정희 정부가 추진했던 1960년대의 '선건설', 그리고 1970년대의 '선평화'와 유사한 것으로 판단된다. 즉, 당시

46 서독의 경우, 내독부를 통한 '하나의 독일'에 근거한 대동독 정책을, 동독의 경우, 외무성을 통한 두 개의 독일에 근거한 대서독 정책을 추진했다.

47 물론, 앞서 말한 것처럼 '김일성민족'의 등장 등은 앞으로 민족 분리의 잠재성을 내포하고 있는 지점이기는 하다. 또한, 북한의 민족주의 논리가 '북한'지역 만의 논리로 협소화되고 지나치게 정치화되고 있는 것도 향후 두 민족으로의 분리 위험성을 내포하고 있다 하겠다(정영철, 2010: 27-28). 관련하여 현재 북한이 주장하는 동족관계의 부정, 동족개념의 제거는 남북의 관계 즉, '동족'이라는 것에 바탕을 둔 관계를 더 이상 이어가지 않겠다는 것이다. 조성렬(2024)은 북한의 적대적 2국가 관계론에 대해 '통일포기론'와 '국토완정론'과는 무관한 '선건설론'이라 주장하며, '2개 민족론'으로까지 나아가지 않았다고 주장한다.

48 동-서독은 두 개 국가론의 분리에도 불구하고, 오히려 교류와 협력은 더욱 강화했다. 이 결과 통일직전 동-서독은 약 600만 명이 교류에 참여했다. 동-서독 모두 600만 명 이상의 사람들이 상대방의 체제와 현실을 경험했고, 이러한 교류와 협력이 통일의 가장 중요한 동력이 되었다(정영철, 2017b: 8장).

박정희 정부는 북한에 뒤지고 있었던 경제발전, 그리고 냉전의 한복판에서 남북의 체제 경쟁이 숨 가쁘게 진행되고 있었던 상황에서 통일보다는 당면의 경제발전에 우선적인 국가자원의 투입을 결정했고, 통일은 힘을 충분히 축적한 후에 추진하고자 했다. 이어 1970년대에는 세계적인 데탕트의 분위기 속에서 남북한이 상호 체제를 인정했지만, 동시에 통일보다는 그러한 체제를 중심에 둔 '평화적인 경쟁'에 방점을 두었다.[49] 어느 경우든, 통일은 먼 훗날의 일이었다. 그렇기에 박정희는 '7.4 남북공동성명'의 국면에서 청와대를 방문한 북한 밀사(당시 박성철 부수상)의 남북 정상회담 제안을 받아들이지 않았다(김연철, 2012). 그럼에도 민족에 대한 호명은 내부적으로 자신의 체제 정당성과 남북의 정통성 경쟁에서 언제든지 불러올 수 있는 기표로 작동하고 있었다.

현재의 김정은 체제가 처한 상황도 이와 유사한 측면이 적지 않다. 즉, 1990년대의 위기를 넘기면서, 그리고 김정은의 권력 승계 시점에서 당면 최고 목표는 무너진 경제를 되살리는 것이었고, 흐트러진 당-국가 체제를 정상화하는 것이었다. 강력한 국방력을 우선 구축한 뒤, 이를 바탕으로 국제적 협상, 남북관계의 회복을 꾀했던 것이다. 초기 김정은의 발언에서 '통일' 문제가 언급되지 않은 이유는 바로 여기에 있다. 2017년 핵무력 완성 선언 이후, 한반도의 급격한 정세 변화 역시 협상을 통해 남북관계의 평화로운 공존과 더불어 최고의 목표인 경제발전을 위한 주변 환경의 마련, 특히 미국과의 대담판을 통한 환경의 마련에 있었다. 즉, 한반도의 평화와 통일이 당장의 목표와 진전시켜야 할 과제가 아니라 서울과 워싱턴을 디딤돌로 경제발전을 보장받는 것에 있었다고 할 것이다.

그런 점에서 보자면, 김정은의 지금까지의 일관된 목표는 바로 인민

49 남북의 상호인정과 본격적인 체제 경쟁의 선언은 1973년의 소위 '6.23 선언'이다. 6.23 선언은 남북한 두 국가적 실체의 인정이었다. 소위 냉전 시절의 '할슈타인 원칙'의 폐지를 의미했다. 동-서독의 동방정책은 바로 '할슈타인 원칙'의 폐지였고, 냉전적 적대관계를 폐기하겠다는 것이다.

생활 향상, 즉 경제발전이며 평화와 통일의 문제는 이를 위한 수단이자 배경이었다고 할 수 있다. 그리고 이러한 전략의 실패로 좌절하면서 '통일' 문제는 아예 책상 서랍에 넣어 버리고, 당면의 경제발전에 모든 국가적 역량을 집중하는 것으로 정리했다고 볼 수 있다. 바로 김정은식 부국강병의 전략 속에서 '통일' 문제는 잠시 뒤로 미룬 것으로 보인다. 이는 김일성이 제시한 1955년의 2대 전략적 과제의 폐기이고, 김일성-김정일 시대까지 이어져 온 '민족·민족주의적 통일'에 대한 철폐이자, 두 개 국가에 기초한 남북관계의 재정리라고 할 수 있다. 앞서 말한 것처럼, (신)냉전의 국제질서, 2018년 이후의 경험, 북한 내부의 달라진 분위기 등이 과거와의 단절을 가능케 했다. 그러면서 동시에 내부적으로는 민족적 자부심과 애국주의 담론 등이 더욱 강하게 제기되고 있다. 내부 정치의 영역에서는 여전히 민족과 애국이 전면에 나서는 것이다.

5. 마치며

북한의 '두 개 국가론'은 분단 이후 지금까지 남북의 통일론의 밑바탕에 놓여 있는 민족 중심의 통일론이 그 시대적 한계를 다했음을 선언한 것이라 볼 수 있다. 또한, 1991년 유엔 동시 가입과 함께 형성된 '남북의 특수관계'론도 시대적 소명을 다한 것으로 보인다. 물론, 북한의 선언에 대한 우리 정부의 대응이 중요한 변수로 작용하겠지만, 현 정권에서 대북정책의 급격한 변화는 대단히 어려우며, 더욱이 정권의 성향을 떠나 우리로서는 북한판 '두 개 국가론'을 그대로 수용하는 것 자체도 대단히 어렵다. 단기적으로는 현재의 남북관계가 파국으로 향하는 것을 막는 것이 시급한 과제가 될 것이며, 중장기적으로는 새로운 통일의 패러다임을 만들고 준비해 가야 할 것이다.

객관적 현실을 놓고 본다면, 한반도에 두 개의 국가가 존재하는 것이 사실이지만, 우리의 입장에서 이를 '국가 vs. 국가'의 관계로 놓고 대북 정책을 수립하는 것은 현재의 법-제도적 현실을 놓고 보면, 쉽지 않은 것이 사실이다. 당장, 헌법의 영토조항 및 국가보안법 등이 문제로 제기될 것이며, 이를 수정하는 것은 남한 정치 및 국민적 동의를 필수적으로 거쳐야 한다. 그렇다고 하여 지금과 같은 어정쩡한 자세를 지속하기도 어렵다. 남북의 문제는 상대방과의 끊임없는 상호작용의 결과로 재구성되며, 지난 시기의 경험이 보여 주듯 정권의 정책 지향과 주변 환경에 의해 크게 영향을 받는다. 따라서 북한의 이번 선언과 조치는 풀어야 할 아주 큰 숙제를 던져 준 셈이라고 할 수 있다. 우선 북한의 정책 변화에 대한 면밀한 분석이 뒷받침되어야 하며, 이러한 분석을 바탕으로 우리의 의지와 희망을 결합하여 합리적이고 과학적인 정책을 수립해 가야 할 것이다. 이번 북한의 선언과 조치가 '두 개의 국가' 그리고 교전 국가로의 관계로 규정하고 있다는 점에서, 우선은 당장의 평화 유지와 공존의 가치가 가장 중요한 숙제임을 보여 준다. 당장의 통일이 어렵다면, 통일의 토대를 마련해 가는 것으로서 평화는 그 어떤 숙제보다 더 더욱 중요하다 할 것이다.

또 하나, 이번 조치에도 불구하고, 북한은 여전히 '민족 중흥의 길'을 가겠다는 의지의 표명을 분명하게 드러내고 있다. 과거 박정희 시대의 '선건설'의 전략 속에서도 '민족 중흥의 길'은 줄기차게 주장되었다. 북한 역시 두 개 국가로의 분리를 선언했음에도 여전히 '민족 중흥의 길'을 주장하고 있다. 다만, 현재의 남한과는 같이 갈 수 없다고 하고 있을 뿐이다. 그리고 김정은의 발언에는 여러 가지 전제 조건이 붙어 있음을 면밀히 관찰해야 한다. 즉, '흡수통일'과 '체제붕괴'를 노리는 남한 정부와 대화와 협상의 불가를 선언하고 있고, 정전 상태의 '교전 국가' 관계에 있다고 말하고 있다. 이는 역설적으로 이러한 전제 조건이 변한다면, 언제든지 다시금 남북의 대화와 협상의 국면이 열릴 수 있음을 말하는 것이기도 하다. 윤석열 정부의 등장 이후, 김여정의 담화를 통해 "서로 의식하지 말며 살았으면 하는 것이 간절한 소원"이라는 주장과(김여정, 2022) "우리는 적들이 건드리지 않는 이상 결코 일방적으로 전쟁을 결행하지는 않을 것"(김정은, 2024)이라는 김정은의 발언은 역으로 자신들은 경제건설에 집중할 것이며, 남북이 서로에 대한 도발, 공격을 하지 말 것을 경고하는 것으로 읽힐 수 있다. 이러한 전제 조건을 슬며시 끼워 놓음으로써, 북한은 언제든 돌아올 수 있는 장치를 마련해 놓은 것이다.

물론, 이러한 북한의 의지와 요구를 우리가 그대로 수용할 수는 없다. 그러나 지금의 남북관계는 물론, 미래의 남북관계를 정상적으로 돌려놓고, 평화적인 공존과 번영, 나아가서는 통일의 탄탄한 길을 놓기 위해서는 지금의 현실을 만들어 놓은 구조적 요인들을 잘 분석하고, 그에 맞는 과학적 정책을 모색해야 할 것이다. 우선 당장은 남북의 관계가 더 이상 악화되지 않고, 힘들게 만들어 온 평화가 무너지지 않도록 하는 것부터 시작해야 할 것이다. 평화가 없다면, 그 어떤 다른 처방도 아무런 소용이 없기 때문이다.

올해는 남북 모두 광복 80주년을 맞이하는 해다. 더 먼 역사를 거슬러 간다면 일제에 의해 나라의 주권을 강탈당한 을사늑약 120주년을 맞이한다. 지금은 남북이 서로에 대한 적대적 자세를 취하고 있지만, 더 오랜 역사적 기억을 거슬러 간다면 모두 외세로부터의 침략과 억압, 그리고 해방의 기쁨을 나눈 공동의 기억을 가지고 있다. 이런 공동의 기억으로부터 다시금 시작할 수 있을 것이다. 그러기 위해서는 한반도의 전쟁 불안감을 해소하고 평화를 유지하는 것부터 시작해야 할 것이다. 법-제도적 차원을 넘어 평화가 사회적인 담론과 가치로, 그리고 흔들리지 않는 보편적 권리로 뿌리 내리게 하는 것이 중요하다. 이에 바탕을 두고 하나씩 문제를 풀어 간다면 다시금 남북의 교류와 협력의 새로운 시대를 만들어 갈 수 있을 것이다. 지금 당장 통일이 어렵다면, 서로 적대시하지 않는 교류와 협력의 길을 차근차근 걸어가는 것이 필요하다.

제4장

북한의 두 가지 '민족론': 원형과 긴장, 그리고 현재적 함의*

/

강혜석

1. 들어가며

2025년 광복절은 우리민족이 36년간의 일제 강점으로부터 해방된 지 80주년을 맞이하는 날이다. 해방 이래 80년이 흐르는 동안 과연 한민족은 단일한 민족 정체성을 얼마나 강화해 왔는가? 식민 지배로 인한 역사적 단절을 극복하고, 한국전쟁으로 공고화된 분단 체제를 해체하는 동시에, 미래지향적 민족 정체성을 재구성하는 과제에 우리는 어떠한 성과를 거두고 있는가?

안타깝게도 신냉전의 파고와 급변하는 지정학, 그리고 남북 내부에서부터 강화되고 있는 분열의 원심력은 역사의 갈림길에 섰던 80년 전의 데자뷰라 할 만큼 현재에도 유사하다. 특히 2023년 12월 전격적으로 선언된 북한의 '통일포기론'과 '동족부정론'만을 탓하기에 우리의 현실 역시 녹록하지 않다는 점은 뼈아프다.[1] 해방 직후 제기된 민족건설의 과제

---

* 본고는 강혜석(2019a)을 현재의 시점과 상황에 맞게 수정, 보완한 결과임을 밝힌다.

1 지난 2024년 서울대학교 통일평화연구원이 실시한 「통일의식조사」에서 통일의 필요성에 대한 긍정 응답은 36.9%로, 이는 2007년 조사 이래 최저치를 기록한 바 있다 이 추세가 지속된다면 조만간 통일이 필요하지 않다는 응답이 필요하다는 응답을 추월할

가 한반도 어느 일방이 아닌 양쪽 모두에서 민족 분절화의 심화와 분단 구조의 폭력적 공고화로 귀결되고 있다는 우려에 귀를 기울일 필요가 있다는 것이다.[2] 탈냉전 이후 30년이 지났건만 사회문화적 다양성과 세계관을 확장할 수 있는 민족 분화의 진취적 가능성은 점차 약화되어 온 반면 정치적 분단과 극단적 대립으로 인한 민족 정체성의 해체와 민족 분절화의 심화가 2025년 한반도의 지배적 현실이지 않나 하는 자성이다.

이러한 고민의 일환으로 본고는 '조선민족'과 '김일성민족'으로 구분되는 북한의 두 가지 민족건설 과정을 분석하고 그것이 김정은 시대, 특히 2023년 12월 전격적으로 선언된 통일포기 및 동족부정론의 전면화 과정에서 어떠한 양상으로 나타나고 있는지 밝히려는 시도다. 먼저 두 개의 민족건설에 대한 분석이다.

북한은 정권 수립 시기부터 민족해방운동의 연장선에서 통일의 과정을 분단된 단일민족의 복원 차원으로 규정한 조선민족론을 정립해 온 데 이어, 1980년대 중반 김정일 주도하에 남북 간 힘의 균형에서의 열세와 사회주의 계급 노선의 세계사적 실패 속에 촉발된 정당성의 위기를 '수령', '당', '주체사상', '사회주의제도'라는 북한만의 네 가지 경계를 통해 돌파하려 한 '김일성민족론'을 제기해 왔다. 특히 본고에서 주목한 부분은 양자의 긴장과 공존이다. 북한 체제 정당성의 핵심 기둥인 통일문제와 계급문제를 둘러싼 서로 다른 지향을 내포한 두 개의 민족론이 긴장에도 불구하고 상당 기간 공존하는 모습을 보여 왔다는 것이다. 결과적으로 이러한 긴장과 균형점의 향배가 북한 체제와 한반도 통일의 미래에 중요한

수도 있을 것으로 보인다(김범수 외, 2024: 30-31). 또한 2024년 30주년을 맞은 '민족공동체통일방안'에 대한 남한의 수정논의에 대해서는 강혜석(2024)을 참고.

2 본고는 민족 분화가 역사적 · 문화적 과정을 통한 민족의 자연스러운 다양화 현상으로, '민족 분절화'를 정치적 · 이념적 대립에 의한 민족 공동체의 인위적 단절 현상을 의미한다고 파악한다. 특히 민족 분화가 민족 내부의 다양성을 증진시키면서도 통합을 해치지 않는 반면, 민족 분절화는 갈등적 이질화를 촉발한다는 점에 주목한다. 민족주의에 대해 문화 분절화의 개념을 적용한 시론적 연구로는 남근우(2012)를 참고.

함의를 지녀 왔다는 해석이다.

이하에서는 다음과 같은 구성을 통해 상기한 논점들을 보다 자세히 살펴보고자 한다. 먼저 2절에서는 민족건설에 대한 이론과 개념을 정리한다. 특히 북한의 민족론이 북한 체제 정당성의 핵심 자원이었던 계급노선과 통일론 등과 갖는 긴장에 대한 가설들을 살펴보고 각각의 긴장이 만들어 내는 구조적 압력에 대한 이해를 시도한다. 다음으로 3절에서는 북한의 두 가지 '민족론' 가운데 통합의 논리를 전제한 '조선민족'론을 분석한다. 4절은 배제의 논리로서의 '우리민족 제일주의'와 이에 기반한 '김일성민족론'을 분석한다. 그리고 마지막으로 5절에서는 김정은 시대, 특히 통일포기론 이후 두 가지 민족론의 현재와 그것을 둘러싼 또 다른 긴장이 한반도의 미래에 갖는 함의를 제시하고자 한다.

2. 북한의 민족건설과 정치적 긴장들

북한에서 계급노선과 통일에의 지향은 체제를 지탱해 온 정당성의 핵심적 자원들로서 민족주의와 때로는 충돌하고 때로는 결합하며 다양한 정치적 동학을 만들어 왔다. 이러한 관점에서 북한 민족주의의 부상 과정은 바로 이와 같은 동학에 대한 통제력을 잃지 않기 위한 국가와 정권의 지속적인 노력과 투쟁의 과정으로서의 성격을 지니고 있었다.[3]

실제 북한에서 민족의 호명은 기존의 정당성 체계에 민족주의를 기계적으로 덧씌우는 방식이 아니라 매우 정교한 화학적 결합을 통해 이루어져 왔다. 민족건설의 일환으로서 새로운 경계 설정을 통한 구분과 분리는 북한만을 '우리'로 끊임없이 범주화했고, 그것은 계급-민족-통일 간

3 사회주의 국가 내 민족주의의 부상이 갖는 정치적 효과들에 대한 보다 일반적인 차원에서의 비교정치적 분석으로는 강혜석(2018)을 참조.

의 관계를 보다 긴장시켰다. 따라서 그러한 '긴장'들을 폭발적 원심력을 자극하는 위기의 촉매가 아닌 단단한 구심력을 강화하는 기회의 자원으로 전환할 절충주의적 '결합'의 성패는 오랜 기간 북한 정치의 중요한 과제 중 하나였다.

더불어 이러한 정치적 동학은 북한 민족주의의 내용과 특성을 결정짓는 데도 중요한 역할을 해왔다. 유사한 민족주의 부상 과정을 거친 중국의 민족주의와 북한의 민족주의가 '내용적'으로 다른 것은 상기한 긴장의 유형과 통제 방식의 차이에 기인했을 가능성이 높다는 것이다.[4] 다시 말해 북한 민족주의 부상의 원인에 대한 '현재적' 설명을 넘어 북한의 미래에 갖는 함의를 포괄하는 '전망적' 이해로 나아가기 위해서는 상기한 긴장들에 대한 분석과 이를 통해 북한 민족주의의 '내용'과 '특성'을 밝히는 작업이 반드시 병행될 필요가 있다. 이러한 전제하에 이하에서는 먼저 일종의 정치적 기획으로서의 북한 민족주의를 구성하는 핵심 개념이라 할 수 있는 '민족건설(nation-building)' 개념을 살펴보고, 이어서 북한이 기획한 구체적 민족건설의 내용이 계급노선, 통일론 등과 갖는 긴장에 대해 살펴보고자 한다.

---

4 많은 연구자들이 지적하고 있듯이 중국의 민족주의 역시 1990년대 이래 지속적으로 강화되어 왔다(Zhao, 1997: 732; Zhao, 2000: 16-21; Zheng, 1999: 44-45; 이희옥, 2009: 172; 조영남, 2002: 176). "중국몽" 혹은 "위대한 중화민족의 부흥"으로 상징되는 이와 같은 중국 민족주의의 부상은 같은 사회주의 분단국의 사례라는 점에서 북한 민족주의 연구의 중요한 비교대상이 될 수 있다. 특히 중국의 경우 북한과 달리 독자적이고 차별적인 민족의 재구성을 시도하기 보다 '찬란한 과거'를 호명하는 방식으로 민족주의가 나타났다는 점에 주목할 필요가 있다. 이러한 민족주의의 내용적 상이성은 분단 상대국과의 서로 다른 세력균형 상황, 그리고 이와 결부된 계급노선의 비중 등이 반영된 정치적 선택의 결과일 가능성이 크다.

1) 민족건설

본 연구가 일차적으로 전제하고 있는 개념은 '민족건설'이다. 본고에서 다루는 북한의 민족은 이미 존재하고 있었거나, 역사적으로 자연스럽게 형성되어 온 결과가 아닌 국가라는 구체적인 행위자에 의해 의도적이고 체계적으로 만들어진 결과물이기 때문이다.

일반적으로 민족건설은 '국가건설(state-building)'과의 대비를 통해 그 의미를 구분해 왔다. 실제 적용 과정에서의 어려움에도 불구하고 적어도 개념적으로 볼 때 양자의 차이는 분명하다. 이는 기본적으로 민족과 국가의 본질적 차이에 근거한다. 구체적인 수식어는 차이가 있을 수 있으나 기본적으로 국가건설에서 건설의 대상이 되는 국가는 '제도(institution)' 혹은 '기구(organization)'에 중심을 둔 개념인데 반해 민족건설에서의 민족은 정서적 일체감을 포함하는 '공동체(community)'에 중점을 둔 개념이기 때문이다(Linz, 1993).

이러한 차원에서 본 연구는 민족건설이라는 개념 자체에 내재한 전제를 명확히 함으로써 해당 개념의 의미와 그것이 본 연구에서 갖는 의의를 드러내고자 한다. 그 시작은 '건설(building)'의 함의를 밝히는 것이다. 건설 개념은 민족이 존재해 온 것인가, 발전된 것인가, 아니면 발명된 것인가와 관련한 가장 대표적인 논쟁 패러다임, 즉 원초론(primordialism), 영속론(perennialism), 종족-상징주의(ethno-symbolism), 근대론(modernism)의 구분, 그리고 자발주의(voluntarism)와 개입주의(interventionism)의 구분 가운데 특정한 입장, 즉 '개입주의적 근대론(interventionist modernism)'의 입장을 전제한다.

먼저 전자의 구분과 관련해서는 '건설'이란 단어가 민족을 자연적 현상(원초론)으로 보건, 역사적 현상(영속론)으로 보건 그것이 '이미' 존재해 왔다는 주장과는 양립할 수 없다는 점이 중요하다. 해당 관점에서 볼 때 민족은 '발견(discovering)'되는 것이지 근대론의 주장처럼 '발명(inventing)'

되는 것이 아니기 때문이다. 또한 자발주의와 개입주의의 입장은 기본적으로 근대론과 관련된 것이면서도 민족 형성의 변수와 과정에 대한 구체적 가설에 따라 구분된다. 전자는 민족을 특정한 '구조적 조건'에 의해 '형성된(forming)' 것으로 보는 데 반해 후자는 민족을 어떤 '주체'에 의해 의도적으로 '만들어진(building)' 결과물로 간주한다. 다시 말해 민족의 등장 배경으로 인쇄 자본주의의 발달에 초점을 맞춘 앤더슨(Benedict Anderson)의 주장이나 산업사회의 등장과 문화적 표준화에 주목한 겔너(Ernest Gellner)의 입장은 자발주의에 해당하는 반면, 국왕으로 대표되는 '국가제조자(state-maker)'를 강조한 틸리(Charles Tilly)나 권력을 쟁취하기 위한 엘리트들의 정치적 투쟁에 주목한 브루일리(John Breuilly)의 가설은 개입주의에 해당한다(Anderson, 2006; Gellner, 1983; Tilly, 1975; Breuilly, 1994). 〈표 4-1〉은 필자의 해석을 정리한 결과다.

이러한 차원에서 민족건설의 개념은 본고의 문제의식, 그리고 분석대상과 정합성이 높다. 첫째, 북한이라는 사례의 특수성이다. 앞서 언급한 바와 같이 특히 1980년대 이후 북한에서 이루어진 민족주의의 부상은 단순히 과거의 민족, 즉 한반도를 아우르는 '조선민족'을 호명하는 데 그친 것이 아니라 새로운 경계설정을 통해 또 다른 민족을 건설하는 과정으로 나타났다. 본 연구가 민족건설의 개념을 통해 북한 민족주의가 초래한 정치적 긴장들을 살펴보고자 하는 이유다.

둘째, '학습'의 문제다. 최초의 민족과 민족주의가 발견된 것이건 발명된 것이건 후발주자의 입장에서 민족과 민족주의는 '이미' 존재하는 것이었고 그것의 작동 원리에 대한 교범들 역시 충분히 축적된 후였다. 정치

〈표 4-1〉 민족의 존재와 구성에 대한 입장

	원초론 · 영속론	근대론
자발주의	민족-발견	민족-형성
개입주의	×	민족-건설

적 차원에서 민족과 민족주의는 앤더슨이 말한 '표절(pirating)'의 차원을 넘어 일종의 '개량'까지 가능한 유력한 정치적 '자원'으로 존재하고 있었다(Anderson, 2006: 81). 요컨대 현대의 민족건설은 이라크, 아프가니스탄, 소말리아 등의 사례를 토대로 출간된 『민족건설을 위한 초보자 가이드북』(Dobbins et al., 2007)에 제시된 정도는 아니더라도 "지도자들의 의식적인 노력의 결과이자 기술적인 업적"(Linz, 1993: 360)이나 "국가 권력을 이용한 민족적 정체성의 구성"(Deutsch and Foltz, 2010)으로서의 정치적 성격이 이전과는 또 다른 차원에서 극대화되고 있다. 본고가 비교적 최근에 이루어진 북한의 현대적 민족건설 과정에 주목하는 이유다.

셋째, 동태적 과정으로서 민족건설이 갖는 함의다.[5] 기존의 민족건설에 대한 논의는 초기 민족 형성 과정에 초점을 맞추어 일종의 '완료형의 과업'으로 접근해 왔다는 공통점을 지닌다. 본고는 그러한 관점에서 벗어나 민족건설을 '진행형의 과정'으로 접근하고자 한다. 실제 민족건설의 핵심인 민족의 경계는 유동적인 것으로 끊임없이 변화하는 정치적 투쟁의 장으로서의 성격을 지니고 있으며, 따라서 '결과'만큼이나 '과정'에, '지속'만큼이나 '변화'에 관심을 기울일 필요가 있다. 이는 북한의 민족건설 과정이 기존의 정당성 자원과의 팽팽한 '긴장' 속에서 진행되어 왔으며 또한 진행되고 있다는 점에서 더욱 그러하다. 이하에서는 이러한 전제하에 민족과 계급노선, 민족과 통일론과의 긴장을 차례로 살펴볼 것이다.

2) 계급 vs. 민족

마르크스주의에 있어서 민족문제는 하나의 아킬레스건으로 여겨져 왔다

5 북한 민족주의를 동태적 과정으로 파악하고 그 메커니즘을 이해하려는 작업은 사회학 및 인류학 분야에서도 시도된 바 있다. 대표적인 성과로는 강진웅(2010)과 권헌익·정병호(2013)를 꼽을 수 있다.

(임지현, 1999: 87). 이데올로기로서의 민족주의에 대한 규범적 평가와는 무관하게 '이미' 존재해 온 민족과 민족주의에 대한 마르크스주의의 대응은 철저히 환원론적인 것으로 역사유물론의 '경제주의적' 관점을 넘어서지 못했기 때문이다. 특히 민족주의에 대한 부정적 평가는 단순히 특정 이슈에 대한 입장의 문제가 아니라 계급노선을 통한 혁명의 지향이라는 체제의 근본적인 정당성의 논리에 기반한 것이라는 점에서 문제는 더욱 심각했다. "노동자에게는 조국이 없다."라는 마르크스(Karl Marx)의 선언이 상징하듯 민족과 국가는 적어도 도그마적으로는 명백한 '지양'의 대상이었기 때문이다(Marx, 1991: 73).

계급노선에 기반한 사회주의를 표명한 북한에서도 이는 마찬가지였다. 스탈린의 규정과 마찬가지로 북한 역시 1985년까지도 공식적으로는 민족주의를 "자본가계급의 협소한 계급적 이익을 전 민족적인 이익인 듯이 가장하면서 노동계급과 농민을 비롯한 근로인민대중의 이익을 침해"하는 "반동적인 사상"으로 규정할 수밖에 없었던 것은 바로 이와 같은 긴장을 잘 보여 준다(강혜석, 2017a: 82; 정영철, 2001: 240-241). 따라서 '민족 vs. 계급'의 근원적 모순은 북한이 1980년대 중반 이래 민족주의를 강화시켜 나가는 과정 전반에 걸쳐 지속적인 긴장을 유발했다.

1991년 8월 1일 〈우리민족의 대단결을 이룩하자〉를 통해 '민족주의'를 복권하려 했던 "위대한 수령" 김일성의 시도조차 "진정한 민족주의"라는 '제한'을 필요로 했던 것이나, 김정일의 통일 담론의 백미(白眉)라는 8.4노작 발표에 두 달 앞선 1997년 6월 김정일이 〈혁명과 건설에서 주체성과 민족성을 고수할 데 대하여〉를 통해 이미 민족주의와 다를 바 없던 '민족성'을 주체사상과의 깊은 연관 속에서 호명해야 했던 것은 바로 이러한 북한의 고민을 잘 보여 준다. 2002년 2월 김정일의 연설 〈민족주의에 대한 올바른 이해를 가질 데 대하여〉를 통해 "진정한"이란 수식어를 떼고 민족주의 그 자체를 공식화하는 데 10년이 걸린 것이나, 그것이 『근로자』를 통해 전면화되는 데 또다시 긴 시간이 필요했던 것 역시 이와 같은 긴장의 결과였음은 물론이다. 〈표 4-2〉는 이러한 과정을 정리한 것이다.

물론 스탈린의 '일국사회주의론'과 대쌍을 이루는 '사회주의(소비에트) 민족론'과 '사회주의적 애국주의론'에서 볼 수 있듯이 계급과 민족 간의 긴장을 완화하는 동시에 국가에 대한 충성을 정당화하는 핵심 무기는 바로 '프롤레타리아 국제주의'였다. 부르주아 민족주의의 또 다른 이름이었던 쇼비니즘(chauvinism)과의 차별화는 특수성에 대한 지향으로서의 성격을 지닌 사회주의적 애국주의를 언제나 보편성에 대한 지향으로서의 프롤레타리아 국제주의와 병기함으로써 가능했던 것이다.

이와 같은 차원에서 북한의 근본적인 딜레마를 달리 표현하면 통치의 자원으로서 민족주의를 복권시키기 위해서는 '보편'에서 '특수'로 방점을 이동시킬 수밖에 없었으나 그와 같은 '보편'으로부터의 이탈은 또 다른 정당성의 기둥인 계급노선을 약화시킬 수밖에 없었다는 점이라 할 수 있다. 요컨대 2000년대 들어 민족주의가 공식적으로 호명되는 과정에서 다

〈표 4-2〉 북한 민족 · 민족주의 담론의 주요 변화(1985~2005)

시 기	출 처	특 징
1985	『주체사상총서』	"피줄" 개념 정의
1986.1.3	『김정일선집 11』, 〈당과 혁명대오의 강화발전과 사회주의 경제건설의 새로운 앙양을 위하여〉	"우리민족 제일주의" 등장
1989.12.28	『김정일선집 13』, 〈조선민족 제일주의정신을 높이 발양시키자〉	"우리민족 제일주의" 규정
1994.10.16	『김정일선집 18』, 〈위대한 수령님을 영원히 높이 모시고 수령님의 위업을 끝까지 완성하자〉	"김일성민족" 등장, 규정
1997.6.19	『김정일선집 19』; 『근로자』 1997년 7호, 〈혁명과 건설에서 주체성과 민족성을 고수할 데 대하여〉	"민속성" 공식화, "주체성"과 함께 병기
2002.2.26, 28	『김정일선집 21』, 〈민족주의에 대한 올바른 리해를 가질 데 대하여〉	"민족주의" 공식화
2005.12	『근로자』, 〈민족주의에 대한 올바른 리해를 가질 데 대하여〉	"민족주의" 전면화

시 부상한 사회주의적 애국주의가 왜 이전과 달리 '프롤레타리아 국제주의'의 수사가 없는 '사회주의적 애국주의'의 형태로 나타났는지, 그리고 이러한 계급노선으로부터의 이탈이 왜 '사회주의' 강성대국의 호명과 '반제' 선군노선의 강화와 병행될 수밖에 없었는지에 대한 분석은 바로 이러한 딜레마에 대한 이해에서 시작되어야 한다는 것이다.[6]

3) 민족 vs. 통일

계급노선과 민족론의 긴장은 민족과 통일의 관계에도 직접적으로 투사될 수밖에 없었다. 그것은 첫째, 통일의 근본적 당위성이 마르크스-레닌주의에서 부정의 대상이었던 민족이라는 개념에 의지할 수밖에 없었기 때문이며, 둘째로 자본주의이자 식민지로서의 남한과의 통일이 단순한 통합의 과제로서가 아니라 혁명의 논리로 정당화되어야 했기 때문이었다.

연방제라는 현실적이면서 절충적인 개념에 의지해 봉합되어 온 이와 같은 긴장은 날로 커지는 남북 간의 힘의 불균형과 '지향'으로서의 사회주의 자체의 몰락이라는 극심한 정당성의 위기 속에 모순되지만 강력한 형태로 변형되어 나타났다. 통일의 이름으로 단일민족임을 강조하는 '조선민족론'과 이와 상반된 논리에서 마르크스-레닌주의의 창조적 계승자로서의 독창성과 위대성에 기대고 있는 '김일성민족론'이 '동시에' 강화되어 온 것이다. 당연하게도 후자의 논리는 통일론과 충돌했다. 민족의 '새로운 경계' 설정으로 나타난 다음과 같은 정의는 이를 잘 보여 준다.

---

6 예를 들어 2000년대 이후의 사회주의적 애국주의와 이전의 애국주의는 용어상의 동일성에도 불구하고 내용적으로는 상이하다. 이전의 사회주의적 애국주의는 프롤레타리아 국제주의와 연결지어 규정되고 있는 데 반해 현재의 사회주의적 애국주의는 민족주의와의 결합 속에 호명되고 있기 때문이다. 애국주의를 둘러싼 소련과 북한의 역사적 경험에 대한 보다 자세한 분석은 강혜석(2017b)을 참조.

"우리민족 제일주의는 이처럼 위대한 수령을 모시고 위대한 당의 령도를 받으며 위대한 주체사상을 지도사상으로 삼고 가장 우월한 사회주의제도에서 사는 긍지와 자부심입니다(김정일, 1989/12/28)."[7]

이러한 김정일의 발언에서 보듯 1980년대 중반까지 "피줄, 언어, 문화, 영토"로 규정되던 북한 민족론은 "위대한 수령", "위대한 당의 영도", "위대한 주체사상", "우월한 사회주의 제도"라는 새로운 경계를 통해 이전과 달리 남한을 배제하고 있었다.[8] 특히 대남비서 김중린의 "민족이 계급보다 우선한다."라는 1980년 조선로동당 제6차 대회에서의 발언과 이러한 논리를 공식화한 1991년 김일성의 〈우리민족의 대단결을 이룩하자〉 등에서 볼 수 있듯 북한에서 민족과 민족주의에 대한 재평가를 합리화한 가장 강력한 무기가 통일의 당위였다는 점에서 이러한 충돌은 결코 만만치 않은 도전이었다(김중린, 1980/10/13; 김일성, 1991/8/1).[9]

이처럼 북한 민족주의의 두 가지 상이한 경로는 이후 민족주의의 내용과 방향에 다시 영향을 미친 것으로 보인다. 김정일 시대에 이르기까지 북한의 대응은 크게 두 가지 방식으로 나타났다. 첫째, 통일론에서의 민족론과 내부적 정당성의 자원으로서의 '민족건설'을 분리하여 병행하는 방식이다. 즉 매체와 담론을 구분하여 통일과 관련된 입론에 있어서는 여전히 하나의 민족론을 지속하고 내부적인 매체에 있어서는 '김일성민족론'을 지속, 강화하는 방식이다. 둘째, 혁명을 기반으로 한 이전의 '적화통일'과는 다른 논리에서 민족을 기반으로 한 새로운 흡수통일론을 입론

---

7 이하 북한원문의 직접 인용 시 밑줄로 강조된 부분은 필자에 의한 것임을 밝힌다.

8 이전 시기 김정일은 민족에 대해 다음과 같이 규정한 바 있다. "민족을 이루는 기본징표는 피줄, 언어, 지역의 공통성이며 이 가운데서도 피줄과 언어의 공통성은 민족을 특징짓는 가장 중요한 징표로 됩니다"(박일범, 2010: 68-69).

9 이와 같은 충돌을 1980년대부터 본격화된 김일성과 김정일의 이중 리더십의 문제로 분석한 연구로는 강혜석(2020b)을 참조.

하는 방식이다. 이전의 적화통일론이 미제와 파쇼 정권으로부터 남한을 해방시키는 논리였다면, 새로운 논리는 "외세와 반동들의 책동으로 인하여 남조선에서 민족성이 짓밟히고 있는 상황"에서 남한이 "민족의 넋"을 잃고 "서로 다른 민족"이 되는 것을 막기 위해 통일이 필요하다는 것이었다(김정일, 1997/06/19; 강민화, 2002: 85-86, 99, 120).

이와 같은 북한의 대응이 갖는 근본적인 문제는 적화통일론을 기반으로 한 남조선 혁명론과 민족공조를 기반으로 한 연방제안의 근본적인 모순과 마찬가지로 문제에 대한 본질적인 해결과는 거리가 멀다는 점이었다. 따라서 상기한 모순 역시 궁극적인 충돌과 선택의 순간을 피할 수 없었다. 북한 민족주의의 미래, 더 나아가 한반도의 미래에 대한 전망과 관련하여 지금까지 살펴본 북한 민족주의를 둘러싼 '긴장'들에 주목해야 하는 이유라 하겠다. 결과적으로 2023년 12월 공식화된 '적대적 두 국가론'과 남북 간 잠정적으로 서로 다른 민족론은 이와 같은 긴장에 대한 폭력적이고 일방적인 해소 시도라 할 수 있다. 이하에서는 이와 같은 충돌과 긴장의 근본적 토대라 할 수 있는 두 개의 민족론을 차례로 검토해 보도록 하겠다.

3. 통합의 논리로서의 민족건설: "민족통일"론과 "조선민족"

먼저 통합의 논리로서의 '조선민족'론이다. 민족해방운동에 뿌리를 둔 김일성과 북한 지도부는 사회주의 혹은 혁명의 이데올로기와의 충돌과 긴장에도 불구하고 강력한 민족주의적 정서에 기댄 통일론을 지속적으로 강조해 왔다.[10] 물론 이와 같은 민족주의적 경향은 민족해방의 이름으로

10 1940년대 이래 북한에서의 민족, 민족주의의 개념과 그에 대한 평가를 둘러싼 긴장과 대응에 대한 분석은 강혜석(2017a; 2017c)을 참조.

반제투쟁과 혁명을 병행해야 했던 제3세계 국가들에게 일반적으로 나타난 현상이었다. 그러나 단일민족의 분단 상황에 처한 한반도의 특수성은 그러한 경향을 더욱 강화하는 동력이 되었다. 이하에서는 큰 틀에서 김일성 시대와 김정일 시대로 나누어 민족통일론과 그 기저를 이뤘던 조선민족론을 살펴보도록 하겠다.

1) 민족통일론과 고려민주연방공화국 창립 방안

> "조선민족은 하나이며 우리 인민도 하나입니다. 그렇기 때문에 우리민족과 인민은 그 누가 분렬시키려고 아무리 발악하여도 절대로 분렬되지 않을것입니다. … 전체 조선인민은 공화국중앙정부주위에 더욱 굳게 뭉쳐 공화국의 기치를 높이 들고 국토의 완정과 완전자주독립국가건설을 위한 거족적투쟁에 총궐기합시다(김일성, 1949/1/1)."

> "우리는 전후에도 국토완정과 조국의 평화적통일을 달성하기 위한 투쟁을 계속하여야 하겠습니다. 조선은 하나이며 조선민족은 단일민족이며 조선은 조선인민의 것입니다(김일성, 1953/7/28)."

알려진 대로 해방 정국을 통해 미국은 '해방자'에서 '제국주의자'로 재규정되었다. 따라서 '미제'를 몰아내고 '남조선을 해방'시키기 위한 조국해방전쟁은 민족통일의 수단이자 혁명의 수단으로, 반제투쟁이자 민족해방투쟁으로 규정되었다. 그리고 그 주체가 공화국 북반부여야 하는 이유는 바로 조선은 하나이며 단일민족이라는 '조선민족'론에 기반하고 있었다. 그 논리는 데탕트와 세력균형의 변화 속에 다음과 같이 "국토완정"론이 조국통일 3대 원칙의 하나였던 "민족대단결"론으로 대체된 이후에도 지속되었다.

> "조선의 통일문제는 외세에 의하여 갈라진 민족의 단합을 이룩하고 민족의 자주권을 실현하는 문제입니다. 그러므로 조국통일을 실현하기 위하여서는 어떻게 하면 북과 남 사이의 단합을 이룩하고 민족의 대단결을 도모하겠는가 하는 데로부터 출발하여야 합니다. 민족적 대단결을 도모하려면 북과 남이 자기의 사상과 제도를 초월하여야 하며 서로 상대방을 적대시하는 정책을 쓰지 말아야 합니다. 지금 우리나라의 북과 남에는 서로 다른 사상과 제도가 존재하고 있습니다. 이러한 조건에서 북과 남이 서로 자기의 사상과 제도를 상대방에 강요하려 하여서는 안됩니다. 우리는 남조선에 사회주의제도와 공산주의사상을 강요하려 하지 않습니다(김일성, 1972/5/3; 1972/11/3)."

1980년 제6차 대회에서 '계급보다 민족'이라는 대남비서 김중린의 선언적 발언과 함께 제시된 〈고려민주연방공화국 창립방안〉은 이와 같은 민족대단결론이 1970년대의 변화된 정세 속에 보다 구체화되고 정식화된 결과였다(김중린, 1980/10/13). 베트남전을 계기로 본격화된 미국 패권의 하락과 국제정치 질서의 변화 속에 1973년 이후 유엔을 무대로 진영간의 외교전이 본격화된 현실을 돌파하기 위해서는 유럽에서의 데탕트와 마찬가지로 상호인정과 평화공존론에 기반하고 있었던 한·미·일의 "두 개 조선" 공세를 극복할 필요가 있었다는 것이다(김일성, 1980/10/10).

결과적으로 이와 같은 전략적 대응은 사회주의권의 붕괴와 함께 "먹느냐 먹히우느냐"의 문제가 레토릭의 차원이 아닌 생존과 직결된 문제가 된 이후 이른바 "느슨한 연방제"로 귀결되었다. 그러나 이와 같은 정치적 논리와 구체적 방안들의 변화에도 불구하고 북한의 민족통일론을 단순한 정치적 자원이나 수단으로 이해하는 것은 김일성과 북한 지도부가 지닌 강력하고 일관된 지향에 비추어 볼 때 과도하다고 판단된다. 〈조국통일 3대 원칙〉, 〈고려민주연방공화국창립방안〉과 더불어 김정일에 의해 〈조국통일 3대 헌장〉으로 규정된 〈전 민족대단결 10대 강령〉의 서문에서 제시된 다음과 같은 김일성의 '민족적' 호소는 김일성 시대 통일론을 관통하고 있었기 때문이다.

> "근 반세기에 걸치는 분단과 대결의 력사를 끝장내고 조국을 통일하는 것은 온 민족의 한결같은 요구이며 의지이다. 조국의 자주적 평화통일을 이룩하기 위하여서는 전민족이 대단결하여야 한다. 민족의 운명을 우려하는 사람이라면 북에 있건 남에 있건 해외에 있건, 공산주의자이건 민족주의자이건, 무산자이건 유산자이건, 무신론자이건 유신론자이건 모든 차이를 초월하여 우선 하나의 민족으로 단결하여야 하며 조국통일의 길을 함께 열어 나가야 한다. 힘 있는 사람은 힘을 내고 지식 있는 사람은 지식을 내고 돈 있는 사람은 돈을 내여 모두 다 나라의 통일과 통일된 조국의 륭성번영을 위하여 특색있는 기여를 함으로써 민족분렬을 끝장내고 통일된 7천만 겨레의 존엄과 영예를 세계에 떨쳐야 한다(김일성, 1993/4/6)."

2) 8.4노작과 민족공조론

유훈통치의 마지막 해로서 온전한 의미의 홀로서기 첫해였던 1997년, 김정일은 통일과 관련한 가장 중요한 노작이자 이른바 8.4노작으로 불리는 〈위대한 수령 김일성동지의 조국통일 유훈을 철저히 관철하자〉를 발표했다. 김정일은 여기서 "경애하는 김일성동지의 숭고한 뜻을 이어 조국통일위업을 실현하는 것은 우리 당과 인민의 혁명적 의무이고 의리이며 우리 세대에 맡겨진 성스러운 민족적 임무"임을 재확인했다. 그리고 아래와 같이 김일성의 통일노선에 대해 상술했다.

> "위대한 수령님께서 내놓으시고 변함없이 견지하신 조국통일로선은 나라와 민족의 완전한 자주독립을 실현하기 위한 철저한 민족자주의 로선이며 통일조국의 부강발전과 전 민족의 륭성번영을 위한 참다운 애국주의의 로선이다. 우리나라의 통일문제는 남조선에 대한 외세의 지배와 간섭을 끝장내고

전국적 범위에서 민족의 자주권을 확립하며 갈라진 민족의 혈맥을 다시 잇고 하나의 민족으로서 민족적 단합을 실현하는 문제이다(김정일, 1997/8/4)."

1985년에 정립되고 2002년에 김정일에 의해 다시 한번 재확인된 바 있는 '민족' 개념은 위의 논리를 그대로 따른 결과였다. 그것은 "수천 년 동안 한강토에서 단일민족으로 살아온 우리 조선민족"의 재결합이라는 의미에서 통일을 정당화하는 것으로 역사, 지역(또는 영토) 그리고 '피줄' 공통성에 기초한 단일성 개념의 지속을 의미했다(김정일, 1997/8/4).[11]

이 담화에서 김정일은 〈자주, 평화통일, 민족대단결의 3대 원칙〉, 〈전민족대단결 10대 강령〉, 〈고려민주련방공화국창립방안〉 이 세 가지가 〈조국통일 3대 헌장〉임을 선언했다.[12] 그에 따르면 〈조국통일 3대 헌장〉은 숭고한 "조국애와 민족"의 구현이었다. 김정일은 민족 자체의 힘을 강조하면서, "나라와 민족의 운명을 개척해 나가는 데서 주체성을 견지하고 민족성을 살리는 것은 나라의 자주독립과 부강발전을 보장하며 민족의 륭성번영을 이룩하기 위한 원칙적 요구"임을 강조했다. 즉 북한 내부에서 8.4노작만큼이나 강조되었던 동년 6월 19일자 담화인 〈혁명과 건설에서 주체성과 민족성을 고수할 데 대하여〉에서 주체와 혁명의 명분으로 정당

11 민족과 마찬가지로 피줄(핏줄)에 대한 북한의 정의 역시 이중적이다. 일반적인 해석과 달리 김정일에 의해 규정된 민족의 구성요소로서의 피줄은 혈연적인 것을 넘어 정치, 경제, 사회, 문화를 포함하는 것이지만 통일문제와 관련해서는 "오늘 우리 겨레가 어디에서 살건 서로 만나면 반가와 하고 따뜻한 혈육의 정을 느끼는 것은 유구한 세월 하나의 피줄을 이은 단일민족으로 살아오면서 지니게 된 고유한 민족성을 가지고 있기 때문"이라는 표현에서 보듯 여전히 혈연을 의미하는 개념으로 쓰이고 있기 때문이다(편집국 『근로자』, 2002: 12호). 피줄의 의미와 관련된 보다 자세한 정리는 강혜석(2017b: 143-146)을 참조.

12 그에 따르면 3대 헌장은 다음과 성격을 갖는다. 첫째, 〈자주, 평화통일, 민족대단결의 3대 원칙〉은 7.4남북공동성명에 기초한 '민족공동의 통일대강'이다. 둘째, 〈조국통일을 위한 전 민족대단결 10대 강령〉은 조국 통일의 주체적 역량 강화를 위한 '정치강령'이다. 셋째, 〈고려민주련방공화국창립방안〉은 "통일국가의 전모와 그 실현방도를 밝힌 설계도"다.

화된 새로운 민족론이 기존의 통일론과 전혀 배치되지 않음을 역설한 것이다.[13]

이러한 입장은 이듬해 발표된 〈온 민족이 대단결하여 조국의 자주평화통일을 이룩하자〉를 통해 보다 구체화되었다(김정일, 1998/4/18). 해당 노작은 김일성 사망 이후 3년이 지난 시점에서 김정일이 당비서 취임 후 처음 내놓는 '통일론'이라는 점에서 의미가 깊었다(김수민 · 윤황, 2005: 98). 김정일은 "남북조선 정당, 사회단체대표자련석회의 50돐"을 기념하는 중앙연구토론회에 보내는 상기 서한을 통해 〈민족대단결 5대 방침〉을 발표했다. 그 핵심은 8.4노작과 마찬가지로 '민족적 단일성'에 있었다. 다음은 그 상술이다.

> "조선민족은 수천 년을 내려오면서 하나의 혈통을 이어받고 같은 말을 하며 한강토에서 살아온 하나의 민족입니다. … 반세기 이상이나 갈라져 살아온 북과 남 사이에 사상과 제도의 차이를 비롯하여 여러 가지 차이가 있지만 그러한 차이보다 하나의 민족으로서의 민족적 공통성이 훨씬 더 큽니다. 민족의 각이한 계급, 계층의 요구와 리해도 서로 다르지만 오늘 우리민족 앞에 1차적으로 나서는 민족적 과업은 조국통일이며 모든 것을 조국통일위업에 복종시켜야 합니다(김정일, 1998/4/18)."

조국통일의 과업을 최우선으로 삼겠다는 김정일의 견해는 새 지도자로서의 통일관을 대내외에 선포하는 것이었다. 그것은 김일성의 유훈으로서 통일과업을 계승하겠다는 후계자의 의지이기도 했다.[14] 다음은 대를

13 김정일은 노작을 통해 조선민족 제일주의와 김일성민족에 대한 절대적 충효를 강조하며 민족성을 고취시킬 것을 주장했다. 그러나 같은 논문에서 통일에 대한 지향 역시 강조함으로써 두 입장을 양립시켰다(김정일, 1997/6/19). 주체성과 민족성의 결합이 갖는 함의에 대해서는 강혜석(2020a)를 참조.

14 '민족대단결 5대 방침'은 '전 민족대단결 10대 강령'(김일성, 1993/4/6)과 내용 면

잇는 통일관 및 통일정책에 대한 근본을 제시한 부분이다.

> "위대한 수령 김일성동지께서는 일찍이 주체사상에 기초하여 민족문제를 새롭게 밝히시고 독창적인 민족대단결사상을 내놓으시였으며 그것을 조국의 광복과 새 조국건설, 나라의 통일을 위한 투쟁의 전 력사적 로정에 훌륭히 구현하시여 민족대단결의 숭고한 모범을 창조하시였습니다(김정일, 1998/4/18)."

이미 김일성이 주체사상에서 민족문제를 새롭게 규정했고, 민족대단결 사상을 독창적으로 제시했으며 광복, 국가건설, 통일이라는 전 역사의 과정에 이를 구현해 왔다는 주장이었다. 김정일 주장의 사실 관계를 떠나, 당시 북한이 '민족'과 '계급', '민족'과 '통일' 간의 긴장관계에 대해 민감하게 받아들이고 있었으며, 민족을 중심으로 주체와 통일의 논리적 연결고리를 만들고자 한 의도는 비교적 분명해 보였다. 김일성의 "민족대단결"론은 민족을 둘러싼 여러 긴장을 완화하는 매개 역할을 했던 것이다. "위대한 수령님의 민족대단결 사상은 주체사상을 민족문제에 구현하여 내놓으신 철저한 민족자주의 사상, 숭고한 애국애족의 사상이며 가장 폭넓은 민족단합의 사상"이라는 자체적 평가 역시 마찬가지 맥락이었다.

이 문건은 '통일전선'에 대해서도 보다 강조하고 나섰다. 반일민족해방투쟁을 기치로 했던 '조국광복회'와 관련한 평가에서 "공산주의자들과 민족주의자들, 로동자, 농민, 지식인, 청년학생들을 비롯하여 량심적인 종교인과 자본가들까지 광범한 애국력량을 망라한 반일민족통일전선조직"이라는 역사적 사실을 강조함으로써 통일전선의 역사적 의미를 재확

에서 큰 차이가 없으며, 김일성의 지론을 김정일이 재정리해 발표한 것에 불과하다는 비판도 있다. "북한의 '민족대단결 5대 방침이란'"(『연합뉴스』, 1999/4/10) http://news.naver.com/main/read.nhn?mode=LSD&mid=sec&sid1=100&oid=001&aid=0004566501 (검색일: 2018/10/3).

인한 것이다.

‘계급-민족-통일’ 간의 긴장과 모순들은 이처럼 수령의 유훈이자 지상과제로서의 통일을 매개로 봉합을 시도하고 있었다. 다시 말해 “주체성과 민족성”이 ‘계급-민족’의 결합을 의미하는 것이었다면,[15] “3대 조국통일헌장”과 “민족대단결” 등은 ‘민족-통일’의 결합을, 그리고 “조국광복회와 통일전선”은 ‘통일-계급’의 결합을 의미하는 것이었다. 그리고 이러한 결합은 북한에서 배타적 의미의 우리민족론, 김일성민족론이 부상하는 과정에서도 민족통일론이 공존할 수 있었던 배경이 되었다.

2000년대 등장한 ‘우리민족끼리’ 원칙과 민족공조론은 그 대표적 예다. 남북정상회담의 결과로 채택된 2000년 ‘6.15 남북공동선언’의 제1항은 “나라의 통일문제를 그 주인인 우리민족끼리 서로 힘을 합쳐 자주적으로 해결해 나가자.”라고 명시하고 있다. 공동선언 발표 이후 북한에서는 2000년 말까지 총화를 통해 ‘우리민족끼리’의 원칙과 통일문제에 대한보다 심도 있는 연구를 전개했다고 전해진다(『로동신문』, 2000/12/15). 이후 ‘우리민족끼리’와 ‘민족공조론’은 2001년부터 북한 신년공동사설의 남북관계 및 통일 부문에 주요한 구호로 활용되었으며 『근로자』 및 『로동신문』 비롯한 다양한 공간자료에서도 널리 사용되었다.[16] 이하는 ‘민족공조론’의 정의와 내용이다.

> “민족공조란 통일문제에 대한 외세의 간섭을 철저히 배격하고 모든 문제를 우리민족끼리 서로 힘을 합쳐 민족의 의사와 리익에 맞게 풀어 나가며 그것을 방해하는 외세에 대항하여 공동행동을 적극 벌려 나간다는 것이다. 다시 말하여 미제를 위시한 외세와의 〈공조〉를 배격하고 사상과 제도, 정견과

15 “계급적 대립이 청산된 사회주의사회에서는 민족이자 인민이고 인민이자 민족이며 그 통일단결의 중심은 당과 수령이다(김정일, 1997/6/19).”

16 ‘우리민족끼리’와 ‘민족공조론’은 유사한 의미와 용례로 북한에서 사용되고 있다(김수민, 2005: 301).

신앙의 차이를 초월하여 남과 북, 해외의 온 민족이 단결하고 공동보조를 취하여 민족자체의 힘으로 조국통일위업을 성취한다는 것이다(최기환, 2004: 41)."

물론 이와 같은 김정일의 민족공조론이 과연 단일민족으로서의 정체성 회복에 목표를 둔 진정한 의미의 '조선민족론'이었는가에 대해서는 논란의 여지가 있다. 민족공조론이 한미공조에 대한 대응, 선군정치의 정당성 제고를 통한 체제 유지, 국제정치적 고립 완화, 핵문제를 완화하기 위한 평화공세, 남북경협을 통한 경제위기 해소 등을 목표로 한 전략적 선택이었다는 주장들이 이에 해당한다(김갑식, 2006: 169; 정일영, 2013: 135).

그러나 이 같은 현실적 목표들이 존재했다고 해서 이를 통해 단일민족 프레임하 민족 내부의 협력을 주장했다는 사실 자체가 부정될 수는 없다. 오히려 왜 '민족통일'을 매개로 다양하고 절박한 요구들을 하나로 연결할 수밖에 없었는가에 대한 이해가 더욱 중요하다. 즉 김정일의 민족공조론은 그것이 대외적 방어용이든 대내적 단결용이든 유훈으로 격상된 '통일'의 위상과 그러한 통일이 '조선민족'의 이름으로 '우리민족끼리' 이루어져야 한다는 대원칙에서 북한 스스로도 벗어날 수 없다는 사실을 방증하는 사례로 독해될 필요가 있다. 민족공조를 주장하면서 선군정치를 정당화하는 주장이 하나의 글에서 공존하는 일견 모순된 현상이 이와 같은 맥락에서 적어도 북한에게는 모순이 아닐 수 있다는 것이다(주진구, 2003; 김양건, 2007; 오현철, 2007: 267).

예를 들어 "민족의 운명"이 "자주성"에 달려 있고, 그것이 한반도 차원에서는 '통일'로, 국제적 차원에서는 '선군'으로 해소된다는 주장 속의 주체가 어디까지나 '조선민족'인 것은 이와 같은 논리를 잘 보여 준다.[17] 더

17 이 시기 북한에서 혈연적 공통성과 역사적 공통성에 기반한 단일민족에 관한 연구와 주장은 상당한 진척을 보였다. 『민족문화유산』의 창간을 통해 기존의 당기관지가 포

불어 오랜 합리화 끝에 마침내 '민족주의'를 호명하면서 "애국애족은 공산주의와 민족주의에 공통적인 사상감정이며 여기에 공산주의와 민족주의가 련합할 수 있는 사상적 기초"가 있음을 논증하는 과정에서조차 "우리민족끼리의 이념에 기초하고 애국애족의 정신으로 일관된 민족단합의 강령"으로 '통일'과 하나 된 민족을 강조했던 것 역시 동일한 맥락이라 하겠다.

4. 배제의 논리로서의 민족건설: "우리민족 제일주의"와 "김일성민족"

앞서 살펴본 '조선민족'론과는 또 다른 맥락에서 북한의 '우리민족 제일주의'론과 '김일성민족'론의 함의를 민족건설의 차원에서 고찰하는 작업은 향후 통일의 과정에서 중요한 의미를 지닌다. 북한에서 건설되어 온 새로운 '민족'이 상상 속의 공동체가 아니라 국가의 기획에 따른 결과물로서 '실재'하고 있으며, 그것이 남한을 포괄하는 '한민족'과 별도의 구성을 지향하는 상황이라면 민족통일론과 일정한 긴장을 발생시킬 수밖에 없기 때문이다.

상기한 문제의식을 바탕으로 이하에서는 '우리민족 제일주의'와 '김일성민족'론의 전개 과정과 그것이 통일론과 갖는 긴장에 대해 살펴본다. 먼저 1절에서는 체제적 정당성에 대한 다양한 압력 속에 후계 체제에서

괄하지 못한 민족주의, 민족연구를 일반주민에게 교양시키도록 하는 한편, 역사분야에서도 단군, 고려에 의한 삼국통일 등에 관한 활발한 연구가 진행된 바 있다(김정일, 2003/2/10). 그 가운데 장우진(2002)의 연구는 '혈연'에 기반한 종족 민족주의적 접근을 통해 조선사람(남북한)의 혈통에 대한 생물학적 고찰을 시도했다. 그 결과 "사람에 고유한 유전자형의 조성에서 조선사람은 이웃나라 사람들과 구별되는 독특한 특징을 가지고 있으며 우리나라 안에서는 지역 공통성이 인정된다."라는 결론을 도출했다(장우진, 2002: 182).

진행된 '우리'의 재구성 과정과 '우리민족 제일주의'의 등장과정을, 2절에서는 이와 같은 새로운 경계설정에 기반한 '김일성민족'의 개념이 본격적인 김정일 시대의 개막 이후 북한 일반대중에게 어떻게 생산, 유통, 소비되어 왔는지 분석할 것이다.

1) 새로운 '우리'와 그 경계: 우리민족 제일주의

1986년 1월 공식화된 '우리민족 제일주의'론은 후계자 김정일의 이데올로기적 돌파의 결정체로서의 성격을 지닌 것이었다. 그가 제기한 '우리민족 제일주의'와 그 문제의식은 우연히 혹은 갑자기 생겨난 것이기보다 후계 체제 구축 과정에서 김정일 자신이 오랫동안 가지고 있었던 '우리'에 대한 문제의식과 북한 체제의 핵심적 가치들인 자주성 및 주체의 문제가 결합된 결과였기 때문이다.

김정일이 '우리 식' 담론에 관심을 가지기 시작한 것은 북한에서 김일성 '이후'의 문제가 부각되기 시작한 1967년쯤이었던 것으로 보인다.[18] 특히 김정일이 조선로동당 중앙위원회 선전선동부로 자리를 옮겨 사상의 문제에 본격적으로 개입하기 시작한 1968년 이후 '우리 식' 담론은 문화예술 분야를 중심으로 시대적 키워드로서 성장해 나갔다. 특히 갑산파 숙청과 중소와의 이데올로기 분쟁 등으로 북한 체제에 대내외적 압력이 고조되고 있었던 1967년, 이른바 5.25교시로 일컬어지는 김일성의 연설 〈당면한 당선전사업방향에 대하여〉에서 나타나듯 그 대응의 핵심이

---

18 물론 '우리 식'이라는 표현 자체는 주체담론의 시원으로 흔히 일컬어지는 김일성의 1955년 노작 〈사상사업에서 교조주의와 형식주의를 퇴치하고 주체를 확립할 데 대하여〉에도 등장하며 이후에도 김일성의 노작을 비롯한 다양한 북한 문헌에 등장한다. 그러나 '우리 식'이 하나의 고유한 의미를 담지하며 '정치적 언어'로 부각된 것은 김정일에 의한 것이었다고 판단된다. 이에 대한 보다 자세한 논의는 강혜석(2017a: 77-80)을 참조.

이데올로기 영역일 수밖에 없었다는 점에서 후계자 김정일에 의한 '우리식' 담론의 부상은 그 의미가 남달랐다.[19]

실제 김정일은 1972년 문화성에 정치국을 설치함으로써 선전선동사업에 대한 당적 통제를 강화하는 데 앞장섰으며 이후 1973년 3대혁명소조운동의 발기와 해당 사업을 결합시켜 북한 사회 전반에 '우리 식'의 지향을 확산시켜 나갔다(강혜석, 2017a: 79-80). 1978년 김정일에 의해 제기된 〈우리 식 대로 살아나가자〉는 구호는 바로 이와 같은 우리식 담론의 단계적이고 체계적인 진화를 의미했다(김정일, 1978/12/25; 김정일, 1979/12/19).

그러나 베일에 싸인 당내 지도자에서 무대 위의 국가 지도자로 도약하며 지난 10여 년의 후계 작업의 성공을 자축했던 1980년 조선로동당 제6차 대회에서의 자신감 있는 모습과는 달리, 북한이 마주한 현실은 "사회주의 완전승리"의 서막보다는 위기의 심화에 더욱 가까웠다. 1978년 중국의 개혁개방과 이듬해 미중수교, 1980년 남한에서의 군사쿠데타 등은 심각한 외부로부터의 압력으로 작용했고, 1981년 남한의 올림픽 유치 결정은 대남우위라는 체제 선전의 유용성을, 1982년 중소관계의 복원은 중국의 배신을 '응징'할 수 있는 지렛대를 앗아 갔기 때문이었다(안경모, 2013: 72-75). 더욱이 인민생활향상을 목표로 한 연합기업소의 전면화와 합영법 등의 제한적 개혁개방조치와 속도전은 점차 실패로 돌아가고 있었다. 다시 한번 '물질'이 아닌 '사상'을 통한 돌파가 불가피해진 것이다.

이러한 정당성의 위기는 북한이 왜 '우리'에서 한 발 더 나아가 '민족'을 호명했는지에 대한 답을 암시한다. 사회주의 내부의 이데올로기적 갈

19 "주체 56(1967)년 5월 25일 력사적인 로작 〈당면한 당선전사업방향에 대하여〉를 발표하신 때로부터 48돐 … 위대한 수령님의 5.25교시의 기본정신은 전당에 유일사상체계를 철저히 세워 전체 당원들을 우리 당의 혁명사상으로 튼튼히 무장시키며 하나의 사상, 주체사상에 기초한 당과 혁명대오의 일심단결의 위력으로 사회주의위업을 끝까지 완성하자는 것이다(『로동신문』, 2015/5/25)."

등에 대한 대응의 성격을 지니고 있었던 '우리 식' 담론 속의 '우리'는 '다름'을 통해 '적과 동지의 구분'을 가능케 함으로써 내적 정당성의 기반으로 작동할 수 있었으나 여전히 "그렇다면 우리는 누구인가?"라는 질문에 대한 답은 부재한 미완성의 것이었고, 바로 그러한 의미에서 '민족'의 호명은 우리의 정체성을 규정하는 강력한 무기가 될 수 있었기 때문이다(강혜석, 2017a: 81-82). 따라서 김정일에 의해 호명된 민족은 새로운 우리의 경계를 구성하며 강력한 내집단 편애(in-group favoritism)와 외집단 폄하(out-group derogation)를 통해 집단적 자긍심(self-esteem)을 불러일으키도록 설계되었다.[20] 이러한 정치적 맥락이 바로 '우리 식' 담론과 '민족주의'의 결합으로 1986년 부상한 우리민족 제일주의가 다음과 같이 수령, 당, 주체사상, 사회주의제도라는 특수성과 유일성에 대한 호소를 통해 한민족이 아닌 북한 민족'만'을 호명했던 핵심적 배경이다.[21]

"우리민족은 위대한 수령 김일성동지를 모신 주체시대에 와서 가장 존엄있고 권위 있는 민족으로 온 세계에 더욱 널리 알려지게 되었습니다. 이런 의미에서 위대한 수령을 모셔야 민족의 우수성이 빛난다고 말할 수 있습니다(김정일, 1986/4/27)."

"우리민족 제일주의는 이처럼 위대한 수령을 모시고 위대한 당의 령도를

20 정체성의 재구성이 갖는 효과에 대해서는 타지펠과 터너(Tajfel and Turner, 1986)를 참조.

21 이러한 정치적 맥락은 우리민족 제일주의의 '내용'뿐만이 아니라 그것이 호명된 '방식'에서도 잘 나타난다. 1986년 민족의 호명이 민족에 대한 이야기와는 일견 무관해 보이는 조직과 이데올로기, 즉 당과 수령, 그리고 주체사상에 대한 입론이었던 김정일의 두 개의 핵심적인 노작들인 〈당과 혁명대오의 강화발전과 사회주의 경제건설의 새로운 앙양을 위하여〉와 〈주체사상 교양에서 제기되는 몇 가지 문제에 대하여〉에서 이루어진 것은 바로 이러한 북한의 고민과 의도를 잘 보여 주고 있었다(김정일, 1986/1/3; 1986/7/15). 이에 대한 보다 자세한 논의는 강혜석(2017a: 82-84)을 참조.

받으며 위대한 주체사상을 지도사상으로 삼고 가장 우월한 사회주의제도에서 사는 긍지와 자부심입니다(김정일, 1989/12/28)."

이러한 가운데 닥친 사회주의권의 연쇄적 붕괴는 북한의 위기의식을 심화시켰다. 김정일은 우선 "동구라파 사회주의 나라들이 하나하나 무너지고 있으며, 소련에서도 사회주의기발이 점차 내리워지고 있"음을 시인했다(김정일, 1990/1/21). 2012년 증보판 『김정일선집』 제13권에 새롭게 추가된 담화인 〈주체사상의 기치높이 우리 식 사회주의를 더욱 고수하고 더욱 빛내여 나가자〉에는 소련과 동구의 붕괴에 대한 김정일의 입장이 비교적 상세하게 기술되어 있다. 1989년 11월 베를린장벽이 무너진 지 두 달 후, 김정일은 특히 동유럽의 사회주의가 좌절된 것은 "사회주의의 실패"가 아니라 "사회주의를 변질시킨 기회주의의 파산"이라고 주장함으로써 사회주의 실패의 일반화를 전면 부정했다. 자신들의 사회주의가 동구와 다른 것은 '주체사상'에 기초한 '인민대중 중심의 사회주의'이기 때문이라는 것이다.

"사회주의를 동구라파 나라들은 자기 나라 인민의 의사에 맞게 자기식으로서가 아니라 쏘련사람들의 도움에 의하여 쏘련식으로 건설 … 우리는 우리 인민의 요구와 의사에 따라 우리 식으로 건설 … 우리는 주체사상을 지도적 지침으로 하여 당, 군대, 국가건설도 우리 식으로 하고 사회주의혁명과 사회주의건설도 우리 식 … 우리 나라는 주체사상에 기초하여 우리 식 사회주의를 훌륭히 건설하여 놓았기 때문에 오늘 격변하는 국제정세 속에서도 끄덕없이 사회주의 길 … 지난날 동구라파 사회주의 나라들은 혁명과 건설에서 주체를 세우지 않고 쏘련에서 하라는 대로 하고 쏘련의 경험을 기계적으로 받아들였습니다. 그러다 보니 쏘련이 수정주의를 하게 되자 그 나라들도 수정주의를 하게 되였으며 결국은 혁명을 망쳐 먹고 나라를 망하게 만들었습니다(김정일, 1990/1/21)."

그러한 상황 속에 김정일은 자신들의 위상과 역할을 "온 인류의 운명을 안고 있으며 단독으로 제국주의련합세력과 맞서 싸우"는 것으로 규정했다. 즉 진영의 외투 없이 홀로 거대한 "제국주의연합세력"에 맞서 "강요된 세계화"에 대항해야 하는 전사로 묘사했다.

이와 같은 수세적 상황에서의 '차별성'과 '숭고함'에 대한 수사들을 부정의 수사에서 긍정의 수사로 전환시키는 무기로 김정일이 내세운 것이 바로 "우리민족 제일주의"였다.[22] 해당 담론을 통해 사회주의의 붕괴는 우리 식의 실패가 아닌 독창성과 위대함의 증거로 재해석되었다. 북한이 1990년대의 위기를 돌파하는 궁극적인 담론으로 내세웠던 "우리 식 사회주의"론은 바로 이와 같은 논리를 종합한 결과였다. 다음과 같이 우리 식 사회주의론을 통해 제시된 '비전'의 정당성은 우리민족 제일주의를 통해 구성된 '주체'의 위대성과의 결합을 통해 그 논리를 완성했다.

> "당원들과 근로자들이 우리 식 사회주의가 세상에서 가장 우월하다는 긍지와 자부심을 가지고 그것을 더욱 빛내여 나가도록 하여야 합니다. 우리는 주체사상을 지침으로 하여 세상에서 가장 우월한 우리 식 사회주의를 건설했으며 사회주의의 모범을 창조했습니다. 당원들과 근로자들에게 우리 식 사회주의의 본질적 특성과 우월성을 옳게 인식시켜 그들이 세상에서 가장 우월한 우리 나라 사회주의제도에서 살고 있는 커다란 긍지와 자부심을 깊이 간직하도록 하여야 합니다. 당원들과 근로자들이 조선민족 제일주의정신을 지니게 하는 목적은 그들이 우리 식 사회주의를 더욱 빛내여 나가도록 하려는 데 있습니다. 당원들과 근로자들 속에서 사회주의 애국주의 교양을 강화하여 그들이 사회주의조국을 끝없이 사랑하며 조국과 민족의 륭성번영을 위하여 몸바쳐 투쟁하도록 하여야 합니다(김정일, 1991/1/5)."

22 이하에서 이해의 용이함을 위해 북한이 칭하는 조선민족 제일주의도 우리민족 제일주의란 용어로 통일했음을 밝힌다.

기존의 계급노선에 머물 수도, 인민으로의 전환을 통해 이전의 계급노선을 전면 부정할 수도 없는 상황에서 변화를 꾀하면서도 정당성의 기반을 유지하는 해결책으로 제시된 것이 바로 그 위기의 원인 중 하나라 할 수 있는 자본주의, 부르주아 민주주의 등의 정체성을 지니고 있는 남한과의 차별성을 분명히 한 북한만의 '우리민족 제일주의'였던 것이다. 이처럼 '계급노선'의 이완은 '새로운 민족건설'을 통해 완충을 꾀하고 있었다.

2) 김일성민족론의 생산, 유통, 소비

유일사상체계와 유일영도체계에 기반한 북한 체제에서 수령은 국가의 뇌수이자 생명 그 자체였다. 1990년대 초 국제정치의 대변혁과 그 여파 속에서 북한이 직면한 수령의 사망이라는 현실은 그야말로 한 세기의 마감인 동시에 또 다른 역사의 시작을 알리는 사건이었다.

2012년 새롭게 출판된 선집의 증보판에서 기존에 김일성 사망 이후 첫 공식입장으로 알려졌던 1994년 10월 16일의 담화에 앞서 김정일의 담화 2편이 추가되었다. 1994년 7월 11, 19일 양 일간에 걸쳐 진행된 〈위대한 수령 김일성동지를 우리 공화국의 영원한 주석으로 높이 모시자〉와 14일에 진행된 〈새로 형상한 위대한 수령님의 초상화는 대단한 걸작이다〉가 바로 그것이다. 여기서 그는 김일성이 "우리민족의 5천 년 력사에서 처음으로 맞이한 우리 국가의 걸출한 령도자"이며 "인민의 자애로운 어버이", "위대한 사상가", "혁명가", "인간"이라 칭송했다. 국제무대에서 소외된 작은 나라의 명성이 온 세상에 알려진 것이 김일성의 공적이라는 것이었다(김정일, 1994/7/11, 19). 김정일은 여기서 "주석은 곧 수령"이라며 주석의 존칭을 김일성에 한정했다. 자신은 "오직 수령님의 사상과 로선을 따르는 수령님의 전사이고 제자이기 때문에 주석이라는 직함을 가질 수 없고 또 해당되지도 않는다."라는 것이 그 이유였다.

추모의 분위기 속에 '김일성'과 '민족'이 결합한 '김일성민족'론이 등장한 것은 김일성 사망 100일째 되는 날이었다. 보다 정리된 형태의 담화에서 김정일은 우리민족 제일주의와 김일성민족을 다음과 같이 연결 지었다.[23]

> "우리는 백 년이고 천 년이고 대대손손 위대한 수령님을 영원히 높이 모셔야하며 모든 사업을 수령님식 대로 해나가야 합니다. 우리민족의 건국시조는 단군이지만 사회주의조선의 시조는 위대한 수령 김일성동지이십니다. … 수령님이야말로 우리민족을 세상에서 가장 존엄있고 행복한 인민으로 되게 하여주신 민족의 위대한 어버이이십니다. 지금 해외동포들은 조선민족을 김일성민족이라 하고 있습니다. 우리는 수령의 존함으로 빛나는 조선민족의 자존심을 높여 나가기 위한 사업을 더욱 잘하여야 … 가장 우월한 인민대중중심의 우리식 사회주의를 건설해 온 조선민족으로서의 영예와 긍지를 가지고 조선민족 제일주의정신을 더욱 높이 발양하도록 하여야 합니다(김정일, 1994/10/16)."

그동안 '우리민족 제일주의'의 명시적인 정의에도 불구하고 주석의 이름을 부여하는 것에는 신중을 기했던 북한이었기에 '우리'라는 보통명사가 아닌 '김일성'이라는 고유명사를 통한 민족의 명명은 이전과는 차별적인 의미를 갖고 있었다. 물론 해외 동포들의 말을 빌려 전하기는 했지만,

23 물론 북한에서 '김일성민족'이라는 표현이 등장한 것은 이때가 처음은 아니다. 예컨대 1970년 『조선중앙연감』의 국제서술편에서는 『김일성전』이 일본에서 일본어와 영문으로 번역출판된 것을 기념하는 내용의 글을 실은 바 있다. 해당 글에서는 특히 '리츠메이칸 대학'의 '스에까와' 명예총장의 추천문을 인용하여 "과거 몇 세기 동안 내우와 외환으로 신음해온 조선민족은 지금 김일성민족(필자 강조)을 태양으로 우러러 받들며 그이의 현명한 령도밑에 사회주의 국가건설의 기본로선을 따라 곧바로 나가고 있으며 나라의 보다 공고한 터전을 닦고 있다."라고 서술하고 있다. 하지만 이때의 '김일성민족'은 해외인사의 축전이었다는 점에서 실질적으로 북한의 의도가 구체적인 목표를 가지고 반영된 형태, 소위 공식적인 구호이자 선전선동의 레토릭이라고 보기에는 무리가 있다.

김정일은 그 논리적 정당성을 간결하게 표현했다.[24] '김일성민족'의 가장 강력한 근거는 그가 '사회주의조국'의 '시조'이기 때문이었다. 김일성의 출생년도인 1912년을 '주체력'의 시원으로 삼아 1997년부터 '주체연호'를 사용한 것 역시 동일한 논리에 근거하고 있음은 물론이다. 또한 북한이 2012년을 기해 "김일성민족 100년사"라는 표현으로 자신들만의 '역사'를 별도로 호명한 것 역시 마찬가지였다. 즉 '김일성민족'으로 사는 인민대중의 자부심과 긍지는 '우리민족 제일주의'를 담보하는 논리적 위상을 갖게 된 것이다.

이처럼 민족주의 레토릭은 김정일의 언술을 통해 보다 강력한 정치적 힘을 얻게 되었고, 수령의 사망을 계기로 '김일성' 자체가 새로운 역사로서의 신화적 역할을 부여받게 되었다. 물론 '김일성민족 역사'가 김일성 생전에 호명되기에는 한반도문제와 북한 내부의 정치적 부담이 적지 않았을 것이다. 그러나 그의 사망은 오히려 고인이 된 수령의 후광을 최대한 정치적으로 활용할 수 있는 기회로 탈바꿈되었다. 다음과 같이 새로운 민족사의 시작을 재규정하는 계기가 된 것이다.

> "우리 인민이 높은 민족적 존엄과 긍지를 가지고 부강번영하는 내 나라, 내 조국을 건설하여 온 참다운 민족사는 20세기에 인류가 낳은 위인 중의 위인이시며 수령 중의 수령이신 위대한 김일성동지를 민족의 태양으로 높이 모심으로써 비로소 시작되었다(편집국 『근로자』, 1995: 3호)."

사실 '민족'이라는 정치공동체를 위해 전통, 상징, 신화, 기억을 인위적으로 만들어 내려는 시도들은 아프리카나 아시아의 신생국가들에서

24 이처럼 해외 동포들의 입을 빌려 개념을 등장시키는 방식은 외부적인 반발이 우려될 경우 북한이 쓰는 전형적인 방식이라 판단된다. 1970년대 초반 '김일성주의'의 등장과정이 그 대표적인 예다(이종석, 2000: 167-170).

보듯 정치투쟁이나 대규모 주민 동원의 과정에서 흔히 나타나는 현상이었다(Chatterjee, 1993; Brown, 1994). 김정일에 의한 '김일성민족'의 호명을 통해, 수령을 역사화하는 동시에 영웅주의, 희생, 창조성, 재생, 신성함, 숭배, 전통, 지도력과 같은 개념과 결부시키는 민족건설의 상징조작을 진행해 나간 북한의 작업을 보다 보편적인 시각에서 볼 수 있는 접점이라 할 것이다.

이러한 차원에서 어찌 보면 당연하게도 공동체 건설이 발생시키는 정치적 효과의 수혜자는 바로 '현 수령' 즉 후계자 김정일이어야 했다는 점에 주목할 필요가 있다. 예를 들어 다음의 〈표 4-3〉에서 보듯 김일성민족론의 태생기라고 할 수 있는 1997년 6월 김정일의 〈혁명과 건설에서 주체성과 민족성을 고수할 데 대하여〉 발표 이전 『근로자』에 나타난 '김일성민족'에 대한 언급들은 분명한 논리적 일관성을 보여 준다(김정일, 1997/6/19). 그것은 바로 새로운 수령 김정일을 김일성민족의 정체성을 이어가는 유일한 매개자로 규정하고 있다는 점이다.

결국 "조선민족 제일주의정신을 가지고 민족의 높은 존엄과 영예를 떨쳐 나가는 우리 인민의 긍지와 자부심은 곧 위대한 수령님의 존함으로 빛나는 조선민족의 자존심이며 위대한 김정일동지의 백전백승의 령도 따라 나아가는 영광스러운 김일성민족의 자랑과 긍지"라는 주장에서 볼 수 있듯이 수령의 이름으로 조선민족의 자존심, 영예, 긍지라는 복을 누려 온 데 대한 감사의 수사들은 다시 우리민족 제일주의로 연결되고 있었다. 수령을 중심으로 한 '민족'의 강조는 이미 이완된 '계급' 문제를 닫는 한편, 보다 분명해진 '우리'의 범주를 열어 '김일성민족'론을 통해 국가를 결집시키고 인민대중을 동원할 수 있는 이데올로기적 공간을 확보하려는 정치적 의도와 연결되어 있었던 것이다.

『근로자』, 『로동신문』, 『김일성종합대학학보』, 『력사과학』 등의 매체를 통한 담론의 영역에서 북한의 엘리트층을 대상으로 이루어지던 김일성민족론의 생산 및 유통은 이후 일반대중을 대상으로 확대, 재생산되었

〈표 4-3〉『근로자』에 등장한 〈김일성민족〉(1995~1997)

출처	저자	내용
1995. 3호	편집국	우리 인민은 위대한 수령님을 잃은 지난해를 피눈물 속에서 가장 비통하게 보냈으며 어버이 수령님을 민족의 영원한 태양으로 천세만세 높이 모시고 세세년년 살아가려는 끝없는 열망을 안고 우리민족을 수령님의 존함과 결부시켜 〈김일성민족〉으로 소리 높이 자랑하고 있는 것이다. … 김일성민족으로서의 우리민족의 사상과 혈통은 오늘 위대한 령도자 김정일동지에 의하여 그대로 이어지고 있으며 그 위상은 새로운 높이에서 만천하에 과시되어 있다.
1995. 7호	서윤석	지난 1년간은 우리 인민이 민족사에서 일찍이 없었던 최대의 불행을 당하고 피눈물 속에 보낸 나날이었으며 어버이 수령님을 민족의 영원한 태양으로 천세만세 높이 받들어 나가는 김일성민족이라는 것을 보여 준 력사적인 나날이었다. … 어버이 수령님을 잃은 우리민족은 날이 가고 달이 바뀔수록 위대한 김일성동지를 수령으로 모셔 온 민족으로서 지닌 크나큰 영광과 민족적 행운에 대하여 더욱 절감하면서 위대한 수령님을 민족의 태양으로 영원히 높이 받들어 모실 것을 한결같이 념원하고 있다. 바로 그렇기 때문에 북에 있건 남에 있건 해외에 있건 관계 없이 모든 조선사람들이 다 같이 우리민족을 김일성민족이라고 하고 있는 것이다. … 우리 인민은 오직 위대한 수령님의 존함만을 모실 수 있는 영광스러운 김일성민족이다. 우리 인민을 김일성민족이라고 하는 것은 우리민족사에서 일대 경사 … 우리민족을 김일성민족이라고 하는 것은 세상에서 가장 위대하신 경애하는 김일성동지를 수령으로 모시고 복중에서 가장 큰 복인 수령복을 누려 온 우리 인민만이 지닐 수 있는 특전이고 크나큰 영광 … 김일성민족의 존엄과 영예를 빛내여 나가기 위하여서는 위대한 령도자 김정일동지의 령도를 충성으로 받들어 나가야 한다.
1995. 8호	전문섭	경애하는 김정일동지를 조국과 민족의 최고령수로 모시여 온 세계에 빛나는 오늘의 조선이 있고 투철한 신념과 강의한 의지를 지니고 과감히 전진하는 김일성민족이 있으며 우리 조국과 민족의 무궁한 번영과 찬란한 미래가 확고히 약속되여 있다. 우리는 위대한 령도자 김정일동지의 사상과 령도에 끝없이 충실함으로써 주체의 혁명위업을 승리적으로 전진시키며 김일성민족의 존엄과 영예를 만방에 더욱 힘있게 떨쳐야 할 것.
1996. 1호	배경호	우리 인민은 위대한 령도자 김정일동지를 모시여 대를 이어 수령복을 누리는 행복한 인민 … 오늘 우리 인민은 위대한 령도자 김정일동지를 높이 모시고 위대한 김일성주의기치따라 인류의 자주위업을 선두에서 개척해 나가는 영광스러운 김일성민족으로서의 존엄과 영예 … 조선민족 제일주의정신을 가지고 민족의 높은 존엄과 영예를 떨쳐나가는 우리 인민의 긍지와 자부심은 곧 위대한 수령님의 존함으로 빛나는 조선민족의 자존심이며 위대한 김정일동지의 백전백승의 령도따라 나아가는 영광스러운 김일성민족의 자랑과 긍지이다.

다. 북한의 1990년대를 대표하는 예술작품인 '다부작예술영화 〈민족과 운명〉'과 2000년대를 대표하는 예술작품인 '대집단체조와 예술공연 〈아리랑〉'은 그 핵심이었다(이하 〈민족과 운명〉, 〈아리랑〉).

당시의 정치적 과제와 김정일 정권의 의도를 반영하듯 두 작품은 시대적 차이와 내용, 형식의 상이함에도 불구하고 '민족'이라는 주제로 관통되어 있었다(강혜석, 2017c). 먼저 1991년 김정일의 50회 생일을 기념해 10부작으로 기획되었다가 이후 100부작으로 확대된 〈민족과 운명〉은 아래에서 보듯 김정일이 "조선민족 제일주의교양이 원리적으로 깊이있게 진행"되도록 선전사업분야에 지시한 데서 시작된 작품이었다(김정일, 1990/1/1). 이와 같은 의도는 문화예술분야에서 김정일의 가장 큰 업적으로 선전되곤 하는 "종자론"의 언어를 빌려 온 아래의 담화에서 보다 분명히 드러난다.

> "다부작예술영화 〈민족과 운명〉의 제명에도 밝혀 있는 바와 같이 민족과 운명에 관한 문제가 이 작품의 종자입니다. 다시 말하여 예술영화 〈민족과 운명〉의 종자는 민족의 운명이자 곧 개인의 운명이라는 것입니다 … 민족의 자주성이 실현되여야 개별적 사람들의 운명이 개척될 수 있으며 민족의 생명속에 민족의 성원으로서의 개인의 생명이 있습니다. 민족과 개인의 운명은 서로 떼여 놓고 생각할 수 없으며 민족을 떠나서는 개인의 어떤 행복도 보람도 바랄 수 없습니다(김정일, 1992/2/3)."

또한 2000년대를 대표하는 〈아리랑〉은 2001년에 기획되어 2002년에 처음으로 공연되었다. 2002년은 김일성 탄생 90주년, 김정일의 60회 생일, 조선인민군 창건 70주년을 기념하는 해로 북한에서 매우 중요한 해였다. 특히 이 해는 민족을 넘어 민족주의를 복권시킨 김정일의 핵심 노작인 〈민족주의를 올바르게 리해할 데 대하여〉가 발표된 해라는 점에서 특별했다.

북한은 〈아리랑〉을 통해 부흥의 역사를 대내외에 알려 상처받은 자존심을 회복하는 한편 '민족'을 화두로 인민대중으로부터 정치와 지지를 확보하고자 했다(강혜석, 2017c: 166). 김정일은 세 차례나 관람한 후 "조선로동당 중앙위원회와 조선민주주의인민공화국 국방위원회, 최고인민회의 상임 위원회, 공화국정부 이름으로 감사"를 표했다(김정일, 2002/8/15). "민족의 운명문제를 우리 혁명의 력사와 결부하여 새로운 작품"으로 구현한 〈아리랑〉은 민족적 시련과 수난의 역사가 배인 눈물의 상징을 "민족적 긍지와 랑만, 혁명적 기상이 넘치는 〈선군 아리랑〉, 강성부흥 〈아리랑〉"으로 승화한 작품이라는 것이었다.

아리랑의 또 다른 특징은 그 규모에 있었다. 2002년부터 2013년까지 공연된 〈아리랑〉은 10만여 명의 인원이 참여한 대규모 작품이었다. 특히 조선로동당 선전선동부에 의해 직속 관할되는 문화성의 지도하에 제작되었다는 점은 당국의 높은 관심을 잘 보여 준다(강혜석, 2017c: 161). 수송난 속에서도 김정일의 직접 지시로 "아리랑 열차"라는 전용 교통수단을 편성해서 "평양에서 멀리 떨어져 있는 지방의 관람자들"까지 관람하도록 했다는 점 역시 마찬가지였다.[25] "그 어떤 형태의 문화예술작품이나 몇 천만부의 강연제강"보다 위력하며 "바늘구멍만 한 틈도 없는 완전무결한 작품"이라는 김정일의 극찬이 빈말이 아니었음을 보여 주는 방증이라는 것이다. 요컨대 북한은 〈민족과 운명〉과 〈아리랑〉이라는 20여 년에 걸친 대규모 선전선동 프로젝트를 통해 자신들의 민족주의 담론을 말 그대로의 '대공업'적인 방식으로 유통시키려 시도했다.

그렇다면 이와 같은 당국의 시도는 얼마만큼의 호응을 얻었을까? 북한 인민들은 '김일성민족'론을 얼마나 내면화하고 있으며 어떻게 소비하고 있을까? 북한이탈주민 설문과 인터뷰를 통해 확인한 결과, 일단 접촉

25 공연에 소모되는 막대한 비용과 물질적 요건은 '국가적인 대책'을 통해 최상의 수준에서 보장받도록 조치되었다(김성모 외, 2002: 40).

빈도에서 보았을 때 〈민족과 운명〉은 '거의 대부분'의 북한 주민이 관람한 경험이 있는 것으로 나타났으며 〈아리랑〉도 상당수가 관람한 경험이 있는 것으로 나타났다. 또한 더욱 중요한 지점은 상기한 작품을 보고 절반 이상의 이탈주민들이 국가, 당, 수령과 관련한 부분보다는 김일성민족이라는 점에 대해 자부심을 느꼈다고 대답했다는 점이다. 더불어 대부분이 스스로를 김일성민족이라 생각했다고 대답했으며 김일성민족이 남한이 배제된 북한 인민만을 포괄범위로 하고 있다는 점도 정확히 인지하고 있는 것으로 나타났다는 점 역시 주목할 지점이다.

물론 이러한 설문과 인터뷰 결과를 바탕으로 북한에 이미 별도의 민족이 만들어졌다고 단정짓는 것은 섣부르다. 인터뷰 대상자들은 공통적으로 자신들이 조선민족인 '동시에' 김일성민족이며 통일의 당위와 김일성민족으로서의 정체성 역시 충돌하지 않는다고 대답했기 때문이다. 그러나 적어도 논리적으로는 명백히 모순적인 두 개의 민족론과 그것을 통한 상이한 정체성의 영원한 동거가 가능하다거나 결코 충돌하지 않을 것이라는 반대의 논리 역시 위험하다. 오히려 분단의 장기화 속에 통일이 현실보다는 당위와 감정의 차원으로 추상화됨에 따라 그러한 긴장과 충돌이 유예되었다는 분석이 보다 실제에 가까울 가능성이 높다.

5. 마치며: 김정은 시대의 민족론과 한반도의 미래

충돌하는 경계와 지향을 지닌 민족론인 '조선민족론'과 '김일성민족론'이 '동시에' 병행되는 이와 같은 흐름은 김정은 시대에도 지속되어 왔다. 김정은은 남북관계의 부침과 무관하게 2013년부터 부활시킨 신년사를 통해 지속적이고 반복적으로 조선민족론과 통일지향을 분명히해 왔다.[26] 또

26 "조국통일의 주체는 전제 조선민족이며 온 민족이 힘을 합치면 이 세상 못해낼 일이

한 김정일의 사망 이후 공식화된 "김일성민족, 김정일조선"이라는 표현을 통해 김일성민족론 역시 강조해 왔다. 특히 취임 직후 발표된 김정은의 최초 '논문'인 〈위대한 김일성동지는 우리 당과 인민의 영원한 수령이시다〉를 통해 "김일성민족, 김정일조선이 걸어 온 역사가" "최후의 승리를 향하여 계속 걸어 나가야 할 영원한 승리의 길, 조국번영의 길"이라 규정한 것은 이후 많은 문건에서 김일성민족, 김정일조선이라는 개념이 지속, 강조되는 중요한 계기가 되었다(김정은, 2012/4/20).

이와 같은 흐름에 주요한 변화가 나타나기 시작한 것은 2020년을 경유하면서부터였다. 주지하듯 2020년은 하노이 노딜 이후 판문점 3자회동, 스톡홀름 북미 실무회담 등으로 이어진 평화프로세스 재개의 노력들이 모두 실패로 돌아가며 북한이 '정면돌파전'을 선언한 해였다. 또한 좌절의 여파를 최소하기 위한 전국적인 정치사상전이었던 '백두산 대학' 캠페인에 이은 '삐라정국'을 계기로 남북관계가 급속히 악화되며 판문점 공동연락사무소 폭파라는 충격적인 사건이 발생한 해이기도 했다.[27] 국가의 명운을 건 '수령'의 도박이 처절한 실패로 귀결되며 그야말로 '새로운' 전

없습니다(김정은, 2013/1/1)."; "우리는 민족을 중시하고 통일을 바라는 사람이라면 그가 누구든 과거를 불문하고 함께 나아갈 것이며 북남관계를 위해 앞으로도 적극 노력할 것입니다(김정은, 2014/1/1)."; "우리는 남조선당국이 진실로 대화를 통하여 북남관계를 개선하려는 립장이라면 중단된 고위급 접촉도 재개할 수 있고 부문별 회담도 할 수 있다고 봅니다. 그리고 분위기와 환경이 마련되는 데 따라 최고위급회담도 못할 리유가 없습니다(김정은, 2015/1/1)."; "우리는 북남대화와 관계개선을 위해 앞으로도 적극 노력할 것이며 진실로 민족의 화해와 단합, 평화와 통일을 바라는 사람이라면 누구와도 마주앉아 민족문제, 통일문제를 허심탄회하게 론의할 것입니다(김정은, 2016/1/1)."; "동족끼리 서로 싸우지 말고 겨레의 안녕과 나라의 평화를 수호하려는 우리의 립장은 일관합니다(김정은, 2017/1/1)."; "민족적 화해와 통일을 지향해 나가는 분위기를 적극 조성하여야 합니다. 북남관계개선은 당국만이 아니라 누구나가 바라는 초미의 관심사이며 온 민족이 힘을 합쳐 풀어 나가야 할 중대사입니다(김정은, 2018/1/1)."; "나는 민족의 화해와 단합, 평화번영의 새 역사를 써나기 위하여 우리와 마음을 같이한 남녘겨레들과 해외동포들에게 따뜻한 새해인사를 보냅니다(김정은, 2019/1/1)."

27 2020년의 상황에 대한 보다 자세한 설명은 안경모(2023: 177-181)을 참조.

략적 노선의 미래에 대한 고민이 깊어 가던 해당 시점을 거치며 일부 문화영역을 제외하고 '조국통일', '우리민족끼리', '전체 조선민족'과 같은 통합적 민족 담론에 대한 언급이 현저히 줄어들고 조선민족론이 급격히 약화되기 시작한 것이다.

특히 이와 같은 변화는 2021년 1월 조선노동당 제8차 당대회를 통해 더욱 분명해진 '우리국가 제일주의'의 부상과 결합하며 많은 우려를 낳았다. 2018년 남북화해 국면에서 볼 수 있듯이 2017년 10월 등장한 우리국가 제일주의가 그 자체로 필연적인 통일포기론을 내포한 것은 아니었으나 이미 강화되어 온 분리지향의 흐름과 결합했을 때 가질 수 있는 폭발력은 분명했기 때문이다(강혜석, 2019b: 339; 정영철, 2020: 30).[28]

결국 이와 같은 변화가 시작된 지 채 3년이 지나지 않은 2023년 12월, 우려는 현실이 되었다. 김정은은 제8기 제9차 당중앙위원회 전원회의 확대회의 보고를 통해 "동족이라는 수사적 표현 때문에 미국의 식민지졸개에 불과한 괴이한 족속들과 통일문제를 론한다는 것이" 자신들의 "국격과 지위에 어울리지 않"는다며 남북관계가 "더 이상 동족관계, 동질관계가 아닌 적대적 두 국가 관계, 전쟁 중에 있는 두 교전국 관계로 완전히 고착"되었음을 선언했다(김정은, 2023/12/31). 또한 이듬해 1월 15일 최고인민회의 시정연설을 통해 국가 차원의 대외 연설에서 전례가 없었던 표현인 대한민국에 대한 완전한 "점령, 평정, 수복"의 문제를 언급한 데 이어 정치사상, 문화생활영역에서 남북한이 단일민족임을 의미하는 모든 단어들을 삭제할 것을 지시함으로써 해당 조치가 행위에 국한된 일시적 조치가 아닌 언어와 관념을 포함한 장기적 조치임을 분명히 했다(김정은,

28 히라이 히사시에 따르면 북한에서 우리국가 제일주의가 처음 등장한 것은 2017년 10월 17일 로동신문 정론 "신심 드높이 질풍노도처럼 나가자"이며, 이후 2017년 11월 29일 북한에서 신형 대륙간탄도미사일(ICBM) 화성 15호의 시험 성공을 기념하여 로동신문에 "조국 청사에 길이 빛날 민족의 대경사, 위대한 조선인민의 대승리"라는 제하의 사설이 게재된 것을 계기로 본격적으로 사용되었다(히라이, 2023: 116-118).

2024/1/15).

그렇다면 이와 같은 통일지향의 폐기와 동족관계의 부정이 북한의 민족론에는 어떠한 영향을 주고 있을까? 분리지향의 또 다른 민족론인 김일성민족론의 강화로 이어지고 있을까? 결론부터 이야기하면 예상과 달리 1년여가 지난 현재의 시점까지도 이와 같은 조짐은 뚜렷이 보이지 않고 있다. 그 이유는 무엇일까?

관련하여 주목할 지점은 바로 통일지향의 폐기가 선대 수령으로부터의 홀로서기, 다시 말해 '김정은 수령 만들기'와 병행되어 왔다는 점이다. 예를 들어 조선민족론이 급격히 약화되기 시작한 2020년은 김정은에 대한 수령 호칭이 등장과 동시에 지속 증가한 시점과 정확히 일치한다(『연합뉴스』, 2023/8/17).[29] 또한 이른바 통일론의 흔적지우기가 본격화된 2024년 이후 북한은 태양절 명칭 삭제, 김일성, 김정일과 관련한 구호 삭제, 주체연호와 광명성절 명칭 삭제 등 김일성, 김정일의 흔적을 약화시키는 작업 역시 본격화해 왔다(『자유아시아방송』, 2024/5/17).[30] 김일성과 김정일의 업적이 통일이라는 화두를 통해 결합된 최대의 상징이었던 '조국통일3대헌장기념탑'을 통일론의 폐기 직후 전격 철거한 것 역시 바로 이와 같은 차원에서 의미가 남달랐다. 다시 말해 문제는 그것이 김일성민족이든, 김정일조선이든 적어도 현재로서는 조선민족론의 대체재가 김정은의 홀로서기와 충돌한다는 점이었다.

바로 이러한 차원에서 통일론의 약화와 궁극적 폐기의 과정이 안보와 건설 등 모든 분야에서 최근 더욱 강조되고 있는 '우리국가 제일주의' 및 '애국론'과 결합하며 궁극적으로 "김정은조선"론이라는 '국가론'으로 종

29 https://www.yna.co.kr/view/GYH20230817001000044. 이는 사후에야 본격적으로 수령으로 칭해진 김정일의 사례에 비해서도 이례적인 현상이라 할 수 있다.

30 https://www.rfa.org/korean/in_focus/nk_nuclear_talks/idolization-05172024084647.html

합되고 있다는 점에 주목할 필요가 있다.[31] '국가'는 '민족'보다 더욱 명확한 경계를 지닌 실체이자 정권과 일체화가 훨씬 용이하며 바로 이와 같은 차원에서 이데올로기가 퇴조한 사회주의 국가에서 매우 유용한 정치적 기획일 수밖에 없기 때문이다. 또한 국가는 통합의 매개이자 계급적 차이를 넘어 모두를 담는 그릇으로서 인민을 혁명의 '대상'이 아닌 발전의 '주체'로 호명하는 개념이며 정권과 국가가 일체화된 사회주의 당-국가 체제하에서 이러한 국가에 대한 충성의 에너지는 매우 쉽게 정권에 대한 것으로 치환되어 왔다는 점 역시 중요하다(강혜석, 2019b: 317). 다시 말해 국가와 김정은을 일체화함으로써 선대 수령들로부터 홀로 서는 동시에 동원과 충성을 이끌어 내는 것이 현재 북한 정권의 가장 중요한 목표일 것이라는 추정이다.

따라서 김일성민족론의 강화와 대체 모두 정치적 부담이 만만치 않은 현재의 상황에서 북한은 적어도 당분간 새로운 독자적 민족론을 정립하기보다 수령과 국가에 대한 충성을 일체화하고 이를 애국의 이름으로 치환함으로써 새로운 부국강병론, 즉 핵 보유를 전제로 한 '사회주의 전면발전론'을 구체화하는 데 주력할 가능성이 높다. 그리고 비록 쉽지는 않겠으나 이러한 과도기적 고민의 시간이 통일을 전제로 한 조선민족론의 동력을 다시 살릴 거의 마지막 기회가 될 가능성 역시 다분하다. 광복 80주년이 평화롭고 번영하는 하나의 한반도를 향한 출발점이 아니라 분단 고착화의 원년이 되는 비극을 막기 위해 우리의 대응이 보다 과감하고 전격적이어야 할 이유라 하겠다.

31 예를 들어 이른바 '당의 붓대'로 칭송받으며 김일성상과 김정일훈장을 모두 수여 받은 북한의 가장 저명한 언론인 중 한명인 동태관은 거의 매년 정론을 통해 '김정은조선'을 강조해 왔다(동태관, 2019/10/18; 2020/11/18; 2021/12/22; 2022/9/3; 2024/5/4).

제Ⅲ부

남북한의 국가 정체성 형성과 변화

제5장

한국과 조선의 헌법제정과 국가 정체성 연구: 국가 및 헌법 특성의 비교적 · 관계적 해석

/

박명림

1. 들어가며

본고는 대한민국(이하 한국 또는 남한으로 표기)과 조선민주주의인민공화국(이하 조선 또는 북한으로 표기)의 헌법제정 과정에 대한 심층 분석을 통해 좁게는 한국과 조선의 헌법제정의 궤적과 특징을, 넓게는 한국과 조선 국가 형성 및 초기 정체성과 관계의 특성을 분석하려는 목적을 갖는다. 물론 주요 초점은 전자이며, 후자를 규명하더라도 전자로부터 유추하는 방법을 택할 것이다. 필자가 이해하기에 한국과 조선의 초기 헌법제정과 국가 정체성이 함께 규명된 적은 없었다. 특히 헌법 연구를 통해 두 국가의 독립적 · 비교적 · 관계적 특성의 문제가 정체성과 함께 동시에 분석된 적은 없었다.

체제의 특성이나 정체성이 구조와 주체, 자기와 타자의 상호 관계 속에 형성, 재형성되는 구성적 산물이라고 한다면 최근 한국과 조선의 정체성에 대한 관심의 증대는 정체성 변화를 반영하거나, 그러한 변화의 기대가 투영되었다고 할 수 있다. 실제로 냉전 · 동맹 · 분단 · 적대 · 독재 정체성을 공유하던 한국과 조선은 탈냉전 이후 세계 · 한반도 · 내부 차원의 비대칭적 진화와 함께 급격한 변화를 보여 온 바 있다. 이러한 비대칭적 진화를 통해 한국과 조선의 정체성은 최근 민주 대 독재, 부유 대 기아, 개방 대 폐쇄, 다원 대 단원, 자치 대 집중을 포함해 정반대 형상으로 귀결되기에 이르렀다.

그렇다면 한국과 조선의 초기 정초를 추적하여 이후의 진화를 추론할 수는 없을까? 이 문제는 지금까지 그들 각각의 내면적 진술과 인식을 통해 규명되고 해석된 적이 없었다. 왜냐하면 두 국가 정체성 형성의 핵심 준거인 헌법제정을 둘러싼 자료 접근과 이의 해명이 부재했기 때문이다. 요컨대 한국과 조선의 복합적인 정체성의 형성은 헌법에 대한 이해 없이는, 그리고 헌법을 통해 그들이 자신과 상대를 — 한국은 조선을, 조선은 한국을 — 어떻게 규정하고 있는지를 정밀하게 재구성하지 않고는 해명 불가능하다.

주어진 영토에서 폭력의 합법적 독점체로서 국가가 형성되는 데 가장 중요한 것은 제도의 구축이라고 할 수 있다. 그중에서도 국가의 최초 정체성을 구현하는 요소는 헌법이라고 할 수 있다. 국가 구성의 최종 단계는 헌법제정에 의해 완성되기 때문이다. 정통성을 다투는 두 분단국가의 건설은 결국 두 제도, 특히 궁극적으로 두 헌법의 제정 과정이라고 할 수 있다. 왜냐하면 헌법은 국가의 정신, 기원, 성격, 과제, 미래 전망을 포함해 리더십의 사태 인식과 국가 정책 방향의 모든 것이 응축된 축도이기 때문이다.

최근 몇몇 주목할 만한 연구들은 일차 자료의 공개에 바탕해 비로소 남한과 북한 헌법의 제정 과정에 천착하기 시작했다(윤경섭, 1996; 김수용, 2007; 신용옥, 2007; 서희경, 2007b; 이승현 · 김명섭, 2007; 박명림, 2008; 김성호 · 최명호, 2008). 이를 통해 자료, 내용, 해석에서 상당한 깊이에 도달한 것이 사실이다. 그러나 아직 한국과 조선 헌법의 과정, 내용, 의미 측면에서 핵심 범주에 대한 본격적인 비교적 · 관계적 분석은 진행되고 있지 않은 실정이다.

이에 본고는 적지 않은 미공개 일차 자료에 근거해 한국과 조선 헌법이 갖는 특성을 심층 분석하고자 한다. 특히 그동안 두 국가의 헌법 각각과 관련된 자료의 결락이나 불균등성 때문에 규명되지 못하던 점을, 가능한 모든 관련 일차 자료의 입수에 힘입어 균형적인 심도를 갖고 연구를 진행하게 되었다. 여기에는 두 국가의 헌법제정 과정에서 핵심 문건이었음에도 불구하고 활용되지 않다가 본고에서 처음으로 분석되는 몇몇 자료들도 존재한다.

방법론적으로는 중심적인 개념범주를 요체로 초기 남북 헌법에 대한 비교적·관계적 연구를 시도하고자 한다. 따라서 본고는 건국 시점의 한국과 조선 헌법을 평면적으로 비교하는 것이 아니라 국가와 헌법 연구에서 상호 의미 연관이 있는 동일 개념 준거를 설정하여 남과 북에 함께 적용하여 규명하려는 것이다. 이 때 비교적 범주와 관계적 범주는 각각 다른 의미를 가진다. 비교적 접근은 두 헌법의 특정 측면이나 요소를 서로 '독립적으로' 비교하는 것을 의미하며, 관계적 접근은 두 헌법이 상호 어떤 관계와 영향을 주고받았는지를 '연결하여' 규명하는 것을 말한다.

비교적 접근을 통한 동질성과 차별성의 규명은 물론 관계적 분석을 통한 영향의 상호 침투성의 해명을 통해 궁극적으로는 '사회주의/공산주의/독재 대 자본주의/민주주의/민주 헌법 및 정체성'이라는 단순한 이분법을 넘어, 한국과 조선을 규정하고 있는 초기 정체성 및 특징의 거의 모든 것이 심층 해명될 수 있지 않을까 생각한다. 이를 통해 한국과 조선의 헌법 및 국가 정체성에 걸친 몇몇 이론적 문제에 대한 해석도 포함하려 한다. 그러나 두 국가를 동일한 비중으로 다루지는 않고, 그동안 자료와 사실의 면에서 더 깊이 은폐되어 있던 조선을 좀 더 상세하게 규명하고자 한다.

2. 관계성: 상호성, 대면성, 대쌍성(對雙性)

한국과 조선의 헌법 제정과 형성 과정에서 가장 두드러진 특성은 이른바 대쌍성이라고 부를 수 있는 상호성, 대면성, 쌍방 영향성이라고 할 수 있다. 한 나라의 헌법이 원칙, 정신, 제정 과정, 지향가치에서 다른 한 나라의 헌법과 불가분의 관계에 놓인다는 것은 단번에 이해하기 어려운 것이 사실이다. 왜냐하면 헌법제정이야말로 독립적 국가건설의 최종 단계로서 주권적인 국민 및 국가 정체성의 형성 과정이기 때문이다. 그러나 한국과 조선 두 국가의 국가 형성과 국가 정체성의 등장은 물론 헌법의 정신, 제정과정, 내용, 편제까지도 서로 밀접히 맞물려 있었다. 다른 나라 헌법제정과 등장에서는 보기 어려운 이 독특한, 예외적인 특성을 어떻게 이해할 것인가?

우선, 제정 과정을 살펴볼 때 두 국가의 지배 체제 형성 과정은 놀라울 정도로 상대의 움직임, 정책, 구상, 사회변동, 정치상황, 준비에 대한 대면적(對面的) 대응 양상을 보여 주었다. 세 가지 분석지표, 즉 ① 표면적 흐름과 현상은 물론, ② 상호 인식, 그리고 ③ 내부 비밀 대화와 준비를 살펴볼 때 이 점은 가장 중요한 특징 중 하나였다. 특히 내부 자료들이 보여주는 마지막 차원은 헌법 형성을 포함한 두 정체의 초기 형성과 정체성 창출, 유지, 고착, 변화의 가장 중요한 측면으로 부상된다. 국가 형성 시기 둘은 마치 마주보며 대응과 역대응이 맞물린 모습을 보여 주었던 것이다.

체제 구상으로서의 헌법제정을 위한 본격적인 출발은 국제적 요인이었다. 즉 남북 모두 처음에는 1945년 12월 모스크바 3상회의 결정에 따른 미소공동위원회(미소공위) 준비, 답신 제출, 대비 차원에서 '임시정부' 수립을 위한 미래 체제를 구상했다. 한국과 조선 모두 미소공위에 참여하기 위한 대비가 체제건설로서의 헌법구상의 본격적인 최초 출발이었던 것이다.[1] 남한과 북한의, 국가 형성의 결정적 단계인 헌법 구상의 출발점이 동일한 국제요인이었음을 알 수 있다. 즉 두 국가 모두 1948년 들어 갑자기 진행된 제도 준비의 산물이 아니라 1946년 초부터의 사태 전개와 이에 대한 대비의 결과가 헌법체제의 등장 과정이었던 것이다. 이는 헌법 준비가 분단지향과 통일 준비의 양면성을 띠고 있었음을 의미한다.

한국문제[2] 해결을 위한 미소합의는 거꾸로 모스크바 협정 찬성 세력과 반대 세력에게 각각의 임시정부 수립 준비를 촉진함으로써 분단국가 형성 과정으로 활용되었다. '국제 합의'와 '내부 분열'이라는 특이한 조합이 형성된 것이었다. 특히 미소공위의 요구에 대한 대응 중에서도 북한은 김일성이 발표한 1946년 3월 23일의 이른바 〈20개조 정강〉과 1947년 6월 14일 민주주의민족전선(민전) 열성자 대회에서의 〈임시정부 수립에 관하여 각 정당들과 사회단체들은 무엇을 요구할 것인가〉라는 연설에서 제기한 원칙이 헌법제정의 근간임을 누누이 강조했다.[3] 이는 무엇보다 해

---

1 이에 대해서는 윤경섭(1996), 김수용(2007), 서희경(2007a; 2007b) 및 남광규(2007) 참조.

2 이 때 말하는 한국문제(the Korean Question. the Korean Problem)는 대한민국 문제라는 뜻이 아니라 전체 한반도문제, 즉 한반도(한국)에서 분단과 통일의 문제, 또는 내부적·외부적 국제관계 차원의 사태나 문제를 말한다. 필자가 당시의 상황에 대해 한반도문제라는 표현을 사용하는 데 주저하는 이유는, 한반도라는 영토적·물리적·지리적 차원의 인식과 언술을 벗어나기 위함이다. 주권과 국가 문제를 포함한 특정 정체의 국내·국제관계는 단지 영토와 지리 범주로만 접근해서는 안 되기 때문이다. 이 문제는 다른 나라들의 여러 사례를 고려하면 분명해진다. 그러나 한국과 조선의 경우, 이 문제가 비롯된 가장 근본적인 이유는, 단순한 영토성을 넘어 모국어로조차 국명을 달리 쓰는 지구상의 유일한 사례가 한국과 조선이기 때문에 발생한 문제라는 점만은 언급해 두고자 한다. 한국문제/조선문제 대신 한반도문제/조선반도문제라는 표현을 사용하는 것은, 한국문제와 조선문제 둘 모두를 포괄하려는 민족문제로서의 인식을 함의한다. 이 문제는 다른 기회에 상론했으므로 본고에서는 생략하려 한다.

3 김두봉, "朝鮮時憲法準備에 關한 報告- 第三次 北朝鮮人民會議 席上에서", National Archives(NA), Record Group(RG)242, Shipping Advice(SA) 2006, Box 15, Item 39(이하 NA, RG 242, 2006 15/39로 표기). 김두봉, 『朝鮮時憲法準備에 關한 報告』(평양특별시 인민위원회 선전부, 1947). 김일성의 연설 원문은 김일성, "朝鮮時政府樹立 앞두고 二十個 政綱 發表", NA, RG 242, 2005 2/41『김일성장군 중요논문집-민주조선 자주 독립의 길』(북조선로동당 중앙본부 선전선동부, 1947), pp. 1-4; NA, RG 242, 2005 2/66-1, 김일성, 『民主主義 時政府 樹立에 關하여 각政黨들과 社會團體들

방 이후 북한에서 진행된 사회변혁의 연장이자 최종적 제도화로서의 헌법제정을 강조하기 위해서였다. 다른 말로 하면, 1946년 3월부터 이미 헌법제정과 분단국가 형성을 본격 추진했던 것이다.

미소공위 대비가 분단지향과 통일 준비의 양면대응의 의미를 지녔다면, 유엔 이관에 따른 헌법준비는 철저하게 전자, 즉 분할국가수립을 위한 절차로의 본격적인 전환을 의미했다. 1947년 9월 7일 한국문제가 유엔으로 이관되고 11월 14일 유엔총회에서 유엔감시하 총선거 실시가 결정되자, 소련군정과 북한은 곧바로 11월 18~19일 북조선인민회의 제3차 회의에서 헌법 제정논의를 처음으로 공식화했다.[4] 북한헌법제정의 공식 출발이었다. 19일 '조선임시헌법 초안제정위원회'의 공식 출범은 헌법제정을 위한 명백한 걸음이었다. 총 31명의 제정위원에는 헌법전문가를 포함한 다양한 부문과 지역의 대표들은 물론 김일성, 김두봉, 최용건, 강량욱을 포함한 권력핵심층도 들어 있었다.[5]

조선의 헌법제정 과정은, ① 모스크바 3상회의라는 국제적 조치에 대한 대응, ② 해방 이후 진행된 조선 내부 사회개혁의 제도화·헌법화 움직임을 포함하는 한편, ③ 한국의 헌법적 과도 조치, 체제건설 준비에 대한 대응에서 발원했다. 한쪽의 임시, 또는 과도 조치가 상대로부터 음모 또는 최후 조치로 인식되면서 두 국가의 정체성은 상호 경화(crystallization) 과정을 겪으며 형성, 강화, 고정을 향해 달려 나갔다. 김두봉은 헌법제정이 한국과의 투쟁을 위한 수단이라는 점을 명백히 했다. "조선인민은 자유스러운 통일적 자주 독립국가를 수립하기 위하여 적극적이며 전민

은 무엇을 要求할 것인가』(북조선인민위원회 선전부, 1947)를 참조.

4 NA, RG 242, 2006 15/39, 김두봉, "朝鮮時憲法準備에 關한 報告".

5 그동안 북한의 헌법제정에 관한 초안 작성기구와 관련해 기존 연구들은 통칭 '조선임시헌법제정위원회'라고 불러 왔다. 그러나 자료에 따르면 처음 구성 당시 명칭은 '조선임시헌법초안제정위원회'였음을 알 수 있다. NA, RG 242, 2006 15/39. 김두봉, "朝鮮時憲法準備에 關한 報告", pp. 40-41.

족적 대책을 강구하여야 하겠습니다. 반동파와 가장 성과있게 강력히 투쟁할 수단으로 앞으로 전조선을 통하여 실시될 조선인민헌법의 모체로 되게 될 조선임시헌법을 제정하여야 하겠습니다."[6] 한국은 반동파로 규정되었고, 헌법은 그들과 가장 강력히 투쟁할 수 있는 수단이었다.

그러면서 김두봉은 조선임시헌법이 필요한 이유를 세 가지로 들었다. 첫째는 "북조선에서 실시한 諸 민주개혁들을 법적으로 공고화할 필요가 있기 때문", 둘째는 "남북조선 인민대중들에게 그들이 쟁취하여야 할 헌법은 어떠한 헌법인가 하는 것을 보여 줄 필요가 있기 때문", 그리고 셋째는 "우리 국가조직을 촉진시키며 자주독립을 수립하는 데 필요한 까닭"[7]이었다. 여기에서 보듯 북한 공산주의자들은 자신들의 헌법제정을, 북한 지역 민주개혁의 제도화와 헌법화를 넘어 남한인민에 대한, 그럼으로써 전 한반도에 걸친 통일 체제 지표의 목적까지 갖고 있었음을 분명하게 알 수 있다.

북한은 1947년 4월 남한의 남조선 과도입법의원 임시헌법·임시선거법 기초위원회가 기초한 헌법안(조선민주임시헌법)과 8월의 조선임시약헌(조선민주임시약헌)을 인지하고, 이를 강력히 비판하면서 자신들의 헌법 준비 절차를 진행했다. 김두봉은 "남조선 임시헌법은 반인민적 헌법이며, 반민주주의적 헌법"이라고 공격하며 근본원칙, 기본권, 권력구조, 사회경제 조항에 대해 조목조목 비판하고는 "시종일관하게 반동적이며 반인민적"이라고 규정짓는다.[8] 북한은 아예 자신들이 입수한 남한의 헌법 준비 초안에 대해 개별 조문을 상세히 분석해 가며 자신들과 대비해 반민주성과 반인민성을 공격했다.[9] 그리고 마치 남한의 체제 준비를 인지하고 대

6 NA, RG 242, 2006 15/39, 김두봉, "朝鮮時憲法準備에 關한 報告", p. 28.

7 NA, RG 242, 2006 15/39, 김두봉, "朝鮮時憲法準備에 關한 報告", pp. 28-29.

8 NA, RG 242, 2006 15/39, 김두봉, "朝鮮時憲法準備에 關한 報告", pp. 36-37.

9 NA, RG 242, 2009 1/156, 『조선민주주의인민공화국 임시헌법 초안에 관하여』(북조선 민주주의 민족통일전선 중앙위원회, 1948), pp. 32-41.

비하며 진행하듯 국가건설과 헌법제정 절차를 이행했다. 상대에 대한 이러한 인식은 남한 역시 마찬가지였다. 그러나 상대방에 대한 대응의 강도 및 상대로부터의 영향의 크기는 북한 쪽이 훨씬 더 컸고 체계적이며 앞서 나갔다.[10] 식민시대 대한민국 임시정부 헌법을 상당 부분 계승한 남한과 달리 북한에서 헌법은 해방 후의 사회변혁을 반영한 거의 완전히 새로운 제정이었기 때문이었다.

그러나 한국에 비해 훨씬 앞서 헌법 준비를 마쳤음에도, 조선은 헌법제정 및 공포의 최종 단계에서 "헌법시행을 당분간 보류한다.", "헌법에 의한 선거는 남조선보다 늦게 실시한다."라며 공식적인 정부수립일정을 가능한 한 늦춰 분단 선도로 인한 비난을 받지 않으려 최대한 노력했다.[11] 이는 조선이 명백히 남한을 의식하여 남한이 헌법제정과 정부수립을 앞서가게 함으로써 자신들이 분단정부, 단독정부라는 비판을 받지 않기 위해서였다. 최후의 국가구성 단계라고 할 수 있는 제헌의회 선거조차 철저하게 상대방을 의식한 선거였다. 남한은 북한 의석을 배당하되 비워 놓은 채로 선거를 진행하여 훗날 채워 넣으면 된다고 여겼고, 북한은 아예 인구비례에 따라 남한에 더 많은 의석을 배분했을 뿐만 아니라 남한에서 실제로 지하선거를 진행하여 남한에 대해 전국성과 정당성의 우위를 현시하려 했다.

그런데 흥미롭게도 "완벽히 동일하게" 총 10장 102조에 달하는 남한과 북한 두 헌법의 완성된 최초 초안들 — 1948년 6월 23일 국회 제1독회에 보고된 「대한민국 헌법안」[12] 및 1948년 2월 7일 북조선인민회의에 제출된 「조선민주주의인민공화국 임시헌법 초안」[13] — 은 정밀하게 비교

10 비교적 잘 알려진 남한의 헌법제정과정에 대해서는 생략한다. 이에 대해서는 김수용(2007) 및 서희경(2007b)을 참조.

11 『레베데프 비망록』, 1948/1/14.

12 「대한민국헌법안」 원문은 국회도서관(1968: 87-99)을 참고.

13 「임시헌법초안」과 「헌법」 사이의 문건으로서 그동안 거의 공개된 적이 없었던 이 최

했을 때 마치 하나의 헌법체제를 내용만 달리하여 두 버전으로 나누어 놓은 것처럼 편제와 배치, 순서가 유사했다. 둘은 기실 너무 비슷했다.[14] 둘 다 상대의 헌법 초안을 보고 자기 초안의 편제, 배치, 내용을 고안한 것처럼 보였다. 외면적으로만 비교했을 때는 둘 중의 하나는 다른 하나를 갖다 놓고 내용물을 바꿔 넣은 것 같은 인상을 받았다. 당시 토론과 비판에 관한 자료와 보도들을 종합해 볼 때, 둘 다 상대방의 헌법 초안을 입수하여 자기 헌법제정 시 서로 깊숙이 참고했음은 의심의 여지가 없었다.

북한의 헌법제정 움직임과 초안 내용들 역시 미군정보기관은 물론 남한 좌파 언론을 통해 남한 체제 준비세력들에게 상세히 전달되었다. 유진오 스스로 자신이 참고 문헌에 「조선민주주의인민공화국 헌법안」을 언급하여 북한 헌법초안을 참조했음을 직접 명기했다(유진오, 1953: 26). 실제로 그의 헌법제정 당시 참고 문헌 기증 더미에는 영문판 조선민주주의인민공화국 임시 헌법 초안(Draft Provisional Constitution of the Democratic People's Republic of Korea)이 들어 있었다. 문건에 따르면 이는 1948년 2월 7일 제정되어 2월 10일 평양에서 라디오 방송을 통해 보도된 것을 미군 제24군단 G-2가 번역하여 유엔 임시 한국위원단에 넘겨준 것이었다.[15] 미군 정보기관에 따르더라도 그들은 조선의 헌법초안을 입수하여 영어로 번역해 놓을 정도로 관심을 쏟고 있었다.[16]

종 초안의 원문은 NA RG 242, 2009 1/129, 「조선민주주의 인민공화국 헌법초안」(북조선인민회의 상임위원회, 1948/5/10)을 참조. 표지에 "1948년 4월 28일 조선임시헌법제정위원회에서 제출하여 동년 4월 29일 북조선인민회의 특별회의에서 채택된 것임"이라는 설명이 붙어 있다.

14 두 헌법 조안 편제의 상세한 비교에 대해서는 서희경(2007b)을 참조.

15 United Nations Temporary Commission on Korea, 「Draft Provisional Constitution of the Democratic People's Republic of Korea - Decision of the Fourth Plenary Session of the North Korea People's Council」, 고려대학교 박물관 소장.

16 NA, RG 59, Entry No. Lot 58D245, "General Records of the Department of State, Records of the Division of Research for Far East, Information Notes, 1946-1952," Box. 6, "Constitution of the Democratic People's Republic of Korea".

상대에 대한 이해와 규정 역시 지극히 상호적이었다. 두 국가의 헌법 제정의 근간을 이루는 자기와 상대 인식은, 후술하듯 각각 중앙 대 괴뢰, 전한반도성 대 수복대상에서 한 치도 벗어나지 않았다. 그리고 이러한 인식은 둘 다 완벽하게 동일했고, 이는 헌법제정 과정과 정신, 조문의 근간을 이루었다. 헌법의 제정 자체가 이를 확고히 하고, 반영하기 위한 최종 의식이라고 해도 과언이 아니었다. 수도와 영토 규정을 보면 이들이 얼마나 밀접하게 상대의 움직임과 헌법 내용을 의식하면서 자기 헌법을 제정했는지 알 수 있다. 국호 역시 마찬가지였다. 대한민국의 '대한'과 '민국'에 맞서 조선민주주의인민공화국은 '조선'과 '민주주의'와 '인민공화국'의 조합으로 맞섰다. 민국에 맞서 인민공화국을, 게다가 민주주의를 넣고, 대한 대신 조선을 택했다. 조선'사회주의' 인민공화국이 아니라 '민주주의' 인민공화국인 것은, '소비에트 체제'보다는 아직 하위 단계인 '인민민주주의' 단계라는 의식에 더해 '반민주적'이라고 낙인찍은 한국과의 '민주주의' 경쟁을 의식한 것임이 틀림없었다. 이는 한국이 국가와 헌법의 모태로 삼은 대한민국 임시정부는 물론 한국에서의 해방 후 사태전개에 대한 철저한 부정적 규정이 작용했음은 물론이다. 최초 헌법제정의 필요성을 보고할 때부터 시작해 초기 헌법 논의를 위한 양대 지침이었던 김일성과 김두봉의 언명에서 거의 모든 정신, 원칙을 논의할 때 비판의 제일 비교준거는 대한민국 임시정부와 대한민국이었다.

3. 국가성: 중앙성, 독점성, 유일성

대한민국과 조선민주주의인민공화국은 헌법의 제정을 통해 비로소 하나의 국민국가로 등장하게 되었다. 그리고 둘은 이를 자기 자신에게, 그리고 상대와 세계에 확인하고 확인받기 위한 다양한 정치적·이념적·헌법적 장치를 취했다. 그런데 흥미롭게도 자신의 단독적인, 즉 배타적인 중앙성 주장과 확인으로 충분한 국가 수립에 대해 둘은 다른 하나의 추가적인 헌법적 조치를 더 취했다. 이는 단순한 헌법조문을 넘어 두 국가의 헌법정신, 헌법원칙, 그리고 국가의 존재 이유, 상대 인식과 규정, 정체성의 핵심 부면을 관통하는 가치이자 이상이요 기축 원리였다. 그 중심은 영토와 수도에 대한 규정이었다.

수도와 영토 규정은 가장 극적으로 중앙성, 유일성, 독점성, 배타성을 상징했다. 한국은 건국 헌법 제4조에서 "대한민국의 영토는 한반도와 그 부속도서로 한다."라고 규정하여 조선의 존재 자체를 인정하지 않았다(유진오, 1949: 22). 이는 현행 헌법에서도 제3조에서 동일하게 규정하고 있어 지금까지도 불변의 조항이다. 1948년 5월에 작성하여 사법부에 제출한 유진오의 「헌법초안」 제4조는 "조선민주공화국의 영토는 조선반도와 울릉도, 제주도 기타의 부속도서로 한다."라고 언명, 영토조항이 들어가 있음과 동시에 국호가 조선으로 되어 있음이 주목할 만하다.[17] 국회 헌법기초위원회에서 내각책임제 내용으로 논의하던 최종 초안 역시 제4조에서 "대한민국의 영토는 한반도와 그 부속도서로 한다."라고 하여 전 한반도에 걸친 영토성을 확고하게 천명했다.[18]

처음 몇몇 초안에서는 영토조항이 더욱 강경하여 아예 한반도 내의 도(道) 이름을 전부 명기했다. 예컨대 북한이 입수하여 비판한, 민주의원이 작성한 「대한민국 임시헌법」은 제4조에서 "대한민국의 강토는 경기도, 충청북도, 충청남도, 전라북도, 전라남도, 경상북도, 경상남도, 황해도, 평안남도, 평안북도, 강원도, 함경남도, 함경북도의 13도로 함"이라고 명기, 북한 지역에 포함된 도들도 전부 남한의 영토임을 일일이 열거했

17 「헌법초안」, 고려대학교 박물관 소장.

18 「국회 헌법기초위원회 초안」, 고려대학교 박물관 소장. 당시 사용된 여러 단계의 초안 중의 하나로서 조헌영 의원이 사용하던 초안을 유진오가 조헌영 의원의 아들 조지훈으로부터 넘겨받은 것이다.

다.[19] 권승렬이 작성한 초안 역시 제4조에서 북한의 모든 도를 대한민국의 영토로 명기했다. "대한민국의 영토는 경기도, 충청북도, 충청남도, 전라북도, 전라남도, 경상북도, 경상남도, 황해도, 평안남도, 평안북도, 강원도, 함경남도, 함경북도이다."[20]

한국이 헌법전문에서 3.1운동과 대한민국 임시정부를 국가 연원으로 설정한 것도 이러한 유일 중앙성, 유일 정부성을 상정한 것이었다. 영토조항 역시 임정을 계승하는 역사성과 직결된 것이었다. 이 영토조항의 기원은 일제강점기까지 거슬러 올라가는 바 1919년 대한민국 임시 헌법은 제3조에서 이미 "대한민국의 강토는 구한제국의 판도로 함"으로 규정하고 있었다(정종섭 편, 2002: 57). 즉 영토조항 삽입은 결코 우연히 들어간 것이 아니라 역사적 정통성의 언명을 포함해 한국의 전 한반도 지배성을 확고히 하기 위해 넣은 것이었다.

유진오는 이 점을 분명하게 언명했다. 그에 따르면 "대한민국 헌법은 결코 남한에만 시행되는 것이 아니고 우리나라 고유의 영토 전체에 시행되는 것이라는 것을 명시하기 위하야 특히 본조를 설치한 것"이었다(유진오, 1949: 22-23; 1953: 49-51). '결코', '특히'와 같은 강조어를 사용할 만큼 이 문제는 의식적인 삽입이었던 것이다. 그는 대한민국의 영토를 "영토, 영해, 영공을 포함하는" "대한민국의 영토주권의 객체가 되는 지역"이라고 정의한다(유진오, 1953: 49-51). 국회의 「헌법안 제1독회」에서 "새삼스럽게 우리가 영토를 무엇이라고 표시할 필요가 없다."라는 지적에 대해서도 유진오는 "이 헌법에 적용된 범위가 38선 이남뿐만 아니라 우리 조선 고유의 영토 전체를 영토로 삼아 가지고 성립되는 국가의 형태를 표시한 것"이라고 답변했다(국회도서관, 1968: 134).

---

19 「대한민국 임시헌법」, 고려대학교 박물관 소장. 이 헌법안은 북한에 입수되어 상세히 분석되고, 비판되었다.

20 「헌법초안 법전 편찬위원회 헌법기초분과위원회 안」, 고려대학교 박물관 소장.

물론 유진오는 조선의 헌법안을 직접 참고했다. 그가 직접 참고한 문건을 포함해 한국과 미군에 입수된 조선임시헌법 초안과 조선헌법 초안 영문판은 각각 제101조에서 서울을 명백하게 자신들의 수도로 명기하고 있었다: "Seoul shall be the capital of the Democratic People's Republic of Korea. However pending the formation of a united government, Pyongyang shall be the capital."(「임시헌법 초안」 제101조)[21] "Seoul shall be the capital of the Democratic People's Republic of Korea."(「헌법초안」 제101조)[22] 둘 사이에는 평양을 임시수도로 넣느냐 빼느냐에서 결정적인 차이를 보여 주었다. 물론 한국의 헌법 제정자들은 조선이 서울을 그들의 수도로 삼고 있다는 점이 무엇을 의미하는지 명백하게 인지하고 있었다.

한국이 전 한반도를 자신들의 영토로 명기한 것은 조선으로서는 기겁할 일이었다. 그럼에도 불구하고 조선으로서 같은 영토조항을 두지는 않았다. 그러나 그들은 결코 소극적이지 않았다. 조선은 최초 초안부터 영토조항에 맞선 수도조항을 들고나와, 수도 — 당시 조선 헌법용어로는 수부(首府) — 를 서울이라고 명확하게 적시하여 아예 한국정부의 존재 자체를 인정하지 않았다: "조선민주주의인민공화국의 수부는 서울시다."(조선민주주의인민공화국 헌법 제103조)[23] 물론, 조선은 분단의 잠정성을 인식하여 최초 헌법안을 '임시 헌법'이라고 명기하는 일방 수도 규정 역시 최초 헌법 초안에는 "통일정부가 수립될 때까지는 평양시를 임시 수부"로 설정하고 있었다.[24] 서울의 한반도 중앙성을 인정하는 동시에 서울을 수도

---

21 United Nations Temporary Commission on Korea, 「Draft Provisional Constitution of the Democratic People's Republic of Korea - Decision of the Fourth Plenary Session of the North Korea People's Council」, 고려대학교 박물관 소장.

22 "Constitution of the Democratic People's Republic of Korea," National Archives, RG59, Entry No. Lot 58D245, "General Records of the Department of State, Records of the Division of Research for Far East, Information Notes, 1946-1952," Box. 6.

23 NA, RG 242, 2009 8/193-1, 조선최고인민회의상임위원회, 『조선민주주의인민공화국 헌법』(평양; 조선최고인민회의상임위원회출판과, 1948/11/10), p. 27.

로 규정하여 자신들의 중앙성과 독점성을 주장한 것이었다.

북한은 남한보다 한 걸음 더 나아갔다. 정부 수립 및 헌법제정 과정에서 더욱 두드러진 것은, 남한은 정부 수립 및 헌법제정 과정에서 북한의 국회의석, 즉 북측 국민대표를 비워 두었으나, 북한은 남한에서의 광범위한 지하선거를 통하여, 그리고 과장·조작되었음이 분명한, 남한 국민의 압도적 숫자가 참여했다는 남한 선거 결과를 반영하여 남한대표를 자신들의 대표 구성·정부 수립·인민회의 및 헌법제정에 참여시켰다는 점이었다. 북한에 따르면 남한 총유권자 8,681,746명 중 6,732,407명, 즉 77.52%가 참여했다. 이렇게 하여 1,080명의 대표가 선출되고 이들은 다시 해주에서 360명의 최고인민회의 대의원을 선출했다(조선중앙통신사, 1949: 43-44). 반면 북한 출신 대의원은 212명이었다. 인구 5만 명당 1인씩을 선출했기 때문에 남한의 대표 숫자가 훨씬 더 많았던 것이다. 자신들의 전인민대표성, 중앙성, 유일 정통성 및 남한의 괴뢰성과 반인민성, 허구성을 강조하려는 조치였다.

이 점과 관련해 김일성은 그동안 잘 알려지지 않은 한 연설에서 자신들의 헌법과 관련하여, "조선민주주의인민공화국 헌법은 북조선의 정치생활에서의 전변과 북조선에서 실시된 민주개혁을 법적으로 확보시키며 또한 이러한 질서를 수립하려고 지망하는 남조선 인민들의 근본 리익을 반영하여 줍니다. 이것이 우리 헌법의 특성으로 됩니다."라고 언명, 남북 모두에 걸친 속성을 특별히 강조했다.[25] 남한에의 실시 욕망을 분명하게 드러낸 것이었다. 북한의 가장 권위 있는 공식 헌법해설서는 이 점과 관련해 자신들의 헌법을 "조국의 통일과 독립과 민주화를 위하여 투쟁하는

---

24 NA RG 242, 2009 1/156, 북조선 민주주의 민족통일전선 중앙위원회, 『조선민주주의인민공화국 림시헌법 초안에 관하여』(평양; 북조선 민주주의 민족통일전선 중앙위원회, 1948/2/5), p. 87.

25 NA, RG 242, 2008, 10/40-3, 김일성, 『북조선 인민회의 특별회의에서 찬동한 조선민주주의인민공화국 헌법 실시에 관하여』(1948/7), p. 44.

'남북조선인민들'의 참가 밑에 그들의 열광적인 찬동 지지를 받고 제정된 조선민주주의인민공화국 헌법", "조선민주주의인민공화국 헌법이 조선을 민주주의 인민공화국으로 선포한다는 것을 규정한 것은 '전체 조선인민'의 의사를 그대로 반영한 것"이라고 천명했다.[26] 여기서 말하는 전체 조선은 당연히 전 한반도를 말했다.

국가성과 중앙성의 가장 근본적인 의미는 한국과 조선이, 결여 요소가 없는 근대 국민국가였다는 점이다. 그리고 지금까지 두 국가는 제2차 세계대전 이후 등장한 분단 사례 중에서 가장 오래 가장 안정적으로 비교적 대등하게 국제적으로 인정된 국가를 유지해 오고 있다. 이것은 이들이 실질적으로나 법률적으로 중앙성(centrality)과 국가성(stateness/statehood)과 주권성(sovereignty)을 보지하고 있었다는 점을 의미한다. 즉 한국과 조선은 영토, 국민, 주권을 기초로 폭력의 합법적 독점을 실현하는 근대국가의 기본 속성에서 결여되어 있지 않았다는 점이다.[27]

다른 국가의 경우 주어진 영토 내에서의 중앙성은 곧바로 국가성 및 주권의 독점성·배타성으로 연결되는 데 아무런 문제가 없었다. 그러나 한국과 조선의 경우는 전혀 달랐다. 결국 이들이 보지하고 있는 중앙성은, 그들 스스로 인식하기에 훗날 언젠가는 이루게 될 통일국가 수립의 단계까지라는 점이다. 한국과 조선은 모두 이 점을 헌법적으로 전제하고 추구했다. 그 점에서 이들의 중앙성, 배타성, 국가성은, 표면과 실제 양면에서의 완결성에도 불구하고, 심리적·헌법적 차원에서는 언젠가의 소멸이나 통합을 전제로 한 임시성과 잠정성을 내장하고 있는 것이었다. 헌법

---

26 NA, RG 242, 2008 8/68, 김택영, 「조선민주주의 인민공화국 헌법의 근본원칙」(평양: 민주조선사, 1948), p. 33, 39.

27 근대국가의 기본 속성에 대해서는 J. P. Nettl, "The State as a Conceptual Variable," John Hall ed., The State: Critical Concepts Vol. I(Routledge, 1994); Charles Tilly, "Reflections on the History of European State-Making," Charles Tilly ed., The Formation of National States in Western Europe(Princeton Univ. Press, 1975)을 참조.

및 국가 차원의 사실적 · 실제적 완결성과 민족 차원의 심리적 · 정조적(情調的) 잠정성의 결합이 이들 정체성의 중요한 모순적 이중성인 것이다. 양쪽의 리더십 모두 자신들이 갖는 잠정성을 인정하고 있었다. 한국이 100석의 조선 지역 국회 의석을 비워 놓아 미수복 지구로 규정하고 있었던 점 역시 자신들의 중앙성 · 전국성의 반영이었다. 두 국가 형성 세력에게 자신들이 갖는 유일 중앙성, 유일 정통성에 대한 인식은 확고했다.

물론 조선은 의석수를 비워 놓는 정도를 넘어 아예 한국 지역에 의석을 배당하여 간접 선거로서 이 의석을 채워 넣었을 뿐만 아니라 한 걸음 더 나아가 한국을 헌법에 직접 자신들이 실시한 토지개혁의 대상, 즉 해방대상으로 규정했다. 조선 헌법 제7조는 "아직 토지개혁이 실시되지 아니한 조선 안의 지역에 있어서는 최고인민회의가 규정하는 시일에 이를 실시한다."[28]라고 규정했다. 즉 조선은 헌법 제정 당시부터 전 한반도에 걸친 토지개혁을 헌법에 삽입할 만큼 자신들의 중앙성과 해방 대상으로서의 한국을 헌법에 직접 규정하고 있었다. 이는 단순한 수도 규정을 통한 중앙성을 넘어 아예 한국을 해방 대상으로 명기한 것으로 대한민국보다 훨씬 더 강력한 독점성 · 배타성을 인식하고 있었던 것이다. 더욱 주목할 만한 점은, 한국에 대한 토지개혁 조항이 조선 헌법에서 사라진 것은 평양을 자신들의 수도로 확정한 1972년 사회주의 헌법에 이르러서였다는 점이다. 즉 그동안 5차례나 헌법을 개정했으나 1972년까지도 한국은 조선의 헌법에 따를 때 여전히 1948년 제정 시점의 의도처럼 인민민주주의 혁명을 위한 토지개혁 대상이었던 것이다(정경모 · 최달곤 편, 1990).

조선은 실제로 자신들이 보기에 해방전쟁으로서의 한국전쟁 이전에 바로 이 헌법 조항에 근거하여 1949년 5월 9일 〈내각결정 제46호〉로

---

28 NA, RG 242, 2009 8/193-1, 조선 최고 인민회의 상임위원회, 『조선민주주의 인민공화국 헌법』(평양; 조선최고 인민회의 상임위원회 출판과, 1948/11/10), p. 3. 이 자료는 북한헌법의 공식출간 당시의 원문 그대로다.

서 「공화국 남반부의 토지개혁 실시를 위한 법령기초 위원회 조직에 관한 결정서」를 채택했다. 그들에게 한국은 단지 '공화국 남반부'일 뿐이었다. 결정서는 "조선민주주의인민공화국 내각은 공화국 헌법과 공화국 정부의 정강에 기초하여 공화국 남반부에 있어서도 속한 시일 내에 공화국 북반부에서와 같이 토지개혁을 실시하여야 할 필요가 있다는 것을 인정하고 공화국 남반부에 실시할 토지개혁법령 초안을 작성하기 위하여 법령기초 위원회를 조직할 것을 결정한다."라며, 조선과 똑같은 무상몰수 무상분배 방식으로 실시될 한국의 토지개혁에 대한 법률적 정치적 준비에 착수했다.[29] 이어서 대규모의 위원회를 구성하여(위원장은 홍명희) 곧바로 실무 작업에 돌입했다. 물론 이는 대대적으로 보도되어 한국에도 알려졌다.

조선은 헌법 제1조 「우리나라는 조선민주주의인민공화국이다」의 공식 해설에서도 이를 분명하고도 공개적으로 천명한 바 있었다. 즉 한국 해방과 통일을 통한 전 한반도에서의 민주주의인민공화국 수립 목표를 말한다. 이 점은 처음 임시헌법 제정 당시부터 불변으로서 "전 조선에 인민정권과 공화국의 통치형태를 수립하는 전제(前提)를 만드는 것"이었다.[30] 요컨대 한국에까지 인민정권과 공화국을 수립하기 위한 전제가 조선민주주의인민공화국의 수립이라는 것이었다. 이보다 더 명백하게 한국을 해방대상으로 인식한 헌법적 언명을 찾기는 어렵다.

---

29 NA, RG 242, 2005 2/114, 『내각공보』(1949), pp. 216-217.

30 NA, RG 242, 2009 1/156, 북조선민주주의 민족통일전선 중앙위원회, 『조선민주주의인민공화국 림시 헌법 초안에 관하여』, p. 43.

4. 분단성: 통일지향성, 잠정성, 과도성, 그리고 상호 반(反)민족성 규정

분단성과 통일지향성, 즉 상대에 대한 수복대상 규정은 상대의 존재로 인한 동일 민족성의 파괴 인식에서 발원했다. 물론 동일 민족성을 단일민족성으로 이해할 필요는 없다. 민족주의를 "정치적 단위와 민족적 단위가 일치해야 한다는 정치적 원칙"(Gellner, 1983: 1)으로 이해할 때 한국과 조선 모두에게 분단성은 누천년을 내려오는 정치적 단위와 종족적 단위의 일치로 인한 예외적인 "역사적 국가(historic state)"(Hobsbawm, 1990: 66)로서의 특징에 대한 완전한 배반으로 인식되었다. 즉 상대는 곧 괴뢰였던 것이다. 유진오는 아예 자신이 참고한 북한 헌법(안)을 '괴뢰정권안'이라고 명명했다(1953: 26). 근대 이후 단일민족과 단일국가에 대한 동일시에서 가장 강력한 응집과 단결을 보여 온 한국과 조선에서 두 국가의 등장은 서로에게 결코 용인할 수 없는 현상이었다. 요컨대 국가와 민족의 분리와 충돌, 즉 애국과 애족이 충돌하는 헌법국가주의 대 종족 민족주의의 정면 대립에 직면하게 되었던 것이다.[31]

이 충돌로 인해 한말 근대성과 민족주의의 충돌 이래 한국 민족주의는 두 번째의 역설에 직면하고 말았다. 최초 시기 한국의 근대 민족주의는 다른 민족주의 사례들처럼 근대성과 민족주의의 결합, 즉 근대화, 국민국가 수립, 자본주의, 입헌주의, 그리고 시민성·시민권의 발달을 추구했다. 그리하여 부르주아적 발전과 근대성 발현으로 연결되려던 한국민

---

31 분단성으로 인해 '국가'와 '민족'의 충돌로 표출된 이 점은 기실 종족·민족 대 시민·국민의 정체성 문제이기도 하다. 이 점은 이론적으로 또 다른 논의를 필요로 하나 여기에서 이 점을 상론할 여유는 없다. 이에 대한 문제의식은 Jurgen Habermas, "Citizenship and National Identity: Some Reflections on the future of Europe," *Praxis International* Vol.12 (1992), pp. 1-19; Bryan Turner and Peter Hamilton eds., *Citizenship: Critical Concepts* Vol. II(Routledge: London and New York, 1994), pp. 341-358를 참조.

족주의는, 당시 미개·전통으로 인식된 중국과는 달리 먼저 근대로의 길에 들어선 일본과의 연대를 상념할 수밖에 없었다. 그러나 일본이 침략주의와 제국주의로 전변되며 반일=민족주의로 연결되어 한국의 민족주의와 근대성은 정면 대립을 노정할 수밖에 없었던 것이다.

이처럼 한국은 근대성을 추구하면 민족주의와 멀어지고, 민족주의를 고수하면 근대성을 외면해야 하는 모순적 상황에 놓였다. 그 결과 20세기 초반 한국 민족주의는 불가피하게도 폐쇄, 고립, 자주를 표명하며 전통 중국과 다시 연결되는 역설에 직면하고 말았다. 좁은 민족-탈민족, 전통-근대의 이분법적 카테고리를 벗어나, 19세기 후반부터 해방 이전까지 안중근과 신채호와 이승만-조소앙-여운형이 민족주의 범주를 뛰어넘어 한국독립-동양평화-국제질서·보편가치·세계를 연결했던 소이가 여기에 놓여 있었던 것이다.[32]

제2차 세계대전 이후 주권을 회복했을 때 한국 민족주의는, 일본 제국주의를 구축하여 해방을 제공한 세력과의 대결이라는 두 번째 역설에 직면하고 말았다. 즉 미소분할점령-모스크바 3상회의-미소공위-유엔 결정으로 이어지는 일련의 국제결정에 대한 찬성과 반대를 선택하는 문제로 인해 민족분단에 직면하자 반(反)국제로서의 반미·반소=자주=통일이 민족주의를 표상하는 것처럼 의제된 것이다. 즉 근대화=일본 연대에서 일본의 제국주의화와 함께 반일=친중(親中)=전통으로 회귀해야 하는 역설에 직면했던 한말 초기 민족주의처럼, 반미와 반소가 민족주의로 의제되는 양자택일 상황에 직면했던 것이다. 한말-제국주의 정초 시기 안중근, 신채호, 조소앙, 여운형, 이승만은 반국제, 특히 반일이나 반중 유일노

32 이 문제와 관련해 안중근에 대해서는 이미 많은 연구가 존재한다. 신채호의 경우 여전히 민족-반민족 범주로 이해하는 경향이 강하나, 아래의 자료를 보면 그 역시 이러한 이항대립을 넘는 지평으로 나아갔음을 알게 해준다(신채호, 최광식 역, 2004). 최근에는 후자 2인에 대해서도 이 문제에 대한 연구가 진행되고 있다(김기승, 2005: 381-416).

선이 한국민족주의의 요체라고 인식하지 않았다. 결국 두 번째 세계질서 격변에 직면한 한국에서 미소 냉전대결을 포함한 국제문제로서의 한국 문제를 인식할 때 반소 유일이나 반미 유일, 또는 둘을 포함한 반(反)국제주의가 민족주의의 중핵으로 자리 잡아서는 안 되는 것이었다. 한국의 전통적인 단일국가 민족주의를 따를 때, 역설적으로 당시 반국제주의는 곧 반통일=반민족주의를 함의하는 것이었기 때문이다. 이 말은, 미소대결보다 비교할 수 없이 훨씬 더 격렬하게 대결적이었던 좌파와 우파, 남과 북, 한국과 조선의 의도하지 않은 반민족성을 지적하기 위함이다.

따라서 각각의 중앙성과 독점성, 전체성과 유일성 주장에도 불구하고 똑같은 주장을 하는 두 국가의 등장으로 인해 이미 주권국가로서의 한국과 조선은 그들 상호관계에 비추어 반(半)주권성은 물론 서로 잠정성과 과도성을 내장하고 있었다. 이른바 냉전 시대에 미소를 제외한 거의 모든 주권국가는 엄밀한 의미에서 온전한 주권국가는 아니었다. 그러나 적어도 그들은 대부분 제도적으로는 완벽한 주권국가였다. 주권이 국가의 대내적인 폭력의 독점성·유일성 및 대외적인 상호승인과 상대성·자율성을 의미한다면 — 주권의 이중성 — 한국과 조선 역시 주권국가임을 의심하기는 어렵다. 그러나 일부에서 주장하듯 특별히 독일, 일본, 한국, 대만 등은 제도적으로도 온전한 주권국가라고 하기 어려워 반주권국가(semi-sovereign state)[33]로 부른다면, 독일과 일본은 전범 국가였기 때문에 한국과 대만은 분단상황으로 인해 그러했다고 할 수 있다.

한반도 내에서의 독점성과 배타성은 곧 다른 절반에 대한 주권성·국가성 부인과 통일 추구를 의미했다. 국제요인으로 인한 분단성-국가성 구축의 압도적 우세 속에 역설적으로 국제주의에 대한 대처의 실패를 내

33 반주권성(semi-sovereignty), 반주권국가(semi-sovereign state)의 개념은 Katzenstein(1987: 8-10); Kranser(1997: 651-680)를 참조. 이 개념의 초기 이론화에 대해서는, Wheaton(1855: 27-56) 특히 pp. 45-51를 참조.

장하는 헌법제정-국가형성 노선이 좌우 이데올로기와 만나며 배타적 통일논리, 즉 통일성의 추구로 등장했던 것이다. 국가성의 분단성으로 귀착과, 종족성·민족성의 잠정성·통일성으로의 귀결로 인한 정면 충돌, 즉 남북 공히 상호 배제와 부인, 독점과 통일을 추구하는 가운데 나타난 이 점은, 평화공존은 고사하고 최악의 폭력인 전쟁을 통해서조차 통일을 달성하지 못한 한국민족주의의 또 한 번의 역설이었다.[34]

결국 한국과 조선 모두에서 헌법제정과 국가형성=통일추구는 상대로 인한 민족 동일성과 동질성의 파괴와 분할 때문이라는 인식에 기반했다. 원수화(怨讐化)의 상호 강화, 이것은 자기와 상대의 정체성을 결정하는 가장 중요한 요소였다. 헌법제정과 국가건설은 상대 지역의 불법, 타락, 반민주성, 반인민성, 반민족성, 망국성, 식민성으로부터 민족과 인민을 구출하기 위한 숙명적 임무를 완수하기 위한 조치를 의미했다. 따라서 시작부터 이 헌법들은 강한 분단성과 통일지향성, 즉 임시성과 잠정성을 내포하지 않을 수 없었던 것이다. 김두봉은 "이 헌법은 민주주의 조선통일정부가 수립될 때까지 임시헌법으로 될 것"임을 분명하게 언명한 뒤 "그렇다고 하여 이 사실이 이 헌법의 의의를 감소시키는 것이 아니라 도로혀(도리어-원문그대로) 민주주의 조선 통일정부 수립을 촉진시킨다는 것을 강조할 뿐"임을 놓치지 않았다.[35] 처음부터 임시헌법이자 분단헌법이

---

34 같은 분단국가이지만 독일의 경우는 한국 및 조선과 달랐다. 서독은 독일연방공화국 기본법 (서독헌법) 제23조에서 "이 기본법은 우선은 바덴, 바이에른, 브레멘, 대베를린, 함부르크, 헤센, 니더작센, 노르트라인·베스트팔렌, 라인란트·팔츠, 슐레스비히·홀슈타인, 뷔르템베르크·바덴과 뷔르템베르크·호엔촐레른 제주(諸州)의 영역에 효력을 가진다. 독일의 다른 영역에서는 가입에 의하여 효력이 발생한다."라고 규정, 분단현실 – 동독의 존재 – 사실상의 두 국가 – 통일추구를 '헌법적으로' 인정하고 있었다(장명봉, 2001: 196; 김철수, 2004: 113-115). 그러나 제23조 역시 동독 사회주의 체제하 주(州)들의 자동 편입이나 강제 합병을 의미하지는 않는다. 서독 헌법 제28조에 따르면, 독일연방에 가입하기 위해서는 위의 주들이 공화적·민주적·사회적 법치국가성을 보지(保持)하고 있어야 한다(김철수, 2004: 115). 헌법적 의미에서 볼 때 동독 지역 주들에서의 민주혁명은 연방가입의 장애와 선결요건을 해결하는 역할을 수행한 셈이었다. 독일의 연방과 주는 모두 국가성(Staatlichkeit)을 갖는다.

며 통일정부 수립의 촉진 요소임을 인식하고 있었음을 알 수 있다.

조선이 헌법에 수도를 서울로 규정한 것 역시 중앙성과 분단성을 동시에 표현하고 있음을 의미했다. 흥미롭게도 조선은, 그동안 많이 알려지지 않은 내용이지만 최초 헌법 초안에서 평양을 임시 수도로 규정했다가 —"통일 정부가 수립될 때 까지는 평양시를 림시 수부로 한다."[36] — 최종 헌법 초안부터는 이 부분을 삭제했다. 즉 평양의 임시수도 규정을 삭제한 것이다. 이 삽입과 삭제는 조선 국가형성 세력의 곤혹스런 인식을 약여하게 보여 준다. 즉 초기 출발의 분단성과 임시성, 통일지향성을 과도하게 강조하려다 수도 및 조선민주주의인민공화국의 국가 정체성의 임시성, 과도성, 잠정성을 헌법적으로 인정하게 되는 자기 모순이었다. 그리고 서울을 수도로 삼고 평양을 임시수도로 삼는다면 한국의 중앙성을 인정하는 것이었기 때문이었다.

이미 최초 헌법 초안 해설에서부터 이러한 혼란스런 의식은 분명했다. 그에 따르면 "평양은 지금 조선을 민주주의적으로 재건하는 데 있어 그 중심으로 되어 있는 것이다. 그는 민주와 진보를 위한 인민의 투쟁의 선두에 서고 있는 것이다."[37] 그럼에도 불구하고 평양을 임시수도로 설정한다는 것은 심각한 자기 부정이었다. 물론 그 임시성은 통일을 향한 절대적이며 강렬한 의지를 표명하는 데는 유리했지만, 정식 수도 서울 — 이미 한국이 실질적으로 지배하고 있는 — 에 비해서는 중앙성에서 현저히 밀리는 것을 부인할 수 없었기 때문이었다. 그리하여 이 '임시 수부' 규정은 결국 정식 헌법 초안에서는 삭제되었다.

---

35 NA, RG 242, 2006 15/39, 김두봉, "朝鮮時憲法準備에關한報告", pp. 38-39.

36 NA, RG 242, 2009 1/156, 북조선 민주주의 민족통일전선 중앙위원회, 『조선민주주의 인민공화국 림시 헌법 초안에 관하여』(평양; 북조선 민주주의 민족통일전선 중앙위원회, 1948/2/5), p. 87.

37 NA, RG 242, 2009 1/156, 『조선민주주의 인민공화국 림시 헌법 초안에 관하여』, pp. 87-88.

그러나 헌법규정과 헌법현실의 충돌로 인해 조선은 나중에는 결국 '수도 서울'의 규정마저 포기하지 않으면 안 되었다. 조선은 1948년 헌법 제정 이후 1972년 이전까지 1954년 4월 23일(1차 개정), 10월 30일(2차 개정), 1955년 3월 11일(3차 개정), 1956년 11월 7일(4차 개정), 1962년 10월 18일(5차 개정), 총 다섯 차례의 헌법을 개정했으나 수도를 서울로 규정한 조항은 전혀 개정하지 않았다(정경모, 1990: 15). 일관되게 현실과 헌법이 유리된 상태를 지속했던 것이다. 그러다 1972년 12월 최고인민회의 제5기 제1차 회의에서 채택된 「조선민주주의인민공화국 사회주의 헌법」을 제정하면서 비로소 이 조항을 개정, 헌법 제149조로서 "조선민주주의인민공화국의 수도는 평양이다."로 바꿨다(김준엽 · 김창순 · 이일선, 1983: 599-612; 정경모, 최달곤 편, 1990: 27-40). 건국 24년만에 비로소 분단을 헌법적으로 인정하고 수용한 것이었다. 그리하여 조선은 자신들의 분단국가성을 현실과 헌법에서 모두 수용했다.

이는 자기 중앙성, 상대 괴뢰성, 미래 통일성을 전제한 자기 헌법과 체제의 임시성과 잠정성이 초래하는 모순 때문이었다. 완결된 헌법과 국가가 스스로 임시성과 잠정성을 전제한다는 것은 자기부정적 역설이었다. 스스로 독점성과 한시성을 동시에 부여한 이 점은 한국과 조선의 헌법이 다른 나라의 헌법과 크게 다른 점이었다. 헌법을 통해 국가건설을 완성하면서 자기 국가를 잠정적이고 임시적으로 존재하는 것으로 규정한다는 것은 상상하기 어렵다.

그런데 남한과 북한은 이러한 잠정적 · 임시적 성격을 서슴없이 표출했다. 상대를 괴뢰로 규정했기에 머지않은 미래에 자기 확장을 통한 새 중앙정부, 새 통일정부를 수립하려는 목표와 의도 때문이었다. 자기의 임시성을 인정하면서도 공식적으로는 조금도 상대의 국가성을 인정하지 않는 자기모순을 범하고 있었던 것이다. 말을 바꾸면, 조선은 굳이 헌법에 서울을 수도로 표기하지 않아도 국가성을 인정받기에 부족함이 없었다. 이 점은 전 한반도에 걸친 영토성을 주장한 한국도 마찬가지였다.

5. 국제성: 냉전성, 진영성, 동맹성의 비교와 차이

한국과 조선의 초기 등장이 미소 냉전 대결의 산물이라는 점은 의심의 여지가 없었다. 그 점에서 두 체제는 국제 산물이었다. 즉 국제 냉전 체제의 귀결이었다. 분단은 곧 세계 냉전의 한국화를 의미했고, 분단의 구성 요소인 한국과 조선은 미국과 소련 주도의 자본주의 및 사회주의 진영의 최전방 초소를 의미했다. 둘 다 냉전 대결의 가장 앞선 전초 기지였던 것이다. 그렇기 때문에 미국과 소련의 남북 체제 형성과 주조 노력은, 단순한 한반도에의 체제 이식 노력을 넘어, 대표적인 세계 냉전적 의미 지평을 갖는 것이었다.

글로벌 냉전 체제 형성과 삼투의 최후 단계로서 헌법제정에 관한 한, 미국과 소련의 개입 여부와 영향력의 정도를 자주성과 종속성의 기준으로 삼아야 한다면 한국의 자주성은 조선보다 더 컸다. 소련은 조선 헌법의 제정 과정 및 내용을 한국에 대한 미국의 그것보다 훨씬 상세히 알고 있었고 더 깊이 개입했다. 소련은 조선 헌법의 제정 과정과 내용을 정확하게 인지하고 있었을 뿐만 아니라 일부 내용에는 직접 개입하기도 했다. 헌법초안을 전 인민토의에 부치도록 결정한 것도 소련공산당 중앙위원회였다. 헌법의 주요 내용들은 소련군정의 지도부와 북한리더십이 상의를 한 후 모스크바에서 심의되고 최고 수준의 재가를 받았다. 헌법 초안도 당연히 모스크바에서 심의되고 의견이 첨부되었다. 물론 소련은 여러 차례 수정 요구를 제기하기도 했다.[38]

조선에서 헌법제정의 가장 중요한 실무책임을 맡았을 뿐만 아니라 가장 공식적인 해설서를 집필한, 그리하여 한국의 유진오에 비견되는 역할을 수행한 김택영은 소련한인으로, 정식 소련공민이었다. 한국 헌법을 가

38 이 점에 대해서는 윤경섭(1995)을 참조.

장 권위 있게 해설한 유진오의 「헌법해의」에 비견되는 가장 권위 있는 조선헌법 해설서인 「조선민주주의인민공화국 헌법의 근본원칙」 및 「조선민주주의인민공화국 최고 주권기관과 국가중앙집행기관」을 쓴 사람 역시 김택영이었다.[39]

조선은 명백하게 인민공화국 국가형태와 인민민주주의를 지향한다고 천명했다.[40] 즉 부르주아 국가형태도 아니지만 아직 소비에트 국가형태도 아니었다. 조선에서 소련이 최고 선진국으로 규정되고 소련헌법이 최고로 선진적인 헌법이며, 자본주의 헌법과 미국 헌법을 최악의 체제이자 반동으로 공격한 것은 당연했다. 소련의 헌법과 스탈린 문헌들은 상당한 숫자가 모스크바에서 직접 번역되어 평양으로 보내지거나 평양에서 번역되었다. 특히 소련 헌법은 매우 이른 1946년에 벌써 전문이 번역되어 소개되었다.[41]

---

39 NA, RG 242, 2008 8/68, 김택영, 『조선민주주의 인민공화국 헌법의 근본원칙』(평양; 민주조선사, 1948); NA, RG 242, 2009 1/120, 김택영, 『조선민주주의 인민공화국 최고 주권기관과 국가중앙집행기관』(평양; 민주조선사, 1949).

40 NA, RG 242, 2008 10/40-3, 김일성, 『북조선 인민회의 특별회의에서 찬동한 조선민주주의 인민공화국 헌법 실시에 관하여』(1948/7) p. 42; NA, RG 242, 2008 8/68, 김택영, 『조선민주주의 인민공화국 헌법의 근본원칙』, p. 33.

41 다음과 같은 많은 문건들이 존재한다. NA, RG 242, 2009 7/31-1, 〈쏘聯邦憲法〉, 조공(朝鮮共產黨) 진남포시당부 선전부(날짜미상).; NA, RG 242, 2009 7/31-2, 『쏘베트 사회주의 공화국 동맹 헌법초안』. 등사판 필사본으로 되어 있는 이 두 자료는 발행일자는 미상이나 '조선공산당' 명칭이 사용되고 있는 것으로 보아 1945년이나 늦어도 1946년 초에는 발행된 것으로 판단된다. 매우 일찍 지방 시당 수준에서도 발행이 되었음으로 보아 조공 북조선 분국이나 도당수준에서도 발행되었음은 의심의 여지가 없다: NA, RG 242, 2010 5/131, 『쏘베트 사회주의 공화국 동맹 헌법』(평양; 개진사, 1946/8/25); NA, RG 242, 2008 10/71-2, 『쏘베트 사회주의 공화국 련맹 헌법』(모스크바; 외국문 서적 출판부, 1947); NA, RG 242, 2009 1/104, 『쏘련은 가장 偉大한 國家이다』(평양; 북조선로동당 출판사, 1948); NA, RG 242, 2006 15/29, 므, 쁘, 까레바 저, 『쏘련헌법해설』(평양; 민주조선사, 1949); NA, RG 242, 2009 2/54-1, 브 까르삔스끼, 『쏘련의 사회구조와 국가구조』(모스크바; 외국문 서적 출판부, 1949); 스탈린, 『십월혁명과 로시아 공산주의자들의 전술』(모스크바; 외국문 서적 출판부, 1949); 스탈린, 『쏘련의 위대한 조국전쟁에 대하여』(모스크바; 외국문 서적 출판부, 1947); 스탈린, 『쏘베트 사회주의 공화국 연맹 헌법초안에 대하여』(모스크바; 외국문 서적 출

사회주의와 인민민주주의 체제와 국가형태, 헌법에 대한 다양한 이론서들도 번역되었다. 루마니아,[42] 불가리아,[43] 유고슬라비아,[44] 체코슬로바키아,[45] 알바니아,[46] 베트남,[47] 중국[48]의 국가건설 경험이나 헌법들 역시 참고 자료로 번역, 소개되었다. 불가리아, 루마니아, 체코슬로바키아, 越南民主主義共和國(원문그대로) 등 일부 국가의 헌법은, 번역은 했으나 출간하지는 않고 원고지의 수고(手稿) 그대로인 채로 보관, 활용되었다. 그만큼 활용도가 낮았던 것으로 보인다. 즉 이들 자료를 직접 깊숙이 참고한 흔적은 보이지 않았다.

물론 인민민주주의에 대한 이론들은, 표준적 이론이라 할 수 있는 디미트로프(Georgi Dimitrov)의 것을 필두로 집중 소개되었다. 평양에는 인민민주주의 이론, 경험, 의미, 과제, 전망에 대한 소개서, 해설서, 분석서들이 넘쳐흘렀다.[49] 다만 이들의 헌법 이론과 내용이 북한 헌법의 체제와 조문에 반영되었다는 직접적인 상관성을 발견하기는 어려운 것이 사실이었다. 포괄적이고 전체적인 의미에서의 동류성은 발견되나 내용과 형식은 상당히 달랐다. 김일성은 분명한 어조로 조선의 헌법제정이 해방 3

판부, 1949); 그 프 알렉산드로프 외, 『스탈린 약전』(모스크바: 외국문 서적 출판부, 1948).

42 NA, RG 242, 2006 16/86, 『루마니아 인민공화국 헌법』 미간행 手稿.

43 NA, RG 242, 2006 16/80, 『불가리아 인민공화국 헌법』 미간행 手稿.

44 NA, RG 242, 2006 16/85, 『유로슬라비아 인민공화국 연방헌법』 미간행 手稿; NA, RG 242, 2006 15/55, 『신민주주의국가들의헌법: 유고슬라비아 · 알바니아 · 蒙古人民共和國』(북조선로동당 중앙본부 선전선동부, 1948/2).

45 NA, RG 242, 2006 16/88, 『체코슬로바키아 공화국 헌법』 미간행 手稿.

46 NA, RG 242, 2006 16/90, 『알바니아 인민공화국 헌법』 미간행 手稿.

47 NA, RG 242, 2006 16/91, 『越南民主主義人民共和國憲法』 미간행 手稿.

48 NA, RG 242, 2009 1/107, 국제문제연구회, 『중화인민공화국 수립에 관한 문헌집』(1950).

49 예컨대 NA, RG 242, 2009 3/168, 조국전선 서기국, 『인민민주주의 국가들의 민주건설의 경험』(1949); NA, RG 242, 2008 40/53, 북조선 로동당 중앙본부 선전선동부, 『인민민주주의 및 인민민주주의 국가의 성격』(1949) 외에 아주 많은 자료가 존재한다.

년 동안 조선에서 진행된 사회변혁의 귀결이어야 하며, 또 그것의 법적 조치임을 강조했다. "헌법은 이 전변들로부터 출발하여야 하며 이 전변들을 반영하며 결국 이 전변들을 법적으로 확고하여야 하겠습니다. 이 헌법은 인민이 쟁취한 정치적 승리를 실지상 법적으로 확보하여 놓았습니다."[50]

반면 미국은 소련처럼 하지 않았다. 미국은 한국이 자본주의와 민주주의 국가를 정초하는 외곽범위를 설정하되 체제의 구체적 성격을 결정하는 헌법정신과 조문 제정에 직접 개입하지는 않았다. 한국의 헌법제정과정을 담은 미국의 한 자료에 따르면, 1948년 국회 구성 이후 헌법제정 과정 동안 "미국인들은 (주한) 미군 사령관으로부터 새로 수립된 국회에 어떤 방식으로든 개입하거나 참견하지 말라는 엄중한 명령(strict orders)을 받았다." 헌법제정을 준비한 국회 이전의 핵심 입법기관이었던 남조선 과도입법의원 단계의 작업에도 "미군정 사법부 누구도 어떤 방식으로든 헌법의 내용과 적절성에 대해 과도입법의원 누구와도 논의하지 않았다. 다른 어떤 미국인도 이 기구의 누구와도 논의하지 않았다."[51]

그리하여 미국은, 한국의 건국 헌법에 대한 사후 검토에서 1948년 건국 헌법이 일종의 국가 사회주의(a kind of state socialism) 헌법이라면서 제정 한참 이후에서야 시장경제 체제로의 전환 필요성을 인식했다.[52] 미국의 불개입은 결국 한국의 헌법 제정자들에게 상당한 자율성을 부여하여

---

50 NA, RG 242, 2008 10/40-3, 김일성, 『북조선 인민회의 특별회의에서 찬동한 조선민주주의 인민공화국 헌법 실시에 관하여』(1948/7), pp. 42-43.

51 "Report on Economic Provisions of the Constitution of the Republic of Korea"(March 24, 1954), National Archives (Maryland), Record Group (RG) 469, RECORDS OF THE U.S. FOREIGN ASSISTANCE AGENCIES, 1948-61, Office of Far Eastern Operations, Korea Subject Files, 1953-59, Entry 422, Box 20. 박명림(2008), p. 437 재인용.

52 "Report on Economic Provisions of the Constitution of the Republic of Korea"(March 24, 1954).

건국 헌법을 일제강점기 대한민국 임시정부 헌법을 계승한 균등경제, 사회적 시장경제 또는 사회민주주의적 내용을 갖도록 허용했고,[53] 이는 적어도 경제부문에 있어서는 한국과 조선의 사회 체제의 성격을 소비에트 사회주의 대 자본주의 시장경제가 아닌, 인민민주주의 대 사회민주주의의 대립으로 나타나도록 했다. 유진오는 목표로 "경제적 사회적 실질적 민주주의국가의 수립"을 언급하며 이를 "우리나라 헌법의 가장 큰 특징"으로 불렀다(유진오, 1949: 10-11). 주목할 만하게도 시장경제 체제와 다른 헌법 방향을 헌법의 가장 큰 특징으로 들고 있는 것이다. 미소가 직접 자신들의 소비에트 사회주의 체제와 자본주의 시장경제 체제를 이식하려고 했다면 두 분단국가의 체제 성격은 그것을 재연하는 양태로 나타났겠지만 한국과 조선이 자신들의 경험으로부터 출발하려 하여 변형되어 표출되었던 것이다.

결국 미국의 최초 불개입은 역설적으로 정부 수립 이후 나중에는 직접 개입하여 이승만과의 치열한 논쟁 끝에 시장경제 내용을 담는, 1954년 시장경제 체제를 갖는 헌법개정을 이루어 내는 요인이 되었다. 1948년과 1954년 헌법은, 균등경제와 시장경제로 체제 지향도 달랐지만, 무엇보다도 미국의 직접적인 영향력에서 비교되지 않았다. 1948년 건국 헌법제정 당시 미국의 낮은 개입과 대한(對韓) 자율성 부여는, 건국 이후 곧바로 한국 헌법 개정에 깊숙이 개입하여 헌법 개혁을 시도하는 역설을 초래했다. 따라서 1954년 헌법의 시장경제조항들은 미국의 강력한 개입의 산물이었다.[54]

끝으로 주목할 점은 국제적 합법성의 확보를 위한 한국의 유엔 승인의 독점 노력이었다. 한국은 그것을 넘어, 1947년 11월 14일과 1948년 12월 12일의 유엔 결정에 근거하여 조선지역에 대한 배타적 통치주권까

53 이 점에 대해서는 신우철(2008)을 참조.

54 이 점에 대해서는 박명림(2008)을 참조.

지 주장했다. 헌법상 당연했다. 그러나 전 한반도에 걸친 한국의 주권성과 통치성은 유엔에 의해 한 번도 인정된 적이 없으며, 한국전쟁 시기를 포함해 현재에 이르기까지 한미갈등의 요인이기도 하다. 전 한반도에 걸친 독점적 주권성의 유엔 승인은 가능할 경우 한국으로서는 정통성 경쟁에서 승리할 한 결정적 요소였다. 실제로 한국의 국민들은 오랫동안 조선이 유엔에 가입한 지금까지도 한국이 전 한반도의 유일한 합법정부로 승인받았다고 믿고 있다. 그러나 당시에나 지금에나 그러한 적은 한 번도 없었다. 조선이 유엔에 가입한 1991년 이후 한국과 조선은 동일한 유엔 회원국가로서 유엔헌장의 동등한 적용을 받기 때문에 이는 원천적으로 불가능하다.

무엇보다 유엔과 미국은 바로 이 점, 즉 유엔의 불승인을 들어 남한의 북한에 대한 통치권을 부인해 왔다. 유엔의 결정에 따르면 대한민국은 단지 "유엔 임시 한국위원단이 감시 및 협의 가능했던 지역에 대해 유효한 통치와 관할권을 갖는 합법정부로 수립되었음(Declares that there has been established a lawful government(the Government of the Republic of Korea) having effective control and jurisdiction over that part of Korea where the Temporary Commission was able to observe and consult and ….)"을 선포받은 상태였다.[55] 즉 남한은 헌법의 영토조항은 물론 유엔 임시 한국위원단이 감시하지 못한 북한 지역에 대한 통치권을 유엔으로부터 승인받은 적이 없었던 것이다. 한국전쟁 시기 미국과 한국의 격렬한 충돌 시점에 이는 다시 문제가 되었으나 미국과 유엔의 입장은 더 강경하게 변해 있었다.[56] 결국 미국은 북한에 대한 남한의 법적 관할권을 현재까지도

---

55 Y.H. Chyung, ed., *The United Nations and the Korean Question*(Seoul: The U.N. Association of Korea, 1961), p. 8

56 1950년 10월 12일 유엔 총회 임시위원회의 결정은, 유엔이 한반도 전역을 합법적으로 그리고 효과적으로 통치할 수 있는 정부로서 공식적으로 인정한 정부는 없다고 선언하며 남한의 북한 통치권을 부인했다. 원문을 보자. "Interim Committee on Korea

인정하지 않고 있다(미국 의회조사국, 1996: 191-192).

6. 역사성과 비교성

헌법제정을 통한 한국의 국가건설 원칙과 정신은 기본적으로 대한민국 임시정부 헌법에 기초했다. 더 올라가서는 바이마르 헌법과 중국 헌법도 참조했으나, 거의 모든 점에서 임시정부 헌법을 가장 중요한 준거로 삼았다. 물리적으로 미국이 가장 결정적인 역할을 수행한 것은 부인할 수 없었지만, 외면의 대의정부와 자본주의 이식 노력을 제외한다면 국가형성의 구체적인 헌법정신과 원칙에 관한 한 사실 미국의 점령은 외피를 놓았을 뿐이었다. 미국은 헌법제정에도 직접 개입하지 않았다.

반면 조선은 약간 복잡한 준거를 갖고 있었다. 소련 헌법이 원형이 아닌 것은 분명했으나 소련의 점령은 조선으로 하여금 사회주의 국가를 지향하게 했고 또 헌법제정 과정에서도 수시로 직접적인 개입을 통해 자신들의 의사를 관철시켰다. 소련의 개입은 직접적이고 구체적이었다. 이 점은 미국과의 커다란 차이였다. 결국 소련을 위시한 사회주의 및 인민민주주의 국가들 — 소련헌법, 중국, 동구(유고슬라비아, 알바니아, 체코, 베트남, 몽골)[57] — 의 헌법 및 국가원리가 외선 윤곽을 잡아 주었던 것이다.

둘째는 김일성의 만주 항일전쟁 및 조국광복회 경험이었다. 소련의 점령 때문에 직접 김일성의 만주 항일무장 투쟁 경험을 내세우기 어려웠던 시점이었음에도 조선은 정치교육 및 군사교육 과정에서 김일성의 항일투쟁과 그가 식민시대에 만들었던 조국광복회 관련 내용을 교재로 만들

… and that there is consequently no government that is recognized by the United Nations as having legal and effective control of other parts of Korea….” Y. H. Chyung, ed., *The United Nations and the Korean Question*, pp. 186-189.

57 북한에서 몽골은 동아시아 유일의 인민민주주의국가라고 소개되었다.

어, 헌법과 소련 점령의 앞에 배치하여 학습시키고 있었다. 즉 직접적인 헌법조문으로 나타난 것은 아니었지만 국가건설의 기본 정신과 기원의 교육, 토론, 해설 과정에서 흥미로운 것은, 조선의 건국정신, 국가형성, 헌법제정을 운위하면서 조국광복회를 포함한 김일성의 항일무장투쟁을 때 이르게 강조하기 시작했다는 점이다. 건군의 정초로서는 말할 필요도 없었다.

헌법정신의 기본 틀을 항일무장투쟁과 조국광복회로부터 찾는 한 문건의 내용에는 김일성의 투쟁과 가계는 물론 "인민정부 수립, 산업국유화, 토지개혁, 각종 민주적 권리의 부여, 8시간 로동제"를 포함한 조국광복회 10대 강령이 들어있었다. 유일체제와 주체사상의 등장 훨씬 이전부터 김일성의 놀랄 정도로 빠른 부상과 역사장악이었다.[58] 당시 이러한 문건들은 엄청나게 많았다. 한국이 3.1운동 - 임시정부 - 대한민국으로의 헌법적 역사적 정당성의 기원을 설정했다면, 조선은 항일무장투쟁(조국광복회) - 민주개혁 - 조선민주주의인민공화국으로 그 궤적을 설정했던 것이다. 조선은 한국의 해방 이후의 정치경제변화에 대한 강한 부정과 비판은 물론 그것이 헌법적 역사적으로 기반하고 있던 임시정부마저 반동성, 봉건성, 파벌성, 수동성을 비판하면서 전혀 인정하지 않았다. 둘은 해방 이후(현실)는 물론 해방 이전(과거)까지도 정반대의 정당성의 근거를 확보하기 시작했던 것이다.

셋째는 해방 이후의 이른바 민주개혁 경험이었다. 헌법제정 과정에서는 이 마지막 것이 가장 강조되었다. 조선은 헌법의 제정을 해방 이후 자기 지역에서 진행된 정치적·경제적·사회적 차원의 혁명적 변혁의 헌법화, 법률화, 제도화, 최종화로서의 조선민주주의인민공화국 헌법제정이라는 의미를 가장 강조했다. 헌법이론적으로는 사회변동과 헌법화, 즉 혁

58 NA, RG 242, 2009 8/32, 「김일성 장군 략사」, 「조선민주주의 인민공화국 헌법채택과 그 내용」.

명적 국면과 헌법적 국면이 분리되지 않았던 것이다.[59]

이상의 차이에도 불구하고 흥미롭게도 헌법정신과 원칙, 조항에서 경제부문에 관한 한 한국과 조선의 체제 정체성 차이와 충돌은 크지 않았다. 그것은 사회주의 대 자본주의, 계획경제 대 시장경제의 이항대립이 아니었다. 조선이 계획경제인 것은 분명했으나 사적 소유를 완전히 부인한 사회주의 체제는 아직 아니었으며 한국 역시 시장경제, 자본주의의 전형이 전혀 아니었다. 둘은 사회경제 체제에 관한 한 헌법적으로 규정과 원칙의 면에서 유사했다.

먼저 조선은 사회주의의 전형이 아니라 초기에는 국가, 협동, 개인 소유와 경영이 혼합된 혼합경제 체제였다. 해당 헌법조항들은 다음과 같았다: "조선민주주의인민공화국의 생산수단은 국가 협동단체 또는 개인 자연인이나 개인 법인의 소유다. 광산 기타 지하 부원 삼림 하해 주요 기업 은행 철도 수운 항공 체신 기관 수도 자연력 및 전 일본인 또는 친일 분자의 일체 소유는 국가의 소유이다. 대외 무역은 국가 또는 국가의 감독 밑에서 수행한다(제5조)."; "토지는 개인 소유와 아울러 국가 및 협동단체도 토지를 소유할 수 있다(제6조)."; "법령에 규정한 토지 축력(畜力) 농구 기타 생산수단에 대한 개인 소유는 법적으로 보호한다. 개인 소유에 대한 상속권은 법적으로 보장한다. 개인 경리의 창발력을 장려한다(제8조)."; "국가는 인민의 협동단체의 발전을 장려한다. 협동단체의 소유는 법적으로 보호한다(제9조)." 그러나 이상의 제5조에서 제9조까지와는 달리 제10조는 국가 주도의 계획경제를 근간으로 개인에 대한 국가와 협동단체의 우위를 천명하여 중간적 혼융이 아니라는 점도 분명히 했다. "국내의 일

---

59 혁명적 국면과 헌법적 국면의 단절과 연속 문제에 대해서는 Sheldon Wolin, "Norm and Form: The Constitutionalizing of Democracy," J Peter Euben, John Wallach, and Josiah Ober eds., Athenian Political Thought and the Reconstruction of American Democracy(Itacha: Cornell University Press, 1994), pp. 29-31. 이에 대해서는 주요 헌법이론이 광범하게 존재하나 본고에서는 생략한다.

체 경제적 자원과 자원이 될 수 있는 것을 인민의 리익에 합리적으로 리용하기 위하여 국가는 유일한 인민경제계획을 작성하며 그 계획에 의하여 국내의 전체 문화의 부흥과 발전을 지향한다. 국가는 인민 경제계획을 실시함에 있어서 국가 및 협동단체의 소유를 근간으로 하고 개인 경제부문을 이에 참가하게 한다."[60]

같은 조항들에 있어 한국 역시 계획경제와 시장경제를 모두 지양한 균등경제·혼합경제에 근접했다.[61] 건국 헌법은 전문에서부터 "정치, 경제, 사회, 문화의 모든 영역에 있어서 각인의 기회를 균등히 하고 능력을 최고도로 발휘케 하며 각인의 책임과 의무를 완수케 하여 안으로는 국민생활의 균등한 향상을 기"한다고 천명, 근본적인 헌법정신부터 균등경제를 추구했다(유진오, 1949: 15). 제84조 역시 "대한민국의 경제질서는 모든 국민에게 생활의 기본적 수요를 충족할 수 있게 하는 사회정의의 실현과 균형 있는 국민경제의 발전을 기함을 기본으로 삼는다. 각인의 경제상 자유는 이 한계 내에서 보장된다."라고 규정, 자유주의적 시장경제 체제에 대한 강력한 헌법적 제한을 가했다. '각인의 경제상 자유'보다 '사회정의의 실현과 균형 있는 국민경제의 발전'을 앞세운 이 조항을 헌법 초안자는 "우리나라 경제질서의 원칙"으로 규정했다(유진오, 1949: 176).

균형있는 국민경제의 발전을 담은 구체적 개별조항들의 내용은 더욱 강력하고 철저하게 반(反)시장경제적이었다. "광물 기타 중요한 지하자원, 수산자원 수력과 경제상 이용할 수 있는 자연력은 국유로 한다(85조).", "중요한 운수, 통신, 금융, 보험, 전기, 수리, 수도, 가스 및 공공성을 가진 기업은 국영 또는 공영으로 한다(87조).", "대외무역은 국가의 통제하에 둔다(87조)."라는 내용은 국유, 국영, 공영을 규정하여 자유시장경제를 지양하고 균등경제를 위해 일관되게 국가의 강력한 경제개입을 명

60 NA, RG 242, 2009 8/193-1, 『조선민주주의 인민공화국 헌법』, pp. 2-4.

61 이하의 내용은 박명림(2003), p. 123을 참조.

문화하고 있는 것들이었다. 요컨대 건국 헌법은 초안 작성자의 언명처럼 "개인주의적 자본주의국가의 체제를 폐기"한 것으로서 "사회주의적인 균등의 원리를 채택하되, 개인주의적 자본주의의 장점인 각인의 자유와 평등 및 창의의 가치를 조화되고 융합되는 새로운 국가형태를 실현함을 목표로 삼고 있는 것"(유진오, 1949: 177)이었다. 전술했듯 미국은 아예 국가사회주의 헌법으로 보았다. 북한이 남한을 매판 자본주의 체제라고 공격한 것은 자신들이 설정한 낙인을 반영한 것이었을 뿐, 남한 경제 체제의 실제와는 거리가 멀었다.

가장 결정적으로 차이가 난 부분은 바로 정치였다.[62] 조선에서 국가 정체성, 권력구조와 형태에 대한 실질 토론은 가능하지 않았다. 민주주의의 핵심 요체라 할 국가지도부 선택을 둘러싼 정치균열이 존재한다는 것도 상상하기 어려웠다. 언론의 자유나 견해 대립 역시 불가능했다. 조선에서 선거, 반대, 대의, 복수정당, 권력분립과 같은 근대 의회민주주의의 내용들은, 다른 사회주의 국가에 대해 민주주의 이론들이 밝혀낸 것과 동일하게, 거의 모두 의식(儀式) 수준을 넘지 않았다. 해방 직후부터 이미 선거는 복수 후보의 경쟁이 아니라 단일 후보의 찬반투표였고, 그것도 흑백함 투표였다. 헌법의 직접, 평등, 보통, 비밀선거 원칙은 지켜지지 않았다. 복수정당의 존재는 이른바 위성정당이나 우당의 범주를 넘지 않았다.

요식 절차에 가까운 조선과 달리 한국의 토론은 헌법과 국가의 정체성을 둘러싼 실질적인 논쟁이었다. 강력한 반대와 복수정당도 존재했다. 그 점에서 한국의 헌법제정 과정은 조선보다 더 민주적인 동시에 더 개방적이었다. 주어진 해답에 대한 동의 여부를 묻는 토론과는 다른 것이었다. 국가의 가장 근본이 되는 헌법제정 과정에서 민주성, 타협성, 개방성, 심의성을 발견하기 어려웠다면 이보다 중요하지 않은 다른 부분에서 그

62 이 점에 대해서는 서희경(2007b)을 참조.

러한 것들을 찾는다는 것은 불가능한 것이었다. 요컨대 조선의 민주성은 시작부터 한국에 훨씬 뒤져 있었음을 알 수 있다.

헌법 이론과 민주주의 이론으로 볼 때 한국과 조선은 대의의 제도 및 절차와 관련하여 국민주권 대 인민주권으로 범주화할 수 있을지 모른다. 그러나 후자가 이견이 배제된 사실상의 독재로 경도됨으로써 이 비교는 실질을 반영하기 어려웠다. 토론과 반대의 허용 여부가 중요한 문제였으나, 한국과는 달리 중대 이견의 제시와 논쟁이 허용되지 않는 조선의 헌법제정 과정은 민주적 심의가 생략된 절차였던 것이다. 조선 헌법제정과정에서의 이견 제시와 토론은, 원칙과 대강(大綱)이 이미 주어진 상태에서 부분적이고 지엽적이었다. 그러나 한국의 헌법제정 과정은 근본적인 문제를 둘러싸고 격렬한 논쟁을 수반했다. 예컨대 권력구조를 둘러싸고는 아주 심각한 대립을 노정했다. 그러나 한국 역시 실질적인 대의민주주의보다는 권위주의와 국민민주주의(plebiscitarian democracy)로 귀결됨으로써 민주화 이전 시기까지는 헌법제정 당시의 차이를 무색케 했음은 물론이다.[63]

여기에서 한국과 조선의 국가건설과 헌법제정 문제를 단일국가 형성문제, 즉 통일문제를 고리로 삼아 한 단계 더 진전시키면 국가·국민과 헌법·주권의 차원에서 하나의 중대한 문제가 존재하고 있음을 알게 된다. 즉 두 국민은 대한민국과 조선민주주의인민공화국 이전에 한 번도 단일한 근대국민국가를 가져 본 적이 없다는 점이다. 따라서 한국과 조선의 주민들은 역사적·문화적·종족적·언어적 한민족이었던 차원을 넘어 하나의 헌법을 갖는 단일 근대국민국가의 같은 국민인 적이 없었다. 그들은 한 번도 통일된 근대국가를 가져 보지도 못했기 때문이었다. 두 국가 역사에서 일제강점기는 근대국민국가 범주에서 당연히 배제된다. 그렇다

63 국민민주주의에 대해서는 Reinhard Bendix(1977: 90-105), Talmon(1985)을 참조.

면 대한제국의 공유 경험을 공통의 국가 기원으로 삼을 것인가? 그것은 아직 근대국가 자체가 아니었다. 게다가 대한민국 임시정부는, 임시정부였을 뿐만 아니라 헌법적으로 어느 한쪽으로부터 철저히 부정되었다. 이제 우리는 그동안의 상식과 신화를 넘어, 만약 하나의 민족이었다는 이유로 '단일 국가' '단일 국민'을 당위로 상정한다면, 한국과 조선 두 국가의 (반)/민족주의 관점에서 근대적 단일 국가성의 역사적 부재에 대한 성찰을 통해, 두 국가의 국민들은 단일 종족성과 동일 민족성의 복원을 넘는 현실적 해답과 해법을 준비해야 할 것이다.[64]

이 문제는 기존 두 국가의 해체와 하나의 새 국가의 등장, 즉 두 분단국가의 해체와 신 통일국가의 등장이라는, 통일 과정의 본질을 직접 건드리고 있다. 즉 결락 요소 없는 두 국민국가의 객관적 공존을 인정하지 않으면, 평화는 말할 필요도 없고, 통일의 논리 역시 근대 이전에 오랫동안 존재했던 '역사적 국가'로서의 경험을 보유했다는 점 이상을 나아갈 수 없게 되기 때문이다. 간단하게 말해 서로 다른 이념과 체제를 지향했던, 또 지향하는 두 국민국가의 존재에 대한 인정이, 즉 분단 국가성=분단 헌법성의 인정과 수용이 외려 통일이라는 민족주의 과제를 달성하는 지름길이라는 점이다. 민족주의의 자기부정적 긍정인 것이다.

64 이 문제를 이미 당시에 정확하게 인식한 사람은 김두봉이었다. 그는 장차 수립될 국가가 "한일합방이전의 국가", "일제", "현재의 남한" 이 셋과 같아서는 안 된다고 보아 예리하게 이 점을 짚어 내었다. 그러나 그것이 또 하나의 분단국가인 현재의 자신들과 같아야 한다고 하여 곧바로 자기모순을 드러내었다. 그는 자신들의 헌법이 "장래 전조선헌법의 모체로 되어야 할 것"이라고 언명하고 있다. NA, RG 242, 2006 15/39, 김두봉, 『조선임시헌법 준비에 관한 보고』, pp. 29-30.

7. 마치며

특정 국가의 특성과 정체성은 변화하며 하나의 표제와 헌법조문으로 결정되는 것은 아니다. 그것은 복합적 요인과 요소의 산물이며, 무엇보다도 역사적으로 형성, 재형성된다.

근대 이전 시기 동안 장구하게 종족적 단위와 정치적 단위가 일치했던 한국 민족은 근대 이후에는 한 번도 단일한 근대국민국가를 형성한 적이 없었다. 따라서 하나의 근대국가 국민인 적도 없었다. 단일 전통국가의 장구한 역사와 단일 근대국민국가의 짧은 부재가 국제질서의 급속한 재편 과정과 중첩된 두 헌법 체제와 두 국민국가의 갑작스러운 등장은 많은 특징적인 현상과 요소를 표출했다. 한국과 조선의 초기 헌법제정을 중심으로 살펴본 몇몇 특징 중 어느 것은 정체성으로 고착·지속되었고 어떤 것은 소멸되거나 강화되었다.

한국과 조선의 헌법제정과 국가형성을 관계적·비교적 접근을 통해 분석할 때 가장 두드러진 특성은 마치 서로 마주 보고 제정된 듯한 상호성 또는 대면성, 대쌍성일 것이다. 여기에는 상호 모순적인 적대적 배타성과 상호 유사성의 병진을 포함해, 어떤 부분에서는 불가분하게 맞물린 일란성 쌍생아적 측면까지 존재한다. 일종의 이형 동질에 가까웠다. 관계성과 관련하여 하나 흥미로운 점은 조선의 한국 인식과 대응이 한국의 조선에 대한 그것보다 훨씬 더 직접적이고 밀접하며 근접적(近接的)으로 맞물려 돌아갔다는 점이다. 이 점은 조선의 헌법이 사실상 해방 후의 사회 변혁을 제도화·헌법화하는 전면 제정의 의미를 지닌 데 반해 한국의 헌법은 대한민국 임시정부 헌법을 상당 부분 계승했기 때문에 발생한 차이기도 했다.

둘째는 중앙성, 독점성, 유일성이다. 헌법제정과 국가형성 이후 대한민국과 조선민주주의인민공화국은 근대국민국가, 그것도 입헌국가로서의 본질과 성격을 내장하는 최고 중앙규범체제를 갖추고 있었다. 즉 일반

규범 및 사례와 비교하여 한국과 조선은 근대적 국가성과 주권성에서 결여되어 있지 않았다. 그럼에도 불구하고 헌법제정 과정을 전후로 두 국가는 국가성의 배타적 독점을 추구하여 상대와의 공존을 전면 부정했다. 그리고 이러한 상대에 대한 인식은 자신의 중앙성과 통일정부라는 인식과 각종 규정으로 연결되었다. 그 정점이 두 헌법의 영토와 수도 규정이었다.

셋째는 통일지향성, 잠정성과 과도성, 반(反)민족성이다. 한국과 조선은 국가를 형성하면서도 자기 모순적으로 단일민족주의, 통일근본주의를 절대화하여 상대는 물론 자신의 정체성을 잠정적 과도적 존재로 인식하고 있었다. 여기서 중요한 것은 타자를 부정하기 위해 자기조차 과도적 존재로 인식했다는 점이다. 상대의 국가성을 인정하는 순간 그것은 정통성의 배타적 독점이 아니라 정통성의 분할과 공존으로 연결되었기 때문이었다. 적어도 이러한 상호 인식과 관계의 측면에서는 한국과 조선이 헌법제정 이후 향유한 주권성은 일종의 반(半)주권성이었다. 여기에서 우리는 국가성과 민족성, 헌법국가주의 대 종족 민족주의의 충돌을 확인하게 된다. 보편주의에 반하는 민족주의의 역설적 반(反)민족성인 것이다.

넷째는 냉전이 초래한 진영성 또는 동맹성이다. 국제성과 진영 정체성은 둘의 핵심 정체성을 형성한 중요한 요인의 하나였다. 냉전의 국제적 대결로 인한 미국과 소련의 압도적인 영향력의 삼투 없이 한국과 조선의 헌법제정과 국가형성은 상상하기 어려운 것이었다. 동시에 헌법제정의 과정과 내용에서 조선이 소련으로부터 받은 영향이 한국이 미국으로부터 받은 그것보다 훨씬 더 직접적이고도 더 컸다는 점이다. 이점은 뚜렷하게 대비되었다. 즉 미국은 국가형성의 외선 질서와 조건은 제시했지만 소련처럼 헌법과 체제 형성의 과정과 내용에 깊숙이 개입하지는 않았다. 동시에 한국과 조선은 오늘날까지 유엔을 포함한 어떤 국제기구나 국가에 의해서도 전 한반도에 걸친 법률적 관할권과 통치성을 인정받지 못하고 있다는 점에서는 동일했다.

다섯째 역사적 기원에 있어 한국은 대한민국 임시정부를 강조한 데 반해 조선은 이를 전면 부인, 김일성 그룹의 무장투쟁 및 해방 직후의 사회변혁을 강조했다는 점에서 크게 상이했다. 경제부문을 볼 때는 상당한 공유와 중첩이 드러난다. 즉 사회경제 체제에 있어 한국과 조선은 사회주의와 자본주의, 계획과 시장이라는 이분법적으로 대비되었던 것이 아니라 혼합체제·균등경제 또는 사회적·경제적 민주주의로 수렴되었다. 물론 한국에 비해 조선이 비교할 수 없이 계획과 국가 우선을 지향한 체제였다는 점은 분명했다. 그러나 초기 경제 체제에서의 유사성에도 불구하고 정치와 민주주의 차원에서 둘은 크게 달랐다. 서로 독재라고 공격했을지라도 둘은 국민민주주의 특성에서는 유사했으나 인민성, 민중성, 직집성에서 앞선 조선이 이견과 반대의 존새, 토론과 경쟁, 갈등성에서는 한국에 뒤져 있었다. 한국은 조선보다 민주성에서 훨씬 앞서 있었던 것이다.

제6장

한국과 조선: 남북한의 정통성 경쟁과 통일국가의 정체성 모색

/

김병로

1. 들어가며

남북한은 냉전기 불완전한 민족국가에서 출발하여 시간이 흐를수록 민족국가의 성격이 강화되어 가고 있다. 분단 후 80년간 경쟁적으로 민족국가 건설을 추진한 결과, 남북의 정체성은 언어와 역사, 가치와 문화, 민족과 국민의식 등 모든 면에서 달라졌다. 한국과 조선을 바라보는 남과 북의 구성원 의식은 완연히 달라졌고 남북한의 국가성은 남과 북에서 한국민족주의와 조선민족주의로 분화된 듯 보인다. 이제 한국에서는 북한을 '다른 나라'로 인식하는 사람들이 대다수이며, 북한도 김정은 집권 이후 국가 제일주의를 공개적으로 앞세우며 민족국가의 기틀을 다져 가고 있다.

한국과 조선은 단지 국명만 다른 것이 아니다. 그 안에는 역사와 전통, 민족의 정서와 정치적 지향이 한가득 담겨 있다. 남과 북은 해방 후 80년 동안 국명에 걸맞은 역사적, 정치적 정통성 확보를 위해 치열한 경쟁을 해왔다. 특히 분단이라는 이데올로기 대결 상황에서 자기 체제 중심으로 역사와 민족을 동원하고 정당화함으로써 역사와 민족 해석이 많이 달라졌다. 남한은 삼한과 신라 중심의 역사를, 북한은 부여와 고구려 중심의 역사를 각각 강조하는 경향으로 확연히 달라졌다. 냉전기에는 자본주의/공산주의 이념대립이 심화되던 터여서 한국과 조선에서도 민족 정체성 대립은 잘 드러나지 않았다. 하지만 체제 안으로 보이지 않게 고구려 중심으로 역사를 해석하는 조선(북한)과 신라 중심으로 우리민족의 역사를 해석하는 한국(남한)이 첨예하게 대립함으로써 정통성 확보를 위한 치열한 경쟁과 투쟁이 내부적으로 진행되었다.

앞으로 통일논의가 진행된다면 지난 80년간 축적해 온 남북 각자의 정통성을 선점하기 위한 투쟁이 치열할 것이며 통일국가의 정체성 확립은 중요한 과제가 될 것이다. 북한이 2024년 민족 담론을 폐기하고 통일을 추구하지 않는다는 정책을 선언하여 향후 통일논의가 어떻게 전개될지 예단하기 어려우나, 남북한은 지속적으로 통일을 추구해 왔다. 2000년 6.15남북정상회담에서 통일이 주제로 언급되었고, 2018년 두 차례의 남북정상회담에서도 통일문제가 화두로 떠올랐다. 비핵화, 평화협정, 북미관계정상화 등 정치외교적 문제가 어느 정도 매듭이 지어지면 통일논의가 부상할 것이며, 이 과정에서 필연적으로 민족과 국가의 정체성 및 정통성 확립을 위한 논쟁이 뒤따를 것이다. 특히 국력의 열세에 있는 북한은 통일이 가시화되는 단계로 들어가면 통일국가의 정체성을 두고 사활을 건 투쟁을 전개할 것으로 예상되는 바, 이에 대한 준비가 필요하다.

냉전기에는 통일국가의 정체성을 고민할 때 한국이나 조선을 포기하는 대신 고려(高麗)를 국호로 제시하며 새로운 국가·민족 정체성으로 삼고자 했다. 현재의 코리아(Korea)라는 영어 명칭이 고려를 지칭하는 꼬레아(Corea)에서 기원하기 때문에 고려를 국호로 하여 통일국가의 정체성을 발전시킬 수 있다고 보았다. 하지만 시간이 지날수록 남북한의 국가 정체성은 확고해져, 한국이나 조선 어느 쪽도 자기 정체성을 포기하려 하지 않을 가능성이 높아졌다. 국내정치적 시각에서 보면 한국의 경우에도 대한민국의 국가 정체성 상실을 우려하는 국민들이 많아져 고려라는 제3의 대안을 제시했을 경우 자칫 국내정치적 혼란이 야기될 수도 있다.

따라서 이러한 혼란을 방지하고 통일국가의 민족·국가 정체성을 확립하기 위해서는 한국과 조선의 역사적 변천과 분단 체제하에서 축적된 구체적 논의를 다루면서 통일을 준비해야 할 필요가 있다. 향후 통일 과정과 이후의 국가건설을 생각한다면, 코리아반도의 남과 북에 형성된 한국과 조선의 민족국가 정체성을 연구하는 것은 사회통합과 국민통합의 증진을 위해 준비해야 할 매우 중요하고도 긴요한 과제다. 이런 맥락에서 이 글은 해방 후 80년간 한국(남)과 조선(북)이 전개해 온 민족과 국가의 정통성 경쟁을 살펴보고 이를 바탕으로 미래 통일코리아의 정체성을 어떻게 형성해 나가야 할지 살펴본다.

2. 코리아 민족국가 건설의 역사적 배경

(1) 조선(朝鮮)에서 대한(大韓)으로 – 청으로부터 자주와 근대화 열망

대한민국 명칭의 연원은 대한제국에서 시작된다. 고종은 1897년 10월 12일 황제로 등극하고, 다음날 대한제국이라는 새로운 국호를 선포했다. 고종은 조선에서 대한으로 국호를 바꾼 이유를 우리민족의 근원이 삼한에 있기 때문으로 설명한다. 단군 이래로 강토가 분열되어 있었는데 고려에 이르러 삼한(三韓)을 통합했음을 적시하며 이러한 역사적 사실에 기초하여 국호를 '대한'(大韓)으로 선포했다.[1] 고종은 "우리나라는 곧 삼한(三韓)의 땅인데, 국초(國初)에 천명을 받고 통합하여 하나가 되었으니 지금 천하의 이름을 '대한'이라고 정하는 것은 불가한 것이 아니다. 또한 일찍이 각국의 문자를 볼 때마다 '조선'이라 하지 않고 '한(韓)'이라고 했으니, 이

---

1 『고종실록』 36권, 고종 34년(1897) 10월 13일, https://sillok.history.go.kr/id/ kza_13410013_002(검색일: 2023. 5. 1).

는 아마 미리 징험을 보이고 오늘을 기다린 것이다. 천하에 성명하기를 기다릴 것도 없이 천하는 모두 다 '대한'이라는 칭호를 알고 있다."라고 부연 설명했다.[2]

고종이 굳이 국호를 '대한'으로 바꾸려고 한 데에는 청나라에서 벗어나야 한다는 생각이 있었다. 조선이라는 국호 자체가 이성계가 명나라 황제에게 받은 것으로 굴욕적이라 보았기 때문이다(박광용, 1993: 19). 대한제국 초대 의정대신 심순택은 이 부분을 지적하며 철저하게 중국에 대한 사대의식에서 나온 조선이라는 국호를 더 이상 사용해서는 안 된다고 주장했다(이선민, 2013: 103-104). 19세기 말 근대적인 세계질서 속에서 자주국가로 새 출발하려는 조선왕조에 가장 큰 문제는 오랫동안 종주국으로 인식되던 중국과의 관계를 재정립하는 것이었다. '대한'으로의 국호 변경은 중국에 종속된 채 오랜 세월 나라를 통치해 온 조선이 풍전등화의 운명 앞에, 더는 중국이나 일본에 의존하지 않고 발전된 서구의 문물을 도입하여 근대화를 추진해 보려는 고종의 강한 의지가 반영되어 있다. 이런 점에서 '대한'은 조선왕조가 서구 중심의 근대 세계로 진입하면서 만들어 낸 근대 국가의 코드였다(강응천, 2019: 156-159).

(2) 임시정부 - 항일 독립 표상의 '대한(大韓)'과 조선공화국과의 분열

대한민국 임시정부는 일본으로부터의 독립 의지를 표방하기 위해 대한이라는 국호를 견지했다. 임시정부가 국호를 대한으로 사용한 것은 일제가 대한을 말살하고 조선을 사용하도록 강요한 데 대한 반발 의식이 컸다. 일제의 조선반도 병합 이후 일본총독부는 대한제국 대신 조선을 국호

2 『고종실록』 36권, 고종 34년(1897) 10월 11일, https://sillok.history.go.kr/id/kza_13410011_003(검색일: 2023. 5. 1).

로 사용하도록 강제했기 때문이다(이완범, 2008: 60).[3] 조소앙은 "우리가 대한이라는 용어에 애착을 가지고 사용하는 까닭은 한이란 자주독립을 상징하는 문자인 까닭이다. 이것은 역사적 사실을 고찰하면 명백하거니와 자주독립의 기상을 표시하기 위하여 일본이 고의로 말살한 한이란 글자를 우리는 지켜 온 것이다."라고 주장했다.[4] 이런 점에서 대한이라는 국호는 대한제국 시기 정부의 근대화 추진과 민간의 애국계몽운동을 상징하는 용어가 되었으며, 일제의 탄압에 맞서 자주독립정신을 표출하려는 의지가 담겨 있다.

그러나 1923년 국민대표대회 이후 임시정부는 '대한'을 주장하는 세력과 '조선'을 주장하는 세력으로 분열되고 말았다. 국민대표회의에서 임시정부를 지지하는 개조파와 임정을 부정하는 창조파가 대립했다. 국민대표대회 결렬 후 창조파들은 1923년 조선공화국을 결성했다. 당시 공산계열 단체 중에 상해파 고려공산당은 임시정부에 참여하자는 입장이었으나, 공산 계열 중 젊은층이 다수를 이루었던 전로공산당 이르쿠츠크파는 회의 참석을 거부하고 탈퇴했다. 이들은 1923년 6월 2일 윤해(尹海)를 의장으로, 신숙(申肅)을 부의장으로 하여 정부를 세우기 위한 헌법을 제정했다. 국무위원으로는 김규식, 지청천, 최동오, 여운형 등 30인을 선출하여 국무위원회를 구성한 뒤, 국호를 '조선공화국'으로 정하고 대한민국 임시정부를 부정했다.[5]

---

3 일본 초대 총독 데라우치의 총독부 시무식 훈시에서 그는 "이 땅의 판도는 오늘부터 대한제국이 아니라 조선이라 부른다. 한성은 경성이라 한다. 저들보다 조선보다 대한제국에 미련이 남아 있고 경성보다 한성에 연연하여 내일본제국의 신민이라기보다 한민족이기를 원하지만 나를 믿고 지시대로 봉공하라."라고 명령했다. 이에 순종은 칙령(318호)으로 "한국의 국호를 고쳐 지금부터 조선이라 칭한다."라고 했다.

4 조소앙, 여운형 등은 초기에 대한의 국호사용을 반대했으나 나중에는 항일독립 의지가 있다는 점에서 찬성했다(황태연, 2016: 54-56).

5 한국민족문화대백과사전, http://100.daum.net/encyclopedia/view/14XXE0051925 (검색일: 2019. 3. 21).

김구는 이를 모반행위로 규정하여 국민대표대회를 즉시 해산시켰다. 임시정부와 완전히 결별한 것이다. 조선공화국 임원단은 블라디보스토크로 이동했으나 소련정부에 의해 추방되어 각지로 흩어졌다. 이들은 북한에서도 환영받지 못했다. "민족주의자들 중 완고하고 반동적인 층은 중국 상해에 모여 이른바 《대한민국임시정부》를 만들었는데 이것은 인민대중과 유리되어 있는 망명집단에 지나지 않았으며 따라서 대중적 반일투쟁의 실제적 과정에 이렇다 할 작용을 미치지 못했다."라고 비판을 받은 것이다(김한길, 1983: 16). 또한 "행세식 맑스주의자들도 조리화된 종파습성을 버리지 못하고 파벌싸움을 계속 일삼고 있었다."라며 조선공화국 세력도 혁명투쟁을 하지 않고 국제당의 승인을 받으러 다니는 데만 급급했다고 비판한다(조선로동당 중앙위원회 당력사연구소, 1979: 25).

대한과 조선으로 분열된 이후 독립운동의 정통성 싸움은 국호를 둘러싼 좌우 대결로 표출되었다. 1935년 조선의열단, 한국독립당, 신한독립당, 조선혁명당, 대한독립당 등은 좌우합작으로 민족혁명당을 조직하는 과정에서 통합정당의 명칭을 두고 격렬한 대립을 노정했다. 격렬한 논쟁 끝에 통합명칭을 민족혁명당으로, 대외 명칭을 한국민족혁명당으로, 반도의 내부에서는 조선민족혁명당으로 하는 타협책이 도출되었다. 그러나 좌파 세력은 민족혁명당을 김원봉의 의열단 중심으로 개편하고 이름을 조선민족혁명당으로 개칭했고, 이로써 좌우합작은 붕괴되었다(이선민, 2013: 163-164).[6] 국호를 둘러싼 항일 시기의 고착된 좌우대결의 전통 속에서 해방 후 남한은 대한민국을 국호로 정한 반면, 북한은 조선민주주의인민공화국을 택하는 흐름이 이미 예정되어 있었다.

6 민족 계열 독립운동 세력이 대한을 국호로 사용한 데 비해, 좌익 독립운동 세력은 고려나 조선을 국호로 사용했다(윤병석, 2011: 32-35).

(3) 한국-조선 정부 수립과 국호 대립

국호 논란은 대한민국 정부 수립 과정에서 헌법초안을 제정하는 시기에 재점화되었다. 헌법초안인 조선임시약헌에는 "조선은 민주공화정체임"(제1조), "조선의 주권은 국민 전체에 속함"(제2조)으로 조선이 제시되어 있었다. 이에 대해 1947년 7월 16일 열린 제2독회에서 원세훈 의원이 '조선'이라는 국호 사용을 반대하며 대한이나 한국도 반대한다고 주장했다. 대신 국호는 정식 국회에서 정해야 한다고 하자, 윤기섭 부의장 등은 조선은 국호가 아니라 법안의 이름에 지나지 않으니 국호가 정해지면 자연히 고치는 것이라고 답변함으로써 조선임시약헌이란 용어를 그대로 사용했다. 여기에서 보듯 당시 우리나라의 국호는 대한보다는 조선이 일반적이었음을 짐작할 수 있다.

『조선일보』에 보도된 당시 국호의 선호도를 보면 대한민국보다 조선인민공화국이 대중들의 인기를 훨씬 많이 받았음을 알 수 있다. 1947년 7월 3일 조선신문기자회가 서울 시내 2,495명을 대상으로 우리나라 임시정부 국호에 관한 선호도 조사에서 '대한민국'이라는 응답은 약 24%, '조선인민공화국'이라는 응답은 약 70%였다(『朝鮮日報』, 1947/7/6). 대한제국은 존립 기간이 짧았고 의식 있는 지도층 중심으로 사용되었던 국호여서 일반 민중에게는 낯선 이름이었다. 반면 조선은 500여 년간 우리나라 국호였고 수천 년 동안 한반도 일대의 고유 칭호로 쓰였기 때문에 대중들에게 친숙했다(강응천, 2019: 21).

대체로 당시 우익계열은 대한을, 좌익은 조선을, 중도파는 고려를 선호했다. 한민당을 중심으로 한 임시정부수립대책협의회는 '대한민국'을, 남로당을 중심으로 한 좌익 통일전선이었던 민주주의민족전선은 '조선인민공화국'을, 여운형, 김규식, 안재홍 등 중도파가 주도한 시국대책협의회는 고려공화국을 각각 제안했다. 설의식, 손진태와 같이 지식인층에서는 대한이나 조선보다는 새한, 고려 등의 제3의 대안을 제시했다(이선민,

2013: 64, 72, 76). 이로부터 항간에는 국호와 관련하여 '우익=대한, 좌익=조선, 중간파=고려'라는 등식이 성립했고, '좌조선 우대한'이란 용어가 널리 회자되었다.

치열한 논의 끝에 1948년 6월 3일 국회 헌법기초위원회는 국호에 관한 표결에서 '대한민국' 17표, '고려공화국' 7표, '조선공화국' 2표, '한국' 1표로 '대한민국' 안을 헌법초안으로 확정했다(이완범, 2008: 69). 압도적 다수로 대한민국이 국호로 채택되었고 조선은 소수의견으로 존재했다. 대한이 압도적으로 지지를 얻은 것은 독립운동가들이 의식적으로 사용했던 국호가 대한이므로 이 역사성을 잘 살려야 한다는 취지에서였다. 그러나 이러한 배경에는 줄곧 대한민국을 국호로 사용할 것을 주장한 이승만 대통령의 영향이 있었다. 이승만은 자신이 임시정부의 법통을 잇고 있다고 생각하고 있었으므로 대한민국이라는 국호를 자연스럽게 강조했으며 제헌헌법 제정 과정에서도 줄곧 그런 입장을 견지했다(이선민, 2013: 20-26).

이후 이승만 정부는 북한에 조선공화국이 수립되었다는 사실 때문에 남북의 두 정부가 민족정통성을 놓고 치열하게 경쟁하기 시작한 상황에서 상대방의 국호가 널리 사용되는 것을 방치할 수 없었다. 이에 1948년 12월 1일 제정된 국가보안법에서는 북한을 반국가단체로 간주하여 조선이라는 국호의 사용을 금지했다. 1950년 1월 이승만 정부는 국무원 고시 제7호로 '국호 및 일부 지명과 지도 색 사용에 관한 건'을 공포했는데, 대한민국 또는 약칭인 한국을 국호로 사용하되 조선은 사용하지 못하며, 지도의 색깔도 녹색으로 하고 붉은색은 사용하지 못한다고 했다(김명섭, 2016: 129). 탈냉전 이후 남북교류협력법과 남북관계발전법 제정, 그리고 국가보안법의 제한적 적용 등으로 조선의 용어 사용금지에 대한 법적 규제는 없어졌으나 관행과 규범은 여전히 남아 있다.

한편, 북한은 1948년 헌법제정 과정에서 조선을 국호로 정하는 데 특별한 논쟁이나 문제가 없었다. 김두봉은 1948년 4월 북조선인민회의 특별회의에서 조선민주주의인민공화국 헌법초안에 관한 보고를 했고, 1948년 4월 28~29일 개최된 북조선인민회의 특별회의에서 조선민주주의인민공화국 헌법을 만장일치로 통과시켰다(이선민, 2013: 50). 북한 헌법은 국호와 관련 제1조에서 "우리나라는 조선민주주의인민공화국이다."라는 규정을 놓고 조선이라는 명칭에 아무런 이의를 제기하지 않았다. 이미 해방 이후 북한지역에 만들어진 정당, 사회단체, 행정기구가 대부분 조선이라는 이름을 사용하고 있었기 때문이다. 국호를 명문화하는 헌법제정 과정에서 민주주의나 인민 같은 정체를 규정하는 부분에 관해서는 상당한 논쟁이 진행되었으나, 조선이라는 호칭에 대해서는 논란이 전혀 없었다.

북한도 남한과 마찬가지로 남북 이념대립 구조에서 대한민국을 정부로 인정하지 않았다. 북한의 『력사사전』에도 '남조선 괴뢰정권'으로 제목을 달고 다음과 같이 설명하는 것을 볼 수 있다. "미제는 조선인민의 강력한 항의에 부딪치게 되자 낡은 식민지통치방법으로써는 저들의 침략정책을 실현할 수 없다는 것을 타산하고 제놈들의 흉악한 침략적 정체를 가리우려는 음흉한 목적으로부터 출발하여 괴뢰정권을 조작하기에 미쳐 날뛰였다…. 이것은 결국 ≪미군정청≫의 간판을 소위 ≪대한민국정부≫로 바꾸어 단 것이다."(사회과학출판사, 1971: 415)라며 미군이 앞잡이로 세운 '괴뢰정권'으로 규정했다. 이후 김일성은 지속적으로 대한민국 정부의 실체를 인정하지 않는 태도를 취했다.[7]

---

7 "《대한민국정부》는 철두철미 미제의 지시에 따라 움직이는 괴뢰정부로서 조작된 이래 미제의 식민지예속화정책을 충실히 집행했으며 공공연히 매국배족행위를 일삼아 왔다." 김일성, "조국통일민주주의전선 결성에 대하여"(북조선로동당 중앙위원회 제6차 회의에서 한 보고, 1949/6/11), 『김일성저작집 5』(평양: 조선로동당출판사, 1980), p. 107.; "남조선의 소위 《대한민국정부》는 미제국주의자들이 만들어 낸 괴뢰정권으로서 그들의 식민지통치를 가리는 위장물이며 미국의 침략정책을 충실히 집행하는 도구에 지나지 않는다." 김일성, "현정세와 우리 당의 과업"(조선로동당대표자회에서 한 보고, 1966/10/5), 『김일성 저작집 20』(평양: 조선로동당출판사, 1982), p. 454.

북한의 이러한 비판은 인민이나 민주주의와 같은 정체와 관련한 비판일 수 있으나 그 안에는 '대한'의 역사적 정통성을 인식하는 발언은 조금도 보이지 않는다. 조선이 유일한 합법적 정부이며 우리민족과 나라를 대표할 수 있는 국호라 생각한 것 같다. 북한의 상황에서 '대한'의 사용은 법적으로나 실질적으로나 불가능했다. 대한민국이나 한국 정부에 관한 호명은 연방제 통일방안을 제안하는 자리에서 자신들의 조선민주주의인민공화국 정부와 병렬적으로 언급하는 정도에 그치고 있다.

3. 한국과 조선의 민족 정통성 경쟁

(1) 상호배제와 자국 중심의 역사해석

1948년 남과 북의 정부 수립 과정에서는 한국과 조선이 단순한 민족 정체성만이 아니라 국가 정체성과 정통성 문제와 깊이 연관되어 있어서 더 복잡해졌다. 물론 그 이전에도 고종의 제국 주장이나 임시정부의 민국 천명이 정치적 성격을 담고 있어서 조선과 대한을 순수하게 민족문제로만 간주할 수 없는 부분이 있다. 그럼에도 남과 북에 조선과 한국이라는 민족정체성을 지닌 정부가 등장하면서 뚜렷하게 앞세운 (자유)민주주의와 인민민주주의, 자본주의와 사회주의라는 이념적 특성이 더 강하게 내장되는 결과를 낳았다.

분단 초기만 해도 북한은 민족보다 사회주의와 이념을 중시하여 민족정체성을 강조하지 않았으며 냉전기 동안 줄곧 민족에 대한 관심을 그다지 표명하지 않았다. 민족은 실질적 내용보다는 사회주의를 담는 그릇으로서 형식과 구성요소를 활용하는 정도에 그쳤다. 민족보다는 계급을 강조했고 국가는 통일과 관련하여 '조국통일'로 바라보았다. 우리민족을 조선민족으로 전제하고 있어서 그것을 조선민족으로 부르든 고려민족으로

부르든 별 상관이 없었다. 민족 정통성이나 역사적 정통성을 부각하는 의미에서의 조선은 강조되지는 않았고 조선공산당이나 조선인민혁명 등 사회주의 이념적 맥락에서 조선의 차별성을 강조했다.

반면, 남한에서는 새로운 민족 정체성으로 '대한'을 매우 강조했다. 대한민국은 오랜 왕조 역사와 단절하며 형성한 대한제국의 전통과 대한민국 임시정부의 법통을 잇는 정통성을 지닌 정부로서 민족과 국가 정체성을 부각했다. 하지만 분단 초기 '대한' 의식은 주로 지식인들과 엘리트 사이에서 강조되거나 공유된 의식이었다. 앞에서도 설명했듯이, '대한'은 일반대중에게는 조선보다 친숙한 국호는 아니었으며 학생들 사이에서는 '대한'의 의식이 어느 정도 통용된 것으로 보인다. 학생들의 의식 변화가 이승만 정권에서 강조한 대한민국의 이념을 무비판적으로 받아들여 사용했기 때문인지, 아니면 일제로부터의 독립과 조선왕조의 문제점을 인식했기 때문인지 정확히 판단하기는 어렵다. 하지만 대한으로 국호를 변경한 고종의 근대적 비전과 자주의식, 일제로부터 독립의식을 가진 지식인과 학생들이 선진적 사유로 받아들였을 개연성이 크다.[8]

남과 북은 한국과 조선의 정부 수립 이후 법제도 마련으로 자국의 민족 정체성을 강화하고, 상대측 국호는 부정하거나 폄훼하는 규범이 형성되어 점차 비대칭적 국호로 굳어졌다. 초기에는 특히 상대 국호에 대해 '괴뢰정부', '꼭두각시' 등의 비난으로 일관했다. 정치적으로나 이념적으로 남과 북은 조선과 한국을 절대로 용납할 수 없었고 인정하지도 않았다. 북한은 '대한민국'을 미제식민지로 각인시켰고, 남한은 북한을 공산괴뢰도당이라며 조선을 공산당으로 치부하며 배제했다. 조선왕조와 관련된 부분에 한하여만 조선을 표기했고 사회주의, 공산주의와 관련된 북한

8 학생들은 "이조(李朝)와 일제통치(日帝統治)로부터의 유산인 사회구조의 식민지적·반(半)식민지적, 반(半)봉건성의 요소는 8.15해방 후 정부 수립 이래 금일에 이르러서도 시정되지 않고 있다."라는 주장을 펴며 대한의식을 갖고 있는 것 같기도 하다(양영식, 1997: 70-71).

을 지칭하는 조선이라는 표현은 금지했다.

상이한 체제의 분단이라는 당시 상황에서 이념적 차별화가 중요했던 터여서 민족 정체성은 상대적으로 크게 부상하지 않았다. 이념으로 분단된 국가 정체성의 분리가 워낙 크고 민감했기 때문에 조선과 한국의 민족정체성은 문제되지 않았다. 사회주의와 자본주의, 인민민주주의와 (자유)민주주의 간의 이념적, 정치적 차이가 너무 심각했던 상황이라, 우리 민족을 한국으로 호명하든, 조선으로 호명하든 그것은 그다지 큰 문제로 인식하지 않았다. 체제 경쟁이 치열했던 냉전기에는 정치·경제적 성과를 내는 것이 지상과제였기 때문이다.

이 과정에서 남과 북에서 진행된 역사해석은 국가 정체성 강화에 결정적 역할을 했다고 볼 수 있다. 왜냐하면 남과 북이 한국과 조선으로 분단된 이후 체제의 정통성을 부각하기 위해 한국과 조선의 역사적 정통성을 의식적으로나 무의식적으로 끊임없이 동원해 왔기 때문이다. 한국은 우리민족의 근원을 한민족으로 규정하고 그 바탕 위에서 신라 중심의 역사를 전개했다. 한국은 대한제국을 선포할 때 '한(韓)'이 삼한에 기원을 두고 있다고 명시한 점을 들어 이후 마한, 진한, 변한 등 삼한에 대한 강조와 삼한정통론 같은 역사해석에 의존했다. 고조선의 정통성이 남쪽으로 건너와 세운 마한으로 이어진다고 주장하는 삼한정통론은 남한이 활용할 수 있는 절호의 자원이었다. 이처럼 남한은 대한민국의 역사를 한민족의 역사로 규정하고 삼한과 신라 통일을 기반으로 우리나라가 발전한 것으로 해석했다.

특히 냉전기에는 남과 북의 대립이 첨예하게 진행되었던 터라 남한에서는 삼한의 정통성을 잇고 있는 신라의 중요성이 강조되었다. 대표적으로, 신라는 한반도에서 최초의 통일국가로 간주되었다. 이에 비해 고구려, 발해와 같이 북쪽 지역에 거주했던 우리민족에 대해서는 상대적으로 소홀한 경향이 있었다. 탈냉전 이후에는 그에 대한 반성으로 고구려와 발해 등 우리나라 역사를 객관적으로 연구하려는 노력을 기울이고 있으나,

전반적으로 고구려보다는 신라의 역사가 민족 정체성을 규명하는 자원으로 많이 동원되었다.

반면, 북한은 우리민족의 근원을 조선민족으로 규정하고 그 토대 위에서 고구려 중심의 역사를 전개했다. 북한은 "고조선의 원래의 국호는《조선》인데 후세의 조선과 구별하기 위하여《옛날의 조선》이라는 의미에서《고조선》이라고 불러 왔다. 고조선의 건국신화인 단군신화에 의하면 기원전 24세기에《단군왕검》이《조선》이라는 나라를 세운 것으로 되어 있다."라며 단군이 세운 조선에서 민족 정체성을 찾는다(손영종 · 박영해 · 김용간, 1991: 36). 이러한 역사적 맥락에서 부여와 발해 등 북쪽 민족을 중심으로 조선민족의 정체성을 규정한다. 그러다 보니 부여를 구성한 예족이나 맥족을 우리민족의 주류로 해석한다. 부여의 중심지는 오늘날의 길림시 부근에 있었고 부여가 고대국가로 발전하기 전 그 지역에 거주했던 부족들 가운데는 '예'국이 고대 초기 소국으로 존재했다고 한다. 반면 진국은 고대조선족의 한 갈래인 삼한(마한, 진한, 변한) 사람들이 중부조선 이남지역에서 세운 나라로 본다(손영종 · 박영해 · 김용간, 1991: 40-43).[9]

(2) 조선민족주의와 한국민족주의의 분화 · 발전

탈냉전 이후에는 북한이 오히려 민족을 앞세우며 민족통일을 강조하는 반면, 남한은 민족이란 용어 사용을 꺼리며 민족통일보다 남북통일이라는 지리적 개념을 주로 사용한다. 북한(조선)은 냉전기 민족 담론을 강조하지 않다가 사회주의 체제가 흔들리기 시작하던 1980년대 말 민족을 부각하기 시작했다. 우리민족의 시조로 단군의 역사성을 강조하며 단군릉을 조성했는가 하면, 고려를 건국한 왕건의 업적을 부각하는 왕릉 개건

9 구려국은 압록강 중류 일대를 중심으로 한 지역에 고구려에 앞서 존재한 고대국가였다. 구려국의 중심지는 환인 부근이었다.

사업을 추진했다(김일성, 1996: 52-55). 북한이 최초의 통일국가를 고려라고 주장하며 민족 정체성을 강조하는 국가 프로젝트의 일환으로 왕건릉 개건 사업을 추진한 것이다.[10] 통일을 염두에 두고 우리민족의 정체성을 조선보다는 고려와 일치시키며 남북을 통합하려는 전략을 엿볼 수 있다(김정일, 1998a: 10-16).

탈냉전에 들어 사회주의 제도나 주체사상 관련보다는 역사적 전통으로서의 민족이 전면에 배치되었다. 북한은 '유구한 역사와 찬란한 문화'를 강조하고 1992년 개성의 고려성균관을 경공업종합대학으로 확장하며 왕건왕릉도 개건했다. 특히 단군이 평양을 수도로 하여 나라를 건설했다며 단군릉을 조성하고, 단군과 평양이 우리민족의 첫 발상지였음을 상기하며 민족전통을 강조했다. 동시에 민족의 사상 정서와 생활, 풍습을 반영하고 있는 민족음악을 발전시켜 청년세대가 조선민족음악의 우수성을 학습하도록 하는 것도 강조했다(김정일, 1998b: 372-373).

근래에 북한은 국호 조선에 대한 의미를 부쩍 강조하고 있다. 조선이라는 국호는 '빛나는 아침', '태양의 나라'라는 뜻을 담고 있는데, 그것은 우리나라 고대 역사에서 아사달이나 평양이 의미하는 바나 단군의 의미를 새겨 보면 쉽게 이해할 수 있다고 주장한다. "이와 같이 국호 조선은 건국의 터전이 마련된 평양과 아사달이라는 지명, 단군이라는 군주 칭호, 박달이라는 종족명과 호상 깊은 련관을 가지고 있으며 그것들을 다 조선민족의 모체를 이룬 평양을 중심으로 한 넓은 지역 주민들의 고유한 신앙과 사상 관념에 뿌리를 두고 있다."라고 말한다(전대준 · 최인철, 2010:

10 김일성은 개인적으로 왕건을 동명왕보다 좀 낮게 평가한다. "왕건이 후삼국과 발해 남부 지역을 통합하여 우리나라에 첫 통일국가를 세웠다고는 하지만 후삼국을 통합할 때 큰 전쟁을 한 것도 없고 자랑할 만한 공로를 세운 것도 없습니다. … 결국 왕건이 고려라는 통일국가를 세운 것은 동명왕처럼 천지개벽을 하여 세운 것이 아닙니다. 그가 후기신라와 후백제를 내란으로 다 망할 때까지 기다렸다가 하나씩 하나씩 먹어 버린 것을 보면 기회를 잘 볼 줄 아는 사람이였다고 말할 수 있습니다."(김일성, 1996: 53-54).

42). 조선민족의 기원을 단군에서 찾고 평양 지역의 역사성을 부각함으로써 점점 조선이라는 국가에 대한 관심을 높여 가고 있다. 이는 냉전기 북한의 인식과 비교하면 완전히 달라진 모습이다.

아직까지는 조선을 강조하는 데 있어 우리민족 고유의 역사와 전통보다 사회주의 정권과 제도, 수령과 주체사상 등 이념적, 계급적 성격이 부각된다. 우리민족의 역사적 정체성을, 정치적으로 형성된 국민 정체성의 강화와 연결짓고 있기 때문이다(김정일, 1997: 35-36). 그럼에도 이데올로기의 응집력이 세계적으로 상실된 환경에서 역사적으로 형성된 민족문제를 소환하여 정치적 정당성을 확보하려는 생존전략으로 동원한 점은 주목할 만한 대목이다.

한편, 한국의 민족 정체성은 탈냉전 이후 급부상했다. 1988년 서울올림픽 이후 세계적으로 알려지기 시작한 한국이 경제적으로 급성장하고 민주적 정치 변화를 이룩하면서 일약 세계적 발전 모델로 떠올랐다. 자동차와 핸드폰과 같은 IT 산업을 비롯하여 스포츠, 영화, 음악, 드라마 등 이른바 한류 문화를 세계적 흐름으로 형성하며 한민족에 대한 자부심과 긍지가 생겨났다. 한류와 한민족에 대한 긍지는 2002년 한일월드컵축구대회에서 한국이 세계 4강에 오르는 사건을 계기로 대한민국민족주의로 발전했다(박명규, 2009: 117). 대한민국 의식이 국민구성원에 뚜렷하게 형성된 것이다. 다시 말해, 한민족이라는 민족정체성이 대한민국이라는 국가 정체성과 융합하여 대한민국 중심의 민족주의를 새롭게 형성한 것이다.

돌아보면 냉전기는 물론 1990년대까지도 우리 사회에서 자긍심을 갖고 대한민국과 한국을 호명하는 사람들은 많지 않았다. 특히 학계에서는 남한이라는 말로 한국을 호칭하는 것이 일반적이었다. 국민들 사이에서도 비슷했을 것이다. 남한은 명실상부한 근대 민족국가로 발돋움하기에는 미흡한 결핍국가였다. 그러나 탈냉전 이후 한국의 경제성장과 문화적 힘을 바탕으로 '완전한' 민족국가 대한민국으로 발전했다. 고종이 결단했던 '대한'의 기상과 임시정부의 독립정신, 해방 이후 한국의 경제성장과 탈냉전 문화 발전을 기반으로 대한민국 민족주의가 확립된 것이다.

4. 한국과 조선의 국가 정체성 분화

냉전 시기 한국과 조선의 국가성이 강화되었고 특히 1991년 9월 남과 북이 유엔회원국으로 동시 가입한 것은 상호배제에서 상호인정으로 전환하는 계기를 마련했다. 유엔 가입과 관련하여 두 개의 회원국으로 가입하는 것은 영구 분단을 가져온다며 반대하는 의견도 많았다. 그러나 결과적으로 대한민국(ROK)과 조선민주주의인민공화국(DPRK) 두 나라로 가입하게 됨으로써 상황은 달라졌다. 유엔은 독립 국가만 참가할 수 있는 국가 간 기구라는 점에서 한국과 조선은 명실상부하게 국제무대에서 개별 국가로 인정을 받게 된 셈이다. 남북관계에서는 공식적으로 여전히 두 국가로 인정하기를 꺼려하며 1991년 남북기본합의서에도 "남북은 나라와 나라 사이의 관계와는 다른 통일을 지향하는 과정에서 잠정적으로 형성되는 특수관계"라고 규정하고 있다. 그럼에도 남북기본합의서조차도 서로의 실체를 인정하며 변화된 현실을 받아들였다는 점에서 한국과 조선의 국가성은 이전과는 사뭇 달라졌다. 탈냉전 이후 서로의 국가적 실체를 인정하는 방향으로 흐름이 바뀐 것이다.

시간이 흐를수록 한국과 조선은 명실상부하게 독립적인 국가적 면모를 갖추게 되었고 각 구성원들 역시 대부분 자기 체제 내부에서만 통용되는 공통의 정서와 지향, 가치를 공유하는 개별 단위가 되었다. 대한민국과 조선민주주의인민공화국은 대한과 조선 의식으로 확연하게 분리되어 있음을 알 수 있다. 한국과 조선은 같은 나라라는 의식이 거의 없다. 2010년의 조사를 보면, "남북한은 별개의 독립국가인가?"라는 질문에 80.4%가 "그렇다."라고 대답했고, "북한 주민은 '대한민국 국민'인가 '남'

인가?"라는 질문에 44.4%가 '남'이라고 응답했다(강원택, 2011: 20-25). 서울대학교 통일평화연구원의 연례 통일의식조사에서 북한의 국가성을 묻는 "북한도 하나의 국가다."라는 질문에 대해 61.2%가 "그렇다."라고 답했고 29.6%는 "반반/그저 그렇다", 9.2%는 "아니다."라고 답했다. 한국인의 61%는 북한의 국가성을 인정하는 반면 9%는 북한의 국가성을 인정하지 않으며, 약 30%는 평가를 유보했다(김학재 · 강채연 · 김범수 외, 2020: 92). 대답의 의미는 북한을 국가보안법에서 규정하는 이적 집단으로 간주하는 것을 포함하고 있으나, 다수는 유엔의 회원국으로 대한민국과 동등한 자격을 가진 독립된 나라라는 의식을 표현한 것이라고 해석할 수 있다.

나아가 남과 북의 구성원들은 한국과 조선이라는 자기 체제와 국가가 강조하는 정치의식과 민족의식을 뚜렷하게 갖고 있다. 2019년 7월 조사에 따르면 한국인으로서 "매우 자랑스럽다."가 19.4%, "다소 자랑스럽다."가 60.6%로 총 80.0%가 한국인에 대한 자긍심을 갖고 있는 것으로 나타났다(김학재 · 강채연 · 김범수 외, 2020: 465). 반대로 북한주민 또한 2018년 7월 조사에서 주체사상에 대한 자부심을 "약간 가지고 있다(27.6%)."와, "매우 큰 자부심을 갖고 있다(42.8%)."를 합하여 총 70.1%가 주체사상에 대한 자부심을 갖고 있는 것으로 나타났다(정동준 · 천경효 · 문인철 외, 2019: 214). 이러한 남북 구성원의 의식구조 속에도 한국과 조선의 자기국가와 체제에 대한 자부심이 높게 형성되어 있음을 볼 수 있다.

그런가 하면 한국과 조선의 국제적 정체성도 확연히 다르게 형성되어 있다. 한국과 조선의 구성원들이 생각하는 선호국과 위협국은 해방 후 80년 동안 완연히 달라졌다. 대체로 한국의 국제적 정체성은 친미적 집합의식이 증대한 반면, 조선의 국제적 정체성은 폐쇄적 정체성이 강하나 친중적 집합의식이 강하다고 할 수 있다. 한국과 조선이 분단기 동안 여러 측면에서 이질화되었는데 그 가운데 주변국과의 관계 맺기가 가장 확연하게 달라진 부분이 아닌가 생각된다. 한국은 미국과 군사적 동맹 국가로, 미국과 뗄 수 없는 친미 국가로 인식된다. 북한은 한국전쟁 시기 중국의 지원으로 나라를 유지할 수 있었던 만큼 중국과 혈맹국가의 관계를 맺고 있기는 하나, 역사적으로나 정치적으로 경계의 대상이기도 하다.

한국은 2020년 가장 친근한 국가로 미국(67.8%)과 북한(17.5%)을 꼽은 반면, 조선은 중국(65.1%)과 남조선(20.2%), 러시아(11.0%)를 각각 선택했다. 분단 80년이 지나면서 한국은 미국을, 조선은 중국을 가장 선호하는 주변국으로 확연히 다르게 인식하고 있다는 점은 매우 특이하다. 분단 초기에는 미국과 소련이 남한과 조선에 절대적인 영향을 미쳤는데, 80년이 지난 시점에 조선의 경우 소련에서 중국으로 영향권이 바뀐 것이다. 2020년대 들어 다시 러시아 선호도가 3.1%(2012년)에서 11%(2020년)로 느는 추세이기는 하나 아직까지는 중국이 압도적이다. 또한 위협국 인식도 완전히 다르게 형성되어 있다. 한국은 북한(40.8%)과 중국(32.4%)을 가장 위협적인 국가로 인식하는 반면, 조선은 미국(80.7%)을 꼽는다. 즉, 한국인의 의식에는 북한과 중국이 가장 큰 위협이라는 불안이 강하게 자리잡은 반면, 조선에서는 미국이 가장 위협적인 국가로 인식된다.

이와 같이 남과 북에서 국가성의 강화에 따라 민족국가(nation-state)에 관한 새로운 의식이 형성되고 있다. 북한에서는 우리국가 제일주의가 등장하여 공화국 조선에 대한 자긍심과 강조를 이어가고 있다. 남한도 대한민국의 국가적 위상을 한층 강조하고 있다. 조선과 한국은 민족 정체성을 넘어 국가 정체성으로 발전하고 있고, 근대 민족국가 혹은 국민국가로서의 성격이 확연해지고 있다. 남북의 공식회담에서 남측, 북측 등의 지리적 개념을 사용하면서도 대한민국과 조선민주주의인민공화국이 호명되고 상대국 지도자의 공식 호칭을 부른다는 점은 국가 실체의 위상이 남북관계에서도 달라지고 있음을 보여 준다. 통일국가의 명칭은 바로 이런 변화된 환경과 맥락에서 논의되고 있는 것이다.

5. 통일과 국가 정체성 모색

남북의 통일은 '한국'과 '조선'이 만나는 사건으로 지난 80년간 쌓아 온 정체성이 충돌하는 과정이다. 역사적 전통과 정치 체제로부터 사고방식과 생활양식에 이르기까지 서로 다른 정체성이 충돌함으로써 정치적 갈등과 경제적, 사회적, 심리적 갈등을 겪는 과정이다. 통일이 언제, 어떤 방식으로 이루어질지 알수 없으나, '한국'과 '조선'이 만나는 과정에는 반드시 겪게 될 정체성 갈등이 있기 마련이다. 두 사회가 민족의식과 감정이 동력이 되어 하나의 체제로 통일을 이룬다 해도 '조선'과 '한국'의 이러한 상이한 제도와 다른 가치관은 통일과정에서 남북 간에 심각한 갈등과 혼란을 야기할 것이다.

한국과 조선의 영토와 주권 문제, 자유민주주의와 인민민주주의, 항일전통에 대한 해석, 핵문제 등 정치 현안들, 국가보안법과 남북관계법 등 코리아의 주권과 정체성에 대한 해석이 심각한 쟁점이 될 것이다. 남북교류가 진행되면서 한국과 조선의 국가 경계가 모호해지고 정체성의 혼란이 생겨난 것과 마찬가지로 향후 통일을 지향하는 과정에서도 국가 및 민족 정체성과 관련하여 다양한 갈등이 빚어질 것이다. 통일은 한국과 조선의 국가 경계를 허물고 새로운 국경을 형성하며 국가의 정체성도 새롭게 구성해 나가야 하는 과정이기 때문이다. 통일로 가는 과정에서 한국과 조선은 대화와 왕래, 교류와 협력을 추진해 나가야 하는데, 교류협력이 깊어질수록 국가 정체성은 모호해진다. '통일을 지향하는 과정에서 잠정적으로 형성된 특수관계'라는 남북관계의 성격은 사실상 남과 북 사회 안에서 상당히 달라져서 이 문제를 어떻게 이해하고 통합해 나가야 하는지도 관건이다.

냉전기에는 한국과 조선의 국가 정체성이 확고하지 않았기 때문에 각기 국가의 정체성을 내려놓고 제3의 국가 정체성을 새롭게 구성해 나갈 수 있을 것으로 기대했다. 하지만 두 나라의 국가 정체성이 확연해지면서 통일이라는 과제가 쉬운 주제가 아님을 인식하게 되었다. 그러한 어려움을 인식한 시민사회의 한쪽에서는 정체성 통합이 현실적으로 가능하지 않은 주제이므로 당장은 통일보다 공존과 협력 쪽으로 방향을 선회하고 평화 담론으로 이 문제를 해결하고자 한다. 이에 반해 다른 한쪽의 시민사회는 공존과 협력이 아니라 대한민국의 정체성을 더 부각시켜 자유민주적 가치에 입각한 통일을 추구해야 한다고 주장한다. 이 입장은 조선의 국가성을 인정하지 않고 조선을 배제한 통일, 즉 한국으로의 흡수통일을 염두에 두고 있다.

통일과정에는 한국과 조선이 국가 정통성의 근원으로 삼고 있는 '항일'의 가치와 '독립'의 가치를 어떻게 융합해야 할지, 조선의 자립적 경제발전 전략과 한국의 대외교류 역량을 어떻게 균형 있게 발전시켜 나갈지, 반공주의와 반제국주의 정체성을 어떻게 조화롭게 조정해 나갈지 깊이 고민하며 통합 대책을 찾아야 한다. 또 권위주의 사고와 인민민주주의적 의식을 자유민주적 사고로 어떻게 전환·발전시켜 나가야 할지, 그리고 글로벌 시대에 민족적 자원을 남북이 어떻게 협력적으로 발전시키며 활용해 나갈지 심도 있는 대안 마련이 요구된다.

이러한 갈등 상황을 해결하기 위해서는 한국과 조선이 남북통합을 위한 대전략이 필요하다. 한국과 조선은 지난 80년 동안 남북통일을 염두에 두고 통일정책을 제안해 왔다. 그 가운데 남북통합을 염두에 두고 제안한 것이 바로 국호다. 한국과 조선이 당면할 정체성 갈등이 국호를 정하는 과정으로 집약되기 때문이다. 국호는 국가 정체성을 담는 중요한 그릇이다. 독일이나 중국과는 달리 코리아는 통일과정에서 국호에 관한 문제가 대단히 중요하고 심각한 주제다. 독일과 중국은 자국의 언어로 양국이 공유하는 민족 명칭이 있었지만 코리아의 경우에는 한국과 조선으로 민족 호칭이 다르다. 이런 맥락에서 지난 시기 남북이 통일을 염두에 두고 제안한 명칭을 살펴볼 필요가 있다.

한국은 1948년 8월 대한민국으로 국호를 정한 이후 통일방안이나 단체이름에서 한(韓)이라는 명칭을 줄곧 사용했다. 제야세력과 학생운동에서도 대한민국의 국가 정체성을 드러내는 한(韓)을 전제로 했고, 외세의 간섭을 배제하고 외세와 결탁한 반혁명세력을 제거하며 민족자주세력의 총집결을 강조하면서도 '남북한'의 문화교류와 서신왕래, 경제교류 및 학생회담 추진 제안 등 남북의 구성원을 한(韓)으로 호명했다. 하지만 한국이나 조선이라는 호칭보다는 지리적 개념인 '남북'을 빈번하게 사용하며 통합을 도모했다. 김영삼 정부는 '한민족'이라는 명칭 대신 '한'을 삭제하고 민족이라는 표현으로 남북통합을 시도했다.

이처럼 한국은 통일방안에 국호를 특정하지 않으면서 대한민국이라는 국호를 기정사실화하고 있는 것을 볼 수 있다. 대한민국이 현재 갖는 세계적 위상과 프리미엄을 고려할 때 통일 이후에도 당연히 '대한'을 국호로 사용해야 한다는 의지가 깔려 있기 때문일 것이다. 국내정치적 시각에서 봐도 제3의 국호를 대안으로 제시할 경우 대한민국의 국가 정체성 상실을 우려하는 국민들이 많을 것이어서 자칫 국내정치적 혼란을 야기할 수도 있다. 정부는 이념 혼란에 따르는 정치적 위험부담을 지지 않으려는 입장을 견지하고 있어 통일국가의 호칭에 대해 공개적으로 명시하기 어려운 부분이 있을 것이다.

조선도 마찬가지로 분단 초기부터 통일국가의 국호를 조선으로 전제하여 통합방안을 제시해 왔다. 1954년 4월 27일 통일을 위해 '전조선위원회' 구성을 제안한 데서 볼 수 있듯이 조선이라는 국호를 사용했고 남과 북을 아우르는 민족을 조선으로 호명했다(양영식, 1997: 18). 이후 1960년 8월 김일성의 연방제 제안에서는 '남북연방제'라는 지리적 개념을 사용하여 통합을 도모하기도 했다. 하지만 통일회담에서 기본적으로 민족과 국가 정체성을 조선으로 규정하고 있음을 알 수 있다.

북한이 1972년 5월 연방제를 구체적으로 제시하면서 한국이나 조선 대신 '고려'를 통일국가의 국호로 제안한 것은 획기적이었다. 당시 북측 대표단은 "련방국가의 국호는 세계에 널리 알려져 있는 고려라고 이름을 살려 고려련방공화국이라고 하는 것이 좋을 것"이라고 제안했다(김일성, 1984a: 191).[11] 통일국가의 명칭과 관련하여 북측이 언급한 최초의 발언이었다. 현실적으로 남과 북이 대립하고 있는 상황에서 남측이 사용하고 있는 한국이나 북측이 사용하고 있는 조선의 어느 한쪽으로 통일국호로 제안하는 것이 논리적으로 부적절하다고 판단한 것이다. 북한은 "만일 련방국가의 국호를 조선민주주의인민공화국이나 《대한민국》으로 한다면 그것은 어느 한측의 주장을 다른측에 강요하는 것으로 될 것입니다. 그러므로 우리는 평등한 원칙에서 쌍방이 다 접수할 수 있도록 련방국가의 국호를 고려련방공화국으로 하자고 했습니다."라며 배경을 설명했다(김일성, 1984d: 512).

하지만 북한은 2024년부터 '적대적 두 국가' 선언으로 대남정책의 전면적 전환을 단행했다. 남북은 더 이상 민족이 아니며 통일도 추구하지 않는다는 '투코리아' 정책을 천명하고 민족과 통일 담론을 제거함으로써 지난 80여 년간 추진해 왔던 정책을 완전히 폐기했다. 헌법과 관련 법을 개정함으로써 이에 관한 법률적 조치도 취했다. 한반도에 실질적으로 형성된 한국과 조선의 국가적 실체를 인정하고 있다는 점에서는 긍정적이라 할 수도 있다. 북한의 최근 이러한 전격적인 정책 전환이 향후 어떻게 변화해 나갈지 예의주시하면서 한반도 통합의 미래를 대비해야 할 것이다.

6. 마치며: 대한조선 – 통합을 위한 대안

지금까지 살펴본 바와 같이 코리아는 조선과 한국 사이에 끊임없는 민족 정체성 논쟁을 전개해 왔다. 1897년 조선의 고종이 나라의 이름을 조

11 특이하게도 북한은 연방제와 관련하여 언급할 때에는 북남련방제라 하지 않고 '남북련방제'라는 용어를 사용한다.

선(朝鮮)에서 대한(大韓)제국으로 새로 정함으로써 우리민족 정체성은 큰 변화를 이루었다. 1919년 대한민국 임시정부 수립까지 대한(大韓)의 정체성은 별다른 논란이 없었던 것으로 보이나, 임시정부의 국민대표회의가 결렬된 후, 임시정부를 부정하는 청년공산계열 창조파가 모여 1923년 조선공화국을 결성함으로써 대한(大韓)과 조선(朝鮮)의 정체성 논쟁은 점화되었다.

해방 이후 1948년 대한민국 정부 수립 당시 대한민국 국명이 압도적 다수로 채택되었으나 조선의 국명도 소수의견으로 제시되었다. 공산주의·사회주의자들은 조선공화국 또는 조선인민혁명군 등 조선이라는 국호를 사용해 왔고, 1948년 북쪽 정부 수립 당시 조선이라는 명칭을 사용함으로써 남과 북에서 대한(大韓)과 조선(朝鮮)이 민족 정체성 투쟁을 본격화했다.

한국과 조선의 민족 정체성이 아직 확고하지 않았던 냉전기에는 국제적으로 이데올로기 대립이 심화하던 터라, 한국과 조선의 정체성 대결보다는 자본주의/공산주의 대립이 압도하여 민족 정체성의 대립은 잘 드러나지 않았다. 그러나 체제 안으로는 역사학계를 중심으로 고구려 중심으로 역사를 해석하는 조선과, 신라 중심으로 우리민족의 역사를 해석하는 한국이 첨예하게 대립함으로써 정통성 확보를 두고 치열한 투쟁을 전개했다. 탈냉전 이후 북한은 보다 전면적으로 조선의 정통성을 주장하려는 목적으로 단군릉을 개건하고 조선민족 제일주의를 앞세워 우리민족의 정통성과 뿌리가 조선에 있음을 공개적으로 강조하고 나섰다. 북한의 정치체제의 특성을 반영하여 김일성을 필두로 김일성민족이라는 용어도 사용하고 있으나, 김일성민족을 태양민족, 조선민족과 연결시키면서 조선의 정통성 투쟁을 전개하고 있다.

통일국가의 이름은 민족과 역사 정통성 문제를 수반한다. 통일 과정에서 한국과 조선은 각자의 업적과 역사 해석을 바탕으로 정통성과 정당성을 주장하며 많은 논란과 토론을 거칠 것이다. 조선(북한)의 국력이 약해지는 가운데 통일논의가 진행되면, 민족과 국가의 정체성·정통성 확립을 위한 국호 논쟁이 뒤따를 것이다. 2000년 6.15남북정상회담 이후 통일논의가 비록 선언적이기는 하지만 정부 차원에서 언급되었고 2018년 두 차례의 남북정상회담에서도 통일문제가 화두로 떠올랐다.

탈냉전 직후에는 한국과 조선을 넘어서는 제3의 국호를 찾아야 한다는 입장에서 고려가 유력하게 제시되었다. 국호는 쌍방 간의 합의가 추구돼야 하며 한쪽을 표상하는 일방적 국호는 피해야 한다는 입장에서 통일국가의 명칭을 고려로 하는 것이 타당하다는 주장이 대세를 이루었다(이선민, 2013: 183-184). 탈냉전 초기에는 한국과 조선의 국제적 위상이 높지 않았고 국가 정체성도 단단하지 못했다. 남과 북이 아직 민족국가 정체성이 뚜렷이 형성되지 않았던 터라 자기 국호만을 고집하던 냉전기의 관행에서 벗어나야 한다는 입장에서 한국이나 조선 대신 고려를 제3의 대안으로 선호했다.

그러나 탈냉전 35년이 지나는 2025년 시점에 한국과 조선의 민족 정체성, 국가 정체성은 어느 때보다 강화되었고 명실상부한 민족국가, 국민국가로 간주하기에 부족함이 없다. 1948년에는 서로 다른 이념과 체제를 지향하는 정부로 출발했지만 냉전 45년과 탈냉전 35년을 거치면서 민족국가의 실체로 발돋움했다. 역사 해석을 각자 자기 체제 중심으로 내림으로써 한민족과 조선민족은 역사 해석을 전혀 달리하며 두 역사는 확연히 분리되었다. 그뿐 아니라, 한국과 조선은 점점 다른 국가의식을 형성하고 있다. 80년의 세월이 흐르는 동안 남과 북의 구성원들은 한국과 조선의 민족성, 국가성을 충분히 학습하여 의식구조의 측면에서도 민족국가로서의 완연한 면모를 갖추었다. 무엇보다 국제사회에서 한국이 차지하는 경제적, 문화적, 정치적 입지는 대단히 높아졌으며 그 결과 한국과 조선의 세계적 위상이 달라졌다.

이처럼 달라진 통일 환경에서 통일코리아의 국호는 이전과 같을 수는 없다. 무엇보다 탈냉전 35년 동안 한국이 쌓은 국제적 위상과 가치를 감안할 때 대한민국의 국호를 버리고 제3의 대안을 택하는 것은 쉽지 않을 것이다. 국민 구성원의 정서를 감안할 때도 현실적으로 가능할 것 같지 않다. 남과 북이 한국과 조선으로 대립하고 있는 상황을 타개하기 위해 고려(高麗)라는 제3의 대안을 채택할 경우 한국이 지난 80년간 쌓아 온 국가 이미지나 자산은 상실되고 만다. 고종이 대한을 새 국호로 제정했을 당시의 근대화 정신이나, 일제강점기 임시정부를 거치며 관통하던 항일 독립 의지의 표상으로서 대한이라는 국호, 더욱이 지난 80년 동안 발전시켜 온 산업화와 민주화, 국제적 위상 등을 담고 있는 그릇으로서의 '대한'은 당분간 유지되는 것이 좋을 것이다. 이런 점에서 한국이나 대한이 들어가는 국호를 제정하는 것은 여러 면에서 합리적이며 타당하다.

마찬가지로 통일 국호에는 조선의 가치도 충분히 반영되어야 한다. 조선은 우리민족사에서 오랫동안 사용했던 국호이자 대중 친화적인 국호다. 북한도 조선의 국가 의식과 자긍심을 갖는 민족국가적 실체로 발전했다. 특히 통일 과정에서 북한 주민들을 끌어안으려면, 그리고 통일 이후 사회통합을 도모하려면 조선이라는 국호도 버려서는 안 된다. 조선에는 민족 제일주의나 문화적 자산만이 아니라 고난의 행군 같은 분단의 아픔을 고스란히 담고 있는데, 그러한 부분까지도 유산으로 받아들이는 자세가 필요하다. 조선의 구성원들이 함께 겪어 온 역사적 경험을 포용해야만 통일국가의 통합이 가능할 것이기 때문이다.

북한(조선)의 구성원들을 포용하고 분단의 아픈 과거까지도 기억하면서 세계적 선진국으로 발돋움한 대한민국의 자산을 활용하려면 대한과 조선을 아우르는 '대한조선(大韓朝鮮)'이라는 통합 국호를 사용하는 것이 좋을 것이다. 특히 남북이 협상으로 통일을 하려는 경우, 자기 국호를 포기하지 않으려는 의지가 강할수록 양측의 주장을 모두 수용하는 방법을 찾을 수밖에 없다. 북한이 지도부 차원에서는 조선을 포기하고 고려라는 제3의 대안을 제시한다 해도 인민과 대중의 의식을 고려할 때 조선을 포기하기는 어려울 것이다. 남한 국민들의 정서를 고려하면 한국을 포기하는 것은 더더욱 어렵다. 그렇다면 대안은 대한과 조선을 함께 사용하는 방법밖에 없지 않을까 싶다. 이러한 양측의 입장을 감안할 때 조선과 한국을 아우르는 '대한조선'이 가장 타당한 국명이라 생각한다.

대한조선은 남과 북이 이룩한 국가의 업적과 상징을 통합하며 그것을 의식화하고 있는 구성원들의 자부심을 포용하기 위한 조치다. 물론 이것은 과도기적 조치이며 통일국가 형성 이후 전체 구성원의 자발적 결의에 따라 언제든지 국호를 대한민국이나 조선 혹은 고려로 개칭할 수 있을 것이다. 대한조선으로 남북의 구성원들이 함께 통일국가를 일정 시간 경험한 이후 또 다른 차원으로 국가발전을 도모할 시점에서 구성원들의 합의로 고려와 같은 제3의 국호 사용은 가능할 것이다. 그런 의미에서 대한조선의 국호 제안은 잠정적이다. 그러나 남과 북이 당장 통일단계에 들어가 국호를 결정해야 한다면 그것은 잠정적이나마 최종 형태로 제안되어야 할 것이다.

제III부

경계를 넘나드는 주변인의 정체성

제7장

'인민'에서 '국민'으로 · '국민'에서 '인민'으로: 한국전쟁과 '수복지구' · '신해방지구' 주민의 정체성 전환*

/

한모니까

1. 들어가며

한반도는 1945년 8월 15일 일제 식민 지배로부터 해방과 동시에 미국과 소련에 의해 북위 38선 이남과 이북으로 나뉘었다. 1948년 8월 · 9월, 38선 이남에서는 대한민국이, 38선 이북에서는 조선민주주의인민공화국이라는 상이하고도 적대적인 두 정부의 수립이 선포되었고, 38선을 경계로 '남한 국민' · '북한 인민' 만들기가 각각 진행되었다. 국민과 인민 개념도 배타적으로 사용되면서, 국민은 '비인민'을, 인민은 '비국민'을 가리키게 되었다(김동춘, 2000; 김성보, 2009; 박명규, 2009, 김득중, 2009). 급기야 1950년 6월 25일부터 1953년 7월 27일까지 3년간 전쟁이 벌어졌다. 한국전쟁(6.25전쟁)으로 남북을 가르는 경계선은 38선에서 군사분계선(휴전선)과 비무장지대로 바뀌었다.

그 결과 38선과 비무장지대 사이 지역이 탄생했는데, 하나는 '38선 이남이면서 비무장지대 북쪽인 지역'이고, 다른 하나는 '38선 이북이면

* 본고는 2018년 『역사비평』 123호, 415~453쪽에 게재된 논문을 본 서의 취지에 맞게 수정한 글이다.

서 비무장지대 남쪽인 지역'이다. 한국전쟁 전에 북한의 통치를 받았던 38선 이북 중동부 지역은 1950년 가을 유엔군의 점령통치를 겪었다가 1951년 초 북한에 탈환되었고, 1951년 여름 유엔군에 재점령되었다가 1954년 11월 17일 남한에 이양되면서 '수복지구'라 명명되었다. 반대로 한국전쟁 전에 남한의 통치를 받았던 38선 이남 서부 지역은 개전 초기 북한의 점령통치를 겪었다가 1950년 가을 남한에 탈환되었고, 1951년 봄 이후 북한에 재점령되면서 '신해방지구'라 지칭되었다.[1]

수복지구와 신해방지구의 주민들은 피점령과 탈환 상황에 따라 대한민국 국민(이하 남한 국민)/유엔군정 주민/조선인민민주주의공화국 인민(이하 북한 인민)이 되어야 했고, 마지막으로 수복지구 주민은 남한 국민으로, 신해방지구 주민은 북한 인민으로 편입되었다. 이곳 주민들의 국민/인민 전환은 거듭되는 (피)점령 상황만큼이나 순탄치 않았다. 이때 한국전쟁기 (피)점령과 잔혹 행위라는 폭력 경험, 남북한의 인식과 정책, 그에 대한 주민들의 인식 및 대응, 지역 고유의 특성이나 정세의 변화 등에 따라 국민/인민 전환의 양상, 결과, 성격 등은 달라졌다.

수복지구 주민이 인민에서 국민으로 바뀌고, 신해방지구 주민이 국민에서 인민으로 바뀌는 것은 당연하게 생각될 수 있다. 하지만 여기서 나아가 주목할 점은 국민/인민 간의 전환 과정이다. 이 글은 양측의 국민/인민 전환 과정을 비교하면서 그 특징을 살펴보고자 한다. 먼저 남북한은 점령한 지역의 '과거의 인민'과 '과거의 국민'이었던 주민들을 어떻게 자신의 국민·인민으로 만들어 갔는지, 또 주민들은 어떻게 대응하며 정체성을 형성해 갔는지 살펴보고자 한다. 한반도와 국제적 층위에서 이루어진 수복지구·신해방지구 탄생과 남북한의 국민·인민 만들기 과정에

1 행정구역상, 수복지구에는 경기도 연천과 강원도 철원(김화)·화천·양구·인제·고성·양양(속초) 등이 해당하며, 신해방지구에는 개성·개풍·장단·판문과 황해도 옹진·청단·강령·연백 등이 해당한다.

서, 지역민들이 어떻게 대응하며 국가 정체성을 형성해 갔는지 비교하려 한다. 두 지역 간에는 활용 가능한 자료 면에서 차이가 있지만, 최대한 기존 연구를 활용하고, 남한 정부 및 언론 자료, 미군이 노획한 북한문서와 『개성신문』을 비롯한 북한의 신해방지구 관련 문헌 자료, 주민들의 구술 자료 등을 종합적으로 활용할 것이다.

2. 한국전쟁 이후 주민 구성 변화와 '월북' · '월남'

한국전쟁은 수복지구와 신해방지구를 탄생시킴과 동시에 이곳 인구와 주민 구성을 크게 변화시켰다. 가장 먼저 나타난 변화는 인구의 급감이었다. 수복지구의 세대수는 1944년 12만여 세대에서 1946년 11만여 세대로, 1954년 11월 3만 6천여 세대로 급감했는데, 전후 세대수는 해방 전의 30%에 불과했다. 인구도 1944년 약 64만 5천 명에서 1946년 59만 8천여 명으로, 1954년 11월 17만 7천여 명으로 줄었는데, 이는 해방 전의 27.6%에 불과한 수치였다.[2] 남한 당국은 수복지구 주민의 70%가 월북하고 30% 내외만이 남았다고 보았다(국무총리비서실, 1953). 신해방지구의 경우에는 구체적인 인구 변동 수치를 확인하기 어렵지만, 당시 북한 당국이 개성 인구의 50~70%가 월남했다고 보았을 정도로(리택정, 1954: 95), 인구의 많은 감소가 있었던 것은 분명하다.

둘째, 감소한 인구의 대부분은 남성이었고, 현지에서는 여성 비중이 높아졌다. 수복지구에서 성비의 증감은 지역에 따라 편차가 있어 한마디

2 조선총독부 편, 『1944년 5월 인구조사결과보고』, 서울대학교 · 아시아태평양교육발전연구단 자료총서 4, 선인, 3쪽, 15~16쪽; 북조선인민위원회기획국편찬, 「1946년도 북조선인민경제통계집」, 『북한경제통계자료집(1946 · 1947 · 1948년도)』, 1947, 26~27쪽; 「날로 발전하는 수복지, 어제 행정권 이양 1주년 기념식」, 『동아일보』, 1955/11/18; 『수복지구 지방행정』(1955/1/2).

로 정리하기는 어렵지만, 대체로 해방 전(1944)에 비해 해방 후(1946) 남성비가 증가하고 전후(1954/11)에는 반대로 여성비가 높아지는 지역이 많아졌다. 남녀 성비가 비슷했던 양구와 남성비율이 높았던 양양의 경우, 각각 남 28,988명 · 여 28,518명에서 남 5,698명 · 여 6,205명으로, 남 43,068명 · 여 28,007명에서 남 36,223명 · 여 39,776명으로 여성이 많은 비중을 차지하게 되었다.[3] 전쟁으로 인한 성비의 변화는 지역 내 공간상의 변화로도 이어졌는데, 인제에는 남편을 잃은 여성들이 모여 사는 마을이 생기기도 했고,[4] 속초에는 모자상(母子像)을 중심으로 한 수복기념탑이 세워졌다. 신해방지구의 경우에도 비슷했는데, 개성 사람 중 "호주나 독자적으로 행동할 수 있는 사람들이 많이" 월남했고 "남아 있는 사람들의 대부분은 아녀자들과 로인들"이었다는 기록이 보인다(송경록, 2000: 117). 『개성신문』에서도 남성 인구를 대신한 여성 노동력의 동원 · 활용, 월남자 가족(여성), '의용군' 후방 가족 등과 관련된 기사들을 어렵지 않게 찾아볼 수 있다.

셋째, 주민 구성에서 외지인의 비율이 높아졌다는 점도 특징적이다. 수치상으로 확인 가능한 강원도 수복지구의 경우를 살펴보면, 원주민이 45.3%, 타향인이 54.7%를 차지했다(윤희덕, 1968: 26). 수복지구와 신해방지구의 주민 구성이 복잡해지고, 원주민보다 외지인의 비율이 높아졌다고 할 수 있다. 이는 지역 내 갈등 및 차별의 원인이 되기도 했다.[5]

---

3 각주 2와 같음.

4 최용수, 2009/3/11, 인제군 인제읍 상동리 자택.

5 지역주민들 사이에는 정치사회적 · 경제적 · 심리적 갈등이 발생했다. 갈등의 한 양상은 원주민과 외지인 간 갈등이었다. 수복지구의 경우 군부대의 직접적인 관리와 통제를 받던 시기나 민북마을(민간인통제선 이북 지역 중 민간인의 거주가 허용된 지역) 같은 곳에서는 군부와 주민 간에 위계가 생겼다. 민의원 선거 때는 지지 후보를 둘러싸고 원주민과 외지인 간 갈등이 표면화되기도 했다. 외지인 중 재해 이주민도 군인과의 위계 속에서 생활해야 했으며, 토지소유권 문제로 원주민과 갈등이 빚어지기도 했다. 또 하나의 양상은 원주민 내부의 갈등이었다. 신해방지구에서는 월남자 가족과 인민군 복무자 가족 간에, 수복지구에서는 전전 월남자와 전후 수복민 간에 갈등이 발생

이러한 주민 구성의 변화 원인은 톱질전쟁 같은 전선의 이동, '월남자'·'월북자'의 발생, 점령당국의 외지인 입주 정책 등에 있었다. 전황의 변화에 따라 피점령·탈환이 반복될 때마다 잔혹 행위와 인명피해가 발생했다. 38선 이북 중동부 지역의 경우에는 1950년 가을 북한의 후퇴, 남한의 점령, 1950년 겨울 북한의 재점령, 1951년 남한의 재점령이 반복되었다. 38선 이남 중서부 지역도 비슷했다. 1950년 여름 남한의 후퇴, 북한의 점령, 1950년 가을 남한의 재점령, 1950년 가을~1951년 북한의 재점령이 반복되었다. (재)점령과 특히 수복지구와 신해방지구 모두 개전 초기보다는 전선이 급격히 바뀔 때 잔혹 행위가 집중되었다.[6] 잔혹 행위는 월북자 또는 월남자 가족들을 대상으로도 벌어졌고, 인민유격대 및 반공유격대의 활동과 그에 대한 남북의 토벌 과정에서도 행해졌다.[7]

전세가 역전을 거듭할 때마다 이곳 사람들은 더 북으로 혹은 더 남으로 피난을 떠나야 했다. 북한의 후퇴 시기에는 인민군과 내무서원들이 지역 주민들을 북쪽으로 피난할 것을 종용했고, 주민들은 올라오는 남쪽의

했다.

6 2008년 진실·화해를위한과거사정리위원회가 한국전쟁 전후 강원도 인제군 민간인 집단희생 조사를 실시했는데, 이에 따르면 피해 시기는 1950년 6~8월 개전 직후(6.3%)보다는 1950년 9월~1951년 6월(74.7%)에 집중되었다. 전시 인제지역의 집단희생 추이에 대해서는 강원대 사회과학연구원(2009: 121-125) 참조.

7 인제에서는 남·북한군과 좌·우익 양측에 의한 피해와 미군에 의한 폭격 및 기총사격에 의한 피해가 많이 발생했다. 전쟁기 민간인 피해사건 총 527건 중에 국군(47건)·우익반공청년단(180건)에 의한 사건, 인민군·지방좌익·빨치산에 의한 사건(162건), 미군 사건(65건) 등을 차지했다(강원대 사회과학연구원, 2009: 121-125). 잔혹행위에 동원된 주민 간의 갈등은 매우 심각했다. 국군·유엔군의 38선 북진 당시 퇴각하던 인민군의 일부가 낙오되어 산으로 들어가 빨치산이 되었다. 반면 후퇴하지 못하고 지역에 남은 청년들이 대한청년단·청년방위대·결사대 등을 조직하여 국군 또는 미군 등의 정규군을 대신하여 빨치산이 된 인민군·지방좌익 등과 맞섰다. 양측은 한국전쟁 개전 이전 38선 충돌 과정에서 정규군 또는 준 전투요원으로 간주되어 경비대 또는 준군사조직으로 편재되어 군사훈련을 받거나 전투를 치른 바 있었다. 전면전 발발 후 다시 맞선 빨치산과 우익반공청년들 사이의 전투과정에서 이들은 물론 그들의 가족도 많이 희생되었다.

'국방군'을 피해 '아군'인 인민군을 따라 북쪽으로 피난했다. 남한의 후퇴 시기에는 국군과 경찰이 남쪽으로 피난할 것을 종용했고, 군 · 경 · 반공청년단과 관련되었던 사람들과 원폭 투하의 공포를 느낀 사람들이 남쪽으로 피난했다.

수복지구의 경우, 월북자의 대부분은 북한 통치하의 당 · 정 · 사회단체에서 간부급으로 일정한 역할을 했거나 그 구성원들이었다. 그들은 남한의 탄압을 피하여 북으로 갔다. 1950년 가을 유엔군의 북한점령 당시, 미군이 우려할 만큼 북한에 파견된 남한의 군대와 경찰들의 잔혹 행위가 심각했기 때문에(하루키, 1994: 184-185; 한모니까, 2010: 178-179) 남한의 재점령으로 인해 벌어질 탄압을 피하고자 했다. 한편, 이렇게 반세기 이상 분단이 지속될 것을 예측하지 못하고 일시적으로 북한으로 간 사람들도 있었다. 1950년 9~10월, 1951년 봄 북한군의 후퇴를 따라 함께 후퇴 · 피난[北避]했다가 탈환 후 돌아온 사람들은 이미 크게 줄어 있었고 그때 돌아오지 못했던 것이 결국 월북한 셈이 되었다. 반면, 북한 체제에 지지를 보냈지만 미처 월북하지 못한 사람들, 제 조직의 구성원으로서 활동했던 사람들, 고향을 지키고자 했던 사람들, 반공 활동을 했던 이들, 월북한 남편 · 자녀를 둔 가족들이 현지 원주민으로 남았다(한모니까, 2017: 405).

신해방지구의 월남자 역시 비슷했다. 북한당국에 의한 탄압이나 재산몰수 등을 우려한 사람들이나 반공적인 사람들은 물론, 원폭 투하 소문을 듣고 남쪽으로 피신하거나 일시적으로 남한에 남은 사람들이 있었다(김성보, 2010: 80). 지역에 남은 사람들은 북한 편입을 예상하지 못했거나 반공주의적이었지만 미처 월남하지 못했거나, 북한 체제를 지지한 경우, 남북한의 군인으로 동원되었거나 월남한 남편이나 가족이 있는 여성들이었다.

그런데 수복지구와 신해방지구에서의 월북 · 월남은 다른 지역에서의 월남 · 월북과는 차이가 있었다. 수복지구에서의 월북은 본래 38선 이북지역에 살던 사람이므로 38선 이남 사람들의 월북과는 차이가 있으며,

신해방지구에서의 월남은 본래 38선 이남에 살던 사람이므로 38선 이북 사람들의 월남과는 다른 측면이 있다. 즉 본래 38선 이북 주민의 북한에의 잔류, 본래 38선 이남 주민의 남한에의 잔류인 것이다.

양 지역에서 월남·월북 또는 사망했거나 행방 불명한 원주민들을 대신한 것은 타지 출신들이었다. 타지 출신에는 정부 당국이 파견·임명한 관리·간부들이 있었는데, 남북한 당국은 이들을 통해 양 지역을 관리하고 통제했다. 수복지구의 경우, 군수급은 현지인이 아닌 38선 이남 출신자가 임명되었으며, 민의원 출마자들도 타지 출신이 대부분이었다. 신해방지구도 처음에는 현지에 파견된 외부 출신 인사들이 다수를 차지했다. 개성·개풍에는 당중앙·내각·사회단체 대표들로 구성된 특파원들이 파견되었고, 옹진·남연백에는 중앙에서 황해도에 파견된 간부 중 당사업 경험자를 선발하여 배치했으며 황해도당 부위원장과 사회단체 책임간부들이 현지에 장기 출장을 반복했다. 그럼에도 1950년대 수복지구와 신해방지구의 권력 체계는 외부 인사 파견을 통한 지역 관리·통제와 현지 출신 인사들의 재등용을 통한 기존 지역 질서의 수용 등이 공존하는 방식으로 짜였다(한모니까, 2015). 그리고 시간이 지날수록 수복지구와 신해방지구의 차이가 명확해졌는데, 수복지구에는 현지 출신 인사의 비중이 커졌고, 신해방지구의 간부진은 다른 북한 지방 출신들로 채워져 현지인은 드물어졌다. 간부진 출신지별 분포에 대해 황해도 황주 출신의 북한이탈주민은 "황해도 사람들 간부 없는 거 보라요. 하다못해 작업반장 하는 사람들도 다 북에서 온 사람들이지 황해도 본토는 없어요."라고 증언했다(정근식·김윤애, 2015).

타 지역 빈민이나 난민들도 수복지구와 신해방지구로 들어왔다. 크게 보면, 전황의 변화에 따라 자연발생적으로 이 지역에 들어온 사람들과 정책적으로 이주된 사람들이 있었다. 미8군과 남한 정부는 수복지구 입주계획을 세우고, '주인 없는 땅'을 남한의 빈민층이 들어가 살도록 했다.[8] 38선 이남 출신 빈민들은 수복지구의 주인 없는 토지를 경작하기 위해,

또 군부대를 상대로 다방, 음식점, 주점, 여인숙 등에 종사하기 위해 모여들었고, 각종 개발 공사 현장에 투입되었다가 이곳에 눌러앉았다. 그들의 개인적인 이유는 다양했지만, 수복지구가 일종의 기회의 땅이 될 수 있다는 인식이 바탕이 되었다(한모니까, 2017). 제대군인이나 상이군인들도 이주·정착했다. 1959년 울진군의 사라호 태풍 유민 66세대 364명도 집단 이주했는데, 태풍으로 집과 땅을 잃은 그들에게 경상도 당국은 "주인 없는 수복지 논밭이 널려 있다."라면서 "소출 나올 때까지 도에서 배급도 해준다."라며 철원군에 이주를 권했고,[9] 그들은 철원군 근남면 마현1리 '자립안정촌(민북마을)'을 구성했다(철원군지 증보편찬위원회, 1992). 또 고향과 더 가까이 살기 위해 모인 이북 출신들도 수복지구에 터전을 잡았다. 이들은 산발적으로 정착하거나 집단 거주지를 형성하기도 했다.[10]

신해방지구에도 각양각색의 사람들이 모여들었다. 남쪽으로 피난·도주하다가 길이 막힌 (북한) 사람들, 고향 가까운 곳이라 찾아온 (남한) 사람들(송경록, 2000: 117), 남한에 점령되었거나 비무장지대에 속한 철원에서 소개·이주한 전재민도 있었다.[11] 즉 38선 이남과 이북 출신의 사람들이 전황의 변화 와중에 신해방지구에 머물게 된 것이다. 한편, 북한 당국도 정책적으로 신해방지구에 타지의 빈민들을 이주·정착시켰다. 북한은 이주민에게 토지의 경작권을 분여하면서 정착을 돕거나, 별도의 이주민 농장을 건설하기도 했다(국사편찬위원회, 1951: 161-162). 황해도 연백평야

---

8 1955년 4월 말 당국계획의 85%인 4,722세대, 2만 5,875명이 입주하는 등 행정권 이양 1년 후 약 6만여 명이 증가했다(『조선일보』, 1955/5/3; 『동아일보』, 1955/11/18; 『위북수복지구 지방행정일주년감』: 2).

9 이들은 수복지구 중에서도 민간인통제선 이북지역으로 이주되었다(『한국일보』, 2003/2/6).

10 함경남도민의 집단거주지인 속초시 청호동 '아바이마을'이나 평안도민의 집단거주지인 철원군 동송읍 '평안도촌'이 그 예다. 월남민 정착촌에 대해서는 김귀옥(1999) 참조.

11 1952년 12월 철원에서 이주해 온 전재민의 존재를 통해 유추해 볼 수 있다(『개성신문』, 1953/11/4).

에는 장풍군의 농가 약 100호가 이주했다(허영철, 2006). 점차 '영예군인'(상이군인)과 제대군인들도 신해방지구에 정착했는데, 특히 '영예군인'들은 그들의 전쟁 경험을 학생들에게 교육·선전하거나 '6·25영예군인 생산협동조합'을 결성했고(『개성신문』, 1954/8/13), 제대군인들은 협동농장의 작업 분조장으로서 노동당원과 함께 조합을 장악해 가는 등(이준희, 2017: 507) 전후 복구와 농업협동화 등의 사회주의적 개조에서 견인차 역할을 했다.

3. 남북한의 주민 편입 정책: 동화와 차별

1) 공민(公民) 지위의 제한적 부여

영토 점령과 더불어 자신의 체제하에 들어온 '과거의 북한 인민/남한 국민'을 바라보는 남북한의 인식은 유사했다. 남북한은 수복지구·신해방지구 주민들에 대해 구체제하에서 착취당한 피해자, 남한 체제와 북한 체제를 비교하는 사람들, 간첩이자 불순분자라고 인식했다. 남북한은 이곳 주민들을 일반 국민·인민과 다른 특수한 존재로 보았고, 이는 이 지역민에 대한 특별한 혹은 별도의 관심과 주의, 정책이 필요하다는 인식으로 이어졌다. 그것은 이들을 적극적으로 자국민/인민과 같이 동화시키면서도 철저히 통제하는 정책이었다(한모니까, 2015: 241-242; 기광서, 2021: 115-150). 남북한은 양 지역민에게 공민권을 부여하거나 물적 지원을 하는 등의 포섭 정책을 펴는 동시에 다른 지역 주민들보다 더 심한 감시·통제·사상교육 등의 차별 정책을 실시했다.

대표적인 동화 정책은 제도적으로 공민 지위를 부여하는 것이었다. 양측에서 공민의 권리와 의무 부여는 주민 파악 및 신분증 발급으로 시작되었고 신속했다. 남북한이 양 지역 주민에 국가 구성원으로서의 제도적 지위와 권한을 부여하는 과정을 살펴보자.

수복지구 주민들은 유엔군정기 '주민'이라는 과도기를 거쳐 행정권 이양 이후 대한민국 국민으로 바뀌었다(한모니까, 2010). 이곳 주민들이 '과도기'를 겪을 수밖에 없던 것은 바로 38선 이북 지역에 대해 남한의 통치권이 미치지 못하고 유엔군의 관리하에 주민 통제가 이루어졌기 때문이었다. 신분증 역시 입주영농증·출입영농증 등의 형태에 그쳤다. 대한민국 정부가 인정하는 신분증은 1954년 11월 17일 행정권 이양 이후에야 도민증으로 발급되었다. 치안국은 「수복지구의 경찰시책 요강」(1954/11/20)을 발표하고, 원주민과 전입자로 구분하여 동태를 파악한 후 도민증을 발부했다. 이렇듯 수복지구 원주민은 별도로 분류·관리되었고, 북한의 공민증이 아닌 새로운 신분증으로서 입주영농증이나 도민증을 소지해야 했다.

이어서 병역법에 의거해 수복지구 병역 해당 장정 전원에게 병적 등록이 실시(1955/1/20~2/9)되었고, 징소집 해당자의 신체검사가 진행(1955/4)되었다. 가옥·토지 등의 복구 등기 사무와 호적 복구 사무도 개시(1955/5)되었다. 아울러 정부가 제출한 국회의원선거법안(1955/4/22)은 38선 이북 수복지구에도 8개 선거구를 증설하여 민의원 선거를 실시한다는 규정을 포함했다. 일련의 등록·복구 사무와 선거법의 마련은 수복지구 주민에게 대한민국 국민의 의무와 권리 부여를 하는 제도적 조치들이었다. 다만, 수복지구 주민에게 정치적 권한은 제한적으로만 부여되었다. 수복지구에서는 1956년 정·부통령 선거와 1958년 제4대 민의원 선거가 실시되었지만, 당시 남한에서 실시되던 지방자체제가 적용되지 않는 등 정치적 권한이 제한되었다.

신해방지구 주민들에게 북한의 공민 지위가 처음 부여된 것은 1950년 여름 북한이 남한을 점령했을 때였다. 북한은 남한 지역을 군사 점령한 즉시 통치에 들어갔고, 점령지역민에 대해서도 '조선민주주의인민공화국 공민의 기본권리와 의무'를 부여했다. 북한에 점령된 남한 사람들은

1950년 7월 1일 최고인민회의 정령으로 선포된 전체 공민 동원령[12]을 적용받았다. 이어서 토지개혁·인민위원 선거·주요 산업 국유화·조세 납부 등과 관련된 법령에 따라 토지 소유 경작권과 (피)선거권 인정과 같은 권리는 물론 현물세 납부·노동력·의용군 동원 등의 의무가 부여 되었다(한모니까, 2016: 397). 이는 호적제도를 비롯한 남한의 여러 제도가 폐지되고 북한의 제도가 이식되는 과정이었다.

북한은 38선 이남 서부 지역을 재점령한 후에도 기본적으로는 자신의 제도가 확장되었던 북한의 영토·인민으로 보고 각종 정책을 실시했다. 제도적으로 공민 지위를 부여하기 위한 수준을 마련하는 것이 아니라 이미 제도적으로 부여되었던 공민 지위의 박탈 여부 및 차등적 부여 등에 중점을 두었다(한모니까, 2016: 397-398). 신해방지구 주민들은 1951년 재점령 이후 임시증명서 교부에 이어, 1952년 12월 공민증 검인등록을 마쳤다(이준희, 2015: 45-46).[13] 그리고 이를 바탕으로 재산권 인정, 세금 납부, 노동력 동원, 통제 등이 이루어졌다. 1956년 11월 20일에는 리(읍, 로동자구) 인민회의 선거, 11월 27일 도시군(구역) 인민회의 대의원 선거 등 지방인민회의 선거가 실시되었고, 이곳 주민들은 이 선거들을 시작으로 (피)선거권을 행사했다.

앞에서 살펴본 바와 같이, 남북한의 양 지역 주민에 대한 공민권 부여나 신분증 발급은 신속하게 이루어졌다고 할 수 있다. 북한은 1951년 재점령 즉시, 남한은 1954년 11월 행정권 인수 즉시 이곳 주민들에게 공민 지위를 부여하는 정책을 취했다. 그 이유로는 첫째, 남북한이 이곳 주민

---

12 「조선민주주의인민공화국 최고인민회의 상임위원회 정령: 조선민주주의인민공화국 전지역에 동원을 선포함에 관하여」(1950/7/1) 『조선중앙년감 1951~1952년』

13 1952년 12월의 동 사업은 거주지 관할하의 각 분주소가 취급했으며, 기존의 공민증에 대한 검인등록, 거주등록, 공민증 신교부 및 재교부 등을 내용으로 했다. 익히 소지하고 있는 공민증(임시공민증과 임시신분증)과 숙박등록부에 대한 검인등록이었으며, 거주등록을 하지 않은 자는 거주등록을 겸해야 했고, 공민증이 없는 자는 신교부 혹은 재교부를 받은 후 검인등록을 받도록 했다(『개성신문』, 1952/12/19).

들을 착취로부터 해방된 것으로 보았던 것과 관련이 있다. 남북한 모두 국가로서 배타적 정당성을 주장하면서, 상대방을 정당한 국가로 인정하지 않았기에 이곳 주민들에 대해서도 그 국가의 구성원으로서 공인할 수 없던 것이다. 따라서 남북한이 자신의 통치하로 들어온, 즉 '수복'·'해방' 된 주민들에게 공민권을 부여하는 것은 당연한 조치였다. 둘째, 남북한의 물적·인적 동원의 필요성과 관련이 있다. 전시·전후 남북한은 전쟁으로 인해 물적·인적 피해를 입었고, 또 자원이 부족했다. 주민들에게 공민지위를 부여함으로써, 세금과 각종 물자를 거둘 수 있었고 병력으로 충원할 수도 있었다. 즉 '수복'·'해방'이라는 명분상의 이유 외에도 주민 동원을 통한 여러 자원의 확보의 의미가 있었다고 할 수 있다. 셋째, 남북한의 양 지역주민에 대한 공민권 부여 및 그 과정은 심사와 통제의 과정이기도 했다. 수복지구에서는 치안국이, 신해방지구에서는 분주소가 신분증 발급 및 심사를 했던 것이 그 단적인 예다. 이와 같은 공민증 교부 및 검인 등록은 해당 지역 주민들을 파악하여 제 권리 및 의무를 부과하고 통제와 감시를 용이하게 하기 위함이었다.[14]

수복지구와 신해방지구 주민에 대한 포섭정책은 공민권 부여 외에도 물적 지원 및 혜택의 방식으로 전개되었다. 당시 이곳 주민에 대한 물적 지원은 매우 절실했는데, 전쟁 중 2년간 전선 인접지역으로서 농경지가 황폐해졌고 주택·공공시설 등이 대부분 파괴되었기 때문이었다. 남북한 당국도 이곳 주민들의 열악한 경제상황을 고려하여 구호양곡이나 농우 배급, 세금 감면 등의 정책을 실시했다. 이와 관련하여 더 적극적인 자세를 취한 것은 북한이었다. 북한은 1950년 여름 남한점령지역에서의 토지개혁을 바탕으로 1951년 다시 토지 소유권 및 경작권을 분여했고(한모니

14 이는 1952년 5~6월 북한전역에서 실시된 공민증 재발부 사업의 목적과도 상통하는 면이 있다. 1952년 5월 28일 내무성은 18세 이상의 모든 주민에게 공민증을 재교부했다. 전쟁을 통해 크게 변동한 인구를 조사함과 동시에 간첩을 적발하고 월남자도 찾아내는 등의 단속이 목적이었다(서동만, 2005: 479).

까, 2015: 251-253), 1952~1953년 현물세와 국가대여곡을 감면했으며, 교육기관 확장 등의 정책을 실시했다.[15] 김일성은 종곡과 화학비료의 우선 공급 및 농기계임경소의 빠른 설치 등을 지시하기도 했다(김일성, 1980: 75-76). 북한은 이러한 정책을 '따뜻한 시책'·'특별한 배려'라 선전했고, 이를 통해 이 지역 주민들의 지지 기반을 확대하고자 했다.

그러나 신해방지구에 대한 북한 당국의 물적 지원은 한계가 있었고, 주민들의 생활 형편은 열악했다. 북한 당국은 자원 부족을 주민 동원으로 해결했다. 부족한 종자와 식량을 주민 상호 간에 나누도록 했고, 학교·교량 건설이나 관개사업 등에 주민들의 자금과 노동력을 동원했다(『개성신문』, 1952/7/22; 1953/9/18; 1954/7/4; 1954/7/15). 수복지구도 행정이나 식량·생활 형편이 열악했다. 당국의 구호양곡 배급계획은 제때 수립되지 않았을 뿐 아니라, 행정권 이양 이후 구호양곡 배급량은 종래의 3분의 1로 줄었으며, 그것도 수송이 원활하지 않아 배급 중지 상태에 이르렀다. 당국이 긴급대책회의를 열어 구호양곡 3,300톤을 급송하기로 했으나, 배급 과정에서 공무원들의 부정이 많았다. 농기구·농우 배급 정책도 실시되었지만, 농경에 비적합한 농우가 배급되는 등 수복지구 지원은 제대로 이루어지지 못했다(한모니까, 2017: 411).

2) 감시와 신(新)국가관 교육

남북한은 양 지역민들을 의심하면서 이들에 대한 감시 및 통제, 사상교육

---

15 「1952년도 조기작물 현물세를 일부 면제함에 관하여」(1952. 6. 20. 내각결정 제114호), 「비무장지대 분계선 린접지역의 전재 농민들에게 1953년도만기 작물 현물세와 국가 대여곡 등을 감면할 데 관하여」(1953. 9. 17. 내각결정 제161호), 「빈농민 및 령세 어민들의 경제 형편 개선 대책에 관하여」(1953. 2. 18. 내각 결정 제26호), 「개성지구 민간 인삼포 운영에 관하여」(1953. 8. 24. 내각 결정 제152호), 「개성지구 인민교육기관들을 확장하며 송도정치경제대학의 설립을 보장할 데 관하여」(1953. 9. 8. 내각결정 제160호)

등을 실시했다. 유엔 군정기 수복지구에서 주민을 감시하고 간첩 및 '과거 부역자'를 색출하는 역할을 맡은 것은 치안대였다. 치안대는 1950년 가을 남한(유엔군)이 점령한 북한 지역에서 처음 조직되었는데, 1951년 6월 이후 유엔 군정하에서 재설치되었다. 유엔군의 통제 아래에 있는 중동부 지역에 남한의 경찰 제도를 실시할 수 없었기 때문에 군민정관 산하에 군치안대가 설치되었고 각 면 단위로 그 지부가 설치되었다(경기도 건설국 지역계획과, 1954; 리운룡, 1954). 치안대는 사실상의 경찰 업무를 맡아 범죄사실을 적발하는 역할을 했는데, 주로 공비 토벌과 간첩 색출에 주력하면서, 살인 · 강도 · 횡령 등도 적발했다. 양양 지역의 치안대는 "눈부신 활약을 계속"했는데, "오열의 색출, 잔비의 준동분쇄 등 찬연한 업적"을 쌓아 군정장관으로부터 항상 찬사를 받았으며 육군총참모장으로부터 훈장을 받았다고 한다. 간첩은 물론 과거의 부역자를 적발 · 검거하기 위해 "과거부역자를 대상으로 하는 자수 설정기간"을 두기도 했는데, 1,800여 명의 자수자가 있었다고 한다(리운룡, 1954: 44-47).

행정권 이양 이후 치안대원의 상당수는 경찰로 흡수되었고, 여기에 더하여 군부의 지역 통제는 지속되었다. '군 · 관 · 민 혼연일체'를 이루었다고 평가되었고, 1959년 현재도 주민들은 보초를 선 군인과 경찰에게 경례를 하고 다녔으며, "방에서의 일을 제외하고 모든 일반주민은 일거일동을 허가받는 생활을 하고 있다."라는 말이 있을 정도로 주민들은 군대의 통제를 받았다(한모니까, 2017: 369). 또 주민 상호 감시를 위한 조직으로 국민반이 「강원도교칙 제131호 국민반운영규칙」에 의해 1955년 12월 말 편성 완료되었다. 국민반은 매월 말일 반장회의와 매월 1일 반상회를 열고, 매월 내무부 장관으로부터 내려오는 정부 정책을 전달받았으며, 각 면 단위로 반장대회를 개최했다. '공산주의 사상과 공산오열의 침투에 대한 대책'이 감시와 통제의 이유였다.

북한 역시 치안의 중요성을 강조하면서, '반간첩투쟁'을 전개하고 주민상호감시조직을 가동했다. 인민반을 비롯해 각종 사회단체는 주민상호감시조직의 하나로 가동되었다. 주민이나 노동자들이 내무기관·자위대원들과의 협력하에 간첩을 체포했고, 학생들도 교원의 지도 아래 '소년자위대'·'소년근위대'를 조직하여 간첩 등을 적발했다고 한다(한모니까, 2016: 417). 이러한 주민상호감시나 '반간첩투쟁'은 남한과 인적·지리적으로 가까운 신해방지구에서는 더욱 정당화되었다. 나아가 남로당 숙청과 같은 북한 중앙정치의 변화와 중앙당 집중지도사업, '반혁명분자와의 투쟁' 등은 신해방지구 주민에 대한 통제를 매우 강화시켰다. 주민들은 끊임없이 상호 불신과 감시를 해야 했고, 스스로도 처벌에 대한 불안과 위축감을 느낄 수밖에 없었다(한모니까, 2016: 418-421). 신해방지구와 수복지구에서는 정부의 주민 감시·통제와 아울러 지역 내 주민 간 감시와 신고, 주민의 자기 검열 등이 이루어졌던 것이다.

신해방지구의 월남자 가족과 수복지구의 월북자 가족은 이 지역 내 주민 중에서도 감시와 차별의 일차적 대상이 되었다. 북한은 월남자 가족에 대해 일괄적으로 적대시하고 비공민으로 처우하던 데서 차등적으로 포용하는 방향으로 정책을 바꿨지만, 월남자 가족에 대한 지역 내 의심·감시·차별은 지속되었다.[16] 수복지구의 월북자 가족 역시 상당한 차별을 받았다. 앞서 살펴보았던 것처럼 38선 이북인 이 지역에서는 북피(北避)가 많이 이루어졌으나, 정작 지역에 남은 사람들은 월북자 가족으로 낙인찍히고 연좌제 등의 차별 정책이 적용되었다. 그들의 취업 및 사회생활에 제약이 가해지는 등 그들의 일상은 지속적인 감시의 대상이 되었다. 수복지구가 아닌 다른 북한지역에 고향을 두거나 가족을 둔 월남자들에 대해서는 '북한 체제에 반대한 월남'이라는 이유로 연좌제가 적용되지 않았던 것과 대조적이었다. 전자에 대해서는 북한이 간첩·불순분자라는 인식이, 후자에 대해서는 반공전사라는 인식이 만든 결과였다.

16 북한의 월남자와 그 가족에 대한 정책 변화에 대해서는 한모니까(2016: 401-407) 참조.

사상교육은 기본적으로 수복지구 주민들이 공산주의 사상을 갖고 있으며, 신해방지구 주민들이 반공주의 사상을 갖고 있다는 인식을 전제로 실시되었다. 따라서 사상교육의 공통된 목적은 '구체제의 사상에서 벗어나기'와 '신체제의 우월성 인정하기'였다. 주민들이 이미 경험한 구체제를 비판하고 신체제를 진정한 민주주의로 수용·지지하도록 하는 것이었다. 이는 곧 새로운 국가관 또는 조국관의 확립이라 할 수 있었는데, 수복지구 주민은 대한민국을, 신해방지구 주민은 조선민주주의인민공화국을 조국으로 받아들이고 그에 충성하도록 요구받았다.

남한정부 당국은 "(수복지구 주민들의) 진정한 민주주의의 체득과 반공사상의 고취로 국가관을 확립함이 수복행정의 선결요건이며 민심계도사업의 필수"라고 했다. 그리고 민심계도사업을 "북진통일에 대비하여 정신무장과 국론통일을 기하는 방향으로" 전개했다. 이는 다름 아닌 반공교육이었다. 더구나 휴전선 인접 지역이자 인근에서 간첩 침투 및 적발 소식이 자주 들리는 상황에서 반공은 더욱 강조되었고 주민들에게는 '진정한 민주주의' 국가로서의 대한민국 지지가 더욱 요구되었다. 그리고 이를 위해 수복지구 각 군에 민심계도사무전임촉탁이 배치되었다. 시국계몽 강연대, 국민사상정화 만담대회, 계몽영화반의 순회, 좌담회 등도 실시되었다. 1956년 정·부통령 선거와 1958년 민의원 선거에 대비하여 문맹퇴치, 자치정신 함양, 민주사상 보급 등을 내용으로 하는 성인교육도 실시되었다(한모니까, 2010).

북한도 신해방지구의 주민에 대한 정치사상 교양사업을 중시했다. 그 내용은 '조국에 대한 재인식, 봉건·일제·이승만 통치기의 사상 잔재 청산, 계급적 각성, 북한 정권이 진정한 인민의 정권이라는 점 인식, 국제주의에 입각한 애국주의 사상, 적에 대한 적개심과 증오심 제고' 등이었다. 정치교양사업은 성인학교, 강연회, 좌담회, 호별 방문, 라디오, 신문 등에 의한 대중 선전 선동 사업만이 아니라, 각종 집회, 경축행사 등의 군중대회와 영화, 연극 등의 군중문화사업까지 체계적이고 광범하게 전개되었다(한모니까, 2016: 407-414). 신해방지구 주민의 인민 만들기에는 수치심, 적개심, 행복·명예감 등 위계화되고 표준화된 공적 감정이 활용되었다(한모니까, 2018: 261-298).

남북한은 양 지역에서 생활개선·계몽운동도 전개했다. 수복지구의 경우에는 유네스코한국위원회의 생활계몽운동이었다. 유네스코한국위원회는 '붉은 학정'에서 '낙토(樂土)대한'으로 들어온 그들을 의식적으로 계몽시켜야 하며 생활개선운동을 전개해야 한다고 보고, 방학을 이용하여 전국대학생대표 약 50~60명으로 조직된 학생건설대를 수복지구에 파견하여 현지 농민들에게 생활계몽운동을 전개했다. 특히 "농민에게 희망을!", "보다 더 나은 생활을!" 등의 구호 아래 이상농촌건설과 농민생활의 과학화를 강조했다. 신해방지구의 경우에도 사회주의를 지향하는 북한의 농촌은 이상적이며 목가적인 사회로 묘사되었고, 농경·위생·질병치료 등에서의 선진화·과학화가 강조되며 생활개선운동이 벌어졌다(『개성신문』, 1954/7/4; 1954/8/3).

4. 주민들의 대응: 저항과 지지

1) 저항의 양상: 체제 비교와 관망, 반발

수복지구와 신해방지구 주민들의 일차적 대응은 신체제에 대한 지지나 반대를 보류하고 정세를 관망하는 것이었다. 주민들은 점령 당국의 정책에 대해 때로는 모른 체했고, 그러면서 체제를 비교했다. 수복지구 주민들은 정부 정책이나 지역사회의 변화에 대해 "좋은 일이나 나쁜 일이나" 반응을 보이지 않았고(유재인, 1974: 249), 신해방지구 주민들도 가급적이면 당국의 각종 정책 및 동원에 협조하지 않으려는 모습을 보였다. 성인학교 대상자들은 '나이가 많기 때문에'·'글재주가 없어서'·'이제 배워서 무엇을 하겠는가' 등의 이유로 성인학교에 나가지 않으려 했다(『개성신문』, 1953/1/18). 청년·여성들도 노동자나 민청원·여맹원으로의 조직화나 동원을 피하려는 모습을 보이기도 했다. 이러한 주민들의 태도에 대해 말단 간부들은 "노력을 조직하려 하여도 적의 포사격으로 농사지을 수 없다고들 하며 조기파종을 선전하면 금년에는 윤달이 있으니 파종을 너무 빨리하면 좋지 않다고들" 한다며 답답해했고(『개성신문』, 1952/8/17), 상급 단위에서는 "오늘날 자기들이 국가의 주인이라는 것을 모"른다고 비판했지만(『개성신문』, 1952/9/18; 1954/8/3), 이는 당시 주민들이 북한 당국의 시야에서 벗어나려는 경향이 있었음을 보여 준다 하겠다.

수복지구와 신해방지구 주민들의 무반응 또는 비협조적 태도는 김성칠의 일기에 기록된 민들의 처신을 연상케 한다. 김성칠은 전선이 두어번 바뀐 1950년 12월 당시 '3만지'라는 말과 태도가 유행했다면서 "① 밖에서 보아 있는지 만지 한 마을에 ② 집인지 만지 한 집을 지니고 ③ 사람인지 만지 할 정도로 처신하여야만 살아남을 수 있다."라는 주민들의 대응을 인상적으로 서술했다(김성칠, 2009: 306-307). 또 1950년 8월에는 "사람들은 모두 겉으로 티내어 말하지는 아니하나 속으로는 거의 전부가 공산주의를 외면하게 되었다. 아무런 정령에도 비협력적이고 돌아서면 입을 삐죽한다. … 볼셰비키들이 초조해할수록 백성들은 더욱 미련한 체한다."라고 기록했는데(김성칠, 2009: 184), 수복지구와 신해방지구 주민들도 이와 비슷한 태도를 보였던 것이다.

'미련한 체'하며 당국의 시야에서 벗어나고, 혹시 모를 정세에 대비하려는 경향은 전쟁이 휩쓸고 간 다른 지역의 주민들에서도 나타났겠지만, 수복지구와 신해방지구에서 더욱 강했을 것이다. 이는 점령통치와 잔혹행위가 반복되면서 주민들이 위축되어 침묵하는 분위기가 만들어졌기 때문이었다. 또 정세 변화에 대한 기대나 소문이 횡횡했기 때문이었다. 한 예로 개성에서는 "전쟁이 끝난 후 9년 동안 미군이 진달래꽃 필 때 다시 온다는 소문이 파다"했다(정근식·김윤애, 2015: 322). 전쟁 전 북한 토지개혁 후 "(분단선인) 38도선이 39도선으로 된다"거나, "미군이 들어와 다 되돌릴 것", "토지를 빼앗긴다고 슬퍼말고 토지를 가진다고 기뻐 말라" 등의 소문이(오기섭, 1946: 378; 손전후, 1983: 203-216; 김성보, 2000: 156-159) 대지주뿐만 아니라 토지의 일부라도 몰수당한 중농층의 지주들과 그들의 토지를 분배받은 사람들을 불안하게 할 수 있었던 것과 유사하다(한모니까, 2017: 140).

주민들은 신체제에 대한 지지를 보류하면서 남한 체제와 북한 체제를 비교했다. 수복지구의 한 주민은 피난민수용소에 수용되었던 당시 북한의 인민군과 남한의 국군 나아가 일제 시기까지 비교했다. 그는 국군이 일제 때 하던 짓을 했다고 비판하며 인민군은 그러지 않았다고 했다.[17] 남북한 당국이나 언론도 이 지역 주민들이 체제를 비교할 것이라고 보았다. "남북한을 저울질하는 두 갈래 마음"(『동아일보』, 1954/9/19), "(신해방지구 주민들이) 인민군대가 얼마나 농사를 잘 짓는지를 주시할 것" 등은 비슷한 인식이다. 남북한 당국이 스스로 체제를 비교하며 우월성을 강조하면 할수록 주민들은 자신들의 방식으로 두 체제를 비교했을 것이다. 하지만 수복지구나 신해방지구 주민들은 드러내 놓고 체제 비교를 할 수는 없었다. 구체제의 우월함을 언급하는 것에 대해서는 더더욱 그러했다. 표현할 수 있던 것은 신체제의 우월성에 국한되었다.

수복지구와 신해방지구에서 신체제에 대해 적극적으로 불만을 표출하기란 거의 불가능했다. 앞서 살펴보았듯이 이미 전쟁 중에 한 차례씩 점령과 피점령을 경험한 바 있었고, 그 과정에서 잔혹 행위가 동반되었다. 재점령 이후에도 2년간 전선에 인접해 있었고, 반공유격대와 인민유격대 간 충돌이 전개되었으며, 그 과정에서 주민들 사이에 상처가 깊이 새겨졌다. 재점령된 이후에도 구체제에 대한 적개심을 고취하며 부역자

17 신영호 구술, 2006/8/4, 인제군 서화면 자택.

와 간첩을 색출하고 때로는 공개재판이 열리는 등 공포 분위기가 조성되었다.

이곳 주민들의 신체제에 대한 불만과 저항의 모습은 부분적이나마 다음 사례에서 찾아볼 수 있다. 하지만 양 지역의 차이가 있었는데, 수복지구 주민들이 신체제 즉 여타의 남한 지역 및 국민과 동등한 제도 및 권한의 적용을 요구하는 집단행동을 했다면, 신해방지구 주민들은 기존의 관습과 인식하에 북한 체제에 대한 거부감을 보여 주었다.

수복지구 주민들은 지방자치제라는 정치적 권한의 문제를 중심으로 불만을 표출했다. 수복지구에는 정·부통령 및 국회의원 선거가 실시되었지만, 지방의회 선거는 적용되지 않는 등 정치적 권한이 제한되었다. 수복지구 주민들과 이곳을 지역구로 둔 국회의원들은 지방자치제 실시를 주장했지만, 정부와 국회는 관치(官治)를 골자로 하는 「수복지구임시행정조치법」과 '수복지구 주민의 자치능력에 대한 의심' 등을 그 이유로 제시했다. 주민들은 이를 차별로 인식하며 자치제 실시를 요구하는 성토대회 및 시위를 벌였다. 결국 1960년 12월 진행된 지방의회 선거도 수복지구에서는 실시되지 않았다.

신해방지구 주민들의 경우에는 기존의 관습이나 인식이 1950년대 후반까지도 유지된 것으로 보인다. 여성들의 사회활동을 못마땅해하거나, 회의를 불필요한 것으로 생각했고, 축력 이용에 대한 대가를 받기도 했으며, '머슴'이나 '첩'을 두기도 했다(『개성신문』, 1953/6/16; 1953/10/9; 1956/1/7; 1957/7/13).

신해방지구 주민들의 반발은 정치적인 문제가 아닌 바로 경제적인 문제에서 터져 나왔다. 뒤에서 살펴보겠지만, 이곳 주민들은 편입 초기 북한이 개인의 소유를 인정하는 정책에 대해 지지하는 태도를 보였고, 이는 1956년 선거 결과로도 반영되었다.[18] 하지만 북한이 농업과 상공업의 협

18 "… 공산주의가 된다면 내가 내 농사를 짓는데 일군 하나 못 사부리게 될뿐더러 땅도

동화를 추진하면서 경제구조가 인민민주주의에서 사회주의로 급속히 변화하자, 이곳 주민들은 그에 저항적인 태도를 보였다. 반발은 '배천바람'으로 유명하듯이 농업협동화에서 나타났지만, 전통적으로 상공업이 발달하면서 개인 소유 경향이 강했던 개성시 내 개인상공업자들 역시 판매협동조합 가입에 이어 완전한 국역기업에 흡수되는 것을 수긍하기는 쉽지 않았을 것이다.[19]

불만이 내재되어 있는 상태에서 타지에서 파견된 간부들의 고압적인 태도나 문화적 차이는 신해방지구 주민들의 배타성을 키웠을 것으로 보인다. 주민들은 함경도나 평안도 출신 당간부들에 대해 "어떤 말 하는 사람들"이라거나 "강화섬이 보인다."라는 등의 은어를 사용했는데(북한연구소, 1990: 526), 이는 이곳 주민들의 타지 출신 간부들에 대한 반감을 반영한다. 신해방지구 주민들은 적극적으로 저항하기보다는 은어 사용과 같은 방식으로 배타성을 드러내며 자신들만의 정체성을 유지한 것이다. 특히 개성 지역 등에는 고려시대 이래 조선시대 · 일제 식민지시기까지도 자기 지역에 대한 자부심과 정체성을 유지했고, 해방 이후 미군정 · 남한 통치하에서도 사회운동이 활발했으며, 조선 후기 타지역에 비해 늦게 형성된 유학의 전통이 북한에 편입된 1950년대까지 영향을 미쳤던 것으로 보인다(김성보, 2010; 노관범, 2014a; 노관범, 2014b; 한모니까, 2015: 257). 앞서 살펴보았듯이, 북한 당국이 매우 광범하고 체계적으로 정치사상교육을

몽땅 빼앗긴다고 생각되였지요. 이런 생각은 나뿐만 아니라 적지 않은 사람이 그렇게들 생각해 왔지요. … 나는 옛날 일제와 리승만 정치 때 역선전을 들은 데서 새 정권에 대해서 은근히 걱정도 했지요. 그러나 공화국 정부는 아무런 꾸짖음도 없고 그저 농사만 잘 지으라는 것이었지요. 더욱이 종자, 식량도 주어가면서 격려해 주시더군요."(『개성신문』, 1956/11/11)

19 주민들 사이에서는 다음과 같은 반응이 나타났다: "조합은 '빨갱이'들이나 하라지," "두고 보라 제 땅을 제가 가꾸어야지 막 처넣고 농사를 짓는다는 것은 고금 동서에 없는 일인데" "협동조합을 만들어 놓고는 토지와 농기계 및 소들을 빼앗아 간다."(리현우, 1958: 350; 허학송, 1958: 74, 76)

실시했음에도 불구하고 적어도 1950년대 후반까지는 이곳 주민들이 북한 체제에 대한 거부감 및 불만을 느끼고 나름의 문화와 정체성을 지켜갔음을 의미한다.

이에 대해 북한은 더욱 강력한 통제를 실시했고 결국 대대적인 주민 교체를 단행했다. '반간첩투쟁' · '반혁명분자와의 투쟁' 등을 전개하는 한편 1958년과 1959년 방학에 중앙당 학교 및 김일성대학의 학생들과 당 선전 요원들을 이 지역에 파견하여 대대적인 선전 활동을 했다. "당과 수령의 교시 전달" 또는 "당의 관대정책 해설"이라는 이름으로 한 개 부락에 10여 명씩 파견되었는데, 선전원들은 인민반당 1명씩 배치되어 10여 일씩 기거생활을 공동으로 하면서 주민들 특히 월남 가족들의 사상 동태, 생활 처지와 당에 대한 불평 · 불만들을 조사했다고 한다(북한연구소, 1990: 526-527). 결국 1976년 '판문점 사건' 이후 1980년대 초순까지 신해방지구의 주민 교체가 진행되었다. 소위 성분이 좋지 않은 사람들이 다른 지역으로 이주되었고, 대신 이른바 '토대가 좋은' 핵심군중들이 신해방지구로 들어왔다(정창현, 2007: 140; 정근식 · 김윤애, 2015: 323-324).

2) 구체제의 피해자 서사와 신체제 지지

다른 한편으로 수복지구와 신해방지구 주민들은 '부역자'이자 '피해자'라는 남북한의 이중적 인식과 낙인에 대응해야 했다. 전쟁 이전부터 고향을 지키던 사람들은 상대 진영의 인민 · 국민이었고, 더구나 이들 중에는 월북 · 월남한 사람들의 가족들이 있었다. 이들은 당국으로부터 '월북자' · '월남자' 가족으로 분류되면서 감시 · 통제, 나아가 처벌의 대상이 되었다. 따라서 소위 월북자 · 월남자의 가족들은 감시 통제에 대한 억울함, 처벌에 대한 불안, 차별에 대한 불만 및 위축감 등을 느꼈다.

대부분의 원주민은 과거 '괴뢰집단'의 영토 안에서 살아오던 사람이라는 '약점'을 의식하면서 살아야 했다. 1990년대까지도 수복지구 주민들은 '수복지구'·'수복민'이라는 언급 자체를 꺼려 왔는데, 이는 과거의 북한 체제 경험이 남한에서 불이익을 받게 되는 약점이라 인식했기 때문이다. 이곳 주민들은 차별과 불이익의 근거가 되는 '수복지구'와 '수복민'이라는 역사가 잊히길 원했다.

월북한 가족이나 친인척이 있는 경우에 연좌제를 통한 감시와 차별이 더했지만, 그에 대한 사실이나 불만을 드러낼 수 없었다. 수복지구 즉 과거의 북한 통치 지역이었다는 것조차 언급하기를 꺼려한 상태에서 월북한 가족이 있음을 밝히는 것은 곧 '빨갱이 가족'이라고 말하는 것과 다를 바 없었기 때문이다. 2000년대 이후에야 '월북'이라는 용어 및 그로 인한 차별에 대한 불만을 사적으로 표현할 수 있게 되었다. 월북 친인척을 둔 원주민은 "본래 38선 이북에 있던 사람이 38선 이북 어느 곳에 간 것이 왜 월북이며, 또 고향에 남은 자신들이 그 연좌제의 차별을 당해야 하느냐"라며[20] 억울해한다.

하지만, 남북한 당국은 양 지역민의 월북·월남을 문제 삼았고, 지역 주민들도 그에 적절히 대응해야 했다. 특히 북한은 월남의 강제성 여부를 구분하는 정책을 취했기 때문에, 그에 대한 주민들의 대응은 특별하고도 명백한 경우가 아니면, 대부분 강요·기만에 의한 월남 또는 납치라고 주장할 수밖에 없었다. 그리고 자신의 가족이 강제 월남 또는 납치를 당했다고 주장하는 것은 북한 당국이 기대하는 서사이기도 했다. 남한에 대한 적대감을 표출하면서 자신과 자기 가족이 피해자라는 서술이 그것이다. 『개성신문』에는 '강제월남' 남편을 둔 아내들이 남하한 남편을 안타까워하며 미국과 이승만 정권에 대한 적개심을 표출하고 남편이 돌아와 북한 당국의 품에 안길 것을 소망하는 기사들이 실렸다(『개성신문』, 1954/7/3; 1954/7/23). 그럴수록 이산가족을 만든 남한의 '잔혹성' 대 북한의 '시혜'

20 양재경 구술, 2007/7/7, 고성군문화원; 김종군, 2011 「구술을 통해 본 분단 트라우마의 실체」 『통일인문학논총』 51, 건국대학교 통일인문학연구단, 50~51쪽.

가 부각되었다.

피해자라는 인식 및 서술은 수복지구 주민의 경우에도 비슷하게 나타났다. 남한당국이 동 지역의 북한통치기를 학정과 착취의 시기로 규정했기 때문에, 이곳 주민들은 학정과 착취를 당한 피해자라는 서사를 펼칠 수 있게 된다. 더구나 부역자라는 의심과 감시를 받는 속에서 자신들이 부역자가 아니라 피해자라는 서사는 남한당국으로부터의 의심을 피할 수 있는 길이기도 했다.

필자가 면담한 북한통치기의 경험을 구술한 대부분의 주민은 반북·반공적 인식을 드러냈다. 그들의 서사는 자신들이 직접 체험했거나 체험했다고 기억되는 북한 체제의 문제점들을 먼저 언급한 뒤 구체적인 세부 경험을 묘사하는 방식으로 전개되었다. 자신들의 북한 체제 경험을 '착취·혹사'로 정리하고 반공주의적 사고와 경험을 강조하는 등 북한에 대한 적대감을 표출하는 것은 남한의 인식 및 요구와도 부합했다.

신해방지구와 수복지구 주민들의 '구체제의 피해자' 서사는 신체제하의 해방과 구원이라는 서사로 전개되며, 자연스럽게 신체제의 우월성 인정으로 이어졌다. 그리고 이는 자신들의 직접 체험으로 입증된다고 강조되었다.

> "과거 리승만 통치하에서 많은 소작료를 물어 왔다. 그위에 놈들은 강제 공출로써 많은 량곡을 강탈해 갔다. 이러한 제도하에서 우리는 언제나 기아 선상에서 허덕이었다. 그러나 나는 공화국정부의 따뜻한 시책을 땅의 주인된 농민으로서 지나간 2년 동안의 체험을 통하여 더욱 깊이 인식하게 되었다.(『개성신문』, 1953/11/4. 강조는 필자)

> "공산주의가 좋다낫보다하고 이 지구에서는 설명이 필요치않다. 왜 그런고 하니 그것은 7만 주민이 齒에서 신물이 나도록 겪어 보았기 때문이다. 악몽의 67년 공산학정하에서 신음하던 이 백성들은 오날 군정하에서 자유스러

이 생업에 勉勵하고 使之腹鼓하야 배를 두라리면서 태평가를 謳歌하고 있다. 이것은 二十世紀의 堯舜인 우리의 위대한 영도자 이승만 대통령이 애민구휼하시는 鴻德임은 물론이거니와 이 대통령의 뜻을 바더서 민정을 잘 보살피는 역대 군정장관의 덕정이 가저온 산물이 아닐 수 없다."(리운룡, 1954: 63. 강조는 필자)

일반주민들이 신체제에 순응하며 지지를 보내게 된 중요한 계기는 전쟁기 경력과 전후 군입대였다. 수복지구 주민들의 경우에는 전시 치안대나 반공청년단 경험이 결정적이었다. 반공 경력의 확보는 신분 보장과 직결되었고 고향에 돌아와서는 말단 행정조직에 들어가 시험에 응시·합격하여 공무원이 될 수도 있었다. 또 우익 관변단체의 구성원으로서 지역사회에서 지속적으로 주도적인 역할을 할 수 있었다.

신해방지구에서도 전시 의용군으로 나갔던 경험이 주효했는데, 그들은 전쟁 영웅·영예군인 등의 칭호를 받으며 '적대적인 남한·미국과 직접 싸웠던 경험'을 내세울 수 있었다. 제대군인들은 인민학교 학생들에게 전투 영웅담을 들려주었고 전후 복구와 농업협동화 등의 사회주의적 개조에서 견인차 역할을 했다(『개성신문』, 1954/8/1). '군무자 후방가족'과 '애국열사 유가족'인 여성들도 여맹 간부나 노동당원이 되어 전선원호사업과 전후복구사업에 앞장섰다. 그들은 가족 내 노동력 부족으로 주민들의 도움을 받는 처지에 있었지만, 그들에게는 군무자이거나 희생된 남편이나 자식·오빠 등을 생각하며 북한의 각종 정책에 더욱 활발히 동참할 것이 요구되었다. 그들은 무리하다 싶을 정도의 생산(증산)계획을 세우고 그것을 실천하는 것이 후방 여성들의 과업이자 전쟁 중 사망하거나 강제 남하한 남편과 아들의 원수를 갚는 길이라 다짐했다(『개성신문』, 1953/1/10). 한 리여맹부위원장은 전선에 나간 남편 생각에 1주일에 150여 벌의 군복을 세탁하는 모범을 보였고(『개성신문』, 1953/1/10), '인민군대의 아내이며 노동당원'이거나 여맹원들이 다른 여성들을 노동·

사상교양에로 고무 추동했다(『개성신문』, 1953/5/17; 1953/12/16). 리 여맹 위원장으로 선출된 한 여성은 "자기 남편을 남으로 끌고 간 원쑤들에 대한 참을 수 없는 적개심을 애국적 증산의욕으로" 전환시켰고(『개성신문』, 1953/10/9), 또 다른 여성은 자급비료를 생산하여 다수확을 쟁취하는 것이 폭격으로 학살된 부친의 원수를 갚은 길이라 생각한다고 했다(『개성신문』, 1953/11/4). 수복지구에서는 전시 군경이나 치안대 · 반공청년단원 등이, 신해방지구에서는 인민군과 그 가족들이 신체제에 대한 지지 여론을 주도했다.[21]

전쟁 전, 즉 구체제하에서의 저항 경험자들 역시 신체제에 적극 협력하며 지지 여론을 주도했다. 수복지구의 경우, 전전 월남자들은 고향과 가까운 38선 이남지역에서 경찰이나 반공청년단 등으로 활동했었는데, 그들은 수복 이후 이승만 정권에 대한 강력한 지지자들로서 원주민들 사이에서 발언권을 높이며 지역사회를 주도했다. 철원 지역의 박만권이라는 인물은 이러한 지역사회 내부의 변화를 잘 보여 준다. 그는 1947년 8월 월남한 후 경찰에 투신하여 사찰계 형사로 근무했고, 휴전이 되면서 수복된 철원에 1954년 5월 입주했다. 그는 고향인 철원군 어운면 이길리에서 철원군 영농 자문위원장, 철원읍장 등을 역임했다(북한연구소, 1990: 604-605). 신해방지구의 경우, 미군정 · 이승만 정권기 당국에 저항했거나 좌익에 속했던 이들이 북한 편입 이후 신체제의 지지자로서 각종 정책 추진에 앞장섰다. 그들은 북한에 점령되자 노동당에 가입하거나 각급 인민위원회의 간부가 되었고, 신해방지구 최초로 시작된 개성시 덕암리 정동마을의 부업협동조합 조직 및 활동에 중추적 역할을 했다(이준희, 2015: 30, 72).

---

21 청년들의 경우 군대 경험은 체제 적응에 수월한 측면을 제공했지만, 입대를 자원하기는 쉽지 않았다. 수복지구 주민들은 호적복구사업 당시 군입대를 피하기 위해 나이를 2~3년씩 늘리거나 줄였다.

더 다양한 주민들의 체제 순응과 지지를 이끌어 낸 것은 남북한의 포섭 정책이었다. 신해방지구에서는 상인, 기업인, 친일 경력자들이 당과 정부에 대한 충성을 맹세했다. 예를 들면, 도교시장 상인들은 "소득세를 기한 전에 솔선 납부함으로써 공화국 공민된 영예를 고수하"는 등 개인 상업 자유 보장에 감사하며 당국에의 협조를 여러 차례 결의했고(『개성신문』, 1952/8/17; 1952/9/2; 1952/10/10) 기업인과 친일 경력자들은 특히 과거 자신들의 행위와 북한에 대한 인식을 반성하며 체제 지지를 선언했다(『개성신문』, 1953/10/11; 1954/7/23). 그들은 의심과 통제 등의 여러 제약을 받았으며, 당국에 더욱 강력하게 협력·지지하는 태도를 취해야 했지만, 이를 통해 기존의 정치경제적 영향력을 유지할 수 있었다(한모니까, 2015: 248-249). 인삼포를 반환받은 월남자 가족들과 경제적 연고자들은 경지 면적을 확장하고 더욱 고도의 열성을 발휘하여 보답하겠다고 선언했다(『개성신문』, 1953/10/8; 1953/10/9). 일반 농민들도 예외가 아니었다. 1952년 현물세와 국가대여곡을 면제받은 한 농민은 당국의 배려에 감사하여 농경지 확장계획을 완수하겠다고 다짐했고, 현물세와 대여곡을 면제받고 구호미를 받은 농민은 다수확·가축 증식을 실천하겠다 결의했다(『개성신문』, 1953/10/8). 신해방지구 주민들은 세금 감면, 정착 및 농경 지원, 토지 분여, 개인상공업 유지, 교육 확대 등의 포용 정책을 실시한 당과 정부, 김일성에 감사를 표현하며 그에 보답하겠다고 약속했다. 그리고 약속을 지키듯 증산과 현물세 우량곡 납부, 애국미 헌납, 교육시설 설립에 헌금 희사, 햇곡과 편지 증정 등이 이어졌다. 『개성신문』에 보도된 이러한 기사들은 남한 국민이었던 이곳 주민들의 북한 체제 편입 과정이 순탄치 않았음을 보여 준다(김성보, 2010: 88-89). 북한은 이와 같은 애국주의적 모범 인민이 된 주민의 사례들을 지속적으로 보도하며 북한 체제를 선전하고 나아가 여타의 평범한 주민들을 모범적인 북한 인민으로 변화시켜 갔다.

수복지구 주민들도 대한민국에 감사와 지지를 표현했다. "공산학정에서 구원"된 것만으로도 기쁘며, 생활 안정 및 경제의 활성화, 교육 보급 등의 향상발전을 이룬 것이 이승만의 애민구휼과 그 뜻을 받든 군정장관의 덕정에 의한 것이라며 감사를 표했다(리운룡, 1954: 63, 89). 수복지구의 한 주민은 수복민인 자신이 "30여 년간 대한민국 공무원을 지냈고 자신의 자녀들도 잘 생활하고 있으니 더 바랄 게 없다."라고 하며 "대한민국에 감사하는 마음은 이루 헤아릴 수 없다."라고 표현했다.[22]

수복지구·신해방지구 주민들이 집단적으로 신체제를 지지하고 있음을 입증하는 계기는 선거였다. 1951년 8월 유엔 군정이 시험적으로 실시한 양양(속초) 지역 선거에서 주민들은 북한 선거방식(단일후보에 대한 찬반투표)을 비판하고 새로운 선거방식을 민주주의로 받아들였다. 이는 수복지구의 '주민'이 '국민'이 되는 준비 과정이었다(한모니까, 2010). 그리고 1956년 정·부통령 선거와 1958년 민의원 선거에서 이승만과 자유당에 대한 지지를 보내면서 '대한민국 국민'이 되었다. 신해방지구 주민이 북한 선거를 처음 경험했던 것은 1950년 여름이었다. 그들은 6.25개전 직후, 노동당과 인민위원회 복구, 단일후보에 대한 거수투표, 노동당원의 위세 등을 익히 경험한 바 있었다. 그리고 1956년 지방인민회의선거 과정에서 선거방식·의의에 대한 선전과 교육을 받았으며, 주민들은 후보자에 99% 이상의 찬성표를 던졌다. 따라서 선거를 통한 체제 적응 과정에서 이 지역 주민들은 공통적으로 과도기를 경험했으며 집단적으로 신체제에 대한 지지를 보였다고 할 수 있다.

선거 결과는 양 지역 주민의 체제 순응 및 지지를 반영하는 것이기도 하지만, 더욱 근본적으로는 당시 냉전 이데올로기나 조직적 동원과 같은 선거 분위기가 중요하게 작용하여 나타난 것이었다. 이들 선거는 남북한이 구체제하의 선거를 형식에 불과했다고 비난하고 신체제하의 선거를

22 김정호 구술, 2011/11/16, 인제군바르게살기운동협의회.

"첫 민주선거"라 주장하는 등 선거제도의 우월성을 선전하는 가운데 실시되었다. 수복지구의 경우, 자유당과 군·경의 조직적 개입, 반공주의, 이 지역민에 대한 불신·감시 등은 주민들이 정부 여당에 표를 던지면서 대한민국에 대한 지지를 표현하도록 유도했다. 선거에서 정부 여당에 대한 지지를 나타내는 것은 곧 자신들이 과거의 인민이 아니라 현재의 대한민국 국민임을 입증하는 것이기도 했다. 신해방지구의 경우, 중첩된 조직화와 감시 체계, 단일후보에 대한 찬반투표 방식 등의 배경이 작용했다.

5. 마치며

남북한의 수복지구·신해방지구 주민 편입 정책과 주민들의 대응 양상은 세부적으로는 차이가 있었지만, 비슷한 면이 많았다. 양 지역민의 국민·인민 전환은 이들 지역이 분단과 전쟁으로 인해 만들어진 특수 지역이라는 점, 전시 주민들의 피점령과 탈환 경험의 반복과 그에 대한 공포, 남북한의 편입 정책, 주민의 (비)자발적 체제 선택 등의 요인들이 복합적으로 작동하며 이루어졌다.

첫째, 남북한의 편입 정책은 전시 인구 및 주민 구성 변화와 주민에 대한 당국의 인식에서 비롯되었다. 수복지구·신해방지구 주민들을 바라보는 남북한의 인식은 이중적이면서도 복잡했다. 남북한은 이곳 주민들을 구체제하에서 착취당한 피해자, 남한 체제와 북한 체제를 비교하는 사람들, 간첩이자 불순분자 등으로 인식했다. 이는 포섭 및 계몽 정책, 체제 우월성 입증 및 신뢰 획득을 위한 정책, 감시·통제·사상교육 정책 등으로 이어졌다.

둘째, 남북한은 이곳 주민들을 적극적으로 포섭하면서 동화시키는 정책을 기본으로 삼았다. 주민에 대한 공민지위 부여나 신분증 발급을 신속하게 실시하고 물적 지원·혜택을 제공했다. 이는 남북한의 배타적 정통성 주장, 물적·인적 동원, 심사와 통제의 필요성에 의한 것이었다.

셋째, 남북한은 이곳 주민들을 대상으로 감시·통제하고 사상교육을 실시하는 등의 차별 정책을 폈다. 신해방지구와 수복지구에서는 정부의 주민 감시 및 통제와 아울러 지역 주민 상호 감시와 신고가 이루어지며 간첩 및 과거 부역자를 색출했다. 사상교육의 핵심은 과거의 인민·국민으로서의 의식을 신체제의 국민·인민 의식으로 전환하는 것이었다. 남북한은 구체제에 대한 비판 및 적개심을 제고하고 신체제의 우월성을 인정하고 지지하도록 했다.

남북한 당국의 이러한 인식과 정책 속에서 주민들은 거의 원천적으로 신체제에 저항할 수 없는 상황에 처해 있었다. 주민들의 대응은 두 체제를 비교하면서 정세를 관망하거나 신체제에 대한 지지 또는 저항을 드러냈다. 양 지역 주민들은 점령 당국의 정책에 대해 침묵하며 반응을 보이지 않았으며, 때로는 모른 체했고, 그러면서 체제를 비교했다. 이는 소극적인 저항과 신체제에 대한 지지 모두에 영향을 주었다. 부분적이나마 정치적·경제적 권리를 둘러싸고 불만을 표출하기도 했다. 특히 신해방지구 주민은 개인 소유와 오랜 역사 속에서 형성된 지역 정체성 등을 중시했고, 수복지구는 여타 남한 국민과 동등한 정치적 권리를 요구했다.

다른 한편으로 주민들은 당국의 과거의 '부역자'이자 '피해자'라는 이중적 인식에 대해 '피해자'로 주장했고, 구체제보다 우월한 신체제하에서 해방·광명된 것으로 서사를 구축했다. 이들은 신체제하의 선거에서 당국에 대한 지지를 보냈다. 양 지역 주민들이 신체제에 적응하고 지지를 보낸 데는 매우 부분적이나마 남북한의 포섭 및 구체제 인정 정책이 효과적이었다. 양 지역 주민들은 적대적인 구체제하에 놓였던 자신들을 새로운 국민/인민으로 받아들여 준 데 대해 감사를 표했다. 특히 신해방지구 주민들은 개인 소유 인정 정책들을 경험하면서 북한 당국에 대한 지지를 선언했다. 이는 반대로 개인의 소유권이 박탈되었을 때 지지를 철회할 수도 있다는, 즉 조건부 지지와도 같았다. 결국 신해방지구에서 협동화가 진행될 때, 주민들은 공산주의에 대한 반감을 드러냈다. 이는 오랜 역사 속에서 형성된 고유한 지역 정체성의 반영이기도 했다. 수복지구 주민들이 정치적인 측면에서 다른 남한 지역과 동등하게 남한 체제의 적용을 요구하며 집단행동을 했던 것과도 차이가 있다.

수복지구·신해방지구의 경험은 한반도 분단문제의 중층성·복합성을 보여 주었다. 이 지역의 역사는 단순한 남북 양자 관계나 민족주의적 시각으로만 사고할 수 없다. 국제적 층위, 한반도 내 남북관계의 층위, 남북한 국가와 지역·민의 관계라는 세 층위의 문제들이 복합적으로 얽혀 전개되었다. 주민들의 삶과 정체성 변화도 이렇게 냉전적 국제관계와 남북관계 속에서 벌어질 수밖에 없던 문제들이었다. 적대시되는 상대 진영의 인민/국민이었던 이들이, 참혹한 전쟁을 겪은 후 피점령되었을 때, 그들에게는 강제된 선택만이 주어졌다. 이곳 주민들의 삶은 그 사이에서 살아남고 적응하기 위한 부단한 노력과 갈등·상처로 채워졌다. 우리가 통일과 평화를 이야기할 때, 다층적으로 복잡하게 얽힌 역학관계를 느슨하게 하면서, 주민들의 삶을 어떻게 어루만지고 변화시킬 것인지에 대한 세심하고도 진지한 고민과 접근이 필요하다.

제8장

북한이탈주민은 말할 수 있는가?

/

김성경

1. 들어가며

이제 일상 곳곳에서 북한이탈주민을 마주하는 것은 어색한 일이 아니다. 텔레비전 예능방송부터 북한의 소식을 전하는 공영방송 프로그램에 이르기까지 북한이탈주민은 미디어의 단골손님이 되었기 때문이다. 거기에 개인 미디어 시대가 열리면서 탈북민이 직접 나서 개인 유튜브 방송 채널을 운영하거나 SNS를 활용하여 자신의 활동이나 삶을 소개하기도 한다.[1] 남한 사회에서 탈북민의 존재가 가시화된 지 20여 년이 지난 지금, 다양한 탈북민의 모습이 문화 매체를 통해서 재현되고 있다. 그럼에도 탈북민의 목소리는 여전히 제한된 영역과 방식으로 전달된다. 주로 북한 체제의 폭력성과 끔찍한 탈북 과정에 대해서 증언하거나 남한 사회 내 정

1 최종환(2021)에 따르면 탈북민이 운영하는 유튜브 채널은 정치·시사 주제 영역에서 점차 일상이나 개인적 관심사를 다루는 것으로 분화되고 있다. 구독자 상위 10위에는 여전히 정치·시사를 다루는 강명도 자유조선 TV, 정성산 TV, 태영호 TV, 주성하 TV 등이 대다수를 차지하지만 최근에는 중고차 정보 제공과 남북한을 비교하면서 일상의 소소한 이야기를 다루는 놀새나라 TV(36만 명), 유미카(구독자 28.3만 명), 손봄향(23.5만 명), 배나TV(22.4만 명), 북미남(12.9만 명) 등이 인기를 얻고 있다.

착 성공 혹은 실패 사례로 단순화되곤 한다. 이는 탈북민의 절대적 수가 여느 이주민이나 코리안 디아스포라 집단과 비견해서 그리 많지 않기 때문이기도 하고, 다른 한편으로는 남한 사회를 장악하고 있는 분단 체제에서 이들에게 '허용'된 자리가 제한적이라는 사실에서 연유한다. 모국인 북한을 떠나온 이들로 정의되는 이들은 남북분단이 초래한 적대 관계에서 벗어날 수 없는 존재이면서, 분단 체제에서 남한의 우위를 증명하는 집단으로 호명된다. 심지어 '먼저 온 통일'을 외치며 포용의 겉피를 쓴 일방적 동화 정책이 마치 선주민의 '선심'인 양 탈북민을 지칭하는 슬로건으로 작동하기까지 한다.

일찍이 스피박은 사회 내 소수자, 피해자, 피식민자 등 '서발턴(subaltern)'이 과연 자신들의 '경험'과 '고통'을 말할 수 있는지 비판한 바 있다(Spivak, 1988; 스피박, 2013).[2] 인식론적 폭력과 헤게모니적 권력구조 내 서발턴들은 종종 행위성이 있는 '말할 수 있는' 존재로 그려진다. 스피박은 탈식민주의 입장에서 식민주의와 그것의 대항으로 등장하는 민족주의 모두를 비판한다. 스피박이 보기에는 식민주의적 서구 담론 못지않게 그것에 저항하는 서발턴의 주체성에 대한 근원주의적 접근이나 유토피아적 해석은 커다란 오류를 내포하고 있다. 서발턴의 언어와 경험이 발화되지 못하는 물적·이데올로기적 조건을 가린 채 서발턴의 불완전한 주체성을 균질한 타자성으로 단순화하기 때문이다.

스피박이 든 예시는 식민지 시기 인도에서 자행되었던 '사티(sati)'라

---

2 스피박의 '서발턴은 말할 수 있는가?(Can the Subaltern Speak?)'는 연구 노트의 행태로 1984년도에 처음으로 발표된 이후에 학술 논문의 형태로는 1988년에 C. Nelson and L. Grossberg(eds.), *Marxism and the Interpretation of Culture*, Basingstoke: Macmillan Education에 실렸다. 이후에 설명과 학계 비판에 대한 의견을 포함한 확장 버전을 단행본인 *A Critique of Postcolonial Reason: Toward a History of the Vanishing Present*, 1999, Cambridge: Harvard University Press에 실었다. 이후에도 스피박의 '서발턴은 말할 수 있는가?'는 여러 학술서에 실렸다. 이 글에서는 1988년의 초판 논문과 로절린드 C. 모리스. 2013. 『서발턴은 말할 수 있는가?: 서발턴 개념의 역사에 관한 성찰들』, 태혜숙 옮김, 그린비에 번역되어 실린 수정본에 기반을 두었다.

는 풍습이다. 사티는 남편이 죽으면 남겨진 부인을 함께 희생시키는 것인데 식민자 영국에 의해서 금지되었다. 영국 식민자는 목숨을 빼앗길 위기에 있는 인도 여성들을 대신해서 재현(Vertretung, speaking for)했고, 민족주의적 담론은 전통을 따라 순종하며 희생하는 이상적인 아내로 '사티' 풍습을 묘사(Darstellung, re-presenting in discourse)했다. 스피박은 "황인종 남자에게서 황인종 여자를 구해 준 백인종 남자"(영국의 사티 금지)와 남편을 따르기 위해 "여자들이 죽고 싶어 했다."(인도 토착주의자)라는 언설이 만들어 내는 인식론적 폭력을 지적하면서 이 두 언설은 "여자들의 목소리-의식에 대한 증언과 결코 마주치지 않"는다는 사실을 강조한다(스피박, 2013: 103-105). 즉 인도 여성들을 죽음으로 몰아넣는 사티를 둘러싼 두 담론은 서로의 반대항으로 존재하는 특성을 지녔지만 실제로 이를 둘러싼 여성들의 경험이나 인식은 이러한 담론의 이항대립을 넘어서는 것일 수 있다는 의미다.

스피박의 주장에서 등장하는 또 하나의 예는 17살에 스스로 목숨을 끊은 부바네스와리 바두리의 죽음을 둘러싼 해석이다. 1920년대 식민지 인도에서는 결혼하지 않은 젊은 여성의 자살은 불륜으로 인한 임신으로 해석되는 경향이 강했다. 이 때문에 그녀는 일부러 생리 때 자살하는 것을 선택했다. 그녀는 사실 인도 독립을 위한 무장 단체의 일원이었는데, 그녀에게 주어진 임무에 대한 압박감을 이기지 못해 자살한 것으로 밝혀졌다(스피박, 2013: 134-135). 하지만 그녀가 왜 죽었는지는 한동안 밝혀지지 않았다. 정치적인 이유와 이를 수행하는 과정에서 경험하는 개인의 좌절이 복합된 상황에서 '죽음'을 선택한 부바네스와리 바두리는 여성 독립투사라는 정치적 의미와 서사가 존재하지 않았기 때문에 해석되지도 의미화되지도 못한 것이다. 부바네스와리 바두리는 자신의 죽음이 여성을 둘러싼 가부장적인 인식 체계에서 오인되는 것을 저항하기 위해서 '몸'을 통해 말한 것이다. 이처럼 스피박의 '서발턴은 말할 수 있는가'는 억압받는 이들의 목소리와 경험은 단순히 이들을 더 많이 재현하거나 혹은 묘사하는 것으로 가능하지 않다고 역설한다. 언어적, 담론적, 무엇보다 인식론적 구조가 부재한 상황에서 이들이 아무리 말한다고 하더라도 그것을 이해하거나 의미화하는 것이 불가능하기 때문이다.

스피박의 논의는 한국 사회에서 북한이탈주민, 무엇보다 북한이탈여성의 위치를 이해하는 데 중요한 시사점을 제공한다. 과거에 비해서 북한이탈주민이 '말하는' 자리는 점차 많아졌지만, 과연 그들의 목소리가 충분히 의미화될 수 있는 인식론적 구조가 남한 사회에 존재하는지에 대해 깊은 의구심이 있기 때문이다. 혹여나 그녀들의 경험과 고통을 둘러싼 경합하는 담론과 해석이 인식론적 폭력으로 작동하는 것은 아닐지 담론적 효과와 실천의 면면을 점검해야 한다는 의미다. 스피박은 서발턴의 "말없음에 우리가 공모하고 있다는 사실을 인정하는 것이 중요"하다고 강조하면서, 서발턴의 "말하기"와 이에 대한 주류 담론 혹은 지식인의 해독이 단순히 동일시되서는 안된다고 지적한다(스피박, 2013: 136-137). 여기서 해석자의 (제한된) 역할은 서발턴의 '말' 혹은 '침묵' 속 깊게 존재하는 흔적을 조심스럽게 추적하는 것이고, 다른 한편으로는 그들의 '말'을 해독하는 주류 담론 내 인식론적 폭력을 고발하는 것이다. 이런 맥락에서 이 글은 북한이탈주민들이 말하지 못하는 혹은 특정한 말'만' 통용되는 분단 체제의 인식론적 폭력을 드러내는 것을 목적으로 한다. 북한이탈여성들의 '말'을 둘러싼 담론 지형을 비판적으로 고찰함으로써 이들이 어떠한 억압 안에서 침묵당해 왔는지를 추적하고자 한다. 분단 체제 안에서 해석되어 온 그녀들의 목소리 속의 균열과 차이가 무엇이며, 그것이 지닌 정치적 주체화의 가능성이 무엇인지도 분석하고자 한다.

2. 북한이탈여성의 이동: 식량난, 탈냉전, 글로벌 자본주의

우선 북한이탈주민 중에서도 여성에 주목하는 이유를 살펴보자. 주지하듯 북한이탈주민은 2000년대에 급격하게 그 수가 증가했다. 한국전쟁 이후 1990년 중후반까지 국경을 넘어 남한으로 이주한 북한 주민 대다수는 남성이었으며 그 수도 손에 꼽을 정도로 적었다. 하지만 1990년대 중반 북한의 경제난이 발생하면서 국경을 넘는 북한 주민의 수가 기하급수적으로 늘어났고, 이동을 감행한 이들 또한 여성이 더 많아졌다. 국제적으로는 남한이 1990년 몽골, 1990년 소련, 1992년 베트남과 중국 등과 국교를 수립하면서, 구 사회주의 국가로 이동한 북한 주민들의 남한 이주가 가능해졌다. 탈냉전이라는 정치적 환경 아래 진행된 글로벌 자본주의의 확장은 더 많은 이동의 선을 가능하게 했고 이는 북한을 예외로 하지 않았다(김성경, 2013). 1990년대 후반 '고난의 행군'을 겪으며 사회경제적 환경이 급격하게 시장화되면서 북한 주민은 경제적 이유에서 국경을 넘어 중국으로 이동했고, 글로벌 자본주의 체계에 편입되었으며, 이들 중 몇몇은 위험을 무릅쓰고 남한으로 이주를 결행했다.

〈표 8-1〉이 보여 주듯 1990년대 말과 2000년대에는 탈북민의 남한 입국이 빠르게 증가했고, 2009년에는 연간 입국자의 수가 3,000명에 육박할 정도에 이르렀다. 1998년까지는 12.2%에 불과했던 여성 비율이 2000년대 후반에는 70%를 훌쩍 넘었는데, 이는 식량난이라는 국가적 위

〈표 8-1〉 북한이탈주민 현황(1953~2011)

구분	~'98	~'01	'02	'03	'04	'05	'06	'07	'08	'09	'10	'11
남(명)	831	565	510	474	626	424	515	573	608	662	591	795
여(명)	116	478	632	811	1,272	960	1,513	1,981	2,195	2,252	1,811	1,911
합계(명)	947	1,043	1,142	1,285	1,898	1,384	2,028	2,554	2,803	2,914	2,402	2,706
여성 비율(%)	12.2	45.8	55.3	63.1	67.0	69.4	74.6	77.6	78.3	77.3	75.4	70.6

기 상황에서 드러난 북한 내부의 젠더화된 경제구조, 가부장제, 그리고 글로벌 이주의 여성화 등의 요인이 복합적으로 작용한 결과였다(김성경, 2012; Choi, 2014; Kim, 2016). 국가적 경제 위기에 북한 체제는 인민의 생존을 가족에 전가했고, 가부장적 가족 구조가 공고했던 북한에서 가족 구성원 경제생활의 책임이 오롯이 여성에게 지워졌던 것이다(박현선, 2005; 박영자, 2007). 거기에 건국 초기에는 여성 해방을 강조했지만 전후 경제 복구를 위해 여성 노동력을 경공업에 집중 배치함으로써 젠더화된 노동 체계를 구축했고 이는 경제 위기라는 '예외상태'에서 여성 노동력에 대한 상대적 자율성이 만들어지는 배경이 되었다(이준희, 2024). 국가 기간산업에 배치된 남성에 비해서 통제가 적었던 여성들은 아래로부터의 시장화의 주역이 되었고, 특히 접경 지역에 사는 여성들을 중심으로 경제 활동을 위한 비공식적 국경 넘기를 가능하게 했다.

2000년대 중후반 탈북민의 수가 급격하게 증가하자 남한 정부는 더 많은 탈북민이 이주할 것으로 예상했다. 불확실성이 높은 상황이었지만 이들의 이주를 가능하게 하는 이주산업이 어느 정도 자리 잡혔고 다른 한편으로는 이미 남한 사회에 정착한 탈북민들이 적극적으로 북에 있는 가족의 이동을 지원한 것도 이유였다(KBS 뉴스, 2011/7/8). 2012년에는 제2하나원이 개원했고, 탈북민 지원 정책도 사회경제적 통합이라는 목표 아래 지속적으로 변화했다.

하지만 김정은 국무위원장이 집권한 2012년부터 탈북민의 이주 양상

〈표 8-2〉 북한이탈주민 현황(2012~2024)

구분	'12	'13	'14	'15	'16	'17	'18	'19	'20	'21	'22	'23	'24	합계
남(명)	404	369	305	251	302	188	168	202	72	40	35	32	26	9,568
여(명)	1,098	1,145	1,092	1,024	1,116	939	969	845	157	23	32	164	210	24,746
합계(명)	1,502	1,514	1,397	1,275	1,418	1,127	1,137	1,047	229	63	67	196	236	34,314
여성 비율(%)	73.1	75.6	78.2	80.3	78.7	83.3	85.2	80.7	68.6	36.5	47.8	83.7	89.0	72.1

에 변화가 포착된다. 국경 단속을 강화하는 조치가 이뤄졌고, 내부 사상 및 일상 통제도 강화되었다. 그럼에도 김정은 국무위원장 집권 초기에는 탈북민의 수가 급격하게 감소하지는 않는데, 그 이유는 중국에 상당 기간 거주했던 탈북 여성들이 남한으로 입국했기 때문이다. 집권 초기만 하더라도 김정은 국무위원장의 권력이 불안정할 것이라는 평가와 예측이 대다수였지만, 김정은 국무위원장은 '사회주의문명국', '우리국가 제일주의', '인민대중 제일주의' 등을 이데올로기로 내세우면서 적극적으로 내부 통치에 나섰다. '고난의 행군'을 기점으로 자생적으로 발생한 시장화를 통제하는 것이 아니라 적극적으로 활용하면서 경제 부분의 안정화를 꾀하기도 했다. 그럼에도 경제 상황은 끊임없이 요동쳤다. 특히 2016년 북한의 핵실험에 대한 유엔 안보리 대북제재 결의 2270호가 시행되면서 북한 경제는 크게 위축되었다. 그럼에도 흥미로운 사실은 북한의 경제 상황이 어려움에 봉착했음에도 탈북민의 수는 지속적으로 감소하고 있다는 점이다. 여성의 비중 또한 80% 전후로 유지되고 있으며, 탈북민의 젠더화 된 이동 패턴도 더욱 분명해졌다.

한편 북한은 코로나 팬데믹에 가장 기민하게 대응한 국가 중 하나다. 물론 그 방식이 국경 봉쇄와 이동 제한과 같은 원시적 방식에 머물러 있었지만, 의료 환경이 열악하고 주민들의 건강 상태도 좋지 못한 상황에서 북한의 선택지는 많지 않았다. 북한은 전 세계에서 가장 빠르게 국경을 봉쇄했으며 비공식 무역을 포함한 어떤 이동도 철저하게 차단했다. 사실상 북한과 중국 사이의 국경을 넘는 것이 불가능해진 것이다. 중국의 상황도 크게 다르진 않았다. 팬데믹의 대응으로 이동 통제와 봉쇄 정책을 펼쳤던 중국에서 합법적 신분이 없는 북한 주민이 지역 간 이동하는 것은 불가능에 가까웠다. 이미 코로나 팬데믹 이전에도 중국 정부의 디지털 AI 기술을 활용한 통제망 구축이 북한 주민들의 이동을 어렵게 해왔고, 이로 인해 브로커 비용도 크게 상승한 상황이었다. 결국 코로나 팬데믹 시기에 중국을 통한 탈북이 어려워진 상황에서 탈북민의 수는 극소수에 머물렀다. 다만 몇몇 북한 주민이 동해와 서해에서 어선을 타고 남한으로 이주했고, 해외 체류 중이었던 고위급 외교관이나 경제 일꾼이 남한행을 선택하기도 했다(KBS 뉴스, 2024/1/18). 코로나 시기 이주 경로가 바뀌자 탈북민의 남성 비율이 증가세를 보이기도 했지만, 국경이 다시 열린 이후에는 여성 비율이 다시금 예전과 비슷한 수준으로 증가했다.

탈북민 중 높은 여성 비율은 이들의 이동 경로와 방식이 탈냉전과 글로벌 자본주의의 교차로 만들어진 것이다. 1992년 중국과 한국이 외교관계를 수립하면서 조중접경지역의 조선족 자치주를 중심으로 남한의 자본과 사람들이 대거 진출하게 되었고, 이는 접경지역의 경제적 환경에 변화를 추동했다. 개혁개방 이후에 도시화와 산업화가 급격하게 진행된 중국 내부의 상황도 더 많은 자본과 사람들이 중국 국내외를 넘나들면서 확장되는 효과를 만들어 냈다. 한편 북한의 식량난이 발생하게 되면서 내부에서는 아래로부터의 시장화가 본격화되었고, 국가의 배급 체계가 붕괴된 상황에서 중국과의 밀무역이 시장화를 가능하게 하는 주요한 자원으로 작동했다. 박현옥(2023)은 남북이 '시장 유토피아'라는 사회정치적 무의식으로 이미 '통일'되었다고 주장하기도 한다. 탈냉전기 세계에서 하나의 윤리로 등장한 자본주의와 시장주의는 한반도와 중국 등에서 동시다발적으로 확산되었으며 남북은 자유주의와 사회주의와 같은 이념적 대립이 아닌 '시장'을 중심에 둔 새로운 형태의 사회적 삶을 공유하고 있다는 뜻이다. 범박하게 정리하자면 탈냉전기 남북과 중국의 접경 지역 등에 살아가는 사람들의 삶의 경험은 이미 '시장'과 '자본'으로 재편되었다는 주장이다.

이런 맥락에서 탈북 여성의 이주는 탈냉전기 글로벌 자본주의가 만들어 낸 네트워크와 직접적인 연관성을 지닌다. 이들이 국경을 넘는 경제활동에 나서게 된 것도 식량난이 촉발한 북한의 시장화가 결정적인 역할을 했으며, 조중접경지역에서 이들이 불법적 신분임에도 불구하고 머물 수 있었던 것도 중국이 글로벌 경제와 탈냉전 네트워크의 일부로 편입되었기 때문이다. 무엇보다 접경지역 내 조선족 자치주의 조선족은 중국 내 도시 혹은 남한으로 이주하여 '저임금 노동자'로서의 삶을 살아가게 되었고, 이들이 떠난 자리는 그들보다 더 싼 노동력을 제공할 수 있는 인력으로 대체되었다. 흥미롭게도 조선족의 경제 이주는 '이주의 여성화'의 대표적인 예인데, 대다수의 조선족 여성이 남한으로 이주해 저임금 노동자로 일하게 되자 불법적 신분인 북한 여성들이 조선족 여성의 자리를 '더 낮은 임금' 혹은 '더 불안정한 대우'를 받고 채우게 된 것이다(이혜경 외, 2006).

글로벌 자본주의가 만들어 낸 이동은 단순히 일자리의 동학을 바꿔내는 것에만 머물지 않는다. 소위 말해 '결혼 이주'라는 이름으로 여성들의 이동이 본격화되기 때문이다. 불법적 신분으로 중국에 머물고 있는 여성들은 조금이라도 안전한 환경에서 살아가기 위해서 조선족이나 한족과의 결혼을 '선택'하기도 하고, 상당수는 원하지 않는 결혼을 '강요'당하기도 한다. 생존의 위협 아래 탈북 여성들의 선택은 제한될 수박에 없고, 이들이 중국에서 결혼 등을 통해 가족을 형성하는 과정은 문제적이다. 북한 여성의 인권 유린에 관련된 여러 보고서에서 제시된 것처럼 결혼 여부의 선택권이 완전히 소거된 인신매매의 피해 사례 또한 셀 수 없이 많다. 결혼 중개인에게 성폭력을 당했다고 진술한 사례, 중국인 남편에게 폭행을 당했다는 사례, 매매혼으로 인해 중국인 가족들의 감시 속에서 살아갔다는 사례 등은 중국에서의 탈북 여성의 불안정한 삶을 증언한다(통일부, 2024: 90-94). 그럼에도 여기서 기억해야 할 점은 탈북 여성들의 인권 상황은 단순히 중국-북한이라는 권위주의 국가에 의한 국가 폭력만이 아니라, 글로벌 자본주의의 서열화된 노동시장과 이것이 결혼과 가족에 직접적으로 개입하면서 만들어진 현상이라는 사실이다. 이는 북한 체제의 국가 폭력에 집중하는 기존의 주류 인권 담론의 논의만으로 탈북 여성의 삶을 온전히 해석할 수 없다는 것을 의미한다.

3. 탈북 여성을 둘러싼 인식론적 폭력 1: 성애화된 피해자

탈북 여성이 경험하는 인권 피해 정도는 심각하다. 북한 내에서의 인권 피해도 그러하거니와, 이동의 과정에서 인신매매 등 다양한 폭력 경험에 노출되거나 불법적 신분으로 일을 하다가 고용주에게 임금을 받지 못하기도 한다. 이에 탈북 여성의 인권 침해 사례는 유엔을 비롯한 국제기구, 미국 국무부, 국제 NGO 및 한국의 인권 단체, 그리고 남한 정부 등이 나서 우려를 표명하고 가해자 처벌 등을 강조해 왔다. 1988년에 국제 NGO에서 발간한 북한 인권 보고서가 최초로 발간되었고, 뒤이어 북한 식량난 피해와 심각한 인권 유린 상황을 알리는 보고서가 지속적으로 생산되었다.

국내 NGO의 경우에는 1997년부터 중국 현지에서 북한 식량난과 인권 실태를 조사하여 알린 좋은벗들의 보고서가 대표적이다(좋은벗들, 1999a; 1999b; 2004). 당시 식량난의 참혹함을 고발하면서 300만 명으로 추정되는 북한 주민들이 목숨을 잃었다는 결론을 도출하기도 했다. 물론 이러한 데이터는 다른 연구 기관이나 남한 정부의 수치보다는 상당히 높은 수준이었지만, 북한 식량난이 얼마나 많은 이들의 목숨을 앗아 갔는지를 중국 지역으로 이동한 북한 주민들을 직접 인터뷰하여 추정했다는 의미가 있다. 비슷한 시기에 북한인권시민연합에서는 재중·재러 탈북민 실태보고서(North Korean Refugees, 1998)를 발간했고, 북한인권정보센터는 2007년부터 현재까지 북한인권백서와 북한종교자유백서를 정기적으로 발간하고 있다.

남한 정부 기관도 북한 인권 관련 보고서를 발간했는데, 대표적으로 통일연구원이 북한인권백서를 1996년부터 현재까지 매년 발간했고, 북한 인권을 대북 정책의 주요 목표로 설정한 윤석열 정부의 기조에 따라 통일부도 2023년과 2024년 두 차례 북한 인권 보고서를 출간했다.[3] 정부

---

3 북한인권보고서, 인권결의안 등 다양한 인권 관련 정보는 북한인권정보 플랫폼에서

의 인권 보고서는 남한으로 입국한 탈북민을 대상으로 설문지와 심층 인터뷰 방법을 활용하여 정보를 축적하여 발간했다.

북한 인권 문제가 국제사회의 중요한 의제로 부각되면서 2004년 유엔 북한인권특별보고관이 임명되고, 2005년부터 매년 유엔 북한인권특별보고관 보고서가 유엔 총회에 보고되고 있다. 2014년에는 유엔 북한인권조사위원회(Commission of Inquiry, COI)가 최종보고서를 제출하면서 북한 내 조직적이고 광범위한 인권 침해가 일어나고 있다고 보고했다. 특히 COI 보고서는 북한 인권과 관련된 가장 광범위한 내용을 담고 있는데, 국경 이동 과정에서 탈북 여성들이 경험하는 인신매매, 성폭력, 강제 낙태 및 아동 유기 사례를 통해 북한에서 광범위한 여성·아동 인권 침해가 발생하고 있음을 밝혔다. 보고서는 중국에서 적발되어 북송되는 탈북 여성들이 집결소에서 경험하는 성폭력과 강태 낙태 등의 끔찍한 사례를 광범위한 심층 인터뷰 자료와 함께 서술하고 있다(UN COI, A/HRC/25/CRP.1: 106-144).

여기서 주목해야 하는 것은 북한 인권 보고서에서 인권 피해 범위를 북한 내부뿐만 아니라 탈북 여성들의 탈북 과정과 중국 내 경험을 함께 다루고 있다는 점이다. 이는 북한 인권의 영역에 북한 내에서 발생하는 국가 폭력에 더해 이동의 과정에서의 인권 침해 사례까지 광범위하게 포함하고 있음을 의미한다. 인권 보고서의 이러한 경향은 탈북 여성들이 겪는 인권 피해의 가해 책임을 북한 체제에 한정하고 있는 효과를 만들어 내는데, 이는 중국 정부의 책임, 글로벌 자본주의의 착취, 그리고 매매혼 이면의 가부장제 전반에 대한 문제를 충분히 다루지 못한다는 측면에서 보완이 필요하다.

1990년대 후반 이래로 발간된 북한 인권 보고서가 탈북 여성들의 '끔

확인 가능하다. https://www.kinu.or.kr/nkhr/index.do

찍한 경험'을 기반으로 삼으며 초래한 또 다른 의도치 않은 결과는 이들의 삶과 경험을 '성애화된 피해자'로 한정한다는 점이다. 물론 인권 보고서에서 폭로되는 인신매매, 성폭력, 매매혼, 낙태와 아동 유기 등은 탈북 여성들의 현실이 얼마나 성애화된 폭력에 노출되어 있는지를 나타낸다. 문제는 유엔, 국내외 NGO, 남한 정부가 북한 인권 보고서를 지속적으로 발간하면서 탈북 여성은 성폭력 피해자라는 등식이 마치 보편적인 사실인 듯 통용되기 시작했다는 데 있다. 각 시기와 상황에 따라 탈북 여성의 인권 실태에는 상당한 변화가 있었음에도 인권 보고서에서 지속적으로 언급되는 성폭력 등의 사례가 탈북 여성의 경험의 전부인 것처럼 해석되는 경향도 있다. 이런 측면에서 탈북 여성들은 이동 과정에서 불법적인 신분, 노동 착취, 가정 폭력 등으로 고통받는데 국내외 인권 레짐은 이것에 대해 충분한 여론을 환기시키지 못한 측면이 있다.

또한 북한이탈주민의 이주 동기, 경험, 이동 과정 등이 2000년대 중후반을 거치면서 다변화되었음에도 불구하고, 인권 보고서에서 채택된 증언은 과거의 경험과 유사한 '피해자' 서사에 머물고 있다. 이는 인권 보고서의 특성에서 유래한 것이기도 한데, 북한의 인권 침해 사례를 고발하고 당사국의 시정을 요구하기 위한 목적 아래 생산된 인권 보고서는 피해 사례를 수집하고 유형화하는 것에 집중할 수밖에 없다. 그만큼 탈북 여성들의 변화한 경험이나 이주 과정의 동학 등을 다루기에는 인권 보고서가 구조적 한계를 배태하고 있다. 덧붙여 유엔인권조사위원회의 보고서가 인용한 피해자의 증언이 과연 어느 정도의 대표성을 지니는지에 대한 비판도 있다. COI 보고서를 분석한 연구에 따르면 증언에 나선 이들 대부분이 특정 지역 출신이라는 점과 이들 대부분이 북한에 대해서 부정적인 의견을 가진 사람이라는 점에서 이들 증언의 편향성에서 벗어나기 어렵다는 지적도 존재한다(김헌준, 2016: 102).[4]

---

4 흥미로운 것은 COI 보고서에서 북한의 인권 상황을 증언해 줄 수 있는 증언자(북한

북한 인권 담론이 글로벌 수준으로 확장되면서 탈북 여성의 증언은 특정 방식으로 유형되기도 한다. 예컨대 2003년 뉴욕 유엔 본부에서 열린 북한 인권 청문회에서 탈북 여성 3인이 증언한 것을 시작으로, 탈북 여성의 증언은 미국 국무부, 국제 NGO, 인권 관련 컨퍼런스 등으로 확대되어 정례화되었다. 2003년 유엔 청문회에서 탈북 여성의 목소리로 증언한 폭력의 경험은 과히 충격적이었는데, 이는 북한 내의 국가 폭력뿐만 아니라 중국에서의 인신매매, 성폭력, 노동 착취 등을 망라한 것이기 때문이었다(Testimony of Mrs. Hae-Nam Ji, 2003). 이후 탈북 여성들의 증언은 대중적인 플랫폼으로 확대되었다. 특히 '젊고, 아름다운' 모습을 한 탈북 여성들이 대중적 컨퍼런스에서 등장해 자신의 피해 경험을 증언하거나, TED와 같은 글로벌 미디어 플랫폼에서 자신들의 '고통'을 적극적으로 증언하게 되었다. 이들의 경험은 주로 북한 내에서의 경제적 어려움과 정부의 통제와 규율, 탈북 과정에서 경험하는 폭력 등의 서사로 이루어져 있었다. 이현서와 박연미의 경우가 대표적인 예인데, 2012년부터 국제무대에 얼굴을 알리기 시작한 이현서는 2013년 TED에서 강연을 했고, 박연미는 2014년에 One Young World 컨퍼런스에서 한 강연이 인기를 끌면서 큰 반향을 일으켰다. 특히 박연미의 경우에는 자신의 어머니가 자신을 대신해서 성폭행당했다는 경험을 증언했고, 이후에는 자신도 성폭행의 피해자임을 밝혀 많은 이들에게 커다란 충격을 던져 주었다. 두 여성의 증언을 시작으로 서구 사회는 탈북 여성들의 고통에 대중적 관심을 표명하기 시작했는데, 이는 두 여성의 자서전이 오랜 시간 세계 곳곳에서

이탈주민)의 모집단 수를 2014년을 기준으로 3만 명보다 적다고 명시하고 있다는 점이다. 통일부의 공식 통계에 따르면 당시 북한이탈주민의 수는 2만 7천 명을 조금 넘은 정도였다. 게다가 이 수치가 정전 협정 이후의 누적 수치라는 것을 감안해 봤을 때 3만 명이라는 기준이 어디서 나온 것인지 설명이 필요해 보인다. 만약 이것이 중국에 머물고 있는 이들의 수를 포함한 것이라고 가정한다면 그 수는 너무나도 적게 산출되어 있다.

베스트셀러를 기록하면서 커다란 상업적 성공을 거둔 것으로 짐작 가능하다. 문제는 탈북 여성의 경험이 성폭력에 유린된 '젊고 아름다운' 북한 여성이라는 고정관념의 형태로 지속적으로 확산되는 데 있다. 서구 사회에서 '젊고 아름다운' 여성이 '성애화된 피해자'로 인식되는 것 이면에는 식민주의적 권력관계와 가부장적 인식 체계가 복합적으로 작동하고 있다는 것이 확인되는 지점이다. 먼 곳에서 경험되는 '타자의 고통', 그것도 젊고 아름다운 여성들의 고통은 이들의 삶에 대한 실질적인 변화를 만들어 내는 행위로 확대되기보다는 '고통의 스펙터클'로 소비되는 경향도 지적해야 할 것이다(Nils, 1986: 17-30; 김성경, 2022).

비슷하게 북한 인권 담론의 확장은 탈북 여성에 대한 남한 미디어 재현에도 영향을 미쳤다. 2000년대 중후반부터 대중 매체에서 탈북 여성이 본격적으로 재현되기 시작했는데, 특히 종합편성채널은 탈북민이 등장하는 프로그램을 통해 보수적 분단 이데올로기를 재생산하는 데 적극 나서기 시작했다. 분단 체제에서 북한의 실패를 내재화하고 있는 존재로서 탈북민을 적극 호명했고, 무엇보다 탈북 여성을 방송에 초대하여 그들의 피해 사실을 서사화함으로써 북한 체제의 폭력성과 비인간성을 극대화했다. 프로그램에 초대된 여성 출연자가 자신의 탈북 과정의 참혹함을 증언하고, 남한 출신 패널들이 동정과 연민의 눈물을 흘리는 포맷은 남북 사이의 위계뿐만 아니라 '피해자'의 자리에 포박된 탈북 여성의 위치성을 방증하는 것이기도 하다. 이후 예능 포맷으로 점차 진화한 탈북 여성 출연 종편 프로그램은 북한의 열등함을 나타내는 탈북자, 경제적으로 궁핍한 집단, 가부장제 내 여성 이라는 중첩된 역할을 수행하는 '이색적' 존재로 단순히 '소비'되기도 한다(김은준, 2016). 비슷하게 탈북 여성이 등장하는 대표적인 프로그램인 채널 A의 〈이제 만나러 갑니다〉를 분석한 연구에 따르면, 탈북 여성의 역할은 북한 체제의 문제점을 고발하는 '정치적 망명자'이자 남한의 경제적 우월성을 드러내는 '이등 시민', '인정받아야 하는 국민'에 국한되어 있었다(이선민, 2014).

이러한 경향성은 문학에서도 확인된다. 김은하는 한국 문학에서 재현되는 북한 여성들의 국경 넘기는 국민국가의 서사에 저항하는 전복적 의미를 지니기보다는 "수난당하는 여성"을 발견하여 구출한다는 가부장적 내셔널리즘의 성격을 띤다고 주장한다(2016: 296). 특히 저자는 『찔레꽃』(정도상, 2008), 『큰돈과 콘돔』(이대환, 2008)의 예를 들면서 남한의 문학에서 탈북 여성의 행위주체성은 제한적으로 다뤄지고 국경 넘기의 수난과 고통을 성애화하는 가부장적 상상력에 갇혀 있음을 비판한다. 그녀들의 피해자 경험이 성애화되는 것은 북한과 중국의 국경 지역을 야만의 공간으로 재현하는 효과를 만들어 내고, 이들이 남한으로 이동하여 정착하는 혹은 남한 출신 남성에게 구원되는 서사를 통해 야만(북한과 중국)과 문명(남한)이라는 경계와 위계를 설정하게 한다는 것이다. 더욱 문제적인 것은 야만적인 방식으로 짓밟히는 탈북 여성을 세밀하게 묘사하는 문학 작품은 마치 그녀들을 향한 공감과 연민의 감정을 만들어 내기 위한 전략처럼 보이지만 이는 그들의 주체성, 무엇보다 "급진성과 이질성"이 소거될 때 남한 사회의 환대 대상이 될 수 있음을 의미하는 것이기도 하다(김은하, 2016: 311). 그만큼 북한이나 중국에서 주체적으로 살아간 탈북 여성의 경험과 서사는 누락될 뿐만 아니라 남한 사회에 대한 비판적 시각을 견지하는 이들의 인식 등은 삭제되어야 하는 것으로 상정된다. 탈북 여성들은 남한 사회의 공감과 연민의 대상이 되어야만 하는 존재로 단순화되는 것이다.

흥미로운 것은 대중문화에서 북한 인권 담론의 경직성을 넘어서려는 시도도 점차 확산되었다는 점이다. 특히 영화 부분에서 탈북 여성의 주체성에 주목하거나 인권 담론에서 강조된 '피해자'라는 위치성에 균열을 만들어 내려는 수준 높은 작품이 꾸준히 만들어졌다. 가장 대표적인 작품으로는 장률 감독의 〈경계〉(2006), 윤재호 감독의 〈마담 B〉(2016), 〈뷰티풀데이즈〉(2018), 〈파이터〉(2021) 등이 있는데, 이러한 작품들은 탈북 여성의 이동이 담고 있는 다층성에 주목하면서도 이들의 고통을 '전시'하지 않는다는 점에서 중요하다. 예컨대 디아스포라의 경계적 삶에 천착한 작품을 만들어 온 조선족 감독 장률은 그의 영화 〈경계〉에서 탈북 여성 순희와 그녀의 아들 창호가 급격하게 사막화되는 몽골 사막을 떠나지 못하는 유목민 항가이의 게르에 잠시 머물게 되는 이야기를 다룬다. 한곳에 정주하지 못하는 유목민 항가이와, 온갖 어려움을 겪으며 북한-중국을 거쳐 몽골에 도착한 순희와 창호는 잠시나마 서로에게 기대고 살지만 이 작은 공간에도 침입자가 나타나며 결국 순희와 창호는 다시 길을 떠나게 된다. 그렇다고 탈북 여성인 순희가 폭력에 노출되지 않는 것은 아니다. 순희는 젊은 몽골 병사에게 성폭행당하는 것으로 묘사되고, 항가이 또한 순희에게 성적 접촉을 시도하는 것으로 그려진다. 다만 영화 속 카메라는 그녀가 경험하는 폭력을 타자화하며 성애화하는 것이 아니라 충분한 거리를 두고 지켜보는 것에서 멈춘다. 불안정한 신분 중에서도 '여성'이라는 이유에서 노출될 수밖에 없는 폭력을 그 자체로 관객에게 전달하는 것이다.

한편 윤재호 감독의 탈북 여성 트릴로지는 가족의 해체라는 테마 아래 탈북 여성의 삶을 다큐멘터리와 극영화 장르를 넘나들며 재현한다. 다큐멘터리 〈마담 B〉의 탈북 여성은 인신매매의 피해자였지만 엄청난 생존력을 발휘하여 탈북 브로커로서 중국에서 살아가는 인물이다. 그녀의 삶에는 피해자와 가해자, 욕망을 가진 여성과 희생하는 엄마, 결혼생활에 주도적인 여성과 가부장제를 벗어나지 못하는 여성이라는 이분법적 경계가 작동하지 않는다. 그녀는 탈북부터 남한 정착에 이르기까지 그녀의 삶에서 구성되는 모순적이며 다층적인 정체성을 가감 없이 드러낸다. 피해자와 가해자라는 이분법이 현실에서는 그리 쉽게 정의될 수 없다는 것을 증언하기라도 하는 듯 〈마담 B〉의 주인공은 종잡을 수 없는 모습으로 관객 앞에 나타난다. 이후 제작된 윤재호 감독의 〈뷰티풀데이즈〉와 〈파이터〉에 등장한 탈북 여성은 다큐멘터리에서 그려낸 탈북 여성보다는 좀 더 기존 담론의 모습에 닮은꼴로 등장한다. 아들에 대한 모성애가 깊은 어머니 탈북 여성이 등장한 〈뷰티풀데이즈〉, 북에 남겨둔 가족을 데려오기 위해서 험난한 남한살이를 감내하는 〈파이터〉의 탈북 여성은 남한 사회가 보고자 하는 탈북 여성의 모습과 많이 닮아 있다. 〈뷰티풀데이즈〉와 〈파이터〉의 주인공은 힘겨운 삶에서 나름의 행위 주체성을 발휘하지만 그것의 전제는 언제나 가족의 복원, 즉 가부장제의 질서 속 평온이라는 측면에서 한계가 있다. 그럼에도 영화 속에 재현되는 탈북 여성들이 기존의 전형화된 캐릭터와 서사에서 한걸음 벗어나 다층적인 모습으로 재현되기 시작했다는 측면에서 고무적이다.[5]

또 다른 현상은 탈북민 출신 감독들이 영화 제작에 본격적으로 나섰다는 점이다. 2010년대에 들어서 탈북민 출신 감독들은 자신들의 기억이나 경험에 기반을 둔 영화를 만들기 시작했고, 이는 큰 맥락에서 북한 인권 담론의 확산에 기여했다. 하지만 탈북민 스스로 만든 영화 속에서 이들이 말하는 것이 무엇을 의미하는지 짚어 볼 필요가 있다. 즉 영화를 활용하여 서발턴의 또 다른 말하기 가능성이 열렸는지 확인해야 한다는 의미다. 예컨대 〈겨울나비〉(2011, 김규민 감독)와 〈도토리〉(2025, 허영철 감독) 등의 영화는 북한 인권을 알리기 위해서 제작되었음을 강조하면서 북한 체제의 폭력성과 야만을 생생하게 그려 내는 것에 집중하고 있다. 끔찍한 폭력을 경험하게 되면서 정신 이상에 빠지게 된 어머니가 아들을 살해하는 이야기를 담은 〈겨울나비〉와, 탈북의 과정에서 경험하는 성폭력과 인권 유린을 다루는 〈도토리〉는 기존의 북한 인권 담론이 탈북 여성의 증언을 통해서 구축한 서사 틀에 정확히 맞아떨어진다. 두 영화는 영상 매

5 탈북 다큐멘터리 중에서 〈천국의 국경을 넘다〉 시리즈를 분석한 연구에서는 〈천국의 국경을 넘다〉(2008), 〈머나먼 여행〉(2013), 〈굿 비즈니스〉(2018)를 사례로 탈북 여성 캐릭터에 상당한 변화가 있었다고 분석한다. 위의 다큐멘터리 속의 탈북 여성은 '수동적인 희생자'에서 '능동적인 가해자'로 변화했다고 주장한다. 이러한 분석은 희생자와 가해자라는 다소 단순화된 이항대립의 틀을 적용하고 있다는 점에서 비판받을 수 있지만, 다른 한편으로는 탈북 여성 재현에 분명한 변화가 있었다는 사례로서 충분한 함의가 있을 것이다. 위의 분석은 이학준(2020) 참조.

체를 통해 다양한 층위의 의미와 재현이 담지하고 있는 문화정치적 의미를 다루기보다는 북한의 참혹한 현실과 탈북민의 고난을 생생하게 '묘사'하는 것에 비중을 두고 있다. 문제는 이러한 탈북민 감독의 영화가 북한 인권 문제에 대한 북한 체제의 책임 규명을 요구하는 대중들의 인식 개선에는 도움이 될지는 모르겠지만, 남한 사회에서 함께 살아가야 하는 이웃인 탈북민을 일방적인 동정의 대상으로 단순화할 수 있다는 데 있다.

동정과 연민의 대상이 된다는 것은 결국 탈북민을 둘러싼 권력의 위계가 작동하고 있음을 뜻한다. 남북 주민들이 동등한 관계를 만들어 가기 위해서는 정주민인 남한 주민이 일방적으로 탈북민을 연민하는 것에서 벗어나 호혜적 관계로 이행되는 것이 필수적이다. 이를 위해서는 탈북민의 다양한 말이 전달되고 확산되어 이들이 다양한 정체성을 가진 여느 남한 주민과 차이가 없는 이들이라는 사실이 받아들여지는 것이 중요할 텐데, 앞서 살펴본 것처럼 남한 주민들에게 전달되는 탈북민의 '말'은 '피해자', '수동적 존재', '연민의 대상'과 같은 제한적 위치에서 발화된 것이 대부분이다. 이는 바꿔 말하면 주류 담론이나 인식 체계에서 어떠한 탈북민의 '말'이 선택되고 있는지를 나타내는 것이기도 하다. 1990년대 후반 이래로 인권의 '피해자', 무엇보다 야만적 폭력 앞에 성애화된 탈북 여성의 증언'만'이 그들의 말로 인정되는 맥락이 분명 존재하기 때문이다.

4. 탈북 여성을 둘러싼 인식론적 폭력 2: 노동하는 국민 만들기[6]

2010년대에 들어서 등장한 탈북 여성 관련 담론은 경제적 하위 주체에

6 이 절은 김성경. 2018. 「북한 출신자와 사회 만들기: 호혜성과 환대의 가능성」, 『문화와 정치』, 5(1), 한양대학교 평화연구소 중 2장 '지원체제와 교환관계'를 전면적으로 수정하여 작성했다.

관한 것이다. 북한-중국-남한을 잇는 글로벌 자본주의 체계 내에서 가장 불안정한 위치에 놓인 경제적 약자, 즉 가난한 노동자로서의 탈북 여성에 대한 논의가 본격적으로 등장했다. 비법적 신분을 지닌 북한 여성들이 조중접경지역의 다양한 영역에서 노동하거나 조금이라도 안정된 삶을 위해 가족을 꾸리는 것은 낯선 일이 아니다. 이들이 주로 노동하는 영역은 중국 여성들이 기피하는 직종이거나 조선족 여성들의 이주로 인해 필요한 돌봄 노동인 경우가 대부분이다. 이후 이들이 남한으로 이주한 이후에도 이들의 불안정한 노동과 경제 여건은 변하지 않는다. 다른 체제와 경제적 조건에서 살아온 탈북 여성이 신자유주의적 자본주의 체제의 첨병과도 같은 남한 경제 체계에서 빠르게 적응하기란 쉬운 일이 아니다.

주지하듯 탈북민은 남한 사회에서 이중적 위치에 놓인다. 하나는 남한의 우월성을 증명하는 분단 체제를 배태한 정치적 위치다. 다른 하나는 경제적 약자로서 남한 사회에 적응해야 하는 경제적 위치다. 과거 냉전 시기에는 남한으로 이주한 북한 주민을 '귀순(歸順)용사'라는 이름으로 정의하면서 이들에게 국가 유공자에 준하는 보상과 지원을 해주기도 했었다. 하지만 북한의 경제 위기가 심각해지고 북한이탈주민의 수가 급증하면서 이들을 사회 취약 계층에 준하는 지원 정책으로 전환되기 시작했다. 남한 사회가 급격하게 신자유주의 체제로 전환되면서 탈북민에게 이들의 '정치적 의미'에 상응하는 정착지원에 대한 부정적 여론이 등장한 것이 주요했다. 물론 상존하는 분단 체제가 때때로 이들을 '먼저 온 통일'이라는 '특별한 위치'로 호명하기도 하지만, 북한이탈주민 관련 정책이 정비된 1990년대 후반 이래로 이들을 향한 남한 사회의 입장은 자본주의 사회의 '성실한' 노동자로 만들어 내는 것에 집중되어 있다. 즉 기본적 수준의 지원과 교육을 통해 이들을 '경쟁력 있는' 노동자로 변모시키는 것이 북한이탈주민 지원정책의 핵심 원칙으로 자리 잡았다.

그렇다면 북한이탈주민 정착지원 체계와 관련 정책을 살펴보자. 현재 북한이탈주민 정착지원 체계는 정부-지방자치단체-민간이 연계되어 작동하고, 주무부서는 통일부다. 이들은 남한에 입국한 이후에 북한이탈주민보호센터와 하나원을 거친 이후에 각 지역으로 정착하게 된다. 북한이탈주민은 거주지에 배치된 이후 5년 동안 거주지 보호 체계 아래 생계·의료급여가 지급되고, 일자리 지원, 교육지원 등이 제공된다. 거주지에 따라 거주지보호담당관(지자체) 취업보호담당관(고용노동부 고용지원센터), 신변보호담당관(경찰)이 배치되고, 지역 하나센터의 전문상담사가 이들의 정착을 지원하는 구조로 작동한다(통일부, 2025: 14-15). 북한이탈주민의 정착지원 체계는 상당히 유기적으로 구성되어 있지만 다른 한편으로는 연계된 기관들이 각자의 입장에 따라 지원 정책을 운영하는 까닭에 북한이탈주민의 특성을 반영한 효과적인 정착지원이 어렵다는 단점도 존재한다. 정권에 따라 대북 정책의 변화 폭이 크고 탈북민과 관련된 사업의 방향성이나 목표도 부침을 겪었다는 사실은 통일부가 주도하는 탈북민 지원 정책의 한계로 작동한다. 특히 통일이나 민족 등을 내세우며 탈북민에게 지나친 정치적 의미를 지우는 일이 반복됐다는 것을 감안했을 때 지방자치단체가 북한이탈주민 지원 체계를 주도적으로 운영하는 것이 적절하다는 비판도 귀담아 들을 필요가 있다(임정빈, 2012).

하지만 북한이탈주민의 정착지원의 면면을 살펴보면 이들의 정착은 철저하게 경제적 적응에 집중되어 있음이 확인된다. '먼저 온 통일'이라는 외피를 벗겨 내고 보면 결국 남한 사회에 기여하는 '노동자'로 전환시키고자 하는 국가적 목표가 굳건히 자리하고 있다. 예컨대 지역 사회에 배치된 초기 6개월 동안에 탈북민은 생계급여 특례 대상이 된다. 이후에는 조건부 수급권자로 지정하여 이들이 직업교육과 같은 자활사업에 참여하는 조건으로 생계급여가 제공된다. 여기서 생계급여는 「국민기초생활보장법」에 따라, 최저 생계비에 미달하는 탈북민에게 생계를 지원하는 것을 말한다. 노동이 가능한 탈북민의 경우 3년 동안 생계급여지원을 받고, 노동이 어려운 노인이나 장애인의 경우 5년까지 생계급여 지원 특례의 적용을 받을 수 있다.[7] 정리하면 초기 6개월 동안은 아무런 조건 없이 기초적인 생계 지원을 받을 수 있지만, 6개월이 지나면 자활사업에 반드시 참여해야만 하는 것이다.

게다가 북한이탈주민은 하나원을 퇴소할 때 정착금(기본금, 장려금, 가산금)과 주거지원(주택알선, 주거지원금)을 제공받지만 이는 탈북민이 안정적으로 정착하기 위한 기본 조건으로는 턱없이 부족하다. 예컨대 정착금으로 제공되는 기본금은 1인 세대 1,500만 원, 2인 세대 2,400만 원, 3인 세대 3,150만 원 등인데, 탈북민의 대부분은 이를 브로커 비용을 충당하는 데 쓴다. 지방 거주를 선택한 탈북민에게 제공되는 지방거주 장려금은 광역시의 경우 주거지원금의 10%, 기타 지역은 20%를 더 받게 되지만 이것 또한 지방 거주 여건과 일자리 상황 등을 감안했을 때 초기 정착을 안정적으로 지원한다고 평가하기는 어렵다. 주거지원으로 제공되는 주거지원금은 1인 세대 1,600만 원, 2~4인 세대 2,000만 원, 5인 이상 세대 2,300만원이다. 하지만 주거지원금은 탈북민에게 제공되는 임대주택 보증금으로 사용되기 때문에 역시 탈북민의 초기 정착에 직접적으로 활용되기는 어렵다. 탈북민의 생계급여는 조건부로 제공되고 있고, 초기 정착을 위한 지원금도 실질적인 경제적 기반이 되기에는 턱없이 부족한 실정이다. 이는 2000년대 중반을 거치면서 급격하게 늘어나는 탈북민을 감안하여 과거와 같은 수준의 경제적 지원이 어렵다는 현실이 작동하기도 했고, 다른 한편으로는 탈북민의 자립과 자활을 통해 이들이 사회복지체계에 수혜자가 아닌 남한 사회의 경제적 기여자로 전환하는 것의 중요성이 대두되었던 것도 주요 배경이다.

이미 1997년에 제정된 〈북한이탈주민 보호 및 정착지원에 관한 법률〉에서 탈북민 지원의 목표를 '자립과 자활 능력 배양'에 중점을 두고 있었

7 노동 능력이 없는 북한 출신자의 경우 세대구성원 수보다 1인을 더 추가하여 생계지원 지급액을 제공한다. 예컨대 2015년 기준 노동 가능 북한이탈주민은 최저생계비 기준 1인 가구 617,281원의 지급액을 제공받는 반면, 근무무능력 북한이탈주민은 1인 가구 기준 1,051,048원의 지급액을 제공받는다(통일부, 2018b).

다. 직업훈련 실시 및 직업훈련수당을 지급하는 것을 명시했고, 교육지원을 통해 중, 고, 및 대학교의 입학 편입학과 학비 등의 지원을 정책적으로 보장했다. 2005년에 북한이탈주민 보호 및 정착지원에 관한 법률의 시행령과 시행규칙이 개정되었는데, 이것의 핵심은 인센티브 제도를 도입하여 탈북민 지원 정책 전반을 조건부 형태의 지원체계로 전환한 것이었다. 정착금에 인센티브를 도입하여 기본금은 기존의 월 최저임금액의 160배 상당에서 100배로 하향 조정되었고, 가산금은 월 최저임금액의 40배 상당에서 50배로 상향되었다. 직업훈련 수료 및 취업기간을 고려하여 월 최저임금액의 50배 상당의 취업장려금이 신설된 것도 특이할 만한 사항이다. 이러한 변화를 소개하는 법령심의서에 따르면 시행령의 개정은 "자유민주주의와 시장경제질서에 신속히 적응하여 경쟁력과 창의력을 제고하"는 것을 목적으로 한다고 명시했다(법제처, 2009). 부당 수급을 방지하기 위한 노력도 확인되는데, 생계 수급 요건을 부당하게 유지하는 것을 방지하기 위한 방안을 촘촘하게 세운 것이 예가 된다.[8]

대표적인 인센티브 정책인 취업장려금은 거주지 보호기간 안에 동일 업체에서 일정 기간 이상 근무한 탈북민에게 2025년 기준 최대 1,800만 원, 지방의 경우에는 최대 2,100만 원을 지원하는 제도이고, 탈북민을 고용한 사업주 역시 탈북민 1인당 월 최대 50만 원 한도로 최대 4년 (2년 이후 2년 연장 가능) 동안 고용지원금을 받을 수 있다. 2005년 취업장려금 제도가 도입된 것의 핵심은 노동하는 탈북민에게 더 많은 인센티브를 제공함으로써 이들을 경쟁력 있는 사회 구성원으로 만들어 내는 것이다. 물론 직업 교육 및 대학 교육 지원도 탈북민의 '경쟁력'을 배양하는 데 중점을 둔다. 예컨대 직업훈련 이수시간에 따라 인센티브[9]가 제공되고, 자격증

8 특히 생계 수급을 위해서 대학에 진학하는 사례를 방지하기 위해 교육 지원 대상을 거주지 보호기간(5년) 혹은 고등학교 졸업 인정 이후 5년 안에 대학 입학 혹은 편입한 한 경우로만 한정했다.

9 직업훈련 500시간 이수 시 120만 원, 120시간당 20만 원 추가, 최대 740시간 이수 시

을 취득할 시에는 격려금이라는 명목으로 200만 원을 제공하기도 한다. 더 나아가 '노동하는 성실한' 탈북민의 경우에는 국가가 나서 자산 형성을 지원하는 '미래행복통장' 제도가 2015년에 도입되기도 했다. 2014년 11월 29일 이후에 입국한 후 3개월 이상 경제활동을 하고 있는 탈북민의 경우 최대 4년(2년 이후 연장 가능)간 본인 저축액 2,400만 원에 정부 지원금 2,400만 원을 합쳐 총 4,800만 원의 자산 형성이 가능하게 되었다.[10]

이렇듯 인센티브에 기반을 둔 북한이탈주민 지원 정책은 이들의 취업을 통한 경제적 적응에는 상당한 효과를 거뒀을지 모르지만 노동 능력이 없거나 개인적 이유로 노동할 수 없는 탈북민의 경우에는 충분한 지원은 커녕 '낙오자'로 취급되는 문제점이 있다. 노동 경험에 기반을 둔 경제적 정착이 강조된 정책 체계에서 탈북민은 경제적으로 성공한 이들과 실패한 이들로 구분되기도 한다. 더욱이 탈북민의 대다수가 여성이라는 점과 이들 중 상당수는 한부모 가정이나 다문화 가정이라는 점을 감안해 봤을 때 동일한 사업장에서 전일제로 노동하는 것이 구조적으로 불가능하기도 하다. 상당수의 탈북 여성이 시간제로 일하거나 비공식 노동 영역에서 일하는 이유가 여기에 있다. 게다가 미래 준비하는 것보다 현재 생활을 꾸려 가기에도 벅찬 탈북민들에게는 당장 기초수급 신분을 유지하면서 필요할 때 시간제 등으로 유연하게 일을 하는 것이 더 현실적인 방안이 될 가능성이 높다(김화순, 2019). 이러한 구조 속에서 국가가 인정하지 않는 방식과 영역에서 노동하는 탈북민은 결국 '자립과 자활'을 위한 지원의 대상이 되지 못한다. 물론 북한이탈주민 보호 및 정착지원에 관한 법률에서 명시하고 있듯이 노동이 가능하지 않는 탈북민의 경우 가구원수에 1인을 추가한 생계급여와 의료지원을 받는 것으로 명시하고 있다. 하

160만 원, 국가기간전략산업 직종훈련 시 200만 원이 추가된다.

10 2025년 2월 11일에 북한이탈주민법 시행령 개정을 통해 기존의 거주지 보호기간 내 가입제한이 폐지되었다.

지만 이 또한 노동 가능자에게는 더 많은 기회를 제공하고, 그렇지 않은 이들에게는 기본적인 생활을 유지하는 것에 중점을 두고 있다는 기억해야 한다(김성경, 2018).

경제적 자립과 자활에 집중되어 있는 북한이탈주민 지원 정책은 정착에 성공적인 탈북민과 어려움을 겪는 탈북민의 기준을 노동 상태와 경제적 수치로 단순화한다. 탈북민의 지역 사회 정착을 지원하는 남북하나재단은 매년 북한이탈주민의 정착 실태를 발표하는데, 여기서 가장 중요하게 다뤄지는 지표는 경제활동 참가율, 고용률, 실업률, 임금근로자 월평균 임금, 생계급여 수급률 등이다. 2024년에 발표된 조사 결과에 따르면 북한이탈주민의 경제활동 참가율은 64.1%로 남한 주민(64.7%)과의 차이가 거의 없고, 고용률도 2023년 60.5%, 2024년 60.1%로 안정적인 것으로 나타났다. 물론 실업률의 경우에는 2024년 기준 6.3%로 일반 국민에 비해서 약 3배 정도 높고, 임금근로자 월평균 임금도 남한 주민 평균에 비해 약 50만 원가량 적은 것으로 나타났다. 그럼에도 경제적 수치로는 탈북민의 삶이 지속적으로 개선되고 있는 것으로 나타나고 있다. 정부의 지원 정책이 가장 역점을 두는 부분이 고용이라는 점을 감안했을 때 이는 예측 가능한 일이기도 했다.

자연스레 하나재단을 비롯한 정부 기관에서는 경제적 성공을 거두거나 사회에서 인정받는 직업군에서 일하는 이들을 탈북민 성공 사례로 홍보하기 시작했다. 전문직 양성과정 등을 통해 의사, 치과의사, 법무사와 같은 직업군에 일하게 된 탈북민을 대표적인 정착 사례로 알리기도 한다(『연합뉴스』, 2025/3/5). 창업에 성공한 이들을 집중적으로 조명한 보도가 방송되기도 하고, 경제적 성공과 부를 얻은 탈북민의 억척스러운 노력을 조망하는 기사도 주기적으로 소개된다. 이들의 정착 사례에는 생계급여를 받지 않고 스스로 노력해서 임금은 받으면서 살게 되었다는 것을 강조하는데, 이는 탈북민이 사회 복지 혜택에서 벗어나는 것을 정착의 주요 기준으로 삼고 있음을 나타내는 것이기도 하다. 흥미롭게도 이러한 기준은 탈북민의 정체성 형성에도 엄청난 영향을 미치는데, 자신들이 얼마나 적극적으로 살아 왔는지를 설명할 때 자주 등장하는 기준은 자신들이 몇 개월 안에 수급자에서 벗어났는지를 예로 들곤 한다(김화순, 2019: 156). 이는 남한 사회가 사회복지의 수혜자를 어떠한 시선으로 바라보고 있는지를 정확하게 간파한 것이기도 하다. 공정과 정의라는 신자유주의적 기준이 사회적 규범이 되어 버린 한국에서 사회복지 체계의 수혜자는 실패자와 낙오자라는 낙인에서 자유롭지 못하기 때문이다.

탈북민 지원 정책이 기반을 둔 경제주의와 자본주의는 불가피한 것이라는 주장도 가능할 법하다. 남한 사회의 체계상 경제적 정착이 가장 우선시 되는 것은 비단 탈북민에게만 해당되는 것이 아니기 때문이다. 남한 주민들을 대상으로 하는 사회복지 체계도 역시 노동 유인을 위한 다양한 인센티브 제도가 활용되기 때문이다. 하지만 분단 체제 아래 갑작스레 남한으로 이주한 탈북민의 '정착'의 주요 기준이나 지표로서 경제적 요인이나 노동 여부 등을 강조하는 것은 분명 문제적이다. 이주민의 정착이 다음 세대까지 지속되는 지난한 과정이라는 점과 경제적 정착 이외의 수많은 요인들이 탈북민의 정착에 깊게 연관되어 있다는 사실은 간과된다. 무엇보다 탈북민과의 '사회'를 만들어 가야 하는 상황에서 이들을 환대하고 사회 내 '자리'를 내어 주려는 시도가 우선시될 필요가 있다(김현경, 2015: 207). 탈북민의 정착을 어렵게 하는 요인은 수없이 많다. 사회적 배제, 정서적 소외감과 우울, 더 나아가 이동 과정에서의 가족 구성과 해체, 그리고 남한 사회의 분단적 시선 등 경제적 지표에서는 드러나지 않는 다양한 요인들이 복잡하게 얽혀 탈북민의 삶을 고통스럽게 한다는 의미다(김원섭, 2021). 단순히 취업률과 실업률의 개선 등에 포괄되지 않는 탈북민의 경험과 고통이 존재한다는 의미이기도 하고, '노동하는 국민'이라는 경계 밖의 탈북민과 어떻게 살아가야 할 것인지에 대한 사회적 고민이 필요하다는 뜻이기도 하다.

5. 서발턴은 말할 수 있는가?: 한성옥 씨 모자 사망 사건

한국 사회는 탈북 여성 한성옥 씨와 그녀의 아들의 사망 사건을 두고 발칵 뒤집혔다. 2019년 7월 31일 수도 검침원의 신고로 발견된 이들은 이미 사망한 지 두 달이 지난 후 발견되었다. 이들의 집에서 음식의 흔적을 발견하지 못했다는 점, 숨지기 전 5월 13일에 통장에 남아 있던 3,853원의 예금을 인출해 사용한 이후 통장 잔고가 0원이었다는 점 등으로 인해 이들이 굶주림 끝에 목숨을 잃었다는 보도가 줄을 이었다. 풍요로운 한국 사회에서 '아사'로 인한 죽음이 발생했다는 것에 모두가 경악했으며, 무엇보다 국가가 나서 촘촘하게 관리해 온 탈북민 집단에서 '아사자'가 나왔다는 것이 충격적이었다. 신변보호관을 비롯해서 탈북민 관리 체계의 한계가 그대로 노출된 사건이었고, 더욱 심각한 것은 '노동하는 탈북민'의 범주에 들어가지 못한 사회경제적 취약 계층 탈북민에 대한 보호가 적절하게 작동하지 않았다는 사실이었다.

문제는 한 씨 모자 사망 사건이 분단 체제의 이념 갈등으로 확장되는 데 있었다. 스피박이 '서발턴은 말할 수 없다'는 주장을 하면서 강조했던 것처럼 하위계층의 목소리는 종종 주류 담론이 각축하면서 삭제되거나 왜곡될 수 있다는 사실이 다시금 확인되는 지점이다. 한 씨 모자 사망 사건을 두고 북한 인권의 문제로 확장하려 한 탈북민 단체와 보수 시민 단체의 담론이 한쪽에 있었고, 다른 한쪽에서는 한 씨의 사회경제적 부적응이라는 개인의 문제로 단순화하려 했다. 두 담론이 각축을 벌이게 되면서 한 씨 모자의 죽음 이면에서 작동한 본질적이고 맥락적인 문제는 충분히 논의되지 못한 채 사그라져 갔다.

사건이 발생한 초기에는 언론과 시민 단체 가릴 것 없이 정부의 안일한 대응이나 사회 복지 체계의 문제점을 지적했다. 탈북민을 관리하는 체계가 세밀하게 구축되어 있지만 이들 중 상당수는 배정받은 임대주택이 아닌 곳에서 정착하기도 하고 중국 국적의 남편과 여러 곳을 이동하면서 살아가는 까닭에 사회복지 체계의 사각지대가 분명히 존재했기 때문이다. 탈북민 대상 복지 체계가 여러 관련 부서와 기관이 연계되어 작동하기에 탈북민의 '위기' 신호를 조기에 확인하지 못해 이러한 비극이 발생했다는 자성도 있었다.

하지만 이 사건은 몇몇 탈북민 단체와 보수 진영의 시민단체가 주도하여 문재인 정부의 대북정책에 대한 문제제기로 급격하게 확대되기 시작했다. 특히 한 씨 모자가 사망했던 시기에는 문재인 정부의 한반도 평화프로세스가 하노이 노딜로 큰 위기에 봉착했던 시기였고, 문재인 정부 내내 전향적인 대북 정책으로 위기감을 느꼈던 탈북민 단체들은 한 씨 모자 사망 사건이 정부의 의도적인 탈북민 배제가 촉발한 인재라고 비판했다. 주지하듯 정권이 바뀔 때 마다 요동치는 대북 정책은 남한 내부의 관련 단체에도 직접적인 영향을 미쳐 온 것이 사실이다. 문재인 정부 시절에 북한과의 대화와 협력을 정책적 목표로 삼았던 까닭에 북한에 대한 비판적 목소리를 내온 탈북민 단체의 경우, 자신들이 활동 영역이 상당히 위축되었을 뿐만 아니라 단체의 운영 자체가 어렵다고 느끼고 있었다. 보수 언론에서는 문재인 정부 들어서 북한 체제에 대한 비판의 목소리를 높여 온 탈북단체들의 정부 지원금이 사실상 끊겼다는 보도를 하기도 했는데, 그만큼 탈북민 단체의 불만은 문재인 정부 내내 고조되어 있는 상황이었다(『조선일보』, 2019/3/11).

이런 상황에서 한 씨 모자 사망 사건이 발생하자 탈북민 단체를 중심으로 탈북민들의 울분이 급속하게 확산되었다. 탈북민들은 조직적인 대응에 나서기도 했는데, 한 씨 모자 분향소를 광화문에 설치한 것을 계기로 8월 20일에 북한민주화위원회 자유북한방송 등 26개의 '북한인권연합'(탈북민 사회단체)와 보수 지식인단체인 비상국민회의 등은 '아사 탈북민 고 한성옥 모자 추모 · 장례위원회'를 결성했다(『뉴데일리』, 2019/8/23). 광화문 분향소에서는 수많은 시민들이 조문했고, 다른 한편으로는 당시 야당이었던 자유한국당의 나경원 원내대표를 비롯한 정치인과 보수 진영의 유력 인사들이 모여 한 씨 모자 사망 사건이 문재인 정부가 북한 인권 문제를 미온적으로 대처한 것과 북한과의 관계 개선을 위해서 탈북민을 홀대했기 때문이라고 주장했다. 9월 4일에는 한반도 인권과 통일을 위한 변호사 모임 주체로 '북한인권법 사문화와 탈북모자의 비극'이라는 주제 아래 토론회를 개최하면서 북한 인권 문제와 한 씨 모자 사망 사건의 직접적인 연관성을 역설하기도 한다. 토론의 발제자는 "탈북민 아사 사건은 소외계층에 닥친 단순한 불행이기라기보다 김정은의 눈치를 보는 문재인 정권의 탈북민 냉대정책이 초래한 정권 차원의 살인"이라고 주장했다(『뉴데일리』, 2019/9/4). 토론회의 상당 부분은 북한 인권 문제에 문재인 정부가 수세적이라는 비판을 쏟아 내는 데 할애되었고, 북한 인권 관련 예산과 남북협력기금을 비교하면서 문재인 정부가 대북 교류협력에 힘을 쏟는 대신 북한 인권에 대해서는 무시하고 있다는 주장을 펼쳤다. 이 과정에서 한 씨 모자 사망 사건은 북한 인권 문제의 대표적인 사례이자, 문재인 정권의 대북 정책의 문제점과 탈북민 지원 정책의 부족이 만들어 낸 비극으로 논의되었다.

한 씨 모자 사망 사건이 북한인권과 대북정책에 대한 비판으로 확대되기 시작하자 한국 사회를 끈질기게 괴롭히고 있는 진영의 문제로 비화되기 시작했다. 탈북민의 죽음은 여야를 가리지 않고 모두가 추모하고 대책을 마련해야 하는 사안임에도 불구하고 정부 여당의 정치인들은 이에 대해 적극적인 대응에 나서지 않았다. 주무 부처인 통일부도 탈북민 단체의 문제제기에 적극적으로 대응하지 않는 방식을 선택했다. 통일부는 한 씨 모자 사망 사건과 관련해서 공식적인 입장 표명을 하지 않고 단 한 건의 보도 자료만을 내보냈다.[11] 2019년 9월 2일에 나온 보도 자료의 내용은 탈북민 정착지원 사각지대 해소를 위해 〈탈북민 생활안정 종합대책〉

11 통일부 홈페이지의 보도 자료를 검색한 결과다(검색일: 2025/4/11).

을 수립했다는 사실을 알리는 것이었다. 이는 '탈북민 위기가구'를 조기에 발견하고 복지부, 지자체, 하나재단 등이 협력하여 탈북민 복지의 사각지대를 최소화하기 위한 정책적 대응을 수립한 것에 관한 것이었다. 정부 여당과 통일부는 한 씨 모자 사망 사건이 대북 정책 전반에 부정적인 영향을 미칠까 노심초사했고, 무엇보다 위기에 처한 한반도 평화 프로세스를 재가동시키기 위해 노력을 기울이는 상황에서 이 문제가 대북 정책에 대한 여론 악화로 확대되는 것을 경계했다.

한 씨 모자 사망이 북한 인권과 대북 정책 문제로 확장되면서 이들의 장례식은 정치적 협상의 대상으로 전환되었다. 한 씨 모자 추모·장례위원회는 하나재단 이사장의 사퇴, 통일부-탈북민 협의 기구 설치, 무연고 장례가 아닌 탈북민장 등을 요구했고, 통일부 장관과 대통령의 조문 등을 요청하기도 했다. 지난한 싸움을 이어 가던 양측은 장례 절차를 둘러싼 협상에서 합의하지 못했다. 결국 한 씨 모자가 사망한 지 4개월이 지난 2019년 11월 28일에 하나재단이 주도해서 장례를 치렀는데, 이를 '날치기 장례'라며 반발했던 탈북민 단체들은 장례에 참석하지 않았다(『조선일보』, 2019/11/28). 장례를 둘러싸고 정부와 단체 사이의 갈등은 폭력 행사가 발생할 정도로 최악으로 치달았는데,[12] 결국 하나재단의 이사장이 11월 15일에 퇴임하고 뒤이어 재단이 주도하여 수도권 6곳에 분향소가 설치되고 28일에 장례식이 치러진 것이다(『연합뉴스』, 2019/11/19). 정부가 주도한 한 씨 모자의 분향소와 장례식을 찾는 이들은 극소수였고, 결국 하나재단 및 정부 관계자 소수가 참석한 장례가 쓸쓸하게 거행되었다. 양측 사이의 줄다리기가 첨예해지고, 논의가 지지부진해지면서 한 씨 모자의 가슴 아픈 사연은 '아사'라는 극단적 결과로만 남겨지게 되었다.

12 2019년 10월 5일 탈북민 단체는 청와대로 행진하며 시위를 했다. 이 때 흥분한 탈북민과 시민들이 경찰의 차단벽을 부수고 경찰을 폭행한 사건이 발생했다. 이 사건으로 폭력 시위를 한 두 명의 탈북민에게 구속영장이 청구되었고, 이 중에서 추모 장례위원회의 공동 대표를 맡고 있었던 허광일 씨가 구속되었다.

첨예한 논쟁이 진행된 4개월 동안 한성옥 씨와 그녀의 아들 죽음에 관한 다양한 증언과 해석이 등장했다. 사인과 배경을 두고도 무엇인 직접적인 요인이었는지에 대한 이견이 분출되었다. 이 과정에서 한성옥 씨와 그녀의 아들이 왜 목숨을 잃었는지, 어떠한 어려움과 고통에 놓였었는지, 주변의 도움을 받지 못한 근본적인 원인이 무엇인지에 대한 논쟁은 사라져 갔다. 정부의 사회복지 체제의 사각지대에서 그녀가 희생된 것에는 이견이 없지만 그녀가 남한으로 이주한 이후에 경험했던 수많은 좌절과 어려움에 대해서는 충분히 논의되지 못한 것이다. 탈북민의 죽음을 둘러싸고 적응 실패 혹은 심리적 트라우마 등과 같이 개인의 문제로 치환하거나 아니면 정부의 관리 부족이라는 공권력의 무능으로 단순화하는 경향은 한 씨 모자 사망 사건을 두고 더욱 명확해졌다. 한 씨 모자의 사망은 개인, 사회, 국가, 그리고 더 나아가 남한 선주민과의 관계까지 복잡하게 얽혀 있는 문제였음에도 불구하고 책임 소재'만'을 가리려는 시도가 벌어진 것이다. 탈북민 사회는 한 씨 모자의 사망을 두고 탈북민 공동체가 작동하지 않았다는 부분에 대한 자성의 목소리 보다는 정부의 실책을 탓하는 것에 역량을 집중했고, 통일부를 비롯한 관련 기관 역시 한 씨 모자 사건이 대북 정책 전반에 대한 비판으로 확장하는 것을 막기 위해 전전긍긍하는 모습을 보였다.

한성옥 씨는 여느 탈북 여성과 비슷하게 중국에서 결혼을 한 다문화 가정 여성이었고, 중국 국적의 남편과의 경제적·문화적 갈등을 경험했고, 가족의 복원을 위해서 중국으로 다시 이주했지만 거기서 출산한 둘째 아들의 장애로 결국 한국으로 혼자 돌아올 수밖에 없었다. 한성옥 씨는 중국을 거쳐 남한으로 이주했을 때만 해도 혼자였지만 이내 중국 국적의 남편과 첫째 아들을 남한으로 초청해 함께 살았다. 상당수 탈북 여성이 남한으로 이주한 이후에 중국 국적의 남편을 초청하곤 하는데, 남편이 남한으로 이주한 이후에 낯선 남한 생활과 어려운 경제생활 등으로 부부 갈등을 경험하는 사례가 많다. 중국 국적의 남편과 낳은 자녀들이 언어, 문화, 교육 체계 등을 적응하지 못해 결국 다시 중국으로 돌아가는 사례도 상당수다. 한성옥 씨가 경험한 것으로 보이는 개인적 문제가 중국 등 제3국을 거쳐 남한으로 이주한 탈북 여성들의 상황과 일정부분 교집합이 있다는 의미다. 이는 단순히 정부의 탈북민 위기 사례 조기 발견이라는 정책적 보완이나 정부의 탈북민 지원 확대라는 탈북민 단체의 요구로는 해결되지 않는 더 근본적인 탈북 여성들의 상황과 맥락이 존재함을 뜻한다. 무엇보다 한성옥 모자의 죽음이 '말하는 것'은 정책이나 정부의 사과를 뛰어넘는 북한-중국-남한에 걸쳐 있는 글로벌 자본주의 체계의 차별과 착취, 여성 하위주체가 억압적 환경에서 내몰린 결혼과 가부장제의 억압, 민족적 분단 체제에서 다문화 가족의 배제, 거기에 더 나아가 장애인과 비장애인 사이의 문화적, 규범적 차별까지 복잡한 문제들이다. 한 씨 모자 사망 사건을 계기로 탈북민 '위기가구' 발굴이 주요 업무가 되어버린 통일부, 하나재단, 그리고 지역 하나센터의 정책적 보완이 지금 당장 발생할 수도 있는 또 다른 비극을 막을 수는 있겠지만 그것이 탈북 여성들이 경험하는 다층적 어려움과 고통을 아우르기에는 턱없이 부족한 이유가 여기에 있다. 무엇보다 탈북민 단체와 정부 사이의 엄청난 갈등을 겪고 난 이후에도 한 씨 모자가 '죽음'으로 말하려고 했던 것이 진정 무엇이었는지 여전히 의문으로 남겨져 있다.

6. 마치며

스피박은 서발턴은 말할 수 있는가?(1988)의 결론에서 서발턴은 말할 수 없다고 단언했다.[13] 사티에 저항하지 않고 스스로 죽음을 선택하는 식민

13 "The subaltern cannot speak. There is no virtue in global laundry lists with 'woman' as a pious item. Representation has not withered away. The female intellectual as in-

지 인도 여성은 자신의 욕망을 드러내고 실현할 언어와 능력이 없기에 결국 식민주의와 가부장제가 만들어 낸 이데올로기 내에서 발화할 수밖에 없었고, 정치적 주체로서의 말할 수 있는 언어와 공공성의 감각이 부재하기에 침묵하게 된 것이다. 문제는 '거짓' 욕망을 발화하거나 언어를 찾지 못해 침묵하는 여성 서발턴의 재현은 가능하지 않지만 그렇다고 재현 자체가 사라지지도 않는다는 것이다. 그러면서 글의 마지막에서는 다소 비관적인 어조로 여성 지식인들이 서발턴의 말을 추적하는 것은 한두 번의 시도로 가능하지 않은 어렵고도 제한된 과제라고 역설한다.

이후 학계에서는 여러 논의가 진행되었는데, 가장 큰 비판 중에 하나는 서발턴이 말할 수 없다는 것을 역설하는 스피박의 주장 자체가 이미 서발턴들의 사례들을 읽어 내는 하나의 시도라는 것이었다. 스피박은 이러한 비판에 대한 자신의 반론을 포함한 '서발턴은 말할 수 있는가?'의 수정본을 1999년에 발표된 『포스트식민주의 이성 비판』(*A Critique of Postcolonial Reason*, Harvard University Press)에 다시 실었다.[14] 스피박은 '서발턴는 말할 수 없다'는 선언은 자살로 자신의 삶을 마감한 부바네스와리의 '말'을 그 누구도, 그것도 아주 오랫동안 알아채지 못했다는 절망에서 나온 주장이었다고 설명한다. 그러면서 자신이 주목하는 더 중요한 논점은 이후 부바네스와리의 자살을 설명하려는 그 어떤 시도도 결국은 "잘해야 끼어들기인" 것이라는 점이다(스피박, 2013: 137). 그녀의 논쟁적인 에세이를 통해서 말하고자 한 것은 서발턴이 말할 수 없다는 절망이 아니라 마치 서발턴이 말할 수 있는 것처럼 해독하고 재현하는 담론과 지

tellectual has a circumscribed task which she must not disown with a flourish(1988: 313)."

14 이 글은 모리스, 로절린드 C 엮음, 가야트리 차크라보르티 스피박 외 지음, 2013. 『서발턴은 말할 수 있는가? 서발턴 개념의 역사에 관한 성찰들』, 태혜숙 옮김, 그린비의 1장에 수록된 버전에 기반을 둔다. 이 책은 *A Critique of Postcolonial Reason*(Harvard University Press, 1999)에 실린 버전과 1988년에 출간된 버전을 번역하여 싣고 있다.

식 체계에 대한 뿌리 깊은 비판이 드러나는 지점이다.

탈북 여성은 서발턴이다. 감히 그녀들을 서발턴이라고 주장하는 이유는 그녀들을 둘러싼 수많은 재현과 묘사로는 그녀들의 말과 침묵의 의미를 이해하지 못하기 때문이다. 분단 체제를 살아가는 남한 출신 연구자들이 아무리 그녀들의 말을 세밀하고 정밀하게 해석하더라도 그것은 "다른 이가 거리를 두고 해독하는 것" 이상도 이하도 아니라는 의미다(스피박, 2013: 137). 탈북 여성이 경험하는 것은 국가 폭력, 분단 체제, 글로벌 자본주의, 가부장제, 신자유주의, 복지체계 등이 중첩된 것이지만 '해독'은 언제나 이것 중 일부만을 강조하면서 논의될 뿐이다. 물론 탈북 여성들이 말하지 않는 것은 아니다. 점점 더 많은 탈북 여성들이 말할 기회를 얻고 있고, 글을 쓰고 있으며, 그리고 자신을 드러내는 것에 두려워하지 않고 있다. 하지만 북한 인권에 대한 고발이나 경제적 성공 스토리라는 틀 밖의 그들의 다양한 목소리는 여전히 제한적인 수준이다. 이는 여전히 남한 사회가 듣고자 하는 이야기, 즉 이들의 말을 해독할 수 있는 인식론적 틀이 분단적이며 동시에 자본주의에 머물러 있음을 방증하는 것이기도 하다.

물론 현 상황을 비관적으로만 해석할 필요는 없다. 탈북 여성들의 다양한 목소리가 조금씩 들려오기 때문이다. 분단과 자본주의적 욕망 안팎을 넘나들며 탈북 여성들의 경험과 인식을 드러내는 시도가 등장하고 있다. 대표적으로, 『나의 살던 북한은』(2019)을 쓴 탈북 여성 작가 경화는 스스로 노동하는 사람으로서의 정체성을 드러낸다. 북에서도 노동자였고, 남으로 이주한 이후에도 노동자인 경화 작가는 몸을 쓰는 노동을 하는 것에 대한 자부심이 가득하다. 그녀에게 북한은 고난의 행군의 어려움으로 기억되기도 하지만 동시에 '고향'이라는 따뜻함과 향수로도 존재한다. 인권이나 경제적 성공이라는 남한의 주류 담론을 가로지르는 그녀의 경험과 의식은 낯선 모습이면서도 남한 사회의 여느 누구와도 비견될 수 있는 보편성을 지니고 있다.

한편 소설가이자 북한학 연구자인 설송아 작가의 작품도 흥미롭다. 작가는 북한 여성의 욕망을 날것 그대로 드러내는 작품을 꾸준히 발표하고 있다. 『진옥이』(2015)와 『태양을 훔친 여자』(2023)에 등장하는 북한 여성 진옥과 봄순은 젠더적 관습이나 가부장적 권력 체계의 틀을 해체하는 이들로 묘사된다. 소설 속 북한 여성들은 먹고 살기 위해 장마당에 내몰렸지만 점차 돈과 권력 모두를 욕망한다. 목표한 것을 이루기 위해서라면 가족, 성, 규범 등을 뛰어넘는 것도 망설이지 않는다. 소설의 이야기는 지금까지 익숙했던 북한 여성과는 전혀 다른 여성의 얼굴을 우리에게 소개한다. 권력과 자본에 대한 욕망을 숨기지 않는 여성들이 북한에 가득하다는 설송아 작가의 '말'은 탈북 여성을 둘러싼 주류 담론의 전형성을 뛰어넘는다는 측면에서 과히 전복적이기까지 하다.

그렇다면 이제 남한 사회가 그녀들의 '말'을 들을 준비가 되었는지 질문을 던져야 한다. 기존의 전형성 밖의 이야기들을 그 자체로 이해할 사회적 역량이 존재하는지 따져야 할 때라는 의미다. 더 나아가 지금까지의 그녀들의 '말'이 어떠한 구조적 제약에 따라 선별되었고, 다른 한편으로 침묵되었는지에 대한 반성이 더욱 활발히 진행되어야 한다. 탈북민뿐만 아니라. 남한 사회의 수많은 서발턴의 목소리를 소거하는 인식론적 폭력과 제약의 면면으로 비판과 성찰이 확장되는 것도 중요할 것이다. 결국 서발턴의 경험과 말을 듣는다는 것은 기존 사회의 뿌리 깊은 서열과 위계를 극복하고 더 나은 사회를 만들려는 시도와 다르지 않다. 광복 80년인 2025년, 식민과 분단이라는 거대한 구조를 넘어서기 위한 남한 사회의 노력이 서발턴에서 시작되어야 하는 이유다.

제9장

이동하는 국적, 월경하는 주체, 경계적 문화자본:

한국 내 재일조선인 3세의 정체성 정치와 문화실천

/

김예림

1. 들어가며

본고는 한국에서 활동하는 재일조선인[1] 3세의 탈국경적 문화실천이 갖는 의미를 규명하는 데 목적을 두고 있다. 1~2세대와는 달리 3~4세대는 냉전 질서가 특히 경제적·문화적 층위에서 상대적으로 해소된 포스트 냉전 시대를 자신들의 주된 성장 및 활동 배경으로 삼는다. 전반적인 국제정세의 전환, 지역적 질서의 재편, 국가 간 관계의 변화 과정을 통시적으로 고려해 볼 때 3~4세대는 재일조선인 사회를 오랫동안 결박해 왔던 식민주의와 냉전 질서의 제도적·이념적 사슬이 과거에 비해 약화된 지점에 위치하는 것이다.[2] 그러나 이후에 살펴보겠지만 일본에서 재일조선인

1 식민지 시기에 일본으로 이주한 조선인과 그들의 후손을 명명하는 용어는 재일동포, 재일교포, 재일조선인, 재일한인, 재일한국인, 재일 코리안, 자이니치 등으로 많다. 여기에 이들의 국적 문제까지 개입되면 명명은 더 복잡해진다. 이 글은 3세대를 논의의 초점으로 삼지만 이들의 정체성 및 그와 연관된 여러 문제가 역사적으로 수렴되며 이 수렴의 최종 지점에 위치한 존재성에 부여된 이름이 '재일조선인'이었으므로 이 용어를 쓰기로 한다. 한국에서 '재일동포'와 '재일교포'라는 명명법이 어떤 맥락에서 나타났고 또 미디어가 이들을 어떻게 재현했는가에 대한 연구로는 권혁태(2007) 참고.

2 물론 '상대적 약화'라는 말은 여전히 조심스럽게 사용할 필요가 있다. 일본과 북한과

사회가 겪어 왔고 또 지금도 겪고 있는 문제는 역사적 맥락 속에서 줄곧 누적 변형되어 온 것으로, 이들이 차별과 배제에서 자유로웠던 적은 결코 없다. 일례로 재일여성을 향한 혐오발언이 심각해지고 있는 최근의 상황은 재일조선인 사회를 향한 차별과 배제가 지극히 현재적 문제임을 여실히 보여 준다.[3] 이러한 구조는 '포스트냉전' 시기를 살고 있는 3~4세대의 정체성 정치와 문화실천을 이해하는 데 새로운 변화의 국면들과 더불어 반드시 고려되어야 할 부분이라 하겠다.

재일조선인 사회가 처한 현실적 변화의 조건들을 참조하면서, 이 글은 식민화와 냉전이라는 역사적 국면을 통과하여 트랜스내셔널한 경험이[4] 일상화된 시대에 재일조선인 3세의 자기 의식과 정체성 정치가 어떤 방식으로 구축되고 있는지 분석한다. 물론 재일조선인이라는 사회적 정체성은 어떤 단일한 성격을 갖는 동질적인 범주로 단순하게 설정될 수 없다. 세대, 연령, 성별, 직업, 가치관 등의 측면에서 매우 다양한 차이를 드러내는 복수적 존재들로 구성되어 있기 때문에, 이 내부적 차이들에 대한 미시적인 이해가 요구된다. 일본 사회에서 공통적으로 제약 받고 있는 객관적 조건들은 엄존하지만 이 조건에 주체가 스스로를 절합시키면서 자기를 구성하고 실현하는 방식과 경로는 다양하고 다각적이다. 특정한 조

의 갈등이 해소되지 않는 상황에서 최근에도 재일조선인 특히 조선학교 학생들에 대한 상징적, 물리적 폭력이 발생하고 있다. 그리고 재일조선인에 대한 상시적 차별 역시 엄존하고 있다. 시간을 좀 거슬러 올라가 따져 보면 일본이 국제 난민조약에 가입하면서 사회보장 제도의 내외국인 평등적용 의무를 갖게 된 것은 1982년이고 정주 외국인의 지방 참정권 보장에 의해 참정권 차별이 약화된 것은 1993년 무렵부터다. 재일조선인 탄압에 대해서는 정영환(2007) 참고.

3 재일여성을 향한 혐오발언과 이에 대항하는 재일여성의 신체성 및 수행성에 대한 연구로는 조경희(2024) 참고.

4 문맥에 따라 '트랜스내셔널' 혹은 '탈국경적', '월경적'이라는 용어로 표현하고자 한다. 문화연구와 사회과학 분야에서 트랜스내셔널리즘이 어떻게 개념화되고 논의되어 왔는지에 대해서는, Guarnizo and Smith(1998) 그리고 글로벌라이제이션과 트랜스내셔널리즘에 대해서는 Aihwa Ong(1999) 특히 introduction과 1장 참고. Blanc, Basch, and Schiller(1995); Mahler(1998).

건을 공유하고 있는 소집단에 대한 질적 접근법을 취하고 있는 본 연구는 이 내적 차이들의 한 면을 드러내기 위한 사례 연구의 성격을 띤다.

연구 참여자들은 일본 사회에서뿐만 아니라 재일조선인 사회 내부적으로도 '차이화'되어 온 조선적, 조선학교 출신의 재일조선인 3세다. 일본에서 조선적을 가지고 있거나 조선학교 교육을 받았다는 것은 기본적으로 일본 사회에 동화되지 않는 민족적·문화적 경계를 내적으로 주장하고 외적으로 표현한다는 의도 및 효과를 갖고 있다. 이와 같은 조건은 전통적으로 '친북' 혹은 '총련계'의 표지로 '남한'에 뚜렷한 대립선을 긋는 것으로도 받아들여졌다. 냉전 분리선이 약화되면서 상황이 변하긴 했으나 조선적, 조선학교라는 내셔널리스틱한 제도와 그 이념을 선택한 집단은 여전히 소수이며, 그런 점에서 이와 같은 환경을 바탕으로 구성되는 개인적, 집단적 정체성은 '차이화' 기제에 기반하고 있다. 또 한 가지 주목할 조건은 이들이 조선적에서 한국적으로 국적을 변경한 후 자신들이 획득한 경계적 문화자본을 운용하여 국경을 넘어 한국에서 활동하고 있다는 점이다. 종합하자면 연구 참여자들은 이주하여 서비스업이나 예술 활동과 같은 비물질 노동에 종사하는 젊은 세대라 할 수 있다.

이들의 탈국경적 이동과 문화노동의 배경이 시사하는바 핵심적인 문제는 트랜스내셔널리즘과 국가 사이의 관계다. 이주와 트랜스내셔널리즘을 연구하는 많은 논자들이 언급하듯이, 지구화 시대 국가의 역할과 영향력은 단지 약화되는 것이 아니라 선택적으로 더 개입적이거나 유효화되므로 그 작동 구조를 놓쳐서는 안 된다.[5] 재일조선인 젊은 세대의 탈국경적 문화실천을 이해하는 데도 이 점은 반드시 고려되어야 할 사항이다. 더불어 주체의 행위 및 그 행위를 유도하는 내적 계기의 차원에 주목할 필요가 있다. 주체란 거시적인 정치경제적 변동이 인격화되고 다양하게

---

5 이에 대해서는 Roger Waldinger and David Fitzgerald(2004) 참고.

변형되는 일종의 비결정성의 장소다. 재일조선인 젊은 세대의 경우, 한국으로 이동해 들어오기까지 이들에게 작용하는 국가 제도와 함께 이에 절합하는 주체의 다면적인 자기 기술(self technology)의 층위가 논의되어야 한다. 관련하여 주목해야 하는 것은 구조와 주체 두 역장(場)을 함께 묶고 있는 결절점, 즉 국적이다. 국적은 재일조선인 사회의 역사성과 현재성을 이해하고 그 구성원들의 정체성 정치를 파악하기 위해서 반드시 다루어야 할 뜨거운 지점이다.

일국적 영토에 비교적 '안정적'으로 소속되어 있는 집단과는 달리, 이주자와 그 후손들에게 국적은 결정되기 전까지는 유동적이고 선택적인 어떤 것이다. 하지만 그것이 바로 '선택'의 사안이기도 하기 때문에, 국적을 둘러싼 문제는 단지 제도의 층위만으로 설명될 수 없으며 이 유동성과 선택성을 고정시키기까지의 주체의 내적 상황이 함께 고려되어야 하는 것이다. 이런 맥락에서, 우리는 다음과 같은 몇 가지 질문을 갖게 된다. 조선적 소유자 재일조선인 3세에게 과연 일본을 벗어나 한국으로 들어오는 이동이란 어떤 의미를 갖는가? 그리고 이동은 실제적으로 어떻게 가능해지는가? 월경적 이동이 일반적으로, 일상적으로 매우 용이해진 오늘날 이와 같은 일반화와 일상성이 매끄럽게 통용되지 못하고 구부러지고 뒤틀리는 장소가 있다면 그것은 어디인가? 마지막으로, 이 굴절의 장소에서 주체는 어떤 선택이나 포기 혹은 타협을 시도하게 되는가? 이러한 질문들은 재일조선인이라는 경계적 정체성 구성의 역사적·현재적 맥락, 이들의 문화실천이 갖는 의미, 국경을 넘는 이동을 가능하게 하는 주체의 욕망과 현실적 제도 사이의 복합적인 관계를 묻기 위해 필요하다.

재일조선인에 대해서는 일본 사회에서 이들이 갖는 법적 지위에 초점을 맞춰 이루어진 연구들이 많다. 법적 지위가 계속적으로 문제될 수밖에 없는 가장 큰 이유는 재일조선인 사회가 형성되거나 내적 분열을 겪어 온 역사적 현실이 그만큼 복잡하며 또 지극히 현재적인 문제기도 하기 때문이다. 이 복잡성의 기원은 일본 내부로 국한되지 않는다. '최소한'

일본과 한국 그리고 북한 사이의 삼각관계에서 발생한 것이므로 재일조선인의 지위는 일종의 연쇄적인 문제인 것이다.[6] 일본은 제도화된 차별과 '재일조선인 자연소멸론'과 같은 동화주의적 정책[7]을 통해 재일조선인을 철저하게 '내부화되어야 할 외부'로 이중 취급해 왔다. 일본 사회의 국제주의적 재편에 따라 일본의 국적법과 대외국인 정책이 점진적인 변화를 거치면서 노골적 배타성은 다소 완화되었지만 그 억압의 체계는 여전히 엄존하고 있다. 특히 재일조선인 사회의 중심이 3~4세대로 넘어오기 시작하면서 '일본으로의 동화 현상'이 가속화되고 있다는 진단이 나오기도 한다.

그러나 일본 사회로의 '동화'가 일본 국가의 일방적인 강요에 의해 진행된 것이라고 단순하게 규정할 수도 없으며 또 '동화'의 현상들이 위기에 처한 '민족 정체성'의 현실을 상징한다고 손쉽게 비판할 수도 없다. 특히 3~4세대는 1~2세대와는 다른 환경과 의식에서 자기 수행성을 실천하므로 이들의 삶을 '민족'과 '국가'라는 기존의 고정된 틀에서 일방적으로 읽어 내서도 안 된다.[8] 언어, 교육, 결혼, 국적 취득과 같이 사적 선택과 공적 제도 두 층위를 가로지르면서 진행되고 있는 세대적 변화는 일본이라는 사회에서 삶을 실천하고 있는 재일조선인 주체들의 자기 구성과 자기 실천 양상, 그리고 이 과정에서 끊임없이 거치게 되는 갈등과 길항, 타협의 계기를 참조하면서 해명되어야 할 것이다.[9] 이런 점에서 살펴볼 때 법적 지위라는 단절면을 통해 자이니치 사회의 위상과 그 역사성

---

6 강재언 · 김동훈(2000), 홍인숙(2001), 김경득(2003), 이종훈(2003), 한일민족문제학회 편(2003), 김광열(2004) 참고.

7 이에 대해서는 이성(2007) 참조.

8 '소수자성'으로만 환원되어 해석될 수 없는 재일조선인 3세대의 적극적인 자기 실현에 대한 연구로는 유진아(2021) 참고.

9 재일조선인 3세대의 자기의식과 정체성 형성이 실제로 '민족' 코드로 단순히 환원될 수 없으며 '재일'이라는 감각과도 결합되어 있음을 잘 보여 주는 연구로는 김종곤(2014) 참고.

을 비판적으로 되묻는 연구는 일본의 정책 및 그 정책의 근간이 되는 '일본국민 만들기' 이데올로기에 정당하게 문제를 제기하지만, 한편으로는 이러한 현실적 조건 속에서 재일조선인 개개인이 어떤 방식과 경위로 자기에 관한 선택과 행위를 결정하는지를 묻는 질문에 대해서는 충분히 답해 주지 못한다.

재일조선인의 현실을 법적 지위의 측면에서 조명하는 연구와는 다른 맥락에서, 이들이 미디어를 통해 어떤 식으로 상상되고 재구성되어 왔는지를 다루는 논의가 문화연구 영역에서 이루어졌다.[10] 재현물을 중심으로 하여 이루어지는 재일조선인 연구의 스펙트럼은 영화의 경우 픽션물과 다큐멘터리를 모두 포괄하며, 또 하나의 중요한 재현 장르라 할 수 있을 문학 영역도 포함한다. 어떤 작품을 대상으로 하는가에 따라 분석의 방법과 결과는 다양하지만, 이러한 연구가 겨냥하고 있는 가장 중요한 지점은 일본이나 한국에서 재일조선인이라는 존재가 사회적으로 상상되는 방식을 비판적으로 되짚어 보는 데 있다. 따라서 "한국과 일본에서 재일조선인을 어떻게 '취급'해 왔는가?"라는 매우 역사적이고 현실적인 관심을 그 바탕에 깔고 있다. 특히 대중적 수용도와 영향력이 큰 영상 매체를 통해 재일조선인의 현실이 알려지고 대중적인 관심을 얻는 현상이 나타났다.[11] 이러한 변화는 한국 사회에서 관심의 외곽에 방치되어 있던 재일조선인

10 권혁태(2007), 고화정(2007), 김부자(2007), 신명직(2007) 특히 3부 참고. 김부자의 글은 재일조선인 여성의 삶을 다룬 다큐멘터리 필름을 일본에서 '어머니 이야기'로 '보편화'시켜 받아들이는 맥락을 비판적으로 검토하고 있다. 좀 더 넓은 시각에서 보면 재일문학과 재일문학론 영역이 매우 중요한 의미를 갖는데, 문학 연구는 별도로 진행해야 하므로 이 글에서는 우선 제외하고 비교적 최근의 영상 문화 및 그 수용 양식에 주목했다.

11 소설을 원작으로 한 영화 〈GO〉나 〈박치기〉의 인기도 새삼스러운 현상이었지만 다큐멘터리 〈우리학교〉와 〈디어평양〉의 경우도 그러하다. 〈우리학교〉와 〈디어평양〉은 국제영화제에서의 호평을 바탕으로 한국에서도 많은 관심을 얻었고, 특히 양영희와 그녀의 후속 작업들은 다양한 관점에서 연구 대상이 되었다. 관련해서는 이태규(2022), 이경재(2024) 참고.

사회가 주목을 끌게 되었음을 반영한다.

하지만 재일조선인 사회가 문화의 장에 진입하여 대중적인 재현과 수용의 대상이 되는 현상은 이들에 대한 '발견'이나 이해의 가능성과 더불어 오인의 가능성 역시 안고 있다. 오인의 가능성은 한국 사회에 잠재되어 있는 오인의 구조를 드러낸다는 점에서 비판적 재고의 여지가 있다. 특히 일본 사회에서 일종의 '이질성'의 표지를 외화하고 있는 조선학교 학생들의 이야기에 대해 한국 관람자들이 광범위한 '공감'과 '연민'을 표한 사실이 그러하다.[12] 이러한 공감과 연민의 장에는 '우리'와는 다르다고 인식되어 온 존재에게 민족주의적 감정을 투사하고 정서적 연대를 주입함으로써, 부드러운 '도덕적 감상'으로 이들을 대상화하고 소비해 버리는 대중 심리가 작동하고 있기 때문이다. 이런 맥락에서 재일조선인과의 '친화적' 조우는 상호 접촉과 교류의 장이 철저하게 봉쇄·왜곡되어 있던 냉전기 이후에 진행된 새로운 방식의 교섭으로, 보다 자유로운 형태의 개방이나 교류가 갖는 양가적 측면을 동시에 보여 준다 하겠다.

재일조선인에 관한 기존의 연구 경향을 전체적으로 검토해 볼 때 이들의 정체성 정치에 대한 미시적인 접근은 상대적으로 매우 빈약하다. 특히 일상적 실천의 주체로서 어떠한 의식을 갖고 어떠한 행위를 수행하는가 하는 문제는 충분히 규명되지 않았다.[13] 그리고 논의의 중심이 주로 1~2세대에게 실려 있어 1~2세대의 존재 조건을 그 유산으로 안고 있되 이와는 또다른 환경을 살고 있는 3~4세대의 실제는 특별한 주목의 대상이 되지 못했다. 물론 3~4세대를 대상으로 다양한 내용의 의식 조사가

12 〈우리학교〉에 대한 설득력 있는 문제 제기로는 조경희(2024) 참고

13 재일조선인 3세 가운데 조선학교 출신, 조선적 소유자의 민족 정체성에 대한 질적 연구를 수행한 연구로는 권준희(2002)가 있다. 그 외 한국적을 가진 젊은 세대를 대상으로 한 조사로는 福岡安則、金明秀, 『在日韓國人青年の生活と意識』, 東京大學出版會, 1998; 김태기 외, 『일본의 한민족청소년 현황 및 생활실태 연구』, 한국청소년정책연구원, 2007.

이루어지고 있어서 현재 일어나고 있는 세대적인 변화와 그 경향성을 파악할 수 있다. 하지만 이러한 조사들은 대체적으로 양적 방법론에 의존하고 있기 때문에, 전반적인 경향성만으로는 충분히 설명될 수 없는 주체의 자기구성과 실천의 미세한 결은 포착되지 않은 채 통계 수치로 양화, 수렴되고 있는 상황이다. 더불어 양적 조사의 대부분이 이들의 현실을 민족 정체성과 연관지어 이것을 얼마만큼 유지 혹은 상실했는가라는 관점에서 문제화하고 있다는 점 역시 지적할 수 있다.

재일조선인의 정체성 정치에서 민족 정체성이나 귀속성은 제일의적 문제일 것이나, 그 구조를 고려하여 이들의 다양한 가능성을 이해한다는 것과 늘 '민족'의 이름으로 그 존재성을 소환하고 이슈화한다는 것은 분명 다른 작업이다. 재일조선인이 일본 사회에서 '동화'의 위험에 처해 있으며 '민족적 뿌리'를 망각해 가고 있다는 견지에서 주시된다면, 이들은 언제나 '민족적 결여태'라는 일방적이고 부정적인 존재로 인식되거나 상시적인 '결여의 위험'에 노출된 존재로 대상화될 수밖에 없다. 민족적 정체성을 얼마만큼 유지하고 있는가라는 '한국 중심적'이고 민족주의적인 시각은 재일조선인 사회와 그들의 삶의 방식 그리고 이를 조건으로 생성되는 주체화 가능성을 면밀하게 파악하는 데 장애가 된다. 이런 점에서 이 글은 기본적으로 재일조선인의 정체성 연구가 주체의 적극적 자기 구성에 대한 이해로 나아가야 할 것이라 생각한다. 이들의 주체 구성은 특정한 역사적 국면의 정치·경제·문화적 조건에 구속되어 있지만, 조건적 한계를 변형시키고 벗어나려는 다각적인 과정, 문화실천, 수행성 및 그 차이들은 보다 정치한 접근과 해석을 요구하는 것이다.

이러한 문제의식하에서 포스트 냉전 시대의 변화하는 현실 속에서 재일조선인 3세대가 어떠한 의식을 가지고 탈국경적 문화실천을 하는지 살펴보고자 한다. 앞서 언급했듯이 연구참여자들은 각각 문화생산자(사진작가, 연극배우), 문화소비 공간(카페, 한일 간 문화교류 행사 기획)의 운영자, 파트타이머 숙련직(셰프) 종사자로 일하면서 자신의 정체성을 문화실천 및 생산의 장에 깊이 연관 짓고 있다. 모두 재일조선인이 가장 많이 거주하는 오사카나 고베 출신으로 일본과 재일조선인 사회에서 공히 특수한 역사와 의미를 갖는 민족교육을 받으면서 성장했다.[14] 더불어 조선적을 유지하고 있었으나 한국으로의 이주 및 활동을 위해 한국적으로 변경한 공통된 조건을 갖고 있다. 이 글은 이 네 명의 여성에 대한 심층 인터뷰 그리고 다양한 활동 현장에 동행한 경험을 바탕으로 한다. 필자는 이들이 운영하는 문화소비 공간, 기획하거나 참여한 문화공연, 연극(서울), 사진전(서울과 오사카) 등을 참관했고, 작업 현장(사진 촬영 현장 및 전시회, 오사카)에 동행하여 구체적인 진행 과정을 살펴보았다. 더불어 재일조선인 사회에 대한 보조적 파악을 위해 오사카의 코리아타운과 쿄토의 한인 거주지역을 방문했으며, 이 두 지역에서 재일조선인 관련 엔지오 기관을 운영하고 있는 활동가 두 명과 보충적인 인터뷰를 실시했다.[15]

2. '포스트 냉전' 시대의 이동하는 국적

한국인의 일본 이주의 역사는 식민화와 함께 본격화되었다. 이주 1세대는 생계와 생존을 위해 일본으로 건너가 주로 하급 노동자로 일했다. 식민지 말기에는 '선택적' 이주뿐만 아니라 징집, 징용과 같은 강제 연행의

---

14 S는 유치원에서 초등학교 3학년까지, 그리고 I와 H는 고등학교까지 조선학교를 다녔다. Y는 조선학교 졸업 후 조선대학에 입학했다.

15 오사카의 고리이 엔지오 센터 운영위원장과 교토의 코리안 생활센터 〈에루화〉의 이사장은 재일조선인 사회의 현황에 대해 폭넓은 정보와 설명을 제공해 주었다. 〈에루화〉는 재일조선인 노년 세대의 생활 보조를 지원하는 곳으로, 이 사업 외에 일본인 장애인들과 재일조선인이 함께 일하는 일종의 공동 작업 공간을 제공하고 있다. 더불어 재일조선인의 구체적인 발언을 들을 수 있는 일다(http://www.ildaro.com/sub_read.html?uid=4511&section=sc4), 지구촌 동포연대(http://www.kin.or.kr/)를 참조했다. 그 밖에 다양한 문헌조사를 했으며 기존의 양적 접근의 결과물들을 광범위하게 참고했다.

형태로 이루어진 이주도 많은 부분을 차지한다.[16] 해방 후 재일조선인 사회는 일본 · 남한 · 북한 사이에서 주변화와 내부 대립의 부침을 계속하게 된다. 이주 1세대와 2세대의 삶은 식민주의와 냉전이라는 사회 · 정치 · 문화적 환경에 철저하게 구속되어 있다. 식민지 디아스포라는 피식민 주체가 개인의 생존과 생계를 위해 '자발적'으로 선택한 이주라 하더라도 근본적으로 심각한 민족적, 계급적 차별에 기반한 것이었다. 그리고 1945년 이후 한국과 일본의 '국가 재정비' 시점에 이들의 주변화는 냉전이라는 맥락에서 심화되고 가속화되었다. 남한과 북한의 적대관계는 재일조선인 사회에 그대로 이식되었고, 남한 · 북한 · 일본의 트라이앵글 속에서 서로에게 모두 의심스럽거나 위험한 집단으로 주변화, 타자화되었다.

식민지 시기와 냉전기, 재일조선인에게 지금과 같은 의미의 '자유로운 이동' 혹은 '자발적 선택에 의한 이동'은 현실적으로 불가능한 것이었다. 이동의 기회는 주로 밀항 혹은 국가사업의 형태로 주어졌다.[17] 이에 비해 현재 재일조선인 젊은 세대의 국경을 넘는 이동은 앞세대의 '생존형 이동', '제한적 이동'과는 다른 성격을 지니며, 자유롭게 이루어지고 있다. 여행, 사업, 노동 등 개인의 자발적인 선택에 의거한 캐주얼한 월경이 상시적으로 가능한 환경을 살고 있는 것이다. 그러나 중요한 점은 이 자유로운 이동이라는 것이 조선적 소유자에게도 그대로 적용되는 것은 아니라는 사실이다. 조선적 소유자가 국경을 넘어 해외로 나가는 일이 상대적으로 용이하지 않은 현실에는 일본과 한국, 북한을 가로지르는 매우 복잡한 역사적 연원이 깔려 있다. 1945년 패전 이래 일본은 강력한 국가주

16 이에 대해서는 박경식(2008) 참고.

17 북한은 1959년부터 1984년에 이르기까지 총 186회에 걸쳐 북송선을 출항하여 북으로의 귀국사업을 계속해 왔다. 자료는 韓國人年法, 進山, 2002, 733쪽. 더불어 김영순, 2000; 테사, 2008 참고. 1959년 북송협정과 1차 귀환 영상은 http://tvpot.daum.net/my/MyClipView.do?ownerid=hxIR9ev5SPM0&clipid=8891112&svcid=8&page=11&idx=2&totalcnt=335 朝日ニュース 참고.

의에 기반하여 재일본 외국인 정책을 운영해 왔고, 여기에 냉전 질서가 중첩되면서 재일조선인은 국가 귀속성을 둘러싼 내적 혼란과 분열의 상태에 놓이게 된다. 1947년 미점령하의 일본에서 실시된 외국인등록령에 의해 재일조선인 약 59만 명이 외국인으로 등록되었다. 미점령이 끝난 1952년 외국인등록법이 공포되고 구식민지 출신자들이 법적으로 완전히 '외국인화' 되었는데, 당시 일본이 남북한과 어떤 공식 외교관계도 갖고 있지 않던 상황에서 이들은 모두 '조선적'으로 남게 된다. 이 '공통'의 조선적 상태가 조선적과 한국적으로 분리된 것은 1965년 한일국교정상화를 계기로 해서다. 이 때 재일조선인은 조선적과 한국적 사이에서 선택의 기로에 서게 되었는데, 이는 해방 이후 지속되어 온 총련계/민단계의 분리와 갈등이 제도적으로 연동되고 있음을 의미하는 것이었다. 한국적을 선택한 자에게만 영주자격이 허가되면서 남과 북 사이의 냉전적 경계는 일본 내 재일조선인 사회에 그대로 이식되었다.[18] 그리고 조선적자의 공식적이고도 철저한 주변화 역시 가속화되었다.[19]

이러한 역사적 과정을 안고 있는 재일조선인의 국적 취득이 오늘날 어떠한 양상을 보이는지 살펴보자. 현재 재일조선인은 한국적과 조선적을 합하여 약 60여만 명으로 추산되고 있다. 이 숫자는 외국인으로 등록되어 있는 재일조선인만을 포함한 것으로 일본 귀화자는 제외되어 있다. 재일조선인의 수는 1990년대 초반 무렵에 69만 명에 달했지만, 현재는 약 10만 명 정도 줄어든 상태다. 그리고 귀화자는 늘어나고 있는데

18 김광열(2004) 참고. 이에 따르면 1981년 일본이 세계난민조약에 가입하면서 국적에 따른 각종 제한이 없어졌다. 이로써 재일조선인에게도 일본 사회복지제도가 처음으로 적용되기 시작했고 1982년에 영주권이 없던 조선적자에게도 1986년 12월까지 신청하면 무조건 영주권을 주는 특례영주제도가 실시되었다.

19 냉전기 재일조선인 사회 내부의 상호 의심과 반목의 구조는 일상적 차원에서 심화, 재생산되었다. 당시의 상황을 아주 생생하게 보여 주는 자료로 손창섭의 소설 『유맹』(2005, 1976/1/1~10/28까지 『한국일보』에 연재)을 참고할 수 있다.

1990년대 중반 이후 매년 1만 명 수준으로 파악되고 있다.[20] 일본국적 취득자가 늘어나는 직접적인 배경으로는 1980년대 중반 일본 국적법 개정, 1990년대 출입국 및 난민인정법의 개정 그리고 재일조선인의 국제결혼 증가, 귀화자 수의 증가 등이 지목되고 있다. 일본의 노동시장이 국제적으로 개방되면서 재일조선인뿐만 아니라 다양한 외국인들을 대상으로 하는 법적 제도가 정비되었고 이 과정에서 재일조선인의 일본국적 취득 역시 증가하고 있다. 그리고 재일조선인 사회의 결혼 양상도 매우 달라져서 일본인과의 결혼이 압도적으로 늘어나고 있다. 1955년 당시 재일조선인 간의 결혼은 80%를 상회했었으나 지속적으로 감소하여 1983년에는 50% 정도로 하락했고, 1990년대 초반부터는 재일조선인 총 혼인건수의 80% 이상이 일본인과의 결혼에 해당하는 역전이 일어났다(지은숙, 2011: 43).

일본의 재일조선인 사회의 규모가 이러하다면 재일조선인 사회 내부의 조선적 소유자와 한국적 소유자의 비율은 어떠할까. 현재 60여만 명의 재일조선인 가운데 한국적 소유자는 약 40만 명 정도로 추정된다. 조선적은 북한 국적을 뜻하는 것이 아님에도 불구하고 1945년 이후에 진행된 남북 관계에 의해 '상황적'으로 그렇게 인식되어 왔다. 조선적은 원래 1945년 패전 후 일본에서 실시된 외국인 등록 과정에서 기재된 기호였다. 그러나 1948년 남북 단정 수립 이후 국가로서의 '조선'의 실체가 사라지면서 텅 빈 기호가 되어 버렸다. 따라서 현재 일본에서 어떤 이유로

20 2006년까지의 누적 귀화 인수는 30만여 명을 상회한다. 통계 숫자는 약간씩 차이가 있는데, 2003~2005년 통계를 참조하면 약 24~29만 명에 이른다. 참고한 자료는 다음과 같다: 한국문화정책개발원(1997), 강철(2002), 백형엽(2004), 김태기 외(2007), 이성(2007). 특히 김태기는 귀화자가 계속적으로 증가하는 상황이므로 이들 역시 재일조선인 문제를 논할 때 배제해서는 안 된다고 주장한다. 귀화자는 비귀화자와는 또다른 가치관과 세계관을 가지는 존재들로 스스로를 정체화하고 있다는 것이다. 이처럼 정체성의 내부 분할은 계속되고 있고 따라서 이들에 대한 연구도 훨씬 다면화되고 세부화될 필요가 있어 보인다.

든 조선적을 유지하고 있는 사람은 실제로는 '무국적' 상태인 셈이다. 조선적이 이처럼 현실적, 상징적으로 총련계와 밀접하게 연관지어지면서 일본 사회에서 고립되는 상황이 오랫동안 지속되었다. 그리고 오늘날에는 조선적에서 한국적으로의 이동이 계속적으로 진행되는 중이다. 물론 이념적인 지향이나 개인적 당위로 조선적을 지키는 사람도 있지만, 조선적으로부터의 이동은 증가 추세에 있다.[21] 이러한 현상에는 냉전 구도가 상당 부분 완화되고 북한의 재일조선인 사회에 대한 규정력이 많은 부분 약화되고 있다는 현실적 변화가 맞물려 있다. 현재 조총련은 약 20% 정도 밖에 안되는 조직 규모를 갖고 있으며 일상적인 생활의 영역에서 보통의 재일조선인이 그 조직적 영향력에 구속되는 경우는 많은 부분 줄어들었다(이춘길, 1998).[22]

냉전적 국제질서가 완화되고 재일조선인 사회 내부의 냉전 분리선이 약화되면서 일반인들 사이에서는 '국적 변경 문제는 개인의 선택'이라는 입장이 나오고 있다. 특히 이러한 인식은 윗세대보다는 젊은 세대에게서 강하게 나타나고 있는데, 일례로 16~24세 재일 청소년의 의식조사 결과에 따르면 1~2세들이 고집하는 법률상의 국적보다는 실질적인 국적 취득을 통하여 현지에서 자신의 권리를 찾고, 국적에 관계 없이 정체성만은 변하지 않고 '재일한국인'으로 생활하면 되지 않느냐는 의견이 많다(김태기 외, 2007). 2000년대 이후 일본국적 선택과 글로벌 지향이 강하게 나타나는 현실(임영언, 2023: 88)도 이러한 맥락에서 설명할 수 있다. 그러나 국적에 대한 인식이 상당히 개방적으로 바뀌고 있는 상황에서 조선적 소유

21 권준희(2002)에 따르면 1994년 기준 한국 국적자는 조선 국적자의 약 두 배가 넘는 45만여 명에 달한다.

22 이 조사에 따르면 민단 조총련 등 민족단체의 활동과 관련하여 '현재 참가하고 있다' 또는 '참가한 경험이 있다'고 답한 사람이 약 50%다. 세대별로 보면 1세대에서 동일한 답을 한 경우가 70%로, 3세대로 오면서 민단, 총련 모두 그 참가 비율이 낮아지고 있는 것이다.

자가 한국적으로 변경하는 과정이 어떤 의미를 갖는지는 검토될 필요가 있다. 왜냐하면 조선적과 한국적 사이에는 냉전의 역사가 길게 가로놓여 있고, 또 그런 이유로 국적은 제도의 문제인 동시에 이념이나 심정적 지향의 문제기도 하기 때문이다. 이렇게 볼 때 현재 진행되고 있는 조선적 이탈과 한국적 취득 양상은 이념적, 현실적으로 개방되고 있는 포스트냉전 시기에도 여전히 작동하고 있는 냉전 논리의 강고함을 드러낸다.

이는 탈국경의 시대에 제도적으로 강화되는 국민국가의 배타적 · 선별적 억압성이라는 문제와 연관된 것이다. 이민 1세대와 2세대 가운데 대부분의 조선적 소유자들이 자신들의 심정적 지향을 북한에 두었던 것은 북한이 재일조선인 사회에 적극적으로 개입하여 경제적, 정치적 기반을 마련하는 데 힘을 쏟았기 때문이며 나아가 일상생활의 영역에도 실제적인 지원을 계속해 왔기 때문이다. 일본 사회 주변부에서 마이너리티의 삶을 살아야 했던 재일조선인 1~2세대에게 '고국' 혹은 '모국'은 기민정책으로 일관한 남한이 아니라 북한이었다. 그리고 또 한 가지 이유는 '조선'이 분단되기 이전의 '통일된 조국'을 의미하는 기호이기도 했기 때문이다. 그러나 오늘날 조선적 소유자들은 현실적 필요성 때문에, 나름의 이유로 유지해 왔던 조선적을 포기한다. 특히 조선적 소유자가 한국을 반복적으로 자유롭게 왕래하기 위해서는 조선적이 아닌 한국적을 소유해야 하며, 한국 출입국관리소는 그렇게 할 것을 종용한다. 지구촌동포연대(KIN)가 "조선적 재일조선인과의 자유로운 상호 교류와 한국 입국 시 발생하고 있는 조선적 재일조선인에 대한 인권 침해, 국적전환 요구 등의 두터운 장벽을 철폐하고자" 진행한 일련의 활동은 조선적과 그 소유자들을 향해 남한 사회가 가져온 오래된 반목과 오해의 그늘 그리고 그 근거가 되는 반공주의의 잔존을 역으로 드러내 주고 있다.

이와 같은 탈냉전 시대의 냉전의 잔류라는 상황에서 조선적을 소유했던 재일조선인 3세대가 어떠한 갈등적 선택을 하게 되는지 그리고 이 과정에서 자신의 민족 정체성을 어떤 식으로 재구성하게 되는지를 인터뷰 참여자들을 통해 구체적으로 살펴보았다.[23] 이들은 조선적으로부터의 이탈이 제도적으로 원활하지도 않았을 뿐만 아니라 이념적으로도 쉽게 용납될 수 없었던 냉전시대와는 전반적으로 다른 환경에서 성년기를 보냈기 때문에, 조선적의 포기와 한국적의 취득 문제를 이념적인 차원이 아닌 현실적인 차원에서 사고하고 있었다. 물론 이들에게 조선적은 제도적 강요가 없었다면 포기할 이유가 없는 어떤 가치론적 의미를 안고 있는 귀속의 표지였다. 하지만, 이동과 입국이라는 현실적 요구와 자신들의 사회적 욕망을 충족시키기 위해서는 일정한 타협의 과정을 수용하는 것이 불가피함을 인정한 것이다. 한국적으로 변경하게 된 내적, 외적 경위는 다음과 같이 설명되고 있다.

Y: 갈등, 있었어요. 사실은 바꾸고 싶지 않았어요. 나도 조선국적을 가지고 있었지만, 물론 사람마다 생각이 다 다르겠지만, 우리에게 있어서는 특히 나에게는 조선이 하나였을 때의 국적이라는 자부심이 있었으니까요. 그래서 바꾸고 싶지 않다는 사람이 많이 있어요. 하지만 바꾸는 사람이 오히려 많죠. 나의 주변에는 바꾸지 않는 사람도 있지만 일본에 있는 재일교포들은 거의 다 바꾸죠. 한국 국적이 편리하니까. 내가 국적을 바꾸지 않아도 되고 북한의 상황이 좋아져서 북한이라는 나라가 인정받으면 좋겠다는 생각을 가지고 있었어요. 하지만 이번에 오기 위해서는 바꾸지 않으면 안되었기 때문에, 싫었지만 할 수 없이 바꿨지요.

I: 통일이 되기를 계속 기다렸죠. 하지만 기다려도 통일은 안 되고…. 이제 평화로운 세상이 오고 남한에도 가고 싶어졌는데 자유로이 갈 수가 없었죠.

---

23 이에 대한 선행 연구로는 권준희(2002) 참고. 이 논문은 현지조사와 심층 인터뷰를 통해 이들의 국적, 국가, 민족에 대한 의식을 규명했다. 그러나 분석의 초점이 민족 정체성 문제에 맞춰져 있어서 조선적 재일조선인 3세의 의식구조를 입체적으로 파악하는 데는 한계가 있다.

국적을 바꾸기로 결정했을 때, 가족들은 아무리 기다려도 통일이 쉽지는 않겠다, 그리고 잘 보면 한국 사회도 민주화되고 있다, 이렇게 생각했어요. 이제는 우리 재일교포들이 자유롭게 오갈 수 있는 게 제일 중요하지 않을까 그리고 우리가 외국에 나갈 때 한국국적을 갖고 있으면 비자가 나오지 않는 난민 상태보다 좋지 않을까 하는 판단을 했죠. 부모님은 고민 진짜 많이 하셨어요. 나도 국적을 바꾸는 것이 싫었어요. 대한민국 국적이 된다는 거 자체가 북한을 버리는 것 같은 느낌이라고 해야 되나…. 그런데 실제로 바꿔 보니 달라진 것은 하나도 없어요. 상황은 똑같애요. 하지만 여권이 생겼죠.

S: 보통의 상황에서는 국적이 어딘지를 모르기 때문에 기본적으로 차별은 없지만 오히려 한국이라는 나라에만 가면 차별을 받죠. 또 다른 나라에 가도 여권이 없는 상태니까 무국적 난민과 같은 입장이라 지켜주는 나라가 없는 것이고요. 근데 저는 그 상태가 불편하기도 했지만 좋았어요. 그래서 조선적으로 있었고 국적을 바꿀 수는 없다고 생각했죠. … 그런데 어느날 엄마와 여동생이 한국 국적으로 바꿔서 바로 한국으로 가버렸죠. 아 그렇게 바꿀 수도 있는 거구나 하는 생각을 그때 하게 되었어요. 또 저는 일본이 아닌 해외에서 살아 보고 싶은 욕구도 있었구요. … 제가 하고 싶은 일을 하기 위해서는 바꿔야 하는 상황이었죠. 그래서 바꿨어요. 바꿔도 계속할 수 있을 것 같아서….

H: 할아버지는 북한식으로 얘기하자면 '애국자'예요. 그리고 우리 아버지는 장남이고 … 졸업하고 나서 여러 군데 여행을 다니고 사람들을 만나면서 생각이 바뀌게 된 것 같아요. 국적이라는 게…. 처음에는 저도 국적을 한국으로 바꾸는 게, 뭐랄까 계속 조선적이라도 괜찮은 거 아닌가 그렇게 생각했었는데 해외에 나가서 사람들을 만나고 여러 가지 얘기를 하다 보니까 국적 자체보다는 자기 자신이 어떻게 생각하느냐가 제일 중요하다는

걸 깨닫게 되었어요. 그러니까 국적은 한국으로 바뀌지만 할아버지의 삶을 계속 존경하고 … 자기 마음인 것 같아요…. 자기가 바뀌는 건 아닌 것 같아요.

특별한 정서적 · 이념적 기반을 가지고 조선적을 유지하다가 한국적으로 변경한 이들의 발언에서 나타나듯이, 국적은 하나의 기호일 뿐이므로 한국적으로의 변경이 '민족의식'의 약화나 북한과의 정서적 단절을 의미하지는 않는다는 의식이 강하게 작용하고 있다.[24] 즉 자신들의 현실적 요구와 민족 정체성의 유지가 상호충돌하는 것은 아니며 국적은 외형적 기호이므로 그 변경이 자신들이 가지고 있던 신념의 내적 변질을 의미하는 것은 아니라는 판단이다. 이러한 인식은 국적 이동의 부담을 완화, 상쇄시키는 역할을 한다. 일본국적의 취득이라면 이야기가 달라지겠지만, 조선적에서 한국적으로의 이동은 이들이 교육받고 내면화한 '민족'이라는 가치를 훼손하지 않는, 스스로 수용할 수 있는 수준의 변동인 것이다. 이들의 국적 이동이 과거와 같이 단지 남한이나 북한 사회에 대한 이념적 선택의 문제가 아님은 명확하다. 특히 이들에게 북한이 '친족적' 혹은 '정서적 고향'으로 정감화됨에 따라 조선적에서 한국적으로의 이동은 오히려 더 기능적인 선택으로 받아들여지는 것이다.

Y: 일본에서 생활을 하려고 하는데 이 과정에서 가장 힘을 주고 도와주었던 것이 조총련이었어요. 민단보다 … 북한에 두 번 갔었는데 사람들 보면 우리와 같은 인간이고 아주 소박하고 정말 좋은 사람들 많은데 나라 자체는 여리 기지로 메어 있잖아요. 근데 한국은 그것에 비하면 사람들이 솔직하

24 18~30세 사이 한국적을 가진 재일 청년들에 대한 의식 조사(1998)에 따르면 '귀화자=민족성 상실자'론에 대해 '그렇다고 생각한다'고 답한 사람은 2.3% 정도에 그친다. 조사 대상이 된 한국적 소유자의 경우는 귀화자에 대한 의식도 상당히 개방적이다. 福岡安則, 金明秀, 앞의 책 참고.

다고 할까 그런 느낌이에요. 나는 옛날부터 한국에서 살아 보고 싶다는 생각을 했었는데, 국적 때문에 여행도 못했죠. 일본 사람들은 간단히 여행 가고 어디에서 뭐를 먹었다, 뭐를 샀다 하는데….

I: 나는 대한민국의 애국가를 배워 본 적도 없고 대한민국 국기도 낯선 다른 나라 국기같아 보였어요. 이제는 많이 익숙해졌지만 그 당시 스무살 때는 '우리나라'라고 불렀던 곳이 북한이었고 또 인공기가 익숙했죠. 대한민국도 남조선이라고 불렀었고…. 그랬기 때문에 처음에는 약간 이상했어요. 그래도 뭐 국적을 바꾼 후에는 어쨌든 둘 다 우리나라라고 생각하고 있기 때문에 이상할 것은 없어요. 우리를 부르는 기호가 달라졌을 뿐이에요. 남쪽, 북쪽 모두 다 잘 살게 되고 잘 되면 좋겠다는 생각을 합니다.

H: 처음에 북한에 갔을 때는 저는 고향이 역시 북한이라고 생각하고 있었어요. 교육을 그렇게 받아 왔으니까. 그게 자연적인 것이라 생각했었어요. 그래서 북한에 처음 갔을 때 역시 감동받고 그랬던 것 같아요. 역시 좋았던 기억만 많이 있어요.

젊은 층의 경우는 국가 경계를 넘어 새로운 경험을 하고자 하는 욕망이 국적 이동의 중요한 계기로 작용하고 있다. 아이화 옹(Aihwa Ong)은 중국인의 이동과 이주를 분석하면서, 복수의 여권 소유자(multiple passport holder)를 지구화 시대 자본의 흐름을 따라 이동하는 유연한 정체성의 가장 적확한 상징으로 들은 바 있다(Ong, 1999). 그녀에 따르면 유연 시민권(flexible citizenship)이란 자본 축적, 여행 그리고 이동의 문화적 논리를 지시하는 개념으로, 이동하는 주체는 변화하는 정치·경제적 조건에 매우 유동적이고 기회 지향적으로 반응한다. 이들은 글로벌한 장에서 자본과 사회적 지위를 추구하면서 유연성과 이동성을 선호하게 되고 이에 의거하여 시장·정치·문화 영역과의 관계망에 자신을 재배치하는 것이다

(Ong, 1999: 6). 앞서 살펴보았듯이 재일조선인 사회에서도 국적을 둘러싸고 전반적으로 유동성과 이동성이 증가하고 있음은 뚜렷한 사실이다. 이제 국적의 선택이나 변경은 그것이 일본 귀화일 경우에도 개인의 선택으로 어느 정도 유연하게 받아들여지고 있으며, 식민의 경험에서 뿌리내려 냉전 구도 속에서 강고하게 틀 지워졌던 조선적/한국적 사이에서의 이동 역시 그러하다.

이런 흐름 속에서 조선적을 소유하고 있던 재일조선인 역시 국적 변경에 대해 윗세대보다 부담감을 훨씬 더 적게 느끼며, 현실적 선택을 거쳐 자신들의 사회적 욕망을 충족시키고 새로운 경험과 노동의 장을 확보하기 위해 국경을 넘는다. 그러나 아이화 옹이 주목한 유연화 현상과는 달리 재일조선인의 국적 변경은 '복수의 여권 소유자'가 되기 위한 것이 아니라 이동의 상대적 자유와 안정을 확보할 수 있는 '하나의 확정적 여권 소유자(one passport holder)'가 되기 위함이다. 일본 이주자의 후손들이 한국으로 들어오고자 할 때, '모국'이나 '민족'이라는 일종의 가치 투사적 장소로서 상상되어 왔던 한국은 반적대적 제도로 화하여 이들에게 '국민'으로서의 '불완전성'과 '위험성'을 부과하면서 국적 변경을 유도하는 것이다. 이처럼 이동을 원하는 조선적 소유 재일조선인의 한국 국민 되기는 탈국경적 이동과 이주가 원활해지는 포스트냉전의 시점에 바로 이 이동과 이주라는 계기를 냉전적 국가 논리의 작동 장소로 삼는 비/유연성(in/flexibility)의 역설과 긴장을 드러내고 있다.

3. 경계적 문화자본과 그 월경적 운용

비/유연성의 제도적 틀과 교섭하며 국경을 넘은 주체가 한국에서 자신의 문화자본을 운용하면서 활동하는 양상을 구체적으로 살펴보자. 실제적인 일상적 문화실천은 젊은 재일조선인의 의식과 행위가 갖는 다면성을 파악하기 위해서 주목해야 할 지점이다. 이들의 정체성 구성과 실천에는 국가 귀속성이나 민족의식이라는 차원만으로 환원될 수 없는 복합적인 측면이 있다. 따라서 일본에서 재일조선인으로 생활하는 과정에서 획득한 문화자본이 한국에서 재맥락화 재의미화되어 운용되는 과정에 대한 보다 세밀한 고찰이 요구된다.

재일조선인 3~4세대는 당연히 자신들의 거주지였던 일본의 사회적 문화적 환경에 장기간 일상적으로 노출되어 왔다. 그리고 동시에 — 물론 재일조선인 사회 내부적으로 차이가 존재하지만 — 특히 조사 참여자들의 경우처럼 조선적을 가지고 있고 민족교육을 받은 경우는 그렇지 않은 경우보다 훨씬 더 강력한 모국 지향적 문화자본을 습득하고 있다. 즉 조선학교 출신 재일조선인은 일본의 문화 환경뿐만 아니라 모국의 문화 환경에도 직간접적으로 강하게 접속되어 있는 것이다. 전체적으로 이들이 소유한 문화자본의 성격은 모국의 문화에 대한 정서적 친근감과 거주지 문화에 대한 일상적 익숙함으로 설명될 수 있는 바, 국경을 넘어 한국으로 들어온 이 횡단적 주체들은 한국이라는 새로운 활동 무대에서 자신들의 경계적 자본, 이중적 자본을 적절하게 운용하고 있는 셈이다.

우선 이들이 획득하고 있는 모국 지향적 문화자본에 대해 살펴보자. 모국 지향적 문화자본은 내셔널리스틱한 문화자본이라고 바꿔 표현할 수도 있는데, 주로 가정과 학교에서의 생활을 통해 자연적으로 습득되거나 의식적으로 학습되어 온 것이다. 특히 오사카나 교토 혹은 고베와 같이 재일조선인의 주된 거주지로서의 성격을 갖는 특정 도시의 로컬리티를 염두에 둘 때, 이 지역의 거주자들이 혼종적 환경에서 양쪽의 문화 접속을 늘상 체험하고 있다는 것은 쉽게 유추할 수 있다. 우선 교육을 통해 모국 지향 자본이 보다 체계적으로 확보되는 양상을 검토해 보자. 전반적으로 재일조선인 사회에서 민족교육의 장은 세대가 내려오면서 점차 축소되고 있다.[25] 1990년대 후반에 이루어진 한 조사에 따르면 3세들이 경험한 민족교육의 정도는 "거의 혹은 전혀 받지 않았다."가 60%, "많이 받았다."가 12% 정도에 그친다(이춘길, 2009, 29). 물론 전반적인 영향력은 약화되고 있지만 민족교육은 조선학교를 중심으로 지금도 여전히 이루어지고 있다.

민족교육을 통해 확보되는 자본 가운데 가장 핵심적인 것이 바로 모국어 자본이다. 모국어는 민족교육의 가장 결정적인 근원이자 도구다. 모국어(조선어) 교육을 통한 민족정신의 함양을 기본적인 원칙으로 하는 조선학교는 이 교육을 이수한 재일조선인 젊은 세대를 이중언어 가능자로 길러 낸다. 현재 재일조선인 자녀의 약 90%가 일본 학교에 다니고 있기 때문에 결과적으로는 10%라는 적은 수의 학생들만이 민단계의 한국학교나 총련계의 민족학교에서 교육을 받는다는 결론이 나온다. 이러한 현실은 재일조선인 사회 내에서도 조선어가 소수의 언어임을 말해 주고 있다. 조선학교는 일본 사회에의 적응을 목표로 하는 민단계 학교의 교육 방침이나 방식과는 달리 수업 전체를 조선어로 진행하면서 제도적으로나 이념적으로 훨씬 더 강력한 민족교육을 수행했다.[26] 모국어의 습득 외

25 1980년대 재일조선인 사회의 민족교육에 대한 연구에 따르면 일본의 국제화 전략을 배경으로 1980년대 중반 이후에는 귀화자가 증가하게 된다. 민족교육관과 민족학교에 변화가 나타나고 새로운 모색이 시작된 시기도 1980년대다. 1974년 현재 전체 진학자 중 약 25%가 민족학교에 진학했으나 1983년 무렵에는 약 16%로 그 비율이 줄어든다. 학생 수로 보면 전체 학생이 10,673명 증가했으나 민족학교에서는 조선학교 및 한국 학교 포함 10,327명으로 감소한다. 반대로 일본학교 진학자 수는 21,000명 증가한다. 이에 대해서는 신재민(2023: 105) 참고.

26 조선학교 입학률은 줄곧 하락하고 있다. 조선학교는 일본 내에서 제도적으로 배제되어 왔고 이러한 조건 속에서 강화된 민족교육이 학교 바깥 즉 일본 사회에서 원활하게 소통될 가능성은 현저히 낮다. 지금은 이러한 일종의 '고립적' 상황을 고려하여 교과과정이 개편되고 있는 실정이다. 이에 대해서는 권준희(2002) 참고. 이 논문에서 제시하고 있는 통계에 따르면 1996년 현재 조선학교 학생 수는 총 17,400명으로 초급학교 80개교+중급학교 56개교 11,400명, 고급학교 12개교에 4,800명이 재학했고 조선대학에 1,200명의 학생이 있다. '조선학교와 함께하는 사람들 몽당연필'(http://mongdang.org/kr/bbs/content.php?co_id=fact01)에 따르면 2022년 현재 조선학교는 일본 전국에 약 60개교가 남아 있고, 초기 4만여 명에 달했던 조선학교 학생은 약 7천여 명 수준이다. 조선학교 학생들의 조선어 및 조선어 교육에 대한 의식에 관한 연구로는 김한근 외(2024) 참고.

에 복식, 수학여행, 교과 내용 등을 통해 다각도로 내면화되는 민족교육은 재일조선인 학생들에게 자신들의 '진짜 조국'에의 환기를 지속적으로 가능하게 한다. 모국에 대한 의식 자체를 심어 주는 것이 민족교육의 핵심이겠지만, 이러한 교육적 틀 안에서 정체성 형성의 주요한 시기를 보낸 주체의 경우 모국 지향적 가치관이나 실천 능력을 현실적으로 발휘하는 일이 그렇지 않은 집단에 비해 훨씬 용이해진다.

이제 재일조선인 젊은 세대가 태어나고 자라 온 실제적이고 장기적인 환경인 일본 혹은 일본 내 거주지를 근거로 하는 문화자본에 대해 살펴볼 차례이다. 거주지 기반 문화자본은 이들이 출생하여 적어도 20년 이상을 생활하면서 일상적으로 축적, 내면화해 온 현지적 아비투스를 가리킨다. 이와 관련하여 젊은 이주 활동가들의 실천 현장에 접근하기 위해서는 이들이 일본에서 접한 일상적인 사회문화적 환경 그리고 특정한 직업에 종사하면서 그 작업장에서 습득해 온 기술, 작업 조건, 노동 형태 등에 주목할 필요가 있다. 참여자들의 경우로 한정하여 살펴보자면, 일본에서의 취업(취업 차별까지를 포함하여), 파트타이머로서의 경험, (동료 혹은 동일 직종 종사자와의) 커뮤니티 형성, (개인적 혹은 집단적) 노동 패턴, 임금 등을 고려의 대상으로 삼을 수 있다. 이들은 일본에서 상근 사무직 종사자로 근무한 경험이 있거나(S) 숙련직으로 일한 경험이 있으며(H), 공통적으로는 파트타이머로 여러 가지 아르바이트를 하면서 생활해 왔다(S, H, Y, I). 일본 젊은 층의 전반적인 노동 시장 구조와 더불어 특수한 재일조선인 젊은 세대의 노동 취업 구조를 함께 참고해 볼 때, 이들의 고용 상태 혹은 노동 형태는 어느 쪽으로든 일반적인 경향성을 벗어나지 않는다.[27]

특히 재일조선인의 고용이나 노동 구조와 관련하여 중요한 문제는 취

27 일본의 젊은층이 처해 있는 경제적, 문화적 상황에 대한 논의로는 다카하라 모토아키(2007), 아즈마 히로키(2007) 참고. 모두 젊은 층의 경제적, 정치적 소외가 문화 오타쿠 현상으로 치환되는 양상을 되묻고 있다.

업 차별이다. 취업 차별과 이에 따른 사회적 주변화의 역사는 아주 길고 오늘날 젊은 세대에게서도 그 흔적과 여파는 계속되고 있다. 1세대의 경제 활동은 1945년 이후 대량 실업 상태와 같은 곤경에 빠졌다.[28] 당시 재일조선인은 대부분 밀주업, 포주업, 파친코 경품 장사와 같은 지하 업종이나 음식점과 같은 영세 자영업을 생계 수단으로 삼았다. 2세대로 오면서 약간의 변화가 생기지만 그렇다 해도 자영업을 기반으로 하는 구조는 크게 변하지 않는다. 특정 모집단을 대상으로 한 통계자료를 참고해 보면 1985년 기준, 2세대의 70% 이상이 영세 기업이나 자영업에 종사하고 있다. 일본 노동시장의 폐쇄성이 강고하기 때문에, 재일조선인이 일반 종업자나 경영자로 활동하는 비율은 동연령층의 일본인과 비교해 볼 때 훨씬 낮다.[29] 3세대로 오면서 노동시장 폐쇄성이 다소 개선되어 일반 종업자 비율이 확대되고 있다는 진단이 나오지만 그럼에도 불구하고 연고 취업이나 민족 기관에 취업하는 경우 또는 1, 2세대의 가업을 그대로 계승하는 경우가 여전히 빈번하다.[30] 나아가 일상적인 취업 차별은 여전히 존재하고 있는 실정이다.[31]

인터뷰 참여자 가운데는 취업 차별을 경험한 경우도 있고 아닌 경우도 있었는데 이는 개인의 사회적 인맥 혹은 가정 환경, 직종의 성격에 따라 약간씩 다른 것으로 보인다. I는 부친이 운영하는 식품 유통업을 도와 아르바이트로 상품 사진을 찍는 일을 하기도 했으니 사진 작업을 위

28 이에 대해서는 송연옥(2007) 참고.

29 金明秀, 23-24쪽 참고, 이 통계는 한국적을 가진 18~30세 청년을 모집단으로 삼아 그들의 부모 세대의 직업군을 조사한 것이다.

30 재일조선인의 취업은 연고 취업의 경우가 약 60%를 차지한다. 백형엽(2004) 참고.

31 2002년에 발표된 오사카시 취업 차별 조사보고서에 의하면 응답자의 50% 이상이 취업 차별을 받았다고 응답했다. 백형엽(2004) 참고. 최근에 이루어진 설문조사에 따르면 재일조선인 청소년들은 장래 희망직업으로 전문직을 선호하는 것으로 나타났는데, 이는 차별이 여전히 존재함에도 불구하고 일본 사회의 국제화 경향에 의해 취업시장의 상대적 개방이 이루어지면서 나타난 현상이라 분석된다. 이에 관해서는 김태기 외(2007) 참고.

한 개인 시간 확보를 위해 정기적인 근무는 하지 않는다. S는 북한과 무역을 하는 부친의 영향으로 도쿄만에 있는 한국 유통회사에 취직했으나 이 일을 그만둔 후 번역가 겸 프리랜서로 다양한 문화사업 관련 일을 해왔다. 이후 역시 재일조선인이 운영하는 출판사업체에 들어가 한일 문화교류를 지향하는 잡지를 간행하는 일에 종사했다. 제빵 기술을 가진 H의 경우, 숙련직 분야에서는 상대적으로 차별이 약하기 때문에 전문대학 졸업 후 그리 어렵지 않게 직업을 구할 수 있었다고 답했다. 참여자들 가운데 취업 차별을 가장 많이 경험한 연극배우 Y는 재일조선인에 대한 차별이 일상화된 일본의 현실을 여실히 보여 준다. 그녀는 조선대학 졸업 후 모교의 사무직원으로 일하다가 그만두고 아르바이트 자리를 구하는 과정에서 몇 차례의 차별을 경험했다.

> Y: 정식 직원으로 일본 회사에 들어가 본 적은 없어요. 다 아르바이트를 하니까…. 사장님이나 점장님이 나를 보고 마음에 들어 해서, 인간관계에서 이지메가 있긴 하지만 열심히만 하면 잘 할 수 있겠구나 생각했었어요. 하지만 언젠가 아르바이트를 구했는데, 오라고 해서 갔더니 외국인은 안된다고 하더군요. 외국인이면 정말 다른 나라에서 온 사람인데 난 재일교포잖아요. 회사쪽에서는 여기서 그렇게 일하고 싶으면 본사까지 와서 면접을 보라고 했어요. 저는 그런 회사에 들어갈 필요도 없다고 생각해서 가지 않았어요. 나는 차별받을 이유가 없는데….

이와 같은 양상이 보여 주듯이, 일본에서의 재일조선인의 사회적 관계는 대부분 재일조선인 사회 내부적으로 형성된 관계망을 기반으로 한다. 일본에서의 생활을 정리하고 한국으로 들어온 초기, 연구 참여자들은 역시 단시간 근로자, 프리랜서 활동가로 일하면서 생활비를 벌었다. 특히 한류는 일본과 한국의 경계를 넘어 활동하는 주체들이 수입을 획득할 수 있는 중요한 장이 된 것으로 조사 결과 나타났다. 한류가 재일조선인 사회에 미친 긍정적 영향에 대해서는 연구 참여자들 모두 자신들의 생활을 통해 피부로 느끼고 있었다. 한국과 일본의 문화 교류가 활발해지고 한류의 영향으로 한국에 대한 대중적 관심이 높아지면서, 한일 간 이중언어가 가능하고 한국의 정황을 잘 파악하고 있는 인력에 대한 수요가 많아졌다. 그래서 조사 대상자들은 한국의 일상문화, 대중문화에 관한 기사를 쓰거나 번역하면서 입국 초중반기의 생활을 꾸려 나갈 수 있었다. 특히 사진 작업과 연극 공연을 직업으로 삼고 있는 I와 J는 이러한 일들을 통해 생활비를 마련하면서 개인적인 작업 활동을 위한 시간과 물적 토대를 확보했다.

인터뷰 참여자들의 노동은 비물질적 정동노동에 속한다.[32] 비물질 정동노동은 두 층위에서 의미화된다. 우선 노동의 방식과 유형이라는 기술적 층위에서의 의미화로, 이때 비물질적 정동노동은 마우리치오 랏자라또와 마이클 하트가 제시하듯 정동을 창조하고 다루는 각종 서비스 산업, 연예 산업, 다양한 문화산업 그리고 예술을 포함한 지식·문화노동을 포괄한다(하트, 2005). 즉 상품의 "문화적 내용을 생산하는 활동과 관련된 것으로 보통 '노동'이라 인식되지 않는 일련의 활동들 즉 문화적·예술적 표준들, 유행들, 취미들, 소비규범들 그리고 더 전략적으로는 공공여론 등을 정의하고 고정시키는 것에 수반되는 종류의 활동"을 가리킨다(랏자라또, 2005). 나아가 비물질 정동노동은 그것이 생산하는 동시에 기반으로 삼고 있는 정동성으로 인해, 궁극적으로 "사회적 네트워크들, 공동체의 형태들, 삶능력(biopower)"을 창조한다. 이는 정동노동이 적극적으로 의미부여되는 두 번째 층위로, 마이클 하트는 바로 이 점에서 집단적 주체성과 사회성을 생산하는 정동노동의 "거대한 잠재력"을 본다(하트, 2005:

---

32 마우리치오 랏자라또와 마이클 하트에 의하면 비물질 노동은 두 범주로 나뉜다. 즉, 사이버네틱스와 컴퓨터 통제를 포함하는 숙련기술적 정보적 영역과 문화적 내용을 생산하는 정동적 영역이 그것이다. 마이클 하트는 정동적 노동을 "인간적 접촉과 상호작용에 기반한 것으로 설명한다.

151).[33] 이 두 층위에서 우리는 피조사자들의 노동 유형과 그것이 지닌 문화정치적 의미를 논해 볼 수 있을 것이다.

예술 활동을 하거나 문화기획 소비 공간을 운영하는 연구 참여자들은 취향과 노동의 결합을 통해 자신들의 커리어를 쌓고 있으며, 그들 특유의 경계적 정체성과 경계적 자본을 최대한 활용하는 방식으로 한국에서 활동 범위를 넓혀 가고 있다. '문화'의 장이 주체의 자기 구성과 그 과정 자체를 활용하거나 표현하는 데 매우 적절하고 유용한 장이 되고 있음은 이들을 통해서도 분명하게 확인되는 바다. 그런데 비물질 노동의 영역 내부에 국제적인 분업, 성적 분업, 인종적 분업과 같이 실제적으로 매우 많은 분할이 있으며 이 분할선을 따라 일정한 계서제가 구조화된다는 점을 상기할 때[34] 특히 서비스 직종에 종사하는 S, H의 사례에 주목할 필요가 있다. 이들의 서비스업은 한국에서 하층 서비스업에 종사하는 이주 노동자와는 현실적 상징적으로 다른 위치를 점하고 있다. 여기에는 아제적(亞際的, inter-Asia) 노동 분업의 지도 내에서 일본이 저가 노동력 공급지가 아니라는 점[35] 그리고 한국의 문화 소비시장에서 '일본 취향' 혹은 '일본 문화'가 현실적, 상징적으로 유리하고 우월한 위치에 있다는 점이 관련되어 있다.

연구 참여자들은 일본에서의 교육과 취업 경험을 거치면서 획득하고 축적한 자본을 한국으로 연접해 들여오면서, 이를 전치하고 응용하는 크

33 정동노동의 이러한 점이 바로 비물질 노동의 또다른 영역인 정보통신 지식 모델을 넘어서는 정동노동의 가능성이다. 삶능력이란 "삶을 창조하는 능력"이다. 정동노동의 가능성에 대해서는 앞서 언급한 마우리치오 랏자라또의 글 그리고 질 들뢰즈, 「정동이란 무엇인가」, 마이클 하트(2005)를 함께 참고할 수 있다.

34 마이클 하트는 이 분할의 계서제에 주목할 것을 강조한다. 하트(2005) 참고.

35 이 점은 한국에서 일하고 있는 동남아시아 지역 출신 이주 노동자의 경우를 통해서도 파악 가능한 현상이지만, 특히 또 다른 디아스포라 후손인 '재중동포' 노동자를 고려할 때 뚜렷하게 증명된다. 재중동포 인력 가운데 합법적으로 취업 중인 사람은 극소수이며 이들의 종사 직종도 거의 대부분 미숙련 기능직, 생산직 내지 단순노무직이다. 이에 대해서는 설동훈(2002) 참고.

고 작은 기술들을 발휘하고 있다. 관련하여 특징적인 사항은 트랜스내셔널한 주체가 거주지 기반 문화자본과 모국 지향적 문화자본을 동시 운용하면서 한국과 일본 사이의 문화적 차이 즉 '틈'을 자기실현의 장으로 활용하고 즐긴다는 것이다. 특히 홍대 근처에서 문화공간을 운영한 S와 J의 경우가 그러하다. 이들은 한국의 젊은층에게 독특한 매력과 호소력을 갖는 색다른 카페 문화를 만들어 수요층을 확보할 수 있었다. S는 이 공간을 중심으로 한국과 일본의 젊은 예술가들의 교류의 장을 기획하곤 했는데, 이런 식의 문화교류에 대한 입장은 다음과 같이 밝혔다.

> S: 일본을 보여 주고 싶었어요. 요근래 2, 3년 사이에 한국도 일본에 대한 생각이나 태도가 많이 변하지 않았어요? 일본도 하나가 아니라 다양한 모습을 가지고 있습니다. 저는 월간지도 만든 경험이 있지만 소개하고 싶고 할 수 있는 소재는 어마어마해요. 문화란 게 그렇지만 일본의 문화 역시 끝이 안보일 정도로 다채롭습니다. 그런데 한국에는 편파적으로 알려진 느낌이 있어요. 그런 것들, 제가 좋아하는, 제가 눈으로 보는 일본에 대한 느낌을 함께 접할 공간이 있었으면 좋겠다는 생각으로 오픈을 하게 되었어요. 제가 일본에서 새롭게 발견하고 알리고 싶은 것들을 한국의 이 공간을 통해 계속 알리고 싶습니다.

실제로 일본의 독특한 문화에 대한 그녀의 애착은 심층의 모국 지향적 심정 못지않게 강하다. 그녀가 가진 두 방향성의 자본 가운데 한국에서 전진 배치되는 것은 당연히 "다양한 일본"이라는 콘텐츠로, 활용 가능한 문화자본의 상황적 전치는 이동의 주체에게는 중요한 기술이라 할 수 있다. 조선학교를 카메라에 담아 한국(광주, 서울)과 일본(오사카)에서 몇 차례의 전시회를 가진 I는 자신의 정체성과 밀착된 작업을 계속하고 있다. 조선학교를 테마로 한 전시회를 마치고 그녀는 오사카에 거주하는 재일조선인 가족들을 주제로 두 번째 작업을 준비했다. 1세대부터 4세대에 이르는 재일조선인 가족들을 그들이 직접 거주하는 집에서 촬영하는 작업이 이 기획의 핵심이었다. 한국에서의 생활과 일본에서의 촬영 작업을 병행한 그녀는 재일조선인을 다루는 자신의 작품이 일본에서보다 한국에서 더 큰 호응을 얻을 수 있다고 설명한다.[36] 더불어 그녀는 오사카라는 일종의 주변부 작가가 도쿄와 같은 중심 무대로 진출하는 데 따르는 여러 가지 현실적 어려움을 국경을 넘는 방식으로 해소하고 있다. 여기에서 우리는 경계적 존재가 지역성이나 주변성의 복잡한 문제에 부딪쳤을 때 이를 트랜스내셔널한 이동을 통해 해결하는 경로를 발견하게 된다.

> I: 사진학교가 오사카에 있는데 오사카는 수도가 아니잖아요? 아마 이곳의 작가들이 공통되게 느끼는 점일텐데, 지역에서 일하는 좋은 점과 안 좋은 점이 모두 있어요. 지방에 있으면 정보에 흔들리지 않으면서 어느 정도 자기 작업에 대한 확신을 가지고 초조함을 느낄 필요 없이 작업을 할 수 있는 것 같아요. 그 대신 정보 측면에서나 보여지는 부분에서는 아무래도 수도인 동경에 모든 것들이 몰려 있으니 불리하죠. 예술계 사람들, 중요한 비평가들은 주로 다 동경에 몰리더라구요. 그래서 동경에서 활동하는 편이 효과가 크지요. … 저는 집이 도쿄였다면 도쿄로 돌아가서 한국하고 왔다갔다 하면 되는데 결국 돌아가야 하는 곳이 오사카라는 게 마음에 걸려요. 오사카에 돌아가면 저는 거의 그 나라 사람이랑 똑같고 조건은 별로 안 좋은 것 같고…. 그러면 작업이 특성이 있어야 하는데 지금 현재 해온 이야기가 교포에 대한 것이기 때문에 일본에서는 별로 그렇게 관심이 없고요.

연극배우 Y는 재일조선인의 삶을 다룬 연극에 스태프로 자원하여 참

---

36 I는 "제 작업 자체가 경계에 사는 교포들의 이야기를 해왔기 때문에 일본에서 그 작업을 보여 줘도 되지만 일본 사람이 재일교포를 바라볼 때는 외국인으로 보잖아요. 그런데 한국에서 제 작업을 바라볼 때는 그래도 우리나라 사람으로 보기 때문에 마음에 더 와닿고 효과적으로 평가받는 것 같다는 생각이 들어요."라고 밝혔다.

여하면서 한국 연극계에 본격적으로 참여하게 되었다. 그녀는 '조선어'에 익숙하기 때문에 공연언어 구사 측면에서는 약점을 가지고 있지만, 일본과는 달리 일정 수의 관객과 활기를 갖춘 이곳의 연극계 및 연극인 문화를 자기 활동의 긍정적 기반으로 삼고 있다.

네 명의 연구 참여자들은 일본에서 습득한 전문직, 숙련직, 서비스직 지식과 경험을 한국에서 연장시켜 활용하고 있다. 이들은 대부분 자신의 일과 관련하여 일본에서 습득한 기술과 정보의 수준이 한국보다 앞서 있음을 지적한다. 그리고 시간제 노동이든 사무직 노동이든 임금의 수준에서 일본이 훨씬 더 유리하므로, 자신들이 원하는 활동을 하기 위한 물질적 기반이라는 측면에서는 일본에 머무는 것이 더 유리함을 인정한다. 그러나 경제적 안정이나 자본의 축적보다는 자기 성취 욕망에 의해 더 강하게 유도되곤 하는 젊은 세대 특유의 가치론적 지향, 그리고 자신의 존재론적 특이성을 문화생산 및 소비의 장에 접속시키려는 열정이 이들을 '경제적 이익이나 안정'보다는 다른 가능성 즉 '문화적 교류'와 '개인적인 관심과 취향의 성취'라는 가치를 좇아 움직이도록 추동한다. 이들이 의미를 두고 있는 것은 월경적 문화생산 활동, 네트워킹, 공동 작업, 작은 커뮤니티의 형성 등이다. 이에 대한 기대는 자신들의 위치와 작업 공간 그리고 동료들과의 관계에 대한 애착으로 드러난다. 실제로 이들이 자신들의 작업장을 중심으로 형성하고 있는 네트워크는 관심과 뜻을 같이 하는 문화노동자들을 중심으로 꾸려지고 있으며, 한국인, 일본인, 재일조선인이 동참하고 있다.

참여자들의 동질성과 다양성을 바탕으로 한 관계 맺음은 국경을 넘어 활동하는 존재들의 주체성 및 사회적 관계가 어떻게 구성되고 발휘되는지를 보여 준다. 이들은 모두 '한국에서 일하고 활동할 때 훨씬 심리적 편안함과 자유를 느낀다'는 자기 분석을 했다. 물론 이들은 월경적 이동과 활동 과정에서 정체성 충돌이 일어나는 '불편한' 체험을 종종 한다. 한국에서는 '나는 보통의 한국인과는 다르다'는 자의식이, 그리고 일본에서는

'나는 일본인이 아니라 한국인이다'라는 자의식이 발동하는 경우가 일상적으로 빈번하다는 것이다.[37] 그러나 이들은 일본에서 살면서 축적된 심리적 억압감이 한국 생활을 하는 동안 해소되는 경험을 한다고 공통적으로 술회한다. 이러한 내적 정황에는 심정적 친근함에 기반한 모국 생활에의 애착이 가장 크게 작용하는 것으로 보인다. 그리고 재일조선인이라는 자신의 경계적 정체성이 가지고 있는 가능성이 일본에서와는 달리 상대적으로 긍정적인 방식으로 확인되는 환경을 이곳에서 접하고 있기 때문이라 판단된다. 동시에 이들이 느끼는 성취감은 탈국경적 이동을 통해 확보한 새로운 환경에서, 그간 일본에서 교육받고 생활하면서 습득한 기술과 능력을 치환 재배치하는 데서 생성되는 것이다.

그러나 이러한 문화실천이 이들의 한편 불안하고 불완전한 문화 시민권(cultural citizenship)과 구조적으로 분리될 수 없다는 점을 놓치지 말아야 할 것이다. 이는 탈국경적 이동의 주체들을 구속 없고 전복적인 존재로 탈정치화하거나 낭만화하는 위험으로부터 벗어나기 위해서 요구되는 관점이다.[38] 일본 사회에서 재일조선인은 다름에도 불구하고 '다를 수 있는 권리'가 온전히 인정되지 않는 환경에 처해 있다. 이들이 자신의 민족적 경계를 여러 가지 통로로 명시하고자 할 때는, 조선적이나 민족교육의 경우처럼 허용될 수 없는 '이질성'으로 인지되어 제도적으로 배제되고 존재론적으로 국부화되는 것이다. 조선적을 소유했었고 민족교육을 받은 연구 참여자들을 통해서도 파악할 수 있듯이 한국으로의 이동은 자신들의 문화 시민권을 인정하지 않는 거대 구조로부터의 선택적 이탈일 수

37 민족학교에서 줄곧 배우고 사용해 온 조선어는 한국에서 일본에서와는 또다른 맥락으로 '차이'의 표식이 된다. 일본에 있을 때 조선어 능력은 이들에게 '민족적 동질감'을 상상토록 하는 계기였으나 오히려 한국에 와서는 자신들의 '차이'를 확인하게 되는 계기로 그 성격이 전환되는 것이다. 이들은 한국에 와서 자신들이 '진짜 한국인'과는 다르며 또 '일본적인 것'에 매우 익숙해져 있음을 발견하는 공통적인 체험을 하는데, 그 가운데서도 특히나 조선어는 그들의 '다름'을 새삼스럽게 환기시킨다.

38 이에 대한 지적으로는 Mahler(1998) 참조.

있다. 하지만 앞서 살펴보았듯이, 이동해 들어오기로 선택한 '모국' 역시 이들이 유지하고자 했던 정체화 기제에 개입하여 '수정'을 유도한다. 외적·내적으로 '완벽한' (재외)'국민'이 되지 않는다면 이들의 문화 시민권도 온전히 인정되지는 않을 것이다. 영토성에 기반하지 않는 문화 시민권이 정치적·경제적 권리와 떨어져서는 구상될 수 없는 이유, 나아가 궁극적으로 정치적·경제적 권리를 넘어서서 추구되어야 하는 근거를 우리는 이들의 월경적 이동을 통해 확인할 수 있다.[39]

4. 마치며

지금까지 탈국경적 이동을 통해 한국으로 건너와 문화 활동을 하는 재일조선인 3세의 정체성 정치가 갖는 의미를 분석했다. 역사적인 관점에서 파악해 볼 때, 재일조선인이 한국에서 활동하면서 얻는 심정적 안정감은 일본 사회에서 애매한 '외부자'로 존재해 온 집단이 체험할 수밖에 없는 구조적 모순의 무게를 역으로 암시한다. 재일조선인 3세는 마치 십자형 축의 정중앙의 위치 즉 식민지와 냉전기를 거치면서 장기적으로 지속되어 온 종(縱)의 모순과 포스트냉전 및 지구화를 사는 그들 세대의 동시대적 횡(横)의 모순이 교차하는 지점에 있다. 따라서 우리는 월경적 이동권과 문화 자본의 운용능력을 지닌 이들의 정체성 정치, 정체성 실천이 갖는 의미를 과거와 현재가 서로 포개지는 위치에 놓고 읽어야 할 것이다. 더불어 이를 일본 내부의 문제로 일국화시킬 것이 아니라 적어도 일본과 한국 그리고 북한과의 관계 속에서 형성된 현상으로 입체화시킬 필요가 있다. 국가라는 단위뿐만 아니라 국가 간-지역 간 관계가 이주 연구

39 지구화 시대 탈영토적 이주와 시민권 문제 및 문화 시민권에 대해서는 설동훈(2007), Delgado-Moreire(1997), Yudice(2003) 특히 1장과 6장 참고.

에 있어 필수적으로 논의되어야 할 부분이라는 지적은 이런 점에서 타당하다.[40]

이 글은 역사적으로 지속되고 있는 조건과 새롭게 나타나고 있는 조건 속에서 중층적 복합 구조를 살아가고 있는 재일조선인 3세의 문화실천을 단절면으로 삼아 재일조선인 사회의 한 측면을 조명하고자 했다. 이주 연구가 강조하듯이, 이주 형태와 조건 그리고 이주 주체들에 대한 연구는 궁극적으로 광범위한 시공간적 고려를 시도해야 하며 또 복합적 비교학을 지향해야 한다. 재일조선인 사회 또는 보다 좁혀서 재일조선인 3세라는 특수한 대상에 접근할 때도 역시 마찬가지다. 사례 연구의 대상이 되는 주체의 조건이나 성격을 전체 구조 속에 어떻게 위치 짓고 또 유사한 조건의 다른 성격의 집단과 어떻게 연계지을 것인가, 하는 문제는 간단히 해결될 수 없을 것이다. 거시적인 사회·경제·문화적 조건 속에서 형성되는 어떤 전반적인 경향성과 더불어 복수의 예외성이나 잠재성, 가능성을 배태한 무수한 개별 주체들의 실천 영역이 존재하기 때문이다.

같은 의미에서, 재일조선인 3세라고 하더라도 그 내부의 차이가 반드시 논구되어야 할 것이다. 이 글에서 살펴본 주체들의 특이성 바로 옆에는 조선적 일본 거주자, 한국적 일본 거주자, 일본국적의 일본 거주자, 한국적의 월경자 등 서로 다른 조건의 주체들이 함께 존재한다.[41] '동시에 존재하는 내부의 차이'라는 상(像)은 연구를 위한 이론적 모델이기에 앞서 재일조선인 사회 혹은 3세대의 현실이다. 이 연구는 복잡다기한 복수의 현실을 생산하는 복수의 주체성 가운데 하나의 가능성을 보여 주는

---

40 Roger Waldinger and David Fitzgerald(2004) 참고. 이 논문이 디아스포라 후손을 특정한 논의 대상으로 하고 있는 것은 아니다. 여기서 강조하는 것은 이주자를 내보내는 송출국과 받아들이는 수용국의 관계가 이주자에게 영향력을 미친다는 점이다.

41 재일조선인 내부의 차이 그리고 이들의 복잡한 일상적 체험과 관련해서는 여성주의 저널 일다를 참조(http://www.ildaro.com/sub_read.html?uid=4511&section=sc4). 재일조선인 여성 필자 2인(조경희, 림혜영)의 글은 재일조선인이라는 정체성, 조선학교, 조선적, 통명과 본명 사용 등 재일조선인 사회의 여러 문제를 고찰하고 있다.

사례를 타진해 보고자 했다. 역사의 무게와 동시대적 현실을 안고 구성되고 있는 존재들의 탈경계적 사회·문화적 실천을 보다 광범위하고 입체적인 상대화의 장에 배치하는 작업은 재일조선인 사회와 그 사회를 구성하는 다양한 성원들을 이해하는 데 가장 필요한 일일 것이다.

제10장

나의 '고향'은 어디인가?: 중앙아시아 고려인의 디아스포라 정치*

/
김범수

1. 들어가며

구한말과 일제강점기 시기 새로운 경작지와 일자리를 찾아 연해주에 정착했으나 1937년 스탈린(Stalin)의 강제이주 정책으로 중앙아시아로 쫓겨 간 조선인의 후손인 '고려인'[1]의 국내 '귀환'은 2000년대 후반 이후 본격화되었다.[2] 특히 2007년 법무부가 중국 및 구소련 지역에 거주하는 만 25

* 본고는 2015년 한국연구재단의 지원을 받아 수행된 연구로(NRF-2015S1A5A8011407) 2019년 『아시아리뷰』 제9권 제1호, pp. 3-37에 출판된 논문을 본 서의 취지에 맞게 다시 수정한 글임을 밝혀 둔다.

1 1937년 스탈린의 강제이주 정책으로 중앙아시아로 쫓겨 간 조선인의 후손으로 러시아를 비롯한 구소련 지역에 거주하거나 또는 이 지역 출신자를 지칭하는 용어로는 '카레이스키', '고려인', '고려 사람' 등이 다양하게 사용되고 있다. 본고에서는 이들 가운데 '고려인'이라는 용어가 국립국어원에서 발간하는 『표준국어대사전』에도 "주로 옛 소련 지역에 사는 우리 겨레"를 지칭하는 용어로 등재되어 있고(국립국어원, 2025), 현재 우리나라 언론 기사는 물론 학술 논문 등에도 일반적으로 사용되는 점을 고려하여 이들을 지칭하는 용어로 이하에서는 고려인이라는 용어를 인용표시(' ') 없이 사용하고자 한다.

2 러시아 및 중앙아시아 지역 국가에서 태어나고 자란 고려인 3세와 4세의 국내 이주를 '귀환(return)' 또는 '귀환 이주(remigration)'로 표현하는 것에 대해서는 논란의 여지가 있을 수 있으나 본고는 수세대에 걸쳐 외국에 거주하다 이스라엘로 이주한 유대인(Safran, 2005), 제2차 세계대전 이후 몇 세대에 걸쳐 소련에 거주하다 소련 붕괴 이

세 이상 외국 국적 동포에게 일정 요건을 충족할 경우 자유로운 출입국과 취업 활동을 허용하는 〈방문취업제〉를 실시한 이후 '조국'을 찾아 국내로 귀환하는 고려인 수는 최근 급격히 증가하고 있다. 법무부 출입국·외국인정책본부에서 발간하는 『출입국·외국인정책 통계월보』에 따르면 2024년 12월 말 기준 국내에 체류하는 고려인은 러시아와 중앙아시아 6개국(우즈베키스탄, 우크라이나, 카자흐스탄, 키르기스스탄, 타지키스탄, 투르크메니스탄) 국적자를 포함하여 11만 명을 넘어섰다. 본 장은 이처럼 2000년대 후반 이후 국내로 귀환한 고려인 가운데 중앙아시아 출신 고려인에 초점을 맞춰 이들이 '조국'에서 언어 장벽과 문화적 차이, 차별과 경제적 어려움에 직면하여 '역디아스포라(reverse diaspora)'를 형성하는 과정을 디아스포라 정치(diaspora politics)의 관점에서 살펴보고자 한다.[3]

이를 위해 본고는 네이버 뉴스라이브러리(https://newslibrary.naver.com) 상세 검색에서 검색어를 '중앙아시아 고려인'과 '소련 중앙아시아 한인'

후 독일로 돌아온 독일인(Hess, 2014), 노예 후손으로 미국에 거주하다 아프리카로 이주한 아프리카계 미국인(Fehler, 2011), 20세기 초 라틴아메리카 지역으로 이민 간 일본인의 후손으로 1990년대 이후 일본으로 이주한 니케이진(Tsuda, 2003), 일제강점기 시기 일본으로 이주한 조선인의 3세, 4세 후손으로 일본에 거주하다 한국으로 이주한 재일한인(권숙인, 2008) 등의 사례를 넓은 의미에서 '고향'을 찾아 되돌아가는 '귀환 이주' 또는 '조상을 찾아 되돌아가는 이주(ancestral migration)'로 설명하는(King and Christou, 2011) 기존 연구를 참고하여 중앙아시아 고려인의 국내 이주 또한 이러한 귀환 이주의 한 사례로 살펴보고자 한다.

3 "씨앗을 흩뿌리다"를 의미하는 그리스어 διασπείρω(diaspeirō)에서 유래한 디아스포라는 그리스 시기 정복 식민지 개척을 위해 본국을 떠난 사람들을 일컫는 용어로 사용되었다. 이후 20세기 중반까지 이 용어는 주로 이스라엘 땅에서 쫓겨나 전 세계에 흩어져 살고 있는 유대인을 일컫는 용어로 사용되었다. 그러나 디아스포라에 관한 최근 연구들에서는 강제로 고향에서 쫓겨난 유대인 사례뿐 아니라 일자리를 찾아 다른 나라로 이주한 이주노동자 등 자발적으로 자신들의 고향을 떠난 종족집단(ethnic group)을 포괄하는 넓은 의미로 사용되고 있다(Cohen, 2008). 이하에서는 중앙아시아 고려인 사례에 초점을 맞춰 이처럼 국민국가의 경계를 넘어 초국적으로 존재하는 디아스포라의 형성과 지속 과정에 나타나는 다양한 형태의 '정체성의 정치(identity politics)' 및 '배제와 포용의 정치(politics of exclusion and inclusion)'를 포괄적 의미에서 디아스포라 정치의 관점에서 살펴보고자 한다.

으로, 언론사는 『경향신문』, 『동아일보』, 『매일경제』, 『한겨레』 등 4개 신문을 대상으로, 검색 유형은 '기사'로, 검색 기간은 1981년 1월 1일부터 1999년 12월 31일까지로 제한하여 각각 223건과 279건의 기사를 검색하여 자료로 활용했다. 또한 한국언론진흥재단의 빅카인즈(www.bigkinds.or.kr) 상세 검색에서 검색 조건은 '고려인'과 더불어 '민족', '조국', '동포', '정체성', '고향', '차별' 등의 단어를 포함하는 조건으로, 검색 범위는 '형태소 분석'으로, 검색 기간은 1990년 1월 1일부터 2024년 12월 31일까지로, 언론사는 『경향신문』, 『국민일보』, 『내일신문』, 『동아일보』, 『문화일보』, 『서울신문』, 『세계일보』, 『아시아투데이』, 『조선일보』, 『중앙일보』, 『한겨레』, 『한국일보』 등 12개 '전국종합일간지'와 『강원일보』, 『경기신문』 등을 포함하는 42개 '지역종합일간지'로 제한하여 검색한 기사 가운데 중앙아시아 고려인의 한국 거주 실태를 다룬 르포와 기획 기사, 인터뷰 기사, 중앙아시아 고려인이 직접 기고한 기고문 등을 주요 자료로 활용했다.

이러한 신문 기사 자료를 활용하여 본고는 중앙아시아 고려인 사례에 초점을 맞춰 이주와 재이주, 귀환의 경험 속에서 '조국'과 '고향', 정체성에 대한 이들의 인식이 어떻게 변화해 왔는지 살펴보고자 한다.[4] 우선 2절에서는 중앙아시아 고려인의 이주 및 귀환 배경에 대해 간략히 살펴보

---

4 방법론적으로 이러한 분석 방법은 신문에 기사화된 중앙아시아 고려인의 정체성 인식, 특히 기획 기사의 경우 기획 의도에 따라, 예를 들어 민족주의적 관점에서 중앙아시아 지역에서 태어나고 자란 고려인이 한민족으로서의 정체성을 유지하고 있다는 점을 강조하기 위한 목적으로 또는 한국 사회의 배타주의와 고려인에 대한 차별을 비판하기 위한 목적으로 일정 정도 과장되거나 편향되게 기사화된 고려인의 정체성 인식을 일반화하는 오류에 빠질 가능성이 있다. 엄밀한 분석을 위해서는 표본 추출을 통한 설문조사 또는 심층 인터뷰 등을 통한 분석이 추가되어야 하나 본고는 우선 신문 기사에 표상된 중앙아시아 고려인의 정체성 인식 변화에 초점을 맞추고자 한다. 이러한 분석은 실제 중앙아시아 고려인의 정체성 인식 변화와는 다소 차이가 있을 수 있으나, 그럼에도 지난 30여 년간 한국 사회가 이 문제를 어떠한 방식으로 접근하고 표상해 왔는지, 더 나아가 중앙아시아 고려인에 대한 한국 사회의 관심이 어떻게 변화해 왔는지 드러내 줄 수 있을 것으로 기대한다.

고, 3절에서는 1980년대 중반 페레스트로이카로 대변되는 소련의 개혁·개방과 1990년 한소국교정상화, 1991년 소비에트연방 붕괴와 15개 공화국으로의 분리·독립 등 중앙아시아 고려인을 둘러싼 정치·경제·사회적 변화와 함께 중앙아시아 고려인의 민족 정체성이 어떻게 변화해 왔는지 살펴보고자 한다. 이어 4절에서는 재외동포법 시행(1999)과 방문취업제 도입(2007) 이후 구소련 중앙아시아 국가에서 국내로 귀환한 고려인에 초점을 맞춰 이들이 한국 사회의 언어 장벽과 문화적 차이, 차별과 경제적 어려움에 직면하여 자신들이 태어나고 자란 중앙아시아 출신국을 '고향(homeland)'으로 그리워하며 새로운 디아스포라, 즉 '고향'과 '타향'이 뒤바뀐 '역디아스포라'를 형성하는 과정을 살펴보고자 한다.[5] 이러한 논의를 통해 본고는 디아스포라 정체성의 원천인 '고향'과 '조국'의 의미가 불변이 아니라 이주와 재이주, 귀환의 과정을 거치며 계속 변화할 수 있음을 보여 주고자 한다.

2. 중앙아시아 고려인의 이주 및 '귀환'

조선인이 언제 처음 연해주로 이주했는가에 대해서는 여러 견해가 있으

---

5 헤스(Hess, 2014)는 수세기에 걸쳐 러시아 지역에 거주하다 소련 붕괴 이후 독일과 그리스로 귀환한 독일인과 그리스인 사례를 중심으로 '고향'으로의 귀환이 디아스포라 해체로 이어지는 것이 아니라 오히려 반대로 조상의 나라에서 '고향'과 '타향'이 뒤바뀐 새로운 디아스포라, 즉 '역디아스포라(reverse diaspora)' 형성으로 이어지는 과정을 살펴본다. 비슷한 맥락에서 보우티라(Voutira, 2006)는 소련 붕괴 이후 그리스로 귀환한 그리스인들이 그리스 사회의 차별과 배제에 직면하여 자신들만의 집단거주지(ethnic enclave)를 구성하고 '역디아스포라'를 형성하는 과정을 살펴보고 있으며 이외에 헤드버그(Hedberg, 2009), 폭스(Fox, 2009), 타케나카(Takenaka, 2009), 송창주(Song, 2009) 등의 연구도 다양한 사례를 통해 디아스포라의 귀환 이후 '고향'에서 경험하는 차별과 배제에 대해 살펴보고 있다. 본고 또한 이러한 연구와 동일한 맥락에서 국내 귀환 이후 차별과 배제에 직면하여 새로운 디아스포라를 형성하는 중앙아시아 고려인 사례를 살펴보고자 한다.

나, 공식 문서로 확인된 것은 1863년 9월 21일자로 연해주의 노보고로드스키(Новогородский) 국경감시소 책임자가 연해주 군 총독에게 보낸 "한인 13가구가 빈곤과 굶주림 및 착취를 피하여 비밀리에 남-우수리스크(Южно-Уссурийск) 포시에트(Посьéт) 지역의 지신허(地新墟)에서 농사를 짓고 있고 이들은 이곳에 정착하여 살게 허락해 줄 것을 요청한다는 내용"의 보고서가 최초 기록이다(이원용, 2011: 150-151). 이렇게 시작한 조선인의 연해주 이주는 19세기 후반을 거치며 계속 증가했고 일제의 조선 병합 이후 본격화되었다. 특히 일제의 토지조사사업(1910~1918)으로 경작권을 상실한 농민 가운데 상당수가 새로운 경작지와 일자리를 찾아 연해주로 이주함에 따라 연해주 재류 조선인 숫자는 1910년 약 5만 5천 명에서 1925년 약 12만 명, 1937년 약 18만 명으로 증가했다(Yoon, 2012: 416-419).

이처럼 연해주에 거주하는 조선인이 계속 증가하는 가운데 1937년 8월 21일 소련 공산당 중앙위원회와 인민위원회는 이 지역 거주 조선인 중 일부가 일본의 스파이로 활동하고 있다는 이유로 모든 조선인에게 1938년 1월 1일까지 중앙아시아 지역으로 이주할 것을 명령했다(이원봉, 2001: 85-87). 이에 당시 연해주 지역에 거주하고 있던 약 18만 명의 조선인은 1937년 9월과 10월 두 달에 걸쳐 카자흐스탄, 우즈베키스탄 등 중앙아시아 지역으로 이주했다(이원용, 2011: 189-190). 자료에 따르면 이동 중 상당수 조선인이 추위와 배고픔, 질병 등으로 사망했고, 최종적으로 우즈베크공화국에 16,272 가구 76,525명, 카자흐공화국에 20,170가구 95,256명이 도착했다(이광규, 1998: 72).

중앙아시아 지역에 도착한 이들 조선인은 정착 초기 새로운 환경에 적응하는 과정에서 많은 어려움을 겪었으나 우수한 농업 기술을 바탕으로 점차 경제적 기반을 안정화할 수 있었다. 특히 이 지역의 조선인 콜호즈(집단농장)는 농사가 불가능한 것으로 여겨져 왔던 지역을 옥토로 만들고 벼농사를 성공시켜 소련 전역에 쌀을 보급하는 성과를 이루었다(『경향신문』, 1988/8/4; 『한겨레』, 1996/1/1). 이러한 경제적 안정과 더불어 1956년 7월 소련 당국이 소수민족의 공민권 회복 조치와 〈특별이주민들의 거주 제한 조치 해제법〉을 실시함에 따라 중앙아시아 지역에 정착한 조선인과 그 후손인 고려인은 상급학교 진학을 위해 대도시로의 이주도 가능해지는 등 일상생활에 새로운 전기를 맞게 되었다(이원봉, 2001: 95-99). 이후 1960년대와 1970년대, 1980년대를 거치며 고려인은 소련 내에서 성공한 소수민족으로 자리 잡았다. 특히 교육에 대한 높은 관심과 뛰어난 역량을 바탕으로 경제는 물론 정치, 사회, 문화, 과학, 교육, 기술, 스포츠 등 다양한 분야에서 두드러진 성과를 거둘 수 있었다(명드미뜨리, 2007: 199-200).

그러나 1991년 소련 공산당이 해체되고 소비에트연방이 15개 공화국으로 분리 독립하여 독립국가연합(CIS)으로 출범하면서 고려인의 운명은 또 다른 분기점을 맞았다. 카자흐스탄, 우즈베키스탄, 타지키스탄 등에 거주하던 고려인은 강제이주 이전의 거주지로 귀환할 권리와 러시아로 이주할 경우 국적을 회복하거나 획득할 권리 등을 부여받았다. 그러나 실상에 있어서는 새로 소비에트연방에서 분리 독립한 공화국들이 공용어를 러시아어에서 자국어로 전환하고 콜호즈의 대표나 관리를 자국민으로 교체하는 등 자국민 중심의 언어, 종교, 경제 교육 정책을 실시함으로써 고려인을 또 다른 '유민의 길'로 내몰았다(신명직, 2014: 90). 이 결과 러시아어를 '모국어'로 사용하던 고려인의 상당수가 중앙아시아 지역의 독립국가를 벗어나 러시아로 재이주하거나 연해주로 '귀환'했다. 또한 소련 해체 이후 중앙아시아 지역과 북코카서스 지역에서 벌어진 내전으로 이 지역에 거주하던 고려인 상당수가 사실상 '전쟁 난민'이 되어 러시아를 비롯한 주변국으로 쫓겨났다. 실례로 타지키스탄에 거주하던 약 1만 명의 고려인은 타지키스탄 독립 직후 벌어진 내전(1992~1997)을 피해 러시아, 카자흐스탄, 우즈베키스탄 등지로 재이주했다(이채문·박규택, 2003: 562-563; 전신욱, 2007: 83-87).

이러한 이주와 재이주를 거쳐 러시아를 비롯한 독립국가연합에 흩어져 거주하던 고려인의 국내 귀환은 2000년대 후반 이후 본격화되었다. 주지하는 바와 같이 대한민국 정부는 재외동포의 법적 지위 향상과 권리 확대를 위해 1999년 9월 2일 〈재외동포의 출입국과 법적 지위에 관한 법률(이하 재외동포법)〉을 제정하여 동년 12월 3일부터 시행했다(국회 통과는 1999년 8월 12일). 특히 이 법은 재외동포를 대한민국 국적을 보유한 '재외국민'과 외국 국적을 보유한 '외국국적동포'로 구분하고, 외국국적동포에게 재외동포(F-4) 체류자격으로 2년간 체류할 수 있고(2008년 12월 19일 6차 개정을 통해 2년에서 3년으로 연장하고 2009년 6월 20일부터 시행), 그 기간의 연장도 가능하며, 재입국 허가 없이 자유롭게 출입국할 수 있도록(제10조 제1호, 제2호, 제3호), 그리고 재외동포 체류자격의 활동 범위 안에서 자유롭게 취업 및 기타 경제 활동을 할 수 있도록 허용했다(제10조 제5호). 그러나 동 법률 제2조 제2호는 외국국적동포를 "대한민국의 국적을 보유했던 자 또는 그 직계비속으로서 외국국적을 취득한 자중 대통령령이 정하는 자"로 규정함으로써 중앙아시아 고려인, 중국 조선족과 같이 대한민국 정부 수립 이전에 국외로 이주하여 대한민국 국적을 보유할 기회가 없었던 동포를 법 적용 대상에서 배제했다(국가법령정보센터, 2025a). 이에 1999년 8월 23일 조연섭(당시 75세) 씨 등 중국 조선족 동포 3명은 "정부가 대한민국 정부 수립 이전에 이주한 중국 러시아 등지의 재외동포에 대해 법 적용을 배제한 것은 헌법에 보장된 평등권을 침해한다."라며 헌법 소원을 제기했다(『동아일보』, 1999/8/24). 2년여의 심리 끝에 헌법재판소는 2001년 11월 29일 재외동포법 제2조 제2호가 헌법상 평등원칙에 위배된다며 헌법불합치 결정을 내렸다(99헌마494). 이 결정에 따라 정부는 2004년 3월 5일 재외동포법 제2조 제2호를 개정하여 "대한민국 정부 수립 이전에 국외로 이주한 동포를 포함한다."라는 내용을 추가함으로써 중앙아시아 고려인과 중국 조선족 동포 또한 이 법의 적용 대상이 됨을 명확히 했다.[6]

이후 정부는 재외동포법 적용에 있어 상대적으로 소외되어 온 고려인과 중국 조선족 동포에 대한 차별을 해소하고자 2007년 방문취업제를 도입했다. 이 제도 도입에 따라 법무부는 만 25세 이상[7] 중국 및 구소련 지역 6개국(우즈베키스탄, 카자흐스탄, 우크라이나, 키르기스스탄, 타지키스탄, 투르크메니스탄) 출신 외국국적동포들에게 일정한 요건을 갖춘 경우 자유로운 출입국과 취업 활동이 가능한 5년 유효, 1회 입국 최장 3년간 체류·취업할 수 있는, 그리고 1년 10개월 추가 연장을 통해 최대 4년 10개월간 국내 체류·취업이 가능한 방문취업(H-2) 비자 발급을 시작했다(법무부 출입국관리국, 2007: 10). 또한 방문취업 비자로 입국한 동포들의 취업 활동 범위도 기존 19개 업종에서 작물 재배업, 축산업, 어업, 소금 채취업, 제조업(상시 사용하는 근로자 수가 300명 미만이거나 자본금이 80억 원 이하인 경우에만 해당), 하수·폐수 및 분뇨 처리업, 폐기물 수집운반·처리 및 원료 재생업, 건설업, 산동물 도매업, 운송업, 냉장 및 냉동 창고업, 여관업, 음식점업, 사업시설 유지 관리 서비스업, 건축물 일반 청소업, 사회복지 서

---

6 그러나 이러한 법 개정에도 불구하고 재외동포의 출입국과 법적 지위에 관한 법률 시행령(약칭: 재외동포법 시행령) 제3조(외국국적동포의 정의) 제1호와 제2호는 외국국적동포를 각각 "출생에 의하여 대한민국의 국적을 보유했던 사람(대한민국정부 수립 전에 국외로 이주한 동포를 포함한다)으로서 외국국적을 취득한 자", "부모의 일방 또는 조부모의 일방이 대한민국의 국적을 보유했던 자로서 외국국적을 취득한 자"로 규정함으로써 재외동포법 적용 대상을 각각 1세와 2세, 3세로 제한했다. 이러한 규정으로 인해 4세 이후 재외동포는 재외동포에게 발급되는 재외동포비자(F-4) 방문취업비자(H-2) 발급 대상에서 제외되었다. 이에 대다수 재외동포 4세는 F-4 비자를 소지한 재외동포의 동거인에게 발급되는 방문동거비자(F-1)를 발급받거나 2014년 신설한 동포단기방문비자(C-3-8)를 발급받아야만 국내에 체류할 수 있었다. 그러나 방문동거비자의 경우 성인이 되는 만 19세부터는 동거인 자격을 상실하게 되어 국내 장기체류가 불가능해지는 문제가 발생했고, 동포단기방문비자의 경우는 국내에 입국한 후 3개월에 한 번씩 본국으로 출국했다 다시 입국해야 하는 문제가 발생했다. 이에 정부는 2019년 7월 2일 재외동포법 시행령 제3조 제2호를 "제1호에 해당하는 사람의 직계비속으로 외국국적을 취득한 사람"으로 개정하여 4세 이후 직계비속 재외동포도 재외동포법의 적용 대상이 됨을 명확히 했고, 장기체류가 가능하도록 조치했다(국가법령정보센터, 2025b).

7 정부는 재외동포에 대한 포용 정책의 하나로 2018년 방문취업비자(H-2) 발급 연령을 기존 만 25세 이상에서 만 18세 이상으로 낮췄고, 현재도 만 18세 이상 기준을 적용하고 있다.

비스업, 욕탕업, 산업용 세탁업, 개인 간병인 및 유사 서비스업 등 법무부 장관이 고시한 총 38개 업종으로 대폭 확대하여 국내 업체에 자율적으로 취업할 수 있도록 허용했다(전용일 외 3인, 2017: 60-64).[8]

이러한 방문취업제 도입 이후 '조국'을 찾아 국내로 귀환하는 고려인 수는 최근 급격히 증가하고 있다. 〈표 10-1〉에 따르면 2024년 말 국내에 체류하고 있는 고려인은 러시아 국적자를 포함하여 약 111,706명이다. 이 가운데 재외동포(F-4) 비자를 소지하고 체류하는 고려인은 러시아 국적자(33,555명)가 가장 많고, 방문취업(H-2) 비자를 소지하고 체류하는 고려인은 우즈베키스탄 국적자(7,666명)가 가장 많다. 기타 체류자격으로 체류하는 고려인을 포함하면 우즈베키스탄(42,543명), 러시아(38,135명), 카자흐스탄(22,552명) 순이다. 중앙아시아 국가 가운데 우즈베키스탄 출신이 압도적으로 많은 이유는 최근 경제 상황이 악화되어 고려인뿐 아니라 우즈베크 민족 또한 상당수가 외국에서 이주노동자로 생활하고 있다는 점과 연관된 것으로 보인다(오정은·김경미·송석원, 2015: 11-12).

여기서 한 가지 주목할 점은 러시아 출신 고려인의 경우 거의 모든 동포가 최장 체류 기간에 제한이 없는 재외동포(F-4) 자격으로 국내에 체류하고 있으나 우즈베키스탄, 우크라이나, 카자흐스탄, 키르기스스탄 등 중앙아시아 출신 고려인의 경우 2018년 재외동포 비자 취득 요건이 완화되기 전까지 상당수가 방문취업(H-2) 자격으로 국내에 체류하고 있었다는 사실이다. 이러한 차이가 나타난 주원인은 정부가 방문취업제를 도입

8 정부는 최근 내국인 채용이 어려워 심각한 인력 부족을 겪고 있는 일부 서비스 업종의 어려움을 해소하고자 방문취업비자로 취업한 수 있는 분야를 대폭 확대했다. 구체적으로는 2022년 12월 출입국관리법 시행령 개정을 통해 방문취업비자로 취업할 수 있는 서비스 업종을 과거 포지티브 방식에서 네거티브 방식으로 변경하여 허용 제외 업종, 즉 인력 부족률이 낮거나 상대적으로 임금 수준이 높아 내국인 일자리의 보호 필요성이 큰 정보서비스업, 교육서비스업, 금융업, 부동산업 등 22개 중분류 제외 업종을 제외한 여타 서비스 업종에서 자율적으로 취업할 수 있도록 허용했다. 이에 따라 2023년 1월부터 음식점업, 숙박업, 간병 등 인력난이 심각한 서비스업 분야에 방문취업 동포의 취업이 가능해졌다(고용노동부, 2022).

〈표 10-1〉 러시아와 중앙아시아 출신 외국국적동포 체류자격별 체류자 수(2014~2024)*

국적	2014		2015		2016		2017		2018	
	F-4	H-2	F-4	H-2	F-4	H-2	F-4	H-2	F-4	H-2
러시아	4,650	332	7,935	105	14,932	41	20,489	22	24,115	17
우즈베키스탄	4,631	12,386	5,512	14,106	7,201	16,955	8,959	18,641	10,547	19,693
우크라이나	45	314	65	659	124	1,086	187	1,375	267	1,643
카자흐스탄	782	1,054	871	1,509	1,852	3,030	3,215	5,032	4,364	6,696
키르기스스탄	188	551	368	743	567	1,146	637	1,455	859	1,536
타지키스탄	11	67	15	63	24	93	31	128	65	145
투르크메니스탄	2	1	2	1	7	0	30	1	91	43
계	10,313	14,705	14,773	17,186	24,718	22,351	33,569	26,654	40,332	29,773

국적	2019			2020			2021		
	전체** 체류자	F-4	H-2	전체** 체류자	F-4	H-2	전체** 체류자	F-4	H-2
러시아	28,020	26,395	-	26,871	25,274	-	27,488	25,660	-
우즈베키스탄	36,752	11,873	20,281	31,962	12,749	15,334	32,216	18,052	10,592
우크라이나	2,617	341	1,680	2,388	508	1,359	2,390	1,050	874
카자흐스탄	14,992	5,215	7,762	13,033	5,566	5,789	13,993	7,567	4,575
키르기스스탄	2,931	1,021	1,511	2,469	1,022	1,113	2,764	1,484	899
타지키스탄	296	126	127	287	151	98	317	216	66
투르크메니스탄	281	137	119	283	142	117	250	157	76
계	85,889	45,108	31,480	77,293	45,412	23,810	79,418	54,186	17,082

국적	2022			2023			2024		
	전체** 체류자	F-4	H-2	전체** 체류자	F-4	H-2	전체** 체류자	F-4	H-2
러시아	34,220	29,713	-	38,369	33,579	-	38,135	33,555	-
우즈베키스탄	40,706	24,752	9,831	43,320	27,453	9,250	42,543	28,895	7,666
우크라이나	3,438	1,736	949	3,469	2,086	710	3,287	2,287	457
카자흐스탄	19,614	11,290	4,785	22,426	13,239	5,146	22,552	14,501	4,615
키르기스스탄	3,732	2,201	837	4,116	2,541	811	4,151	2,816	658
타지키스탄	418	284	74	462	328	72	492	360	70
투르크메니스탄	342	274	32	472	400	20	546	490	8
계	102,470	70,250	16,508	112,634	79,626	16,009	111,706	82,904	13,474

* 출처: 법무부 출입국·외국인정책본부에서 제공하는 『출입국외국인정책 통계월보』의 2014년부터 2024년까지 매년 12월호 자료를 바탕으로 재구성했으며 '-' 표시는 체류자 수가 줄어 분류에서 제외되어 더 이상 자료가 제공되지 않음을 의미한다.

** 전체 체류자는 2019년부터 공개된 자료로 재외동포비자(F-4), 방문취업비자(H-2) 및 기타 체류자격으로 체류하고 있는 외국국적동포 전체 숫자를 의미한다.

하면서 우즈베키스탄, 우크라이나, 카자흐스탄, 키르기스스탄 등 중앙아시아 국가 출신 고려인이 재외동포법상 재외동포임에도 불구하고 정부 방침으로 재외동포 비자 발급을 제한하고, 원칙적으로 방문취업 비자를 발급했기 때문이다. 실제로 정부는 2007년 방문취업제를 도입하면서 국내 노동시장의 혼란을 방지하기 위한 목적으로 우즈베키스탄, 우크라이나, 카자흐스탄, 키르기스스탄 등 법무부 장관이 고시한 '불법체류다발국가' 21개국 국적을 보유한 재외동포에게 원칙적으로 방문취업 비자를 발급하고, 예외적으로 '단순노무' 종사 가능성이 희박한 고학력자, 전문인력, 법인기업체 대표, 만 60세 이상의 동포에게만 자유로운 체류가 가능한 재외동포 비자를 발급하는 방침을 채택했다(전용일 외, 2017: 54-58). 이에 국내에 체류하는 중앙아시아 출신 고려인의 상당수는 재외동포 자격으로 체류자격을 변경하지 않는 이상 최장 4년 10개월까지 체류가 가능한 방문취업 자격으로 국내에 체류하며 '단순노무' 업종에 종사할 수밖에 없었다. 반면 러시아 출신 고려인의 경우 이러한 제한이 없어 대부분 최장 체류 기간에 제한이 없는 재외동포 자격으로 국내에 체류할 수 있었다(방문취업과 재외동포 체류자격의 차이는 다음의 〈표 10-2〉 참조).

이처럼 중앙아시아 출신 고려인에게 재외동포(F-4) 비자 발급을 제한하던 정부 정책은 최근 내국인 기피 업종에서 인력 부족이 심각해짐에 따라 점차 재외동포 비자 발급을 확대하는 방향으로 변화하고 있다. 실례로 정부는 2018년부터 방문취업 자격으로 국내에 입국한 고려인 동포가 '특례고용가능확인서'를 발급받은 제조업, 농축산업, 어업 분야 동일 사업장에서 2년 이상 근무할 경우 재외동포 비자 신청 자격을 부여하고 있으며(법제처, 2019), 2019년부터는 국내에서 고등학교를 졸업하거나 사회통합 프로그램 4단계 이상 이수한 고려인에게 재외동포 비자 신청 자격을 부여하고 있다. 또한 2022년 1월부터는 국내 초·중·고교에 재학 중인 고려인이 안정적으로 국내에서 학습권을 보장받을 수 있도록 재외동포로 자격 변경을 허용하고 있다(법무부 출입국·외국인정책본부, 2025b). 이

〈표 10-2〉 중국 및 구소련 지역 출신 외국국적동포 방문취업과 재외동포 체류자격 차이

구분	방문취업(H-2)	재외동포(F-4)
부여대상	중국 및 구소련(CIS) 6개국(우즈베키스탄, 카자흐스탄, 우크라이나, 키르기스스탄, 타지키스탄, 투르크메니스탄)의 국적을 보유한 18세 이상 외국국적동포	중국 및 구소련 지역 출신 외국국적동포 가운데 단순노무 종사 가능성이 적은 국·내외 대학 졸업자, 법인기업대표, 국가기술자격 취득자, 60세 이상 동포, 사회통합프로그램 4단계 이상 이수자, 국내 고등학교 졸업자, 국내 초중고 재학자, 요양보호 자격 취득자 등
최장 체류 기간	4년 10개월	제한 없음
취업 기간 연장	최대 3년 + 1년 10개월 연장 가능(취업 기간 만료 후 본국으로 출국하여야 하며 2개월 후 재입국 가능)	3년 단위로 체류 기간 연장 가능(출국 필요 없이 계속 체류 가능)
취업가능 업종	농업, 임업, 어업, 광업, 제조업, 건설업, 서비스업 가운데 내국인이 기피하는 저임금 3D 업종	단순노무직과 선량한 풍속과 기타 사회질서에 반하는 행위를 하는 업종, 그밖에 공공의 이익이나 국내 취업 질서 등의 유지를 위하여 법무부 장관이 지정한 업종 이외의 업종
단순노무	가능	불가능

* 출처: 법무부 출입국·외국인정책본부(2024: 1~2) 자료를 바탕으로 재구성

러한 조치에 따라 방문취업 또는 기타 체류자격으로 입국하여 재외동포 자격으로 체류자격을 변경하는 중앙아시아 출신 고려인이 최근 증가하고 있다.[9] 이 결과 〈표 10-1〉에 나타난 바와 같이 우즈베키스탄 출신 고려인의 경우 2021년부터 재외동포(F-4) 자격으로 체류하는 동포가 방문취업(H-2) 자격으로 체류하는 동포의 수를 넘어섰으며, 2024년에는 재

9 이러한 개선에도 불구하고 방문취업(H-2) 비자로 입국한 중앙아시아 고려인이 재외동포(F-4) 비자로 체류자격을 변경하는 것은 쉽지 않다. 특히 이들 대부분이 국내 입국 후 '단순노무'에 종사하다 보니 재외동포 비자 신청에 필요한 대학 졸업장 취득 또는 국가기술 자격증 취득이 현실적으로 요원한 경우가 많다. 이에 고려인 단체에서는 정부가 러시아 출신 동포와 마찬가지로 중앙아시아 출신 고려인에게도 국내 입국 시부터 재외동포 비자를 부여해야 한다고 주장한다(강성철, 2023).

외동포 자격으로 체류하는 동포의 수가 방문취업 자격으로 체류하는 동포의 약 4배에 이를 정도로 증가했다. 카자흐스탄 출신 고려인의 경우도 비슷한 추세가 나타나고 있다. 앞으로 이러한 추세가 계속된다면 체류 기간에 제한이 없는 재외동포 자격으로 체류하는 고려인 수는 더욱 늘어날 것으로 보인다.

이처럼 중앙아시아 출신 고려인의 체류자격이 점차 방문취업(H-2)에서 재외동포(F-4)로 변화하면서 이들의 국내 체류 경험도 다양해지고 내부에서도 체류자격에 따른 분화가 일어나고 있다. 과거에는 대부분의 중앙아시아 출신 고려인이 체류 기간이 최대 4년 10개월인 방문취업 비자로 국내에 체류하며 '단순노무'에 종사했으나 최근에는 재외동포 비자로 체류하는 중앙아시아 출신 고려인이 늘어나며 취업 활동의 범위도 '단순노무'를 벗어나 다양해지고 있다. 또한 방문취업제 도입 초기에는 만 25세 이상 성인 남자 혼자 입국하여 생활하는 경우가 많았지만 2014년 가족 동반 입국 허용 이후 최근에는 가족 단위로 입국하여 국내에 정착하는 고려인이 증가하고 있다. 특히 2021년부터 국내 초·중·고교에 재학중인 고려인 아동과 청소년에게 체류 기간에 제한이 없는 재외동포(F-4) 비자를 발급함에 따라 자녀 교육 등의 이유로 가족 단위로 국내에 정착하는 고려인이 증가하고 있다. 이하에서는 이처럼 2000년대 후반 이후 국내로 이주하여 정착한 중앙아시아 출신 고려인의 경험에 초점을 맞춰 이주, 재이주, 그리고 중앙아시아에서 '조국'으로의 귀환과 국내 정착 과정을 거치며 이들의 '고향'과 민족 정체성에 대한 인식이 어떻게 변화해 왔는지 살펴보고자 한다.

3. 중앙아시아 고려인의 민족 정체성 분화

스탈린의 강제이주 정책으로 중앙아시아 지역에 정착한 고려인은 스탈린 집권 시기(1924~1953)는 물론이고 이후 흐루쇼프(Khrushchev, 1953~1964)와 브레즈네프 집권 시기(Brezhnev, 1964~1982)를 거치며 계속된 소련 중앙정부의 소비에트화(sovietization) 정책과 소수민족 억압정책하에서 자신들의 독자적 민족 정체성을 유지하기보다는 생존을 위해 소련 사회에 동화하는 길을 선택했다. 실제로 강제이주 이후 소련 중앙정부가 민족학교를 폐쇄하는 등의 조치를 취하자, 고려인은 조선어 대신 러시아어를 '모국어'로 배웠고 사상적 측면은 물론 문화적 측면에서도 소련 내 어느 소수민족보다도 철저하게 '소비에트 인민'이 되고자 노력했다(최한우, 2000: 209-210). 이러한 상황에서 1980년대 중반 페레스트로이카(Perestroika) 정책 도입 이전까지 중앙아시아 지역에 거주하는 대다수 고려인은 자신들을 '조선인'으로서가 아니라 '소비에트 인민'으로 인식했고 소련을 '조국'으로 인식하는 경향이 강했다. 실례로 1989년 현지 취재를 위해 중앙아시아를 방문한 『동아일보』 취재진과의 인터뷰에서 고려인들은 소련의 개혁개방 이전 과거 자신들에게 '조국'은 소련을 의미했음을 다음과 같이 밝히고 있다(『동아일보』, 1989/11/3).

> 고려인들의 시집에는 이렇듯 「조국」 「고향」 「어머니의 품」 등의 제하에 한국적 풍토와 서정을 노래한 시들이 많다. 그러나 자세히 읽어 보면 이들이 그린 조국 고향은 이미 「조선」이 아니라 소련이라는 충격적인 사실을 발견하게 된다. 한글로 글을 쓰는 고려인 작가 중 한 사람인 연승룡 씨(80, 알마아타시)를 만났을 때였다. "당신의 조국은 어디인가"라고 기자가 묻자 "물론 소련"이라고 우습다는 듯 대답했다. "그러면 조선은 당신에게 어떤 의미가 있는가"라고 다시 묻자 "부모님의 나라"라고 잘라 말했다. 조선극장에서 약 50년간 연출가와 극작가로 일했던 연(燕)옹의 의식이 이럴진대 한국어조차 잃어버린 다른 고려인들은 말할 것도 없는 형편이었다. 알마아타시 건설관제위원회 당서기인 겐나디 하일로비치 씨(40). "조선인이라는 의식을 갖고 생활하지는 않습니다. 각종 서류에 「소비에트 조선인」이라고 기록은 하고 있지만 이는 다

민족국가에서 인종적 구분을 하기 위한 것일 뿐 민족의식과는 관계가 없습니다. 솔직히 말해 조선에 별다른 관심이 없습니다. 우리는 이곳에서 태어나고 자라서 이곳 문화에 흠뻑 젖어 있습니다."[10]

동일한 맥락에서 소련 과학원 교수 유 게라심 안드레이비치 박사는 「소(蘇) 동화에 애쓰다 민족 문화 잃어」라는 제목으로 1989년 11월 3일자 『동아일보』에 실린 인터뷰 기사에서 민족의식을 잃고 살았던 고려인의 과거에 대해 다음과 같이 언급하고 있다.

"우리는 너무 오랫동안 고유 언어와 문화를 잃고 살아왔다고 생각한다. … 더욱이 조선 사람들은 소련 사회에 동화되기 위해 애를 쓰다 보니 자신의 문화에 관심을 기울이지 못했다." … "조선인들의 민족의식이 스탈린의 탄압정책과 조선인 스스로의 소홀로 소멸되었었다."라고 말했다.

이처럼 소련 전체주의 체제하에서 민족의식을 잃고 살아오던 고려인은 고르바초프(Gorbachev) 등장 이후 중앙정부의 소수민족 억압정책이 완화되면서 서서히 민족의식에 다시 눈뜨게 되었다. 특히 소련의 1988년 서울올림픽 참가와 1990년 9월 30일 한소국교정상화를 계기로 대한민국과 교류가 활발해지면서 '한민족(韓民族)'으로서의 민족 정체성을 자각하는 고려인이 늘어나기 시작했다. 「소련 속의 한인들(1) '우린 고려인' 민족혼 면면히」라는 제목의 1989년 5월 11일자 『경향신문』 기획기사는 이

10 본고에서 인용하는 신문 기사는 의미 전달에 어려움이 없는 경우 원문의 한자 표기를 한글 표기로 수정했으며 띄어쓰기는 가독성을 높이기 위해 현재 띄어쓰기를 기준으로 수정했다. 반면 철자법의 경우는 의미 전달에 어려움이 없는 경우 원문에 나온 철자대로 인용했다. 강조와 중략 표시는 특별한 언급이 없는 경우 필자가 강조하고 생략한 것임을 밝혀 둔다. 또한 기사에 등장하는 고려인의 이름 뒤 괄호에 표시된 나이는 인터뷰 당시의 나이임을 밝혀 둔다.

시기 중앙아시아 고려인 사이에 새롭게 싹트기 시작한 민족의식에 대해 다음과 같이 언급하고 있다.

> 소련의 한인사회가 이주 1세기 만에 처음으로 소련에서의 한인들의 정체성을 부각시키며 바야흐로 「민족적 르네상스」를 맞고 있다. … 서울올림픽 성공은 이들 재소동포에게 잠자던 조국애를 흔들어 깨우는 데 결정적인 역할을 해 어느 한인 거주지역의 누구를 만나더라도 침이 마르도록 올림픽 성공을 칭송했고 이로써 자신들이 한국인으로 되살아났음을 자랑스럽게 들려 주었다.

이 시기 고려인 사이에 되살아나기 시작한 한민족으로서의 민족의식은 1980년대 후반 한국을 방문한 고려인의 언론 기고문, 인터뷰 등에도 잘 드러난다. 실례로 「조국이 내 영혼 속에 용해」라는 제목으로 1989년 10월 4일자 『경향신문』에 투고한 글에서 당시 "한민족체육대회 참가차 난생처음 한국 땅을 밟은 재소 동포학자 [2세인] 한(韓) 마르크스 박사(63 모스크바고급청년대 역사학과 교수)"는 다음과 같이 언급하고 있다.

> 나는 본질에 있어서 민족주의자는 아니다. 그러나 호텔에서, 거리에서, 공원에서 나를 따뜻하게 대해 주는 인민들을 보고 나는 생애 처음으로 민족주의적 동포애를 느꼈다. 먼 이국땅에서 태어나고 자라 귀밑머리가 이미 허옇게 센 나로서는 남조선이 한편 두렵기도 하고, 한편 자랑스럽기도 하다. … 나는 지금부터 제2의 생을 다시 시작해야겠다. 남조선 인민과 일꾼들의 친절에 감사한다. 조국은 여전히 내 곁에, 내 안에 살아 있다. 본질적으로 민족주의자가 아니라고 자처한 내가 오늘 남조선을 떠나면서 외로워지고 있다. 조국은 내 영혼과 같은 것이며 나는 오늘 조국을 떠나며 비로소 영혼의 회귀함과 평화로움을 느낀다.

비슷한 맥락에서 1939년 카자흐스탄에서 태어난 고려인 3세로 소련의 유명 작가인 아나톨리 김은 「재소한인 공동체의 운명」이라는 제목으로 1990년 4월 15일자 『동아일보』에 투고한 에세이에서 다음과 같이 "조국에 대한 사랑"을 언급하고 있다.

> 이 러시아 땅에는 자신의 민족적 문화와 언어를 완전히 상실한 채 러시아 여인들 혹은 머리가 까만 지방민의 아내와 결혼해서 모든 동포와 절연된 상태 속에서 살아가는 한인들도 있지 않은가. 한인의 혈통을 이어받았지만 그렇게 외로운 처지에서 살아가고 있는 이들은 수천 명에 이르고 있다. 그런 이들을 과연 한인으로 간주할 수 있을까. 그렇지만 우리는 모두 다 마음속으로 우리 스스로를 한국인으로 자부하고 있다. 나도 그런 사람 중의 하나다. 우리에게 무슨 일이 벌어지건, 우리에게 그 어떤 손실이 오건, 그 어디메에 우리가 살건, 설사 우리가 바다 밑바닥에 살지언정 한국인은 언제나 한국인으로 남아 있는 법. 때문에 여러분들은 우리를 마주치게 되면 언제든지 우리가 한국인이라는 사실을 알아차리게 될 것이다. 선조의 머나먼 조국에 대한 우리의 사랑은 우리의 영혼 속에서 영원히 불변하리라.

또한 이 시기 다수의 고려인이 중앙아시아 현지를 방문 취재한 한국 언론과의 인터뷰에서 자신들을 '한민족' 또는 '한국인'으로, 그리고 대한민국을 '고향' 또는 '조국'으로 인식하고 있음을 내비치고 있다. 실례로 「우리 정서 인정 고스란히 간직 주섭일 특파원 카자흐공 한인사회를 가다」라는 제목으로 1993년 10월 7일자 『문화일보』에 실린 기사는 알마티 중앙시장에서 김치와 나물을 팔고 있는 할머니와의 인터뷰 내용을 다음과 같이 전하고 있다.

> 이미 널리 알려진 대로 1937년 스탈린 정권이 연해주 한인들을 열차에 태워 중앙아시아로 강제 이주시켰는데 이때 「죽지 않고 살아남은」 아기들과 어린이들이 제2세대들이다. 필자와 대화를 나눈 할머니는 5세 때 부모를 따라

실려 온 경우였다. 「동래 정씨이며 내 고향을 한국」이라고 말한 이 할머니는 그러나 「한 번도 가본 적이 없는 고향이라 때때로 꿈만 꾼다」고 했다.

이처럼 1990년 한소국교정상화를 계기로 대한민국과 소련의 교류가 증가하면서 고려인 1세와 2세를 중심으로 '한민족' 또는 '한국인'으로서의 정체성을 '재발견'한 경우도 있었지만, 1991년 소비에트연방 붕괴 이후 정치·경제·사회적 격변 속에서 1990년대 중앙아시아 고려인 사회는 심각한 민족 정체성 혼란을 경험했다. 앞서 언급한 바와 같이 소비에트 시절 중앙아시아 고려인들은 러시아어를 '모국어'로 사용하며 대다수가 자신을 '조선인'이 아니라 '소비에트 인민'으로 인식하고자 했고 소련을 '조국'으로 인식하는 경향을 강하게 보였다. 그러나 소련 붕괴 이후 중앙아시아 신생독립국들이 공용어를 러시아어에서 자국어로 전환하고 자국민 중심의 언어·종교·경제 교육 정책을 실시하면서, 이전까지 러시아어를 '모국어'로 사용하며 스스로를 '소비에트 인민'으로 인식해 왔던 고려인들은 신생독립국에서 '소수민족'으로 전락하게 되었다. 이러한 상황에서 중앙아시아 고려인 가운데 일부는 러시아를 자신의 '조국'으로 간주하고 스스로를 '러시아인 동포(Россий ские соотечественник)'로 인식하기도 했고(황영삼, 2016: 169), 또 다른 일부는 레이틴(Laitin, 1998: 263-321)이 지적한 바와 같이 기존의 민족과 종족(ethnicity) 경계를 뛰어넘어 러시아어를 매개로 '러시아어 사용 주민(Russian-speaking populations)'이라는 새로운 정체성을 형성하기도 했다.

그러나 1991년 소련에서 분리 독립한 중앙아시아 국가들이 시간이 지나며 점차 정치·사회적 안정을 되찾아 가면서, 특히 고려인 3세와 4세를 중심으로 자신이 태어나고 자란 중앙아시아 국가를 자신의 '조국'으로 생각하고 스스로를 '카자흐인', '우즈베크인' 등으로 인식하는 경향 또한 새롭게 나타나기 시작했다. 실례로 우즈베키스탄에 거주하는 고려인 3세 최라디온 씨는 『문화일보』와의 인터뷰(2000/6/2)에서 다음과 같이 언급하고 있다.

> [한국전쟁에] 직접 참전하기도 했던 1세대는 따라서 조국이라는 개념도 비교적 분명하다. 구소련에서 태어나 국적은 우즈베키스탄이지만 마음속 자신들의 조국은 아직도 한반도라는 생각이 많다. 하지만 전쟁을 직접 경험하지 못한 2세대와 3세대의 경우는 다르다. 이들에게 조국은 우즈베키스탄이다. 고려인 최라디온(32) 씨는 "특히 20대 전후반 젊은이들은 많은 경우 한국전쟁이 무엇인지도 모르고 있다."라면서 "이들에게 조국을 물으면 주저 없이 모두 '우즈베키스탄'이라고 답한다."라고 말했다.

이처럼 일부 고려인이 "주저 없이" 스스로를 '카자흐인', '우즈베크인' 등으로 규정하고 있으나 상당수 고려인은 민족 정체성 문제로 혼란을 경험하고 있었던 것으로 보인다. 실례로 「우즈벡 고려인들은 지금 민족차별에 울고 … 고국은 멀고」라는 제목으로 2006년 9월 27일자 『국민일보』에 실린 기사는 다음과 같이 정체성 문제로 고민하는 고려인 3세와 4세의 이야기를 전하고 있다.

> ◇ 젊은 세대, 정체성 혼돈 = 니자미 사범대학 한국어과 1학년 강디미트리히(19) 군은 "나는 한국인도 아니고, 우즈벡인도 아닌 고려인"이라고 말했다. 타슈켄트에서 컴퓨터 강사로 일하는 도샤샤(39) 씨는 "우리 고려인들은 우즈벡 사람들로부터도 차별받고, 한국인들로부터도 차별 받는다."라고 지적했다. 한국어 강사가 꿈인 최빅토리아(21 · 여) 양 역시 "우리 고려인들은 우즈벡이나 러시아에서 계속 살고 싶어 하지만 스스로는 한민족이라고 생각하는 이중적인 존재"라고 말했다. 중앙아시아에 번진 한류는 고려인들에게 한민족 정체성을 일깨우지만 70년간 우즈벡에 뿌리내린 그들에게 한국이란 나라는 아직 멀게 느껴지고 있다.

또한 「목 놓아 울다 ④ 카레이스키 유랑의 땅 – 우즈베키스탄」이라는 제목으로 2009년 9월 29일자 『국민일보』에 실린 기사도 정체성 문제로 고민하는 고려인 3세와 4세의 이야기를 다음과 같이 전하고 있다.

> 문제는 언어다. 조선족과 달리 고려인 청장년층은 한국말로 의사소통이 불가능하다. 생존을 위해 익힌 러시아어 실력은 뛰어나지만 한국말 구사력은 극히 미약하다. 심지어 우즈베크어도 잘 모른다. 역사적 환경 탓에 '러시아 중심주의'가 견고하게 자리 잡고 있다. 음식과 관혼상제 등 기타 풍습은 상당 부분 유지하고 있다고는 하지만 '말'을 상실한 고려인들의 민족 정체성은 시간이 갈수록 희박해질 수밖에 없다. 현지에서 대화를 나눴던 가장 젊은 고려인인 전 빅토르 아나톨리비치(25)의 말이 아직도 기자의 뇌리를 떠나지 않는다. 대학에서 한국어를 전공한 그는 "우리 사이에 이런 말이 있죠. '생긴 건 한국인인데 국적은 우즈베크, 모국은 러시아다.' 한국을 조국으로 생각하는 젊은 고려인은 거의 없을 겁니다."

고려인 3세와 4세의 정체성 혼란과 관련하여 「강제이주 70년 고려인을 찾아서(상) 젊은층에 부는 '한류바람'」이라는 제목으로 2007년 1월 1일자 『세계일보』에 실린 기사는 다음과 같이 한글학교에 다니는 50명의 고려인 학생을 대상으로 한 설문조사 결과를 전하고 있다.

> 한국어를 배우는 젊은 고려인들은 대부분 강제이주 3, 4세대로 한국 땅을 한 번이라도 밟아 본 사람이 거의 없다. 심지어 한국 사람을 만나본 적도 없다고 한다. 이들은 러시아에서 태어나 러시아 사람들과 함께 생활하고 자란 사실상 러시아 사람이다. 한민족의 피가 흐른다는 점만 빼면 한국과 별다른 연관도 없다. 사정이 이런데도 이들이 한국어를 배우고 한국에 가고 싶어 하는 이유는 뭘까? 세종한글학교와 한국교육원 한글학교 재학생 등 총 50명에게 설문조사한 결과 94%(47명)가 "한국을 좋아한다."라고 답했다. 그 이유

로 한류 열풍과 한국인의 친근한 이미지 등을 꼽았다. 하지만 이들 중 한국을 '모국'이라고 생각한다고 응답한 비율은 절반도 안 됐다. 자신을 어느 나라 사람이라고 생각하느냐는 질문에 한국인이라고 응답한 사람은 6%(3명)에 그쳤다. 반면 '한국인도 러시아인도 아닌 고려인'이라는 응답이 54%(27명)로 가장 많았고, 러시아·우즈베키스탄 사람이라는 답변도 40%(20명)나 됐다. … 이들은 모두 한국에 꼭 한번 가보고 싶다는 바람을 갖고 있었지만 한국에서 살기를 원하지는 않았다. 한민족의 후손인 것은 분명하지만 삶의 터전은 지금 자신들이 살고 있는 옛 소련, 현재의 우즈베키스탄이라고 생각하는 것이다.

이상에서 살펴본 바는 중앙아시아 지역으로 강제이주 이후 우수한 농업 기술을 바탕으로 소련 내에서 성공한 소수민족으로 자리 잡은 고려인이 1980년대 중반 페레스트로이카, 1990년 한소국교정상화, 1991년 소비에트연방의 붕괴와 독립국가연합 출범 등 다양한 정치·경제·사회적 격변을 경험하면서 자신들의 정체성을 '소비에트 인민'에서 '한민족', '러시아인', '카자흐인', '우즈베크인' 등으로 다변화시켜 왔음을 잘 보여 준다. 특히 이 설문조사 결과는 중앙아시아에 거주하는 3세와 4세 고려인에게 나타나는 민족 정체성 분화 양상을 잘 보여 준다. 일부 소수 고려인 3세, 4세가 '한민족'으로서의 정체성을 유지하려고 노력하고 있으나 상당수는 '한국인도 아니고 현지인도 아닌 고려인' 또는 '러시아인'으로, 또는 '우즈베키스탄 사람' 등으로 자신을 규정하고 있음을 잘 보여 준다. 이하에서는 이처럼 고려인의 민족 정체성이 다양한 모습으로 분화하는 가운데 2007년 방문취업제 실시 이후 '할아버지의 나라' '조국'으로 귀환한 중앙아시아 고려인이 한국 사회의 차별과 배제에 직면하여 자신들의 출신국을 '고향'으로 그리워하며 '역디아스포라'를 형성하는 과정을 살펴보고자 한다.

4. 국내 이주 중앙아시아 고려인의 '역디아스포라' 형성

앞서 언급한 바와 같이 1999년 재외동포법 제정과 2007년 방문취업제 도입 이후 '조국'을 찾아 국내로 귀환하는 고려인 수는 2000년대 후반부터 급격히 증가하고 있다. 그러나 '조국'으로 생각하고 찾아온 한국 땅에서 이들은 다양한 형태의 차별과 배제에 직면했다. 실례로 「깡패적 차별 일상적 차별」이라는 제목으로 2001년 2월 28일 『한겨레』에 실린 박노자 씨의 칼럼은 국어 연구를 위해 한국으로 유학 왔다 한국 사회의 차별에 실망하여 한국을 떠난 고려인 여성의 이야기를 다음과 같이 전하고 있다.

> "식당이니, 이발소니 어디를 가도 나의 외국식 발음을 듣고 맨 먼저 물어보는 것이 '어느 나라에서 온 동포냐?'는 것이죠. '고려인'이라고 대답하면, 그 다음 반응이 뭔지 아세요? '아이고, 거기에서는 어렵지. 사는 게 어려워서 왔구나'예요. 국어의 토씨 체계를 연구하러 왔다 하면 안 믿는 듯이 다들 실실 웃어 보이죠. 그들은 말로 우리를 '같은 민족'으로 부르지만, 각자의 의식을 들여다보면, 같은 인권을 가진 같은 인간이라는 기본적인 생각조차 없는 것 같아요. 물론 러시아로 귀국하면 인종차별을 일삼는 모스크바 경찰들에게 가끔 모욕도 당할 것을 알고 있어요. 그래도 그들의 깡패적인 차별이, 여기의 일상적인 차별보다도 결코 무섭지 않아요!"

이처럼 고려인에게 가해지는 일상의 차별은 방문취업제 도입과 함께 국내로 귀환하는 고려인이 늘어나면서 더욱 증가하고 있다. 특히 중앙아시아 출신 고려인의 경우 중국의 조선족 동포와 달리 한국말이 서툴다 보니 일상생활에서 더 큰 사회적 편견에 시달릴 수밖에 없는 상황이다. 「고국서도 이방인 … 공동체로 희망을 키워요」라는 제목으로 2015년 1월 2일자 『국민일보』에 실린 기사에서 고려인 3세 이아르카지(62) 씨는 자신이 한국 사회에서 경험한 차별에 대해 다음과 같이 이야기하고 있다.

그는 이방인이었다. 자신이 태어난 우즈베키스탄에서는 환영받지 못했다. 우즈베키스탄의 현지인들은 살구색 피부에 검은 머리를 가진 그를 반기지 않았다. 40대 후반, 뒤늦게 자신과 닮은 이들을 찾아 할아버지의 고향에 왔다. 희망은 금세 절망으로 바뀌었다. 믿었던 한국 사람들은 말이 통하지 않는다며 철저히 외면했다. "1991년 공산주의가 무너지면서부터 한국에 갈 생각을 했죠. 제가 살던 타슈켄트 인근에서 저를 반갑게 맞는 사람은 거의 없었죠. 어떻게든 한국에 가려고 했어요. 그런데 이곳도 다르지 않더군요. 한국인들은 고려인이라는 이유만으로 저를 차별했어요. 저 '전주 이씨'거든요. 하지만 저는 이방인이에요."

비슷한 맥락에서 「언론인 김호준이 본 유라시아의 들꽃, 고려인의 파노라마(하) 조국에 발을 딛고」라는 제목으로 2015년 9월 9일자 『서울신문』에 실린 기사는 다음과 같이 조국에서 '이방인' 취급을 받는 중앙아시아 고려인의 이야기를 전하고 있다.

많은 유라시아 고려인들이 코리안 드림의 희망을 안고 한국을 찾는다. 고국의 따뜻한 품을 기대하며 온다. 그들은 한국이 '역사적 조국'이라는 이유 하나만으로 가슴이 뛰고 설렌다. 그러나 현실은 차갑다. 고려인들은 산업현장에서 각별한 모국의 정을 느끼지 못한다. 고려인은 약간 우리말을 이해하는 외국인 노동자로 취급될 뿐이다. 어떤 고려인은 "우리는 거기서도 남이고 한국에 와서도 남이다."라고 한탄한다.

중앙아시아 고려인은 이러한 일상의 차별에 직면할 뿐 아니라 대다수가 방문취업 자격으로 국내에 입국하기 때문에 법무부 장관이 고시한 38개 업종, 즉 농축산업, 어업, 건설업, 요식업, 소규모 제조업 등 주로 저임금 3D 업종에서 '단순노무'에 종사할 수밖에 없어 거주환경과 생활환경이 매우 열악하다. 2015년 9월 9일자 『서울신문』에 실린 김호준의 기사는 다음과 같이 2014년 실시한 고려인 실태조사 결과를 전하고 있는데,[11] 이 조사에 의하면 국내 거주 고려인 가운데 약 67%는 “3D 업체에서 단순노무 업종에 종사”하고 있으며 또한 64.8%가 150만 원 미만의 낮은 임금을 받고 있다.

> 국내 거주 고려인에 대한 2014년 실태조사에 따르면 67.0%가 부품, 염색, 조립, 화학공장, 건설현장 등 3D 업체에서 단순노무 업종에 종사하고 있다. 또한 64.8%가 월 150만 원 미만의 낮은 임금을 받고 있다. 월 평균임금은 100만~150만 원이 전체의 51.8%로 가장 많다. 다음이 150만~200만 원 26.3%, 100만 원 미만 13.0%였다. 상대적 고소득자인 250만~300만 원 이상은 3.0%에 불과하다. 고려인 취업자들은 한 달 생활비 50만~60만 원을 제외하고 나머지는 거주국에 남아 있는 가족에게 송금한다.

또한 「원룸·상하방서 월세살이 허덕 … 코리안 드림 접고 태반이 다시 돌아가」라는 제목으로 2013년 6월 23일 『광주일보』에 실린 기사는 광주광역시 광산구 월곡동 고려인마을에 거주하는 고려인의 어려운 생활 여건에 대해 다음과 같이 전하고 있다.

> 광산구 월곡동 주변 고려인마을에 거주하는 고려인들은 대체로 하남공단과 소촌공단 등 인근 공단에서 근무하며 한 달 평균 100만 원 안팎의 수입으로 생활을 꾸려 가고 있다. 빈손으로 러시아 등을 떠나 온 이들은 대체로 3~4평 남짓한 원룸과 낡은 주택에 딸린 좁은 방을 빌려 겨우 생계를 연명하고 있다. 보증금 100만 원과 월세 30~40만 원을 감당하기 힘든 고려인 일부는 월

11 신문 기사는 출처를 명확히 밝히고 있지 않으나 이 결과는 전남대학교 세계한상문화연구단의 임채완(2014) 교수팀이 재외동포재단의 의뢰로 2014년 국내 거주 486명의 고려인을 대상으로 실시한 조사 결과를 인용하고 있는 것으로 보인다.

곡동 고려인센터에 마련된 3개의 좁다란 방에서 숙식을 해결하고 있다.

비슷한 맥락에서 2019년 7월 18일자 『경기일보』 사설도 고려인의 열악한 정주 여건에 대해 비판하며 다음과 같이 정착 지원 확대 필요성을 강조한다.

> 국내 거주 고려인들의 정주 여건은 상당히 열악하다. 한국어 구사가 어려워 일용직 노동자로 삶을 이어 가는 사람이 대부분이고, 월세와 의료보험비, 보육료 등 기본적인 문제도 해결하지 못하는 상황이다. 지난 5월 국내 거주 고려인 134명을 대상으로 한 실태조사 결과, 응답자의 53%가 가족의 월수입이 100만~200만 원 이하라고 답했다. 소득이 전무(15%)하거나 100만 원 이하(7%)인 고려인도 적지 않았다. 응답자의 56%가 원룸에서 거주하고, 응답자의 55%가 건강보험 미가입 상태였다. … 민간·사회단체 차원을 넘어 지자체·정부의 적극적 관심과 지원이 필요하다.

특히 고려인에 대한 사회적 편견과 더불어 언어 장벽과 외국 국적으로 인한 제도적 장벽은 고려인의 한국 사회 적응에 어려움을 가중한다.[12] 이 문제와 관련하여 2013년 6월 23일자 『광주일보』 기사는 다음과 같이

---

12 오정은·김경미·최석원(2015: 102-103)이 재외동포재단의 의뢰로 2015년 국내 거주 1,125명의 고려인을 대상으로 실시한 현황 조사 결과에 의하면 응답자의 약 70%가 한국에 처음 왔을 당시 한국어 수준에 대해 '조금 알아듣는 수준(43.0%)'이거나 '전혀 의사소통이 안되는 수준(26.2%)'이라고 응답했다. 반면 '쉬운 대화를 할 수 있는 수준'이라고 응답한 응답자는 약 19.8%이며 '일상생활에서 불편이 없는 수준'이라고 응답한 응답자는 11.0%에 불과했다. 이 조사 결과는 한국어에 어느 정도 능숙한 고려인 유학생과 1945년 이전 출생한 70대 이상 고령의 사할린 영주귀국동포 280여 명을 포함한 결과로, 이들을 제외할 경우 대다수 고려인이 한국에 처음 올 당시 한국어로 대화할 수 없는 수준임을 보여 준다. 이처럼 부족한 한국어 구사 능력으로 인해 응답자의 약 39.9%가 한국에 처음 와서 가장 힘들었던 점으로 '한국어를 못해 의사소통의 어려움'을 꼽고 있다.

언급하고 있다.

90년대 초반 옛 소련 붕괴 후 생활고와 차별을 극복하지 못하고 '코리안 드림'을 쫓아 한국으로 건너온 고려인들에게는 또 하나의 장애물이 기다리고 있었다. 언어 장벽과 '외국 사람'이라는 편견이 바로 그것이다. 한국말도 서툴고 변변한 기술도 없었던 고려인들은 인근 중소기업과 건설 현장, 식당 등을 떠돌며 채 1년을 못 채우고 직장을 옮겨 다니고 있다. 노동자가 1년을 근무하면 지급하도록 돼 있던 퇴직금 제도도 고려인에게는 불이익이 되고 있다. 퇴직금 지급을 꺼린 사업주들이 근무 1년을 앞두고 고려인을 해고하고 있고, 이는 동일 사업장에서 2년 이상 근무하면 얻을 수 있는 재외동포 비자 습득도 가로막고 있기 때문이다.[13] 고려인마을 쉼터서 만난 이니끌라야(50) 씨는 "한 직장에 오래 근무할 수 없는 까닭에 단기취업(H-2) 5년 체류비자가 만료되는 8월 다시 빈손으로 우즈베키스탄으로 돌아가야 할 상황"이라며 고개를 떨궜다.

한편 「앓아도 병원 못가고 끙끙 … 고려인 마을 주민 80% '무보험'」이라는 제목으로 2018년 3월 22일자 『전남일보』에 실린 기사는 고려인들이 외국인이기 때문에 일상생활에서 경험하는 제도적 장벽과 관련하여 중앙아시아 출신 고려인 3세 손에브게니(35) 씨의 안타까운 사연을 다음과 같이 전하고 있다.

같은 피가 흐르는 동포지만 법 앞에서는 철저히 이방인이었다. 국내에 체

13 방문취업비자(H-2)로 입국한 동포는 육아도우미·농축산업·어업·뿌리산업·지방 소재 제조업의 동일 사업장에서 계속하여 2년 이상 근무할 경우 한국 내에서 단순노무를 제외한 비교적 자유로운 경제 활동이 가능한, 그리고 체류 기간 연장을 통해 장기체류가 가능한 재외동포(F-4) 비자를 신청할 수 있다(법무부 출입국·외국인정책본부, 2024: 18).

류하는 고려인들은 변변치 못한 벌이와 법적으로 보호받을 수 없는 신분 때문에 제대로 된 의료 서비스조차 받지 못하고 있다. 행여 몸이라도 아파 일을 못 나가게 되면 식구들을 먹여 살릴 수 없게 돼, 치료는커녕 병을 참아 가며 일터에 나갔다가 목숨을 잃는 일도 있었다. 모두 그들이 '조국'으로 여기며 찾아온 한국 땅에서 벌어진 일이다. 지난해 9월 광주에 머물던 우즈베키스탄 국적의 고려인 3세 손에브게니(35) 씨의 죽음은 이 같은 고려인들의 처지를 여실히 보여 준다. 우즈베키스탄에서 험난한 삶을 살아온 그의 가족들은 일자리를 찾아 한국으로 하나둘 떠나 왔고, 손 씨 또한 지난해 6월 한국 땅을 밟았다. 2년 전 먼저 광주 월곡동 고려인마을에 와서 자리를 잡은 친동생 손니콜라이(31) 씨의 도움으로 한 공장에도 취직, 앞으로의 삶에 대한 기대로 부풀어 있었다. … 하지만 행복은 오래가지 못했다. 8년 전부터 앓아 온 고혈압과 심장·신장질환이 그를 괴롭혔다. … 손씨는 매일 아픈 몸을 이끌고 공장에 나가 일을 했다. 얼마 뒤 다리가 심하게 붓는 등 이상 증세가 나타나더니 근무 중에 실신하는 일이 벌어졌다. 손 씨를 보다 못한 공장 사장은 치료를 받을 것을 권했지만 이마저도 여의치 않았다. 현행법상 외국인은 국내 체류 기간 90일이 넘어야 의료보험 가입자격이 부여되는데 손 씨는 이를 채우지 못해 의료비 전액을 부담해야 했던 것.[14]

거액의 치료비를 마련코자 손 씨는 돈을 좀 더 벌 수 있는 육체적으로 고된 일용직을 전전했고, 건강 상태는 날이 갈수록 심각해져 갔다. 형의 병을 알게 된 동생은 우즈베키스탄에서는 조금 더 적은 돈에 치료를 받을 수 있을 거란 생각으로 그동안 모은 돈을 형에게 건네며 "고향으로 돌아가 치료를 받으라"며 광주종합버스터미널에서 인천공항행 버스에 태웠다. 그러나 손 씨는 이날 동생과 헤어진 직후 버스 안에서 쓰러져 119에 의해 가까운 병원으로

14 재외동포법 제14조는 "주민등록을 한 재외국민과 국내거소 신고를 한 외국국적동포가 90일 이상 대한민국 안에 체류하는 경우에는 건강보험 관계 법령으로 정하는 바에 따라 건강보험을 적용받을 수 있다."라고 규정하고 있다.

이송됐지만 끝내 숨졌다.

동일한 맥락에서 「3대째 만에 모국 왔지만, 염색공장에서 3년 일하다 폐결핵으로 …」라는 제목으로 2013년 9월 15일자 『한겨레』에 실린 기사는 어려운 여건에서 생활하다 폐결핵으로 숨진 중앙아시아 출신 고려인 3세 김발로자 씨의 사연을 다음과 같이 전하고 있다.

> 김발로자(55) 씨는 2010년 한국에 왔다. 3대의 가난을 아들에게만은 대물림하지 않겠다는 각오였다. 할아버지는 가난에 쫓겨 두만강 너머 러시아로 갔다. 영원할 것 같던 소련이 무너진 뒤 아버지는 우즈베키스탄으로 밀려났다. …
>
> 할아버지의 나라는 김 씨에게 방문취업(H2) 비자를 내줬다. 중국동포들과 고려인들을 위한 비자였다. 먼저 한국에 간 사람들은 타슈켄트에서보다 몇 배나 큰돈을 번다고 들었다. 곧 대학에 갈 아들의 뒷바라지를 할 수 있으리라 여겼다. 알음알음 소개로 경기도 안산 시화공단의 가죽염색 공장에 들어갔다. 자고 일하고, 자고 일하는 기숙사 생활이 이어졌다. 새벽부터 밤까지 일은 끝나지 않았다. 고려인들에겐 당연한 고정급인 4,860원의 시급을, 한국인들은 '최저임금'이라고 불렀다. 한국말이 서툰 김 씨는 '최저임금'이 한국인 사장이 그에게 줄 수 있는 가장 적은 돈이라는 것을 눈치로 알았다.
>
> 화학 염료로 가득 찬 공단의 악취는 지독했다. 오래전 앓았던 폐결핵이 도진 것은 이듬해인 2011년 가을 무렵이었다. 병원 진료엔 큰 비용이 들 터, '아들에게 돈을 조금 더 보내는 게 낫다'고 그는 생각했다. 차일피일 시간이 흘렀다. "많이 아파서 일 못하겠어요. 타슈켄트로 돌아가야겠어요." 김 씨는 올 들어 자주 공장 사람들에게 이렇게 말했다. 지난 3월 병원에 실려 온 뒤 김 씨는 일주일 동안 의식을 회복하지 못했다. 그는 의식이 오가는 가운데 정신이 들면 고려인 간호사에게 말했다. "죽으면 유골이라도 부모님 곁으로 보내 줘요." 6월 9일 저녁 그는 타슈켄트의 가족들을 보지 못하고 눈을 감았다.

앞서 인용한 손에브게니 씨와 김발로자 씨의 사연은 '조국'이라고 생각하고 찾아온 한국 땅에서 차별과 배제, 생활고를 경험한 고려인들이 자신들이 태어나고 자란, 그리고 가족들이 거주하고 있는 중앙아시아 국가를 그들이 '다시 되돌아가야 할 고향'으로 인식하고 있음을 드러내 준다. 비슷한 맥락에서 「고려인 청년의 '재가 된 코리안 드림' … 유골이 되어서도 단칸방 못 떠나」라는 제목으로 2014년 10월 2일자 『경향신문』에 실린 기사는 한국에서 아들을 잃고 '고향'으로 되돌아가기를 희망하는 중앙아시아 출신 고려인 유가이 라만 씨의 사연을 다음과 같이 전하고 있다.

> 지난달 29일 광주 광산구 월곡동 주택가의 한 원룸. 3평(9.9m²) 남짓한 방 한쪽에 하얀 보자기에 싸인 상자가 놓여 있었다. 우즈베키스탄 출신 고려인 유가이 라만(63)은 상자를 바라보다 왈칵 눈물을 쏟았다. 상자 속에는 열흘 전까지만 해도 숙식을 같이해 온 막내아들 유가이 비탈리(25)의 유골이 들어 있었다.
>
> 비탈리는 지난 4월 한국에 왔다. 어른 세 명이 누우면 몸 뒤척이기도 힘든 단칸방에서 라만, 비탈리와 형(35) 삼부자는 '코리안 드림'을 꿈꿨다. 우즈베키스탄에서 4년제 대학을 졸업한 뒤 취업길이 막막해 한국행을 택한 비탈리는 광주에 도착하자마자 하루라도 빨리 일자리를 얻고 싶었다. 방문취업비자로 입국한 고려인들이 취업하려면 산업인력공단에서 3일간 실시하는 '외국인 취업교육'을 받아야 하지만 수강할 수 있는 곳은 서울뿐이다. 게다가 러시아어로 진행되는 교육은 60명만 선착순으로 모집해 수강이 쉽지 않았다.[15] 번번이 교육시기를 놓치며 초조해하던 비탈리는 지난 6월 한 고려인의 소개로 인력파견업체의 문을 두드렸다. 불법이었지만, 업체의 소개로 비탈리는 광주 광

15 방문취업비자로 입국한 동포는 입국 후 15일 이내에 한국산업인력공단 또는 국제노동협력원에서 실시하는 외국인 취업교육을 받아야 하며, 취업교육 이수 후 '특례고용가능확인서'를 발급받은 사업체에 자유롭게 취업할 수 있다(법제처, 2019).

산구 평동산단에 있는 한 공장에 자리를 얻었다. 일은 고됐다. 매일 야근을 해야 했고 토요일도 쉬지 못했다. 하지만 한 달 뒤 통장에 입금된 월급은 120만 원이었다. 정상이라면 200만 원은 돼야 했다. 그나마 이 돈은 그가 한국에서 받아 본 처음이자 마지막 월급이었다. 두 달 반 동안 일했지만 인력파견업체 사장은 "나머지 월급은 곧 주겠다."라는 말만 되풀이할 뿐이었다. 그사이 우즈베키스탄에 있던 어머니가 수술을 받아 병원비 700만 원이 빚으로 쌓였다. 고향에 처자식을 두고 온 형은 한숨만 내쉬었다. … 지난달 22일 밤 아버지 라만이 "어머니의 수술비가 걱정"이라며 한숨을 쉬었다. 다음날 오전 5시 "일용직 일자리라도 알아보겠다."라며 가장 먼저 집을 나선 비탈리는 인근 고층 아파트 옥상으로 올라가 몸을 던졌다. 스물다섯 살 고려인 청년의 '코리안 드림'은 그렇게 산산조각 났다. … 유골상자를 바라보던 아버지는 "아들이 일했던 대가를 반드시 받아 내 고향으로 돌아가고 싶다."라고 말했다.

특히 중앙아시아에 가족을 두고 떠나온 고려인의 상당수는 한국에서 돈을 벌어 가족이 거주하는 중앙아시아 출신국으로 되돌아가기를 희망하고 있다. 오정은 · 김경미 · 송석원(2015: 110)이 2015년 국내 거주 1,125명의 고려인을 대상으로 실시한 현황 조사 결과에 따르면 현재 체류자격 만료 이후의 계획에 대한 질문에 응답한 응답자 928명 가운데 67.6%(627명)이 '귀국할 것'이라고 응답했고, '귀국하지 않을 것'이라고 응답한 응답자는 32.4%(301명)에 불과했다. 이뿐만 아니라 주로 경제적인 이유로 한국에 정착한 고려인 가운데 상당수도, 실제 중앙아시아로 되돌아갈 생각이 있는 것은 아니라 할지라도 자신들이 떠나온 중앙아시아의 '고향'을 마음 속 이상향으로 그리워하고 있다. 실례로 고려인 3세로 2012년 '조국'으로 귀환하여 고려인마을에 거주하고 있는 김블라지미르 씨는 멀리 두고 떠나 온 '고향'을 향한 그리움을 다음과 같이 시로 표현하고 있다(『조선일보』, 2018/6/4).

김블라지미르 씨는 고려인이다. 고려인들이 모여 사는 고려인마을(광주광역시 광산구 월곡동)에서 살고 있다. 지난 2012년 조국(祖國)의 품에 안겼다. 광주에는 이듬해 왔다. 지난 1956년 우즈베키스탄 타쉬켄트에서 태어난 그는 타쉬켄트 문학대학과 의학대학에서 러시아문학 교수를 지냈다. 지금은 일용직 노동자로 생활하고 있다. 그런 그가 시를 쓰고 있다. … 조국에 복종하고 싶은 그지만, 마음속은 복잡하다. 그가 태어나고 평생 살아온 중앙아시아도 가슴 깊이 들어와 있기 때문이다. 그는 '소련학교를 다녔다' '러시아어로 책을 읽었다'. 그러다 '한 순간에 나라가 무너졌다'(소련연방의 해체를 말한다). 그리고 고려인들은 전 세계로 뿔뿔이 흩어졌다. '누구는 자기의 역사적 조국으로, 누군 미국으로, 누군 유럽으로, 우린 한국으로.' '허나 난 타쉬켄트를 옛날처럼 여전히 사랑한다.' 그러나 '어디를 더 사랑하느냐고 내게 물어보면/둘 중 하나에게는 안녕을 고해야 되는데/나의 두뇌는 한국에서 살라고 하는데/심장은 타쉬켄트를 버리지 말라!고 한다.'

한편 「의병장 왕산 후손은 왜 귀화 2년 만에 조국을 떠났나」라는 제목으로 2019년 7월 19일자 『한국일보』에 실린 기사는 구한말 의병장으로 항일운동을 주도한 왕산(旺山) 허위 선생의 후손으로 2006년 한국 국적을 취득해 한국에 거주하다 2011년 키르기스스탄으로 되돌아간 허게오르기(75) 씨의 사연을 다음과 같이 전하고 있다.

이국에서 악착같이 생활해 온 허씨는 2006년 동생 허블라디슬라브(68) 씨와 함께 주변의 도움으로 한국 국적 취득에 성공했다. 당시 왕산가 후손들의 귀화 소식이 언론에 크게 보도되기도 했다. 하지만 한국 생활은 오래가지 못했다. 정부 지원 정착금이 나왔지만 석계역 인근의 반지하 집을 전세로 겨우 구할 정도였고, 한국어 구사가 완전하지 못하다 보니 일자리도 구하기 힘들었다. 허게오르기 씨는 "교육을 최우선으로 여기던 아버지 말씀에 따라 두 형제 모두 대학까지 마쳤지만 한국에 돌아가니 직장을 얻기는커녕 문화차이로

무식한 사람이 된 듯 했다."라며 "이해는 하지만 정부의 관심도 처음 환영할 때만 반짝이었고 한국을 떠날 때쯤 우린 잊혔다."라고 회상했다. 두 가족은 한국에서 2년을 살고 3년을 더 왔다 갔다 하다가 2011년에 키르기스스탄으로 완전히 돌아왔다.

이러한 허게오르기 씨 사례는 방문취업자 또는 재외동포 자격으로 국내에 체류하고 있는 다른 중앙아시아 고려인 사례와는 다소 차이가 있으나 언어 장벽과 문화적 차이, 경제적 어려움 등으로 인해 중앙아시아 출신 고려인의 한국 정착이 쉽지 않다는 점을 잘 보여 준다. 이들 중앙아시아 고려인에게 '조상의 나라' 한국은, 샤프란(Safran, 1991: 83-84)이 디아스포라를 정의하며 강조한, 그들이 "궁극적으로 돌아갈 또는 돌아가야 할 진정한 이상향의 고향(true and ideal home)"이 아니라 말도 잘 통하지 않고 문화도 다른 '타향(host society)'일 뿐이었다. 자신들이 현재 살고 있는 타향 땅 한국에서 "완벽하게 받아들여지지 못할 것이라고 믿기 때문에 [이들 고려인들은] 그 사회에서 소외되고 고립되어 있다고 느끼며," 따라서 자신들이 태어나고 자란, 그리고 가족이 거주하고 있는 우즈베키스탄, 카자흐스탄, 키르기스스탄 등 중앙아시아 국가를 자신들의 '고향'으로 그리워한다.

그러나 이처럼 '고향'을 그리워한다고 해서 모든 고려인이 '고향'으로 되돌아가는 것은 아니다. 특히 2014년부터 방문취업자의 가족 동반 입국이 허용되고, 2022년 1월부터 국내 초·중·고교에 재학 중인 고려인 학생이 체류 기간에 사실상 제한이 없는 재외동포(F-4) 비자로 체류자격 변경이 허용됨에 따라 가족이 함께 입국하여 한국에 거주하는 고려인 가운데 상당수는 자녀 교육과 더 좋은 일자리를 위해 한국에 정착하기를 희망한다. 또한 방문취업(H-2)으로 입국하여 재외동포(F-4)로 체류자격을 변경한 고려인 가운데 상당수도 기회가 된다면 한국 영주권이나 국적을 취득하여 한국에 정착하기를 희망한다.[16] 실례로 우즈베키스탄 출신 고려인 3세로 2000년 처음 입국한 이후 체류 기간 만료로 강제 추방되었다가, 2006년 방문취업 비자로 다시 입국한 이후 한국인과 결혼해 2016년 대한민국 국적을 취득한 광주 광산구 고려인마을 대표 겸 광주시 고려인마을 종합지원센터장 신조야 씨는 『무등일보』와 행한 인터뷰에서 한국에 정착하고 싶은 마음을 다음과 같이 이야기하고 있다(2016/1/1).

> 2016년 붉은 원숭이의 해를 맞아 만으로 60살을 맞는 신 대표의 올해 감회는 어느 해보다 뜻깊다. 45년간 살아온 우즈베키스탄을 떠나 생계를 위해 한국에 온 지 15년 만에 국적을 얻어 당당한 대한민국 국민이 됐기 때문이다. … 신 대표의 꿈은 고려인들이 광주에서 고려인타운을 조성해 한국인으로 안정적인 삶을 살아갈 수 있게 하는 것이다. 그는 "고려인들 힘으로 임대 아파

16 정부는 방문취업(H-2) 비자 소지자로서 다음 요건을 모두 충족하는 사람에게 영주자격(F-5)을 부여하고 있다. 1) 제조업, 농축산업, 어업, 간병인, 가사보조인으로 취업 활동을 하고 있는 사람으로서 동일업체에서 근무처를 변경하지 않고 4년 이상 계속 근무하고 있는 경우. 2) 한국산업인력공단 등에서 실시하는 기술·기능 자격을 취득한 경우. 3) 영주자격신청 시 연간 소득이 한국은행 고시 전년도 일인당 국민총소득(GNI) 70% 이상인 경우. 정부는 또한 재외동포(F-4) 비자 소지자로 대한민국에 2년 이상 계속 체류하고 있는 사람으로서 다음 어느 하나의 요건을 갖춘 사람에게 영주자격을 부여하고 있다. 1) 영주자격신청 시 연간 소득이 한국은행 고시 전년도 일인당 국민총소득(GNI) 이상인 사람(동거가족과 합산하는 경우 신청인의 소득이 연간 소득요건 기준액의 50% 이상). 2) 해외로부터 연금을 받는 60세 이상의 자로서 연간 연금액이 한국은행 고시 전년도 일인당 국민총소득 이상인 사람. 3) 전년도 재산세 납부실적이 50만 원 이상인 자 또는 주택소유, 전·월세 보증금, 예·적금 등 본인명의 순자산이 전년도 '가계금융·복지조사 결과'의 평균 순자산 이상을 보유하고 있는 사람. 4) 대한민국 기업과의 연간 교역실적이 20억 원 이상인 사람. 5) 대한민국에 미화 50만 불 이상을 투자한 사람. 6) 거주국 정부가 공인한 동포단체 대표(과거 3년간 동포단체 대표로 활동한 사실이 있는 자 포함) 또는 법인기업체 대표로서 재외공관의 장이 추천한 사람(법무부 출입국·외국인정책본부, 2024: 27-30). 법무부 출입국·외국인정책본부에서 발간하는 2024년 12월호 『통계월보』 자료에 따르면 2024년말 기준 영주자격으로 체류 중인 고려인 동포는 전체 영주자격 체류 동포 145,604명의 2.75%에 불과한 4,008명이다(중국 동포가 139,802명으로 전체의 96.0%를 차지함). 이들 고려인 동포를 국적별로 살펴보면 우즈베키스탄 1,825명, 러시아 1,541명, 카자흐스탄 441명, 키르기스스탄 101명, 우크라이나 78명, 타지키스탄 13명, 투르크메니스탄 9명 등이다.

트도 세워지고 학교나 병원도 생기고, 그렇게 10년 20년 지나 광주를 고려인 들의 고향으로 만들고 싶다."라고 계획을 밝혔다.

비슷한 맥락에서 우즈베키스탄 출신 고려인 3세로 남편 이비아체슬라브(43) 씨와 2010년 한국에 입국하여 2012년 한국에 온 딸 이미연(20)씨, 아들 이안드레이(19) 씨와 함께 살고 있는 정따냐(42) 씨도 2019년 5월 25일 「내 이름은 따냐 … 한반도 · 연해주 · 카자흐 · 우즈벡 유랑한 '고려인'입니다」란 제목으로 『경향신문』에 실린 인터뷰 기사에서 "살고 있는 곳을 고향으로 여기고 사랑하겠다."라고 이야기하며 다음과 같이 후손들만이라도 '한국인으로 인정받고' 한국에 정착했으면 하는 바람을 전하고 있다.

> '우리 땅'을 찾아왔지만, 고려인들은 한국에 와서도 이방인이었다. 10년 동안 경기 지역 공장을 전전해 온 따냐 씨는 그간 겪은 일에 대해 이렇게 말했다. "한국 사람 세 명이 하는 일을 우리(자신과 같은 동포와 외국인 노동자)에게는 한 명에게 시키고, 젊은 남자 관리자들은 나이가 많은 여자한테도 그냥 반말을 해요. '너 바보야?'라는 막말이나 욕설도 해요." 2년 동안 한 공장에서 일하고도 퇴직금 한 푼 못 받은 적도 있었다.
>
> 때로는 '화풀이성' 해고도 당했다. "'불량'이 계속 나오니까 관리자가 와서 '왜 이렇게 하느냐.'라고 화를 내요. 제가 한국어를 조금 할 줄 아니까, '우리는 시킨 대로 하고 있었어요.'라고 답했는데 저보고 '지금 당장 집에 가라.'라고 … 말대답하는 게 기분 나쁘다는 거죠." …
>
> 따냐 씨는 두 달 전부터 한국인 직원들이 다수인 자동차 부품공장에서 일하고 있다. 서로 '○○ 씨'라 부르며 존대한다. "처음으로 사람 대접받는 느낌이에요. 그전까지는 사람 아니고 … 바닥에 있는 느낌(이었다)." 그가 한국인들과 섞였기 때문에 가능했던 '인간 대접'이었다. 그래서 따냐 씨는 자녀들만은 반드시 한국인으로 인정받기를 바란다. …

"사실은 저도 제 인생이 아쉬워요. 꿈도 못 이뤘고 … 이제 저의 새로운 꿈은 아이들이 여기서 자신의 '세계'를 만들도록 하는 거예요. 나중에는 제 손자·손녀들이 이런 말도 하는 거죠. '할머니, 할아버지는 한국에 외국인처럼 와서 고생을 많이 했지만 덕분에 우리는 한국인으로 인정받을 수 있었다'고."

정따냐 씨와 마찬가지로 2008년 한국에 입국한 우즈베키스탄 고려인 2세 김게오르기 씨도 2023년 1월 18일자 『동아일보』에 실린 인터뷰 기사에서 자식들이 한국에 정착하기를 바라는 마음을 다음과 같이 전하고 있다.

게오르기 씨는 … 2008년 한국 땅을 밟았다. 51세, 남들은 은퇴를 꿈꿀 만한 나이였다. 하지만 아내 이로자(62) 씨가 당뇨로 한쪽 눈의 시력을 잃어 가고 있었다. 우즈베키스탄에서는 제대로 치료하기 어려운 상황이었다. … 결국 큰 결심을 했다. 타슈켄트 국립사범대 역사학과 졸업장, 교장까지 지낸 교육자로서의 커리어, 방 4개짜리 아파트, 자동차, 별장까지 모두 가족을 위해 버렸다. 그렇게 한국으로 떠나왔다.

'할아버지의 땅'에서 그의 첫 일터는 부산의 한 조선소였다. 오전 8시부터 오후 9시까지 하루 13시간 동안 20kg 가까운 장비를 들고 일했다. 매일 밤 손이 저렸다. 게오르기 씨는 끙끙 앓다 몇 달 만에 일을 그만뒀다. 하지만 부족한 한국어로는 변변한 일을 구하기가 힘들었다. 쌀 농장, 간장 공장, 건설 현장까지 안 가본 곳이 없었다.

"우즈베키스탄에선 펜보다 무거운 걸 들어 본 적이 없어요. 그런데 여기에 와선 돌과 쇳덩이를 들었어요. 식용 개 축사에서 일하던 시절은 죽을 때까지 못 잊습니다."

육체적 고통보다 더 그를 힘들게 한 건 무너진 자존심이었다. '교장선생님'은 '이주노동자 김 씨'가 됐다. 조선소 일자리를 그만두고 일했던 총각무 농장에서는 농장 주인이 퍼붓는 욕설을 견뎌야 했다.

"한국어를 못 하니 못 알아들을 거라고 생각한 거지. 한국에 오기 전엔 내가 고려인, 한국인이라고 생각했는데 이곳에 오고 나니 아니었어요."

막상 한국에 오니 철저한 이방인임을 실감한 게오르기 씨. 그래도 그는 고향으로 돌아가지 않았다.

'한국에서 반드시 성공하고 말겠어.'

그는 어렸을 때부터 '한국은 할아버지의 땅'이라는 가족들의 말을 듣고 자랐다. 자식들에게도 입버릇처럼 가르치곤 했다. "한국이 우리의 미래다." …

"난 결국 성공했어요. 아들도 잘 살고 있고, 딸도 한국인 남편이랑 결혼해 한국에서 살고 있잖아."

게오르기 씨에게 성공은 그런 것이다. 자식들이 '온전한 한국인'이 돼 한국 땅에서 당당하게 살아가는 것. 그가 13년 동안 부드럽던 교사의 손을 굳은살이 알알이 박인 노동자의 손과 바꿔 얻어 낸 성공이다.

한편 국내 최대 고려인 정착지 가운데 하나인 광주광역시 광산구 월곡동 고려인마을에 거주하는 고려인 약 4,000명은 법무부가 제정한 '제15회 세계인의 날'을 맞아 고려인 동포 중 최초로 국무총리상을 받고 특별귀화를 신청했다 식품위생법 위반으로 '벌금 없는 기소유예' 처분을 받았던 기록이 있어 귀화를 거부당한 고려인 텐올가 씨를 위해 '한국 국적 취득을 쉽게 해달라'는 청원을 제출하며, 다음과 같이 한국에 정착하고 싶다는 희망을 피력하고 있다(『남도일보』, 2023/4/15).

광주고려인마을은 마을 주민을 대상으로 '한국국적 취득을 쉽게 해달라'는 서명운동을 진행해 현재 4천여 명이 참여했다.

사연인즉 "국내 체류 고려인의 선조들은 오매불망 고향만 그리다가 중앙아시아 국가에서 생을 마감했습니다. 중앙아시아 각국 정부가 타향살이를 하는 우리를 돌보아 준 것은 고맙지만 우리는 한민족의 후예들입니다. 그리고 지금은 자랑스러운 한국인이 되어 이 땅에 뼈를 묻기를 원합니다. 우리에게 부족한 점이 있으면 잘 교육해 주고 이끌어 주어 자랑스런 한민족의 후예로서 이 땅을 살아갈 수 있도록 도와주십시오."라는 내용이다.

5. 마치며

지금까지 본고는 신문 기사에 표상된 중앙아시아 고려인의 민족 정체성 변화와 '조국'과 '고향'에 대한 인식 변화를 살펴보았다.[17] 앞서 언급한 바와 같이 1937년 스탈린의 강제이주 정책으로 연해주에서 중앙아시아 지역으로 이주한 고려인은 소련의 소수민족 억압정책하에서 '조선인'으로서 민족 정체성을 유지하기보다는 소련을 '조국'으로 여기며 '소비에트 인민'으로 소련 사회에 동화하는 길을 선택했다. 그러나 1980년대 중반 페레스트로이카 정책으로 소수민족 억압정책이 완화되면서, 그리고 소련의 1988년 서울올림픽 참가와 1990년 한소국교정상화 등을 계기로 한국과의 교류가 활발해지면서 1세와 2세 고려인을 중심으로 '조선인' 또는 '한국인'으로서의 민족 정체성을 되찾고 대한민국을 '조국'으로 인식하는 경향이 나타나기 시작했다. 그러나 동시에 이주 이후 시간이 지나며 중앙아시아 지역에서 태어나고 자란 3세와 4세의 비중이 높아지면서, 그리고 1991년 소련 붕괴 이후 중앙아시아 공화국들이 독립하면서 고려인의 민족 정체성은 다양한 모습으로 분화하기 시작했다. 물론 일부 고려인이 '조선인' 또는 '한국인'으로서의 정체성을 유지하려고 노력했으나, 중앙

17 앞서 언급한 바와 같이 본고는 언론사의 의도에 따라 일정 정도 과장되거나 편향되게 기사화된 신문 기사를 자료로 중앙아시아 고려인의 정체성 인식을 살펴보고 있다는 점에서 한계가 있다. 그럼에도 불구하고 본고는 신문 기사 내러티브를 통해 지난 30여 년간 한국 사회가 중앙아시아 고려인 문제를 어떠한 프레임으로 접근하고 표상해 왔는지, 더 나아가 중앙아시아 고려인에 대한 한국 사회의 관심이 어떻게 변화해 왔는지 보여 준다는 점에서 의의가 있다 하겠다.

아시아 지역에서 태어나고 자란 대다수 고려인 3세, 4세는 자신을 '조선인' 또는 '한국인'으로 규정하기보다는 '조선인(한국인)도 아니고 러시아인도 아닌 고려인', 러시아인, 또는 자신들이 현재 거주하고 있는 나라의 국민으로, 즉 우즈베크인, 카자흐인 등으로 규정했다.

이처럼 고려인의 민족 정체성이 다양한 모습으로 분화하는 가운데 2007년 방문취업제 도입 이후 '조국'을 찾아 귀환하는 중앙아시아 고려인도 급격히 증가하고 있다. 하지만 이들이 '조국'에서 마주한 현실은 기대하던 모습과 달리 '단순노무'에 종사할 수밖에 없는 '외국인노동자'의 고달픈 현실이었다. 앞서 인용한 『국민일보』 인터뷰에서 고려인 3세 이아르카지 씨가 이야기한 바와 같이 "한국인들은 [고려인을] 고려인이라는 이유만으로 차별"하고, 이들을 '한민족'으로 포용하기보다는 "약간 우리 말을 이해하는 외국인노동자"로 취급하고 있다(『서울신문』, 2015/9/9). 이뿐만 아니라 한국어에 능숙하지 못해 발생하는 언어 장벽과 외국 국적으로 인한 제도적 장벽은 중앙아시아 고려인의 한국 사회 적응에 어려움을 가중하고 있다. 또한 상당수 중앙아시아 고려인이 방문취업 자격으로 국내에 들어와 '3D업종'에서 '단순노무'에 종사하다 보니 거주환경과 생활환경이 열악할 수밖에 없었다. 이처럼 '조국'이라고 생각하고 찾아온 '할아버지의 나라' 한국 땅에서 차별과 배제, 생활고를 경험한 중앙아시아 고려인들은 자녀 교육 등을 위해 한국 정착을 희망하기도 하지만 위의 손에브게니 씨, 김발로자 씨, 유가이 라만 씨의 사연에서 드러나는 바와 같이 자신들이 태어나고 자란 중앙아시아 국가를 마음속의 '고향'으로 그리워한다. 김블라지미르 씨가 시로 표현한 바와 같이 "나의 두뇌는 한국에서 살라고 하는데/심장은 타쉬켄트를 버리지 말라!고 한다."

이러한 중앙아시아 고려인 사례는 디아스포라 정치를 이해하는데, 특히 디아스포라 개념의 핵심 요소 가운데 하나인 '고향'의 의미를 이해하는데 많은 시사점을 준다. 주지하는 바와 같이 디아스포라 연구의 대표적 연구로 평가받고 있는 샤프란(1991)의 연구 이래 디아스포라에 관한 기존 연구의 상당수는 디아스포라의 '가치와 정체성, 충성심의 원천'으로 '고향'의 의미를 강조한다(Brubaker, 2005: 5). 이들 연구에 의하면 '고향'은 디아스포라 구성원들이 '언젠가는 되돌아가야 할 목적론적 이상향'이며 디아스포라의 공동체 의식과 정체성, 연대 의식을 규정하는 근본 원천이다. 디아스포라 구성원들은 "자신들이 살고 있는 타향 땅(host society)에서 완벽하게 받아들여지지 못할 것이라고 믿기 때문에 그 사회에서 소외되고 고립되어 있다고 느끼며, 조상의 고향(ancestral homeland)을 자신 또는 후손들이 궁극적으로 돌아갈 또는 돌아가야 할 진정한 이상향의 고향"으로 간주한다(Safran, 1991: 83-84).

앞서 살펴본 중앙아시아 고려인 사례는 이처럼 디아스포라 정체성 형성에 중요한 기능을 수행하는 '고향'이 고정불변의 실체가 아니라 디아스포라 구성원이 오랜 시간 '고향'으로 간주해 온 역사적 '조국'과 자신들이 태어나고 자란 출신국 또는 현재 거주하는 거주국 등에서 경험하는 다양한 정치·사회적 관계 속에서 유동적으로 변화하는, 그리고 디아스포라 구성원 개개인의 처지와 상황에 따라 다양한 모습으로 분화하는 '상상'의 산물임을 시사한다. 중앙아시아 고려인에게 '고향' 또는 '조국'의 의미는 개인마다 또는 세대마다 차이가 있으나 거칠게 이야기하자면 1937년 강제 이주 이후 한반도와 연해주에서 소련으로, 1980년대 중반 페레스트로이카 정책 이후 소련에서 다시 한반도로, 그리고 1991년 소련 붕괴와 독립국가연합 출범 이후 러시아, 우즈베키스탄, 카자흐스탄 등으로 변화해 왔다. 특히 2000년대 이후 '조국'을 찾아 국내로 '귀환'한 중앙아시아 고려인들에게 '고향'은 '할아버지의 나라' 한국이 아니라 자신들이 태어나고 자란, 그리고 가족들이 거주하고 있는 중앙아시아 국가를 의미한다. 그리고 이들은 다시 한국에 정착하며 한국을 자신들의 새로운 '고향'으로 만들어 나가고자 한다. 이러한 중앙아시아 고려인 사례는 디아스포라 정체성의 원천인 '고향'과 '조국'의 의미가 불변이 아니라 이주와 재이주, 귀환의 과정을 거치며 계속 변화할 수 있음을 보여 준다.

참고문헌

서론

Anderson, Benedict. 1983. *Imagined Communities: Reflections on the Origin and Spread of Nationalism*. London · New York: Verso.

Gellner, Ernest. 1983. *Nations and Nationalism*. Ithaca: Cornell University Press.

강원택. 2006.「한국인의 국가 정체성과 민족 정체성: 대한민국 민족주의」. 강원택 편,『한국인의 국가 정체성과 한국 정치』. 서울: 동아시아연구원.

______. 2011.「한국사회의 국가 정체성과 민족 정체성의 변화」. 강원택 · 이내영 편,『한국인, 우리는 누구인가? 여론조사를 통해 본 한국인의 정체성』. 서울: 동아시아연구원.

국가기록원. 2025.「유엔의 대한민국 승인과 한국위원단 설치」, http://theme.archives.go.kr/next/unKorea/approvalKorea.do; United Nations,「General Assembly Resolution 195(III)」, https://undocs.org/en/A/RES/195(III).

김범수. 2009.「'국민'의 경계 설정: 전후 일본의 사례를 중심으로」.『한국정치학회보』 43(1): 177-202.

______. 2019.「북한 주민은 '우리 국민'인가? 1980년대와 1990년대 한국 민족주의와 국민의 경계」.『통일과 평화』 11(2): 297-350.

언론보도

『한겨레』. 2024/1/1.「김정은 '두 개의 조선'론은 흡수통일 · 정권붕괴 회피 전략」.

______. 2024/1/17.「통일 · 화해 없나 … "대한민국 주적 명기" 개헌 나선 김정은」.

1장

강석오 외. 1967.『중학교 새사회』. 서울: 탐구당.

강우철 외. 1970.『중학교 새사회』. 서울: 탐구당.

강원택. 2007. 『한국인의 국가정체성과 한국정치』. 서울: 동아시아연구원.

강종훈 외. 2013. 『역사 1』. 서울: 금성출판사.

구문회 외. 2007. 『이미 우리가 된 이방인들』. 파주: 동녘.

국사편찬위원회. 1982a. 『중학교 국사(상)』. 서울: 국정교과서주식회사.

______. 1982b. 『고등학교 국사(상)』. 서울: 국정교과서주식회사.

______. 1990. 『고등학교 국사(상)』. 서울: 국정교과서주식회사.

______. 1996. 『국사(상)』. 서울: 대한교과서주식회사.

국사편찬위원회 국정도서편찬위원회. 2002a. 『중학교 국사』. 서울: 교육인적자원부.

______. 2002b. 『고등학교 국사』. 서울: 교육인적자원부.

김기진. 1925. 「十字橋 우에서」. 『개벽』 59.

김기협. 2008. 『뉴라이트 비판』. 파주: 돌베개.

김명식. 1935. 「조선민족기원의 문화적 고찰」. 『삼천리』 7-1.

김범수. 2018. 「혈육에서 경계인으로: 1980년대와 1980년대 재일동포의 표상과 한국 민족주의」. 『정치사상연구』 24(2): 167-198.

김봉석. 2008. 「『초등 국사교본』의 특징과 역사 인식」. 『사회과교육』 47(1): 171-200.

김상훈. 2010. 「한국인의 기원에 관한 중고등학생들의 의식과 『국사』 교과서의 관계」. 『한국고대사 탐구』 5: 8-61.

김수자. 2008a. 「구한말 단일민족주의의 형성과정 고찰」. 『한국사상사학』 30: 223-250.

______. 2008b. 「해방이후 우익 민족 담론의 공고화 과정(1945~1953): 일간지를 중심으로」. 『역사학보』 198: 89-114.

김인식. 2008. 「백남운의 연합성 신민주주의와 무계급성 단일민족국가건설론」. 『중앙사론』 27: 167-216.

박동천. 2008. 「민족의 실체성에 관한 철학적 검토」. 『한국정치학회보』 42(3): 29-49.

박찬승. 2009. 「한국 민족주의와 종족적 민족주의의 해석」. 『역사와 현실』 72: 339-349.

______. 2010. 『민족 · 민족주의』. 서울: 소화.

백남운. 1991. 「진로」. 『백남운 전집 4 - 휘보』. 서울: 이론과 실천.

백동현. 2001. 「러 · 일전쟁 전후 '民族' 용어의 등장과 민족인식: 『皇城新聞』과 『大韓每日申報』를 중심으로」. 『한국사학보』 10: 149-179.

백성현. 2016. 「중등학교 한국사교과서에 서술된 단일민족 의식과 서술 방식의 변화에 대한 연구: 고대사를 중심으로」. 안동대학교 교육대학원 역사교육전공 석사학위논문.

서영대. 1994.「단군관계 문헌자료 연구」, 윤이흠 외.『단군: 그 이해와 자료』. 서울: 서울대학교출판부.
______. 2008.「근대 한국의 단군 인식과 민족주의」.『동북아역사논총』20: 7-52.
서울대학교출판부 편집부. 2008.『개정신판 한국사특강』. 서울: 서울대학교출판부.
서중석 외. 1992.「역사문제연구소·역사비평사 주최 대토론: 한국민족은 언제 형성되었나 본토론」.『역사비평』21: 46-101.
슈미드, 앙드레. 정여울 역. 2007.『제국 그 사이의 한국 1895-1919』. 서울: 후마니타스.
스미스, 앤서니 D. 김인중 역. 2016.『족류-상징주의와 민족주의』. 파주: 아카넷.
신선혜. 2019.「제4차 교육과정기 고등학교 국사교과서의 고대사 서술 특징과 배경」.『대구사학』136: 191-230.
안재홍선집 간행위원회 편. 1983.『민세안재홍선집 2』. 파주: 지식산업사.
안호상. 1950.『일민주의의 본바탕』. 서울: 일민주의연구원.
양정현. 2008.「국사 교과서 고대사 서술에서 민족국가 인식의 변천」.『한국고대사연구』52: 117-153.
여호규 외. 2014.『한국사』. 서울: 금성출판사.
역사교육연구소. 2020.『역사의식조사, 역사교육의 미래를 묻다』. 서울: 휴머니스트.
역사교육연구회. 1956.『중등 국사』. 서울: 정음사.
오구마, 에이지. 2003.『일본 단일민족신화의 기원』. 서울: 소명출판.
우은진. 2020.「한국인의 기원과 형성에 관한 연구 검토: 담론의 형성과 전개」.『한국상고사학회 학술대회 논문집』53: 3-14.
윤영호 외. 2014.『고등학교 한국사』. 서울: 리베르스쿨.
윤한주. 2019.『한국의 단군 사묘』. 서울: 덕주.
이기동, 2003,「기원 연구의 흐름」.『한국사시민강좌』32: 1-27.
이광수. 2011.「조선민족론」.『이광수 전집 10』. 서울: 누리미디어.
이문기 외. 2011.『역사(상)』. 서울: 두산동아.
이병도. 2012.『두계이병도전집 14: 국사와 지도이념』. 서울: 한국학술정보(주).
이용범. 2008.「현대 한국의 단군 인식과 민족문제」.『동북아역사논총』20: 53-83.
이희근. 2008.『우리 안의 그들 역사의 이방인들』. 서울: 너머북스.
전재호. 2018.「2000년대 한국의 '탈민족주의' 논쟁 연구: 주요 쟁점과 기여」.『한국과 국제정치』34(3): 33-64.
______. 2019.「2000년대 한국의 '극단적' 민족주의에 관한 비판적 연구: '국수주의 역사학'의 존립 기반을 중심으로」.『정치사상연구』25(1): 67-94.

정영훈. 2001.「단일민족의식의 위기」.『정신문화연구』85: 185-205.
______. 2008.「단기 연호, 개천절 국경일, 홍익인간 교육이념」.『한국학(구 정신문화연구)』31(4): 163-193.
______. 2010.「개천절, 그 만들어진 전통의 유래와 추이 그리고 배경」.『고조선단군학』23: 401-444.
조좌호. 1957.『우리나라 문화사』. 서울: 영지문화사.
주진오. 2011.『고등학교 한국사』. 서울: 천재교육.
진단학회 편. 1949.『국사교본』. 서울: 군정청 문교부.
______. 1959.『한국사』. 서울: 을유문화사.
최강민. 2006.「단일민족의 신화와 혼혈인」.『어문론집』50: 287-314.
최영란. 2017.「중학교 국사 교과서의 민족의 기원과 고조선 건국에 대한 서술 변화 분석」. 경상대학교 교육대학원 역사교육전공 석사학위논문.
태학사 편집부. 1981.『손진태선생전집 1』. 파주: 태학사.
한경구 · 한건수. 2007.「2장. 한국적 다문화 사회의 이상과 현실: 순혈주의와 문명론적 차별을 넘어」.『한국사회학회 기타간행물』2007: 71-116.
하정현. 2016.「단일민족, 그 신화 형성에 관한 일 고찰: 종교 가르치기의 한 사례 연구」.『종교문화비평』29: 101-133.
한국사특강편찬위원회 편. 1990.『한국사특강』. 서울: 서울대학교출판부.
한우근. 1968.『인문계 고등학교 국사』. 서울: 을유문화사.
한홍구. 2002.「단일민족의 신화를 넘어」.『황해문화』35: 29-46.
허동현. 2009.「한국 근대에서 단일민족 신화의 역사적 형성 과정」.『동북아연구논총』23: 7-35.
______. 2011.「단일민족 신화 넘어서기가 필요하다」.『철학과 현실』12: 44-53.
현재환. 2018.「유전적 민족 만들기: 한국의 인류 유전 연구. 민족 정체성. 그리고 초국적 과학 교류, 1926-2009」. 서울대학교 대학원 과학사 및 과학철학 협동과정 박사학위논문.
홉스봄, 에릭. 강명세 역. 1994.『1780년 이후의 민족과 민족주의』. 파주: 창작과비평사.

Kim, Bumsoo. 2019. "Are North Korean Compatriots 'Korean'? The Trifurcation of Ethnic Nationalism in South Korea during the Syngman Rhee Era(1948-60)." *Journal of Korean Studies* 24(1): 149-171.

언론보도
『경향신문』. 1948/4/17.
『대한독립신문』. 1946/10/25.
『동아일보』. 1920/4/6.
『서울신문』. 1945/12/8; 1946/6/5; 1948/8/3.
『자유신문』. 1945/12/30.
『조선일보』. 1948/1/8.

2장

강진구. 2012.「한국사회의 반다문화 담론 고찰: 인터넷 공간을 중심으로」.『인문과학연구』 32: 5-34.
강진웅. 2013.「대한민국 민족 서사시: 종족적 민족주의의 전개와 그 다양한 얼굴」.『한국사회학』 47(1): 185-219.
강진웅. 2015.「한국사회의 종족적 민족주의와 다문화 통일교육」.『교육문화연구』 21(3): 262-275.
교육인적자원부, 외교통상부, 법무부, 행정자치부, 문화관광부, 농림부, 정보통신부, 보건복지부, 노동부, 여성가족부, 중앙인사위원회, 기획예산처, 대통령자문 빈부격차 · 차별시정위원회. 2006.『여성결혼이민자 가족의 사회통합 지원대책』. 서울: 교육인적자원부 외.
국립문화재연구소. 2005.『2006년 보존과학 연구개발(R&D)사업 공모』. 대전: 국립문화재연구소.
권숙인. 1998.「소비사회와 세계체제 확산 속에서의 한국문화론」.『비교문화연구』 4: 181-214.
김경원 · 임현진. 1995.『세계화의 도전과 한국의 대응』. 서울: 나남출판.
김규철. 2012.『다문화를 중단하라』. 파주: 한강.
김동노. 2010.「한국의 국가 통치전략으로서의 민족주의」.『현상과 인식』 34(3): 203-224.
김범수. 2008.「우리나라 다문화사회의 배경과 결혼이민자의 정책과제」.『밝은사회연구』 29: 63-98.
김석동. 2018.『김석농의 한민족 DNA를 찾아서』. 파주: 김영사.
김수자. 2006.「민주화 이후 한국 민족주의 담론의 전개: 6월항쟁~김대중 정권」.『사회과학연구』 14(2): 44-80.

김연수. 2006.「북한의 급변사태와 남한의 관할권 확보방안」.『신아세아』 13(4): 66-96.
김영명. 2013.「한국의 다문화 담론에 대한 비판적 고찰」.『한국정치외교사논총』 35(1): 141-174.
김영심. 2011.「남한 학계의 동북공정 대응논리에 대한 비판적 검토」.『역사문화연구』 (39): 135-172.
김영삼. 1993.「김영삼 대통령, 쌀 시장 개방 관련 대국민 특별담화」.『대한뉴스』, 1993/12/8.
______. 1993.「제14대 대통령 취임사: 우리 다함께 신한국으로」. 1993/2/25. (https://dams.pa.go.kr/dams/DOCUMENT/2009/11/26/DOC/SRC/01042009112639038000390380110 05.PDF, 2025/4/8 접속).
김영진. 1996.『1995년도 공모과제 연구결과개요 보고서: 한국인 성씨와 Y-DNA Haplotype』. 대전: 한국과학재단.
김영진 · 김종순. 1984.「한국인 집단의 분자유전학적 연구 1. Oxidereductase의 유전자 구성과 빈도에 관하여」.『한국유전학회발표논문집』 6(3): 153.
김욱 · 김종열. 2005.『미토콘드리아 DNA변이와 한국인 집단의 기원에 관한 연구』. 서울: 고구려연구재단.
김해성. 2008.「'단일민족'과 '다문화 사회'」.『경기일보』, 2008/8/21.
나세진 · 장신요. 1981.『한국인의 체질』. 서울: 중앙일보사.
도진순. 1997.『한국 민족주의와 남북관계: 이승만, 김구 시대의 정치사』. 서울: 서울대학교출판부.
류재갑. 1996.「세계화, 국제화, 지역화, 지방화 시대의 도전과 대응: 국민국가의 새로운 위상과 역할」.『국제정치논총』 35(2): 439-462.
박정재. 2024.『한국인의 기원: 아프리카에서 한반도까지 기후가 만든 한국인의 역사』. 서울: 바다출판사.
박화용. 1995.「한국인 집단내 Y염색체 DNA의 유전적 다형」. 충남대학교 박사학위청구논문.
배종윤. 2014.「1980년대 한국 북방정책의 촉발 요인으로서의 정치경제적 측면에 대한 연구」.『21세기정치학회보』 24(2): 77-101.
설동훈. 2007.「혼혈인의 사회학: 한국인의 위계적 민족성」.『인문연구』 (52): 127-164.
______. 2014.「국제결혼이민과 국민 · 민족 정체성: 결혼이민자와 그 자녀의 자아 정체성을 중심으로」.『경제와 사회』 (103): 278-312.

송호정. 2016.「최근 한국상고사 논쟁의 본질과 그 대응」.『역사와 현실』(100): 17-55.

신기욱. 이진준 역. 2009.『한국 민족주의의 계보와 정치』. 파주: 창비.

신동직. 1999.「Y 염색체 DNA 변이와 한국인 집단의 유전적 집단구조」. 단국대학교 박사학위 청구논문.

심재훈. 2007.「한민족 형성과 동아시아」.『사학지』39: 5-26.

우평균. 2002.「동북아 각국의 외국인노동자 정책: '에스닉 집단화'의 가능성과 관련하여」.『평화연구』11(1): 175-206.

이만열. 1999.「민족주의」.『한국사 시민강좌』25: 1-22.

이정환·이성용. 2007.「외국인 노동자의 이주 특성과 연구동향」.『한국인구학』30(2): 147-168.

이평래. 2016.「근현대 한국 지식인들의 바이칼 인식: 한민족의 기원문제와 관련하여」.『민속학연구』 39: 75-97.

이홍규. 2010.『한국인의 기원: 유전학·고고학·언어학·신화학으로 풀어 본 우리의 과거』. 서울: 우리역사연구재단.

이혜경. 2008.「한국 이민정책의 수렴현상: 확대와 포섭의 방향으로」.『한국사회학』42(2): 104-137.

임기환. 2007.「중국의 동북공정과 한국 역사학계의 대응: 고구려사 인식을 중심으로」.『사림』26: 1-22.

임지현. 1999.『민족주의는 반역이다: 신화와 허무의 민족주의 담론을 넘어서』. 서울: 소나무.

______. 2002.「포스트민족주의 대 열린 민족주의」.『제8회 인문학 학술대회: 인문학은 말한다』. 이화여대 학술연구원, 27-40.

______. 2005.『적대적 공범자들』, 서울: 소나무.

조민. 1994.『한국민족주의 연구』. 서울: 민족통일연구원.

전호태. 2005.「밖으로부터 시작된 위기와 기회, 2004년의 한국고대사연구」.『역사학보』187: 11-28.

정희태. 2010.「중학교 도덕과 통일교육에서의 다문화교육적 접근」.『통일전략』10(1): 271-302.

젊은역사학자모임. 2017.『한국 고대사와 사이비역사학』. 고양: 역사비평사.

지주형. 2011.『한국 신자유주의의 기원과 형성』. 서울: 책세상.

천자현. 2014.「동북아시아 영토 분쟁의 역사성과 미국: 중국의 부상과 미국의 변화」.『대한정치학회보』22(1): 87-108.

최재천. 2005. 『당신의 인생을 이모작하라: 생물학자가 진단하는 2020년 초고령 사회』. 서울: 삼성경제연구소.

한경구. 2008. 「쌀과 민족주의: 국경을 넘어서」. 『쌀, 삶, 문명연구』 1: 238-249.

홍성수. 1993. 「미토콘드리아와 핵 DNA의 유전적 마커에 의한 한국인집단의 특성」. 서울대학교 박사학위 청구논문.

SBS 스페셜 제작팀. 2012. 『다른 게 나쁜 건 아니잖아요: 아름다운 공존을 위한 다문화 이야기』. 서울: 꿈결.

埴原和郎 編. 1986. 『日本人の起源: 周辺民族との関係をめぐって』. 東京: 小学館.

宝来聰. 1997. 『DNA人類進化学』. 東京: 岩波書店.

Benjamin, Ruha. 2009. "A Lab of Their Own: Genomic Sovereignty as Postcolonial Science Policy." *Policy and Society* 28(4): 341-355.

Bliss, Catherine. 2012. *Race Decoded: The Genomic Fight for Social Justice*. Stanford, California: Stanford University Press.

Cho, Hae-Joang. 1998. "Constructing and Deconstructing 'Koreanness'." in Dru C. Gladney. (ed.) *Making Majorities: Constructing the Nation in Japan, Korea, China, Malaysia, Fiji, Turkey, and the United States* (pp. 73-91). Stanford, California: Stanford University Press.

Chung, Jae Ho. 2009. "China's 'Soft' Clash with South Korea: The History War and Beyond." *Asian Survey* 49(3): 468-483.

De Chadarevian, Soraya. 2010. "Genetic Evidence and Interpretation in History." *BioSocieties* 5(3): 301-305.

Egorova, Yulia. 2010. "DNA Evidence? The Impact of Genetic Research on Historical Debates." *BioSocieties* 5(3): 348-365.

______. 2013. "The Substance that Empowers? DNA in South Asia." *Contemporary South Asia* 21(3): 291-303.

Gannett, Lisa, and James R. Griesemer. 2004. "The ABO Blood Groups: Mapping the History and Geography of Genes in Homo Sapiens." in Hans-Jörg Rheinberger and Jean-Paul Gaudillière. (eds.) *Classical Genetic Research and Its Legacy: The Mapping Cultures of Twentieth Century Genetics* (pp.119-172). New York: Routledge.

Gries, Peter Hays. 2005. "The Koguryo Controversy, National Identity, and Sino-Korean Relations Today." *East Asia* 22: 3-17.

Hanihara, Kazuro. 1990. "Dual Structure Model for the Formation of the Japanese Population." International Symposium on Japanese as a Member of the Asian and Pacific Populations. September 25-29, 1990. Kyoto, Japan.

Hammer, Michael F., and Satoshi Horai. 1995. "Y Chromosomal DNA Variation and the Peopling of Japan." *American Journal of Human Genetics* 56(4): 951-962.

Hong, Sung-Soo, Satoshi Horai, and Chung-Choo Lee. 1998. "Distribution of the 9-bp Deletion in CoII/tRNALys Intergenic Region of Mitochondrial DNA Is Relatively Homogeneous in East Asian Populations." *Korean Journal of Biological Sciences* 2(2): 259-267.

Jin, Han-Jun et al. 2003. "Y-chromosomal DNA Haplogroups and Their Implications for the Dual-Origins of the Koreans." *Human Genetics* 114(1): 27 - 35.

Jin, Han-Jun, Chris Tyler-Smith, and Wook Kim. 2009. "The Peopling of Korea Revealed by Analyses of Mitochondrial DNA and Y-Chromosomal Markers." *PLoS ONE* 4(1): 4210.

Kent, Michael, and Peter Wade. 2015. "Genetics against Race: Science, Politics and Affirmative Action in Brazil." *Social Studies of Science* 45: 816-838.

Kim, Yung Jin, Jong Soon Kim, and Suh Yung Yang. 1985. "Molecular Genetic Studies of Korean Population: I. Genetic Structure and Gene Frequencies of Oxidoreductase." *The Korean Journal of Genetics* 7: 143-151.

Kim, Yung Jin et al. 1999. "49a/Taq1 Haplotypes According to the Surname Groups in Korean Population." *The Korean Journal of Genetics* 21: 181-192.

Kim, Wook et al. 1998. "Y-specific DNA Polymorphisms of the YAP Element and the Locus DYS19 in the Korean Population." *Journal of Human Genetics* 43: 195-198.

Kim, Wook et al. 2000. "Y-chromosomal DNA Variation in East Asian Populations and Its Potential for Inferring the Peopling of Korea." *Journal of Human Genetics* 45: 76-83.

Kwak, Kyoung Don et al. 2005. "Y-Chromosomal STR Haplotypes and Their Applications to Forensic and Population Studies in East Asia." *International Journal of Legal Medicine* 119(4): 195-201.

Lee, Jack Jin Gary and John D. Skrentny. 2014. "Korean Multiculturalism in Comparative Perspective." in John Lie. (ed.) *Multiethnic Korea? Multiculturalism,*

Migration, and Peoplehood Diversity in Contemporary South Korea (pp. 301–330). Berkeley: Institute of East Asian Studies, University of California, Berkeley.

Lee, Yoonkyung. 2009. "Migration, Migrants, and Contested Ethno-Nationalism in Korea." *Critical Asian Studies* 41(3): 363-380.

Nanta, Arnaud. 2008. "Physical Anthropology and the Reconstruction of Japanese Identity in Postcolonial Japan." *Social Science Japan Journal* 11(1): 29-47.

Paik, Yong Kyun. 1986. "Population Genetic and Econgenetic Studies in Korea." Invited Lecture at the Workshop on Population Genetics, the 7th International Congress of Human Genetics, Berlin, West Germany.

Sleeboom-Faulkner, Margaret. 2006. "How to Define a Population: Cultural Politics and Population Genetics in the People's Republic of China and the Republic of China." *BioSocieties* 1: 399-419.

Sommer, Marianne. 2016. *History Within: The Science, Culture, and Politics of Bones, Organisms, and Molecules*. Chicago: University of Chicago Press.

Stone, Linda and Paul F. Lurquin. 2005. *A Genetic and Cultural Odyssey: The Life and Work of L. Luca Cavalli-Sforza*. New York: Columbia University Press.

TallBear, Kim. 2013. "Genomic Articulations of Indigeneity." *Social Studies of Science* 43(4): 509-533.

Xu, Stella. 2012. "Reconstructing Ancient History: Historiographical Review of the Ancient History of Korea, 1950s-2000s." *ASIA Network Exchange: A Journal for Asian Studies in the Liberal Arts* 19(2): 14-22.

언론보도

『경향신문』. 1996/5/16.「한국 100년사 다각 조망」.

『동아일보』. 2001/5/16.「[과학] 한국인 유전자 15%는 남방계」.

『월간중앙』. 2018/12/19.「고대사 연구가로 변신한 김석동 전 금융위원장」.

『조선일보』. 2007/8/13.「한국인의 기원 연구로 주목받는 김욱 교수」.

______. 2009/1/9.「한민족은 단일민족 아니다!」.

______. 2015/10/26.「DNA 유전자를 활용해 한민족의 기원을 추적해 보니…」.

『주간동아』. 2006/3/14.「한민족은 단일민족? 천만의 말씀: 유전학, 고고학 연구 결과 본토인, 북방계, 남방계 섞여… 문헌에도 외래인 유입 사례 많아」.

SBS 스페셜. 2006/11/6. 〈단일민족의 나라, 당신들의 대한민국〉.

기타자료

청와대. 2006. 「청와대 보도자료: 제74회 국정과제회의 대통령 말씀 요지」. 2006/4/26. (https://www.newswire.co.kr/newsRead.php?no=145927, 2025년 4월 8일 접속).

3장

강철구. 2006. 『역사와 이데올로기』. 서울: 용의숲.

강혜석. 2017a. 『북한 민족주의 연구: 적응적 국가민족주의와 정당성의 정치』. 서울대학교 정치외교학부 박사학위논문.

______. 2017b. 「북한 민족주의론의 원형과 정치적 동학(1945-1985)」. 『북한연구학회보』 21(2): 119-154.

______. 2017c. 「정당성의 정치와 북한의 민족재건설: 주체, 우리 식, 우리민족제일주의」. 『다문화사회연구』 10(1): 65-96.

국가안전기획부. 1995. 『북한의 민족 · 민족주의 선전자료집』. 서울: 국가안전기획부.

김기연. 2023. 『북한 사회 변화의 동력, 장마당 세대』. 남양주: 패러다임북.

김범수 외. 2024. 『2024 통일의식조사』. 시흥: 서울대학교 통일평화연구원.

김보민. 2021. 「북한 민족제일주의 담론의 변화」. 『현대북한연구』 24(1): 139-177.

김상준. 2019. 『코리아 양국체제』. 파주: 아카넷.

김여정. 2022. 「허황된 꿈을 꾸지 말라」. 『로동신문』 2022/8/19.

______. 2024. 「조선로동당 중앙위원회 부부장 담화: 대한민국 대통령에게 보내는 신년 메쎄지」. 『로동신문』 2024/1/3.

김연철. 2012. 「7.4 남북공동성명의 재해석: 데탕트와 유신체제의 관계」. 『역사비평』 (99): 220-260.

______. 2016. 『협상의 전략: 세계를 바꾼 협상의 힘』. 서울: 휴머니스트.

김은진. 2015. 『남북 연합연방제 통일론』. 서울: 리아트.

김일성. 1979a. 「반일민족해방투쟁의 강화발전을 위한 공산주의자들의 임무(1936.2.27.)」. 『김일성저작집 1』. 평양: 조선로동당출판사.

______. 1979b. 「조선의 혁명가들은 조선을 잘 알아야 한다(1943.9.15.)」. 『김일성저작집 1』. 평양: 조선로동당출판사.

______. 1980. 「모든 힘을 조국의 통일독립과 공화국 북반부에서의 사회주의 건설을 위하여: 우리 혁명의 성과과 과업에 관한 테제(1955.4)」. 『김일성저작집 9』. 평양: 조선로동당출판사.

______. 1996a. 「신년사(1991a)」. 『김일성저작집 43』. 평양: 조선로동당출판사.

______. 1996b. 「우리 민족의 대단결을 이룩하자(1991b.8.1.)」. 『김일성저작집 43』. 평양: 조선로동당출판사.

김정은. 2012. 「위대한 수령 김일성대원수님 탄생 100돐 경축 열병식에서 하신 우리 당과 인민의 령도자 김정은동지의 연설(2012년 4월 15일 연설)」. 『로동신문』 2012/4/16.

______. 2019. 「현 단계에서의 사회주의건설과 공화국정부의 대내외정책에 대하여(조선민주주의인민공화국 최고인민회의 제14기 제1차 회의에서 한 시정연설, 2019.4.12.)」. 『로동신문』 2019/4/13.

______. 2023. 「2023년도 당 및 국가정책집행정형총화에 대하여(조선로동당 중앙위원회 제8기 9차 전원회의 확대회의에 관한 보도)」. 『로동신문』 2023/12/31.

______. 2024a. 「공화국의 부흥발전과 인민들의 복리증진을 위한 당면과업에 대하여(최고인민회의 제14기 제10차회의 시정연설, 2024a.1.15)」. 『로동신문』 2024/1/16.

______. 2024b. 「경애하는 김정은동지께서 김정은국방종합대학을 축하방문하시여 하신 연설(2024b.10.7)」. 『로동신문』 2024/10/8.

김정일. 1999. 『민족문제에 대한 올바른 리해를 가질데 대하여(1960.10.4.)』. 평양: 조선로동당출판사.

______. 2011a. 「당과 혁명대오의 강화발전과 사회주의 경제건설의 새로운 앙양을 위하여(1986a.1.3.)」. 『김정일선집 11』. 평양: 조선로동당출판사.

______. 2011b. 「주체사상 교양에서 제기되는 몇 가지 문제에 대하여(1986b.7.15.)」. 『김정일선집 11』. 평양: 조선로동당출판사.

______. 2012a. 「위대한 수령님을 영원히 높이 모시고 수령님의 위업을 끝까지 완성하자(1994a.10.16.)」. 『김정일선집 18』. 평양: 조선로롱당출판사.

______. 2012b. 「사회주의는 과학이다(1994b.11.1.)」. 『김정일선집 18』. 평양: 조선로동당출판사.

김종진. 2021. 「1950년대 북한 민족담론 연구: 스탈린 민족론의 이탈과 '피줄'민족론의 전개」. 북한대학원대학교 석사학위논문.

김태우. 2002. 「북한의 스탈린 민족 이론 수용과 이탈 과정」. 『역사와 현실』 (44): 256-285.

박소혜. 2022. 「김정은 정권의 '우리식 사회주의', 의미 변화와 시사점」. 『국가안보와 전략』 22(3): 69-100.

스칼라피노 · 이정식. 한홍구 옮김. 2015. 『한국 공산주의운동사』. 파주: 돌베개.

스탈린. 1989.「마르크스주의와 민족문제」. 편집부 편역.『마르크스-레닌주의 민족이론』. 서울: 나라사랑.

아자 가트 · 알렉산더 야곱슨. 유나영 옮김. 2020.『민족』. 파주: 교유서가.

암스트롱, 찰스. 김연철 · 이정우 옮김. 2006.『북조선 탄생』. 파주: 서해문집.

앤더슨, 케빈. 정구현 · 정성진 옮김. 2020.『마르크스의 주변부 연구』. 파주: 한울아카데미.

이계환. 2010.「북한의 민족론과 민족주의」. 21세기민족주의포럼.『21세기 민족주의』. 서울: 통일뉴스.

이우영 · 최순미. 2019.「한국인의 북한이미지」.『현대북한연구』22(2): 87-121.

이지순. 2020.「김정은시대 국가주의와 문화적 퍼포먼스」.『동아시아문화연구』(81): 119-142.

전미영. 2018.「김정은시대 북한 민족주의: 담론 · 문화 · 정책」.『북한학보』43(1): 218-249.

전영선. 2021.「북한의 '우리 국가제일주의'와 국기(國旗) 콘텐츠를 활용한 문화예술」.『국가안보와 전략』21(2): 161-188.

정고은. 2016.「북한 애국주의의 기원과 변용」. 북한대학원대학교 석사학위논문.

정수일. 2020.『민족론과 통일담론』. 서울: 통일뉴스.

정영철. 2001.「북한 민족주의의 전개와 그 특징」.『현대북한연구』4(2): 225-266.

______. 2003.「북한의 민족 · 민족주의: 민족개념의 정립과 민족주의의 재평가」.『문학과 사회』16(4): 1668-1690.

______. 2010.「북한 민족주의의 이중구조 연구」.『통일문제연구』22(1): 1-39.

______. 2017a.「북한의 민족주의와 문화변용: 김정은 시대 북한 문화의 변화」.『문화정책논총』31(2): 289-305.

______. 2019.「분단과 탈분단, 그리고 통일의 상상력 넓히기」.『북한학연구』15(1): 37-64.

______. 2020.「북한의 '우리 국가제일주의': 국가의 재등장과 '체제 재건설'의 이데올로기」.『현대북한연구』23(1): 8-38.

______. 2021a.「북한의 통치사상, 권력구조」.『북한 제8차 당대회 평가 및 전망』. 경남대 극동문제연구소 제68차 통일전략포럼, 2021/1/14.

______ 편. 2021b.『세계정치 34: 김정은의 전략과 북한』. 서울: 서울대 국제문제연구소.

______. 2023.「남북 관계의 재개념화: 남북 특수관계론과 '통일역량' 강화의 요구」.『지속가능한 한반도 평화와 통일에 대한 새로운 상상력』. 9.19 평양공동선언

5주년 기념 토론회, 2023/9/18.
______. 2024.「북한 헌법 개정의 의미」. 통일뉴스 월례강좌, 2024/10/10.
______ 외. 2011.『북한 인구의 동태적 및 정태적 특징과 사회경제적 함의』. 서울: 한국보건사회연구원.
정영철 · 정창현. 2017b.『평화의 시선으로 분단을 보다』. 서울: 유니스토리.
정혜정. 2024.「김정은 "통일 개념 자체를 제거" 지시에…北 '조국통일 3대헌장 기념탑' 철거」.『중앙일보』 2024/1/24. (https://www.joongang.co.kr/article/25224103#home, 2024년 4월 1일 검색).
조성렬. 2024.「김정은 적대적 2국가관계론과 임종석 통일포기론」.『민들레』 2024/9/27. (https://www.mindlenews.com/news/articleView.html?idxno=9751, 2025년 1월 10일 검색).
조정훈. 2017.「북 통일정책의 집대성 '조국통일 3대헌장'」,『통일뉴스』 2017/8/4. (https://www.tongilnews.com/news/articleView.html?idxno=121651, 2025년 1월 9일 검색).
채경희. 2019.「북한 장마당 세대의 의식 특성 비교 연구」.『한국산학기술학회논문지』 20(1): 313-322.
콜라코프스키. 1986.「마르크스철학과 민족의 실체」. 임지현 옮김.『민족문제와 맑스주의자들』. 서울: 한겨레.
홉스봄. 강명세 옮김. 1994.『1780년 이후의 민족과 민족주의』. 서울: 창작과비평사.

Han, Hong-gu. 1999. "Wounded Nationaliam: The Minsaengdan Incident and Kim Il Sung in Eastern Manchuria." Ph D. Dissertation. University of Washington.
Frank, Ruediger. 2024. "North Korea's New Unification Policy: Implications and Pitfalls."https://www.38north.org/2024/01/north-koreas-new-unification-policy-implications-and-pitfalls (검색: 2024/4/1).

언론보도
『로동신문』. 2017/11/30.「조국청사에 길이 빛날 민족의 대경사, 위대한 조선인민의 승리」.
______. 2024/11/3.「우리 국가에 대한 중대주권침해행위는 최악의 통치위기에서 벗어나기 위한 윤석열패당의 발악적흉책의 산물이다」.
______. 2024/12/28.「조선로동당 중앙위원회 제8기 제11차 전원회의 확대회의에 관

한 보도」.
『조선중앙통신』. 2024/3/24.「조국통일민주주의전선 중앙위원회 정식 해체」.
______. 2024/1/1.「최선희 외무상 대적부문 일군들과 협의회 진행」.

기타자료

〈6.15 공동선언〉. 2000.
〈남북기본합의서〉. 1991.
〈한반도의 평화와 번영, 통일을 위한 판문점 선언〉. 2018.

4장

강민화. 2002.『민족문제에 관한 주체적연구』. 서울: 통일부 북한자료센터.
강진웅. 2010.「북한의 국가 권력에 대한 미시적 접근: 호전적 민족주의와 주민들의 삶」.『한국사회학』. 44(2): 155-194.
강혜석. 2017a.「정당성의 정치와 북한의 민족재건설: 주체, 우리 식, 우리민족제일주의」.『다문화사회연구』 10(1): 65-96.
______. 2017b.「북한 민족주의론의 원형과 정치적 동학(1945-1985): 사회주의의 역사적 경험과의 비교」.『북한연구학회보』 21(2): 119-154.
______. 2017c.「동원의 기획으로서의 북한 민족주의: 다부작예술영화 〈민족과 운명〉과 대집단체조와 예술 공연 〈아리랑〉」.『현대북한연구』 20(3): 138-179.
______. 2018.「적응적 국가민족주의와 사회주의국가의 회복탄력성: 소련, 중국 사례 비교연구」.『아세아연구』 61(4): 193-226.
______. 2019a.「북한의 민족건설과 두 개의 민족론: 통일론과의 긴장을 중심으로」.『한국정치학회보』 53(1): 127-155.
______. 2019b.「김정은시대 통치담론의 변화와 '국가'의 부상: 〈김정일애국주의〉와 〈우리 국가제일주의〉를 중심으로」.『국제정치논총』 59(3): 309-345.
______. 2020a.「김정일 시대 북한 민족주의의 진화: 〈주체성과 민족성〉과 〈민족주의에 대하여〉를 중심으로」.『국제정치연구』 23(1): 43-74.
______. 2020b.「북한 민족주의론의 분화와 진동(1980-1997): 이중통치의 부상과 정치적 계승」.『아태연구』 17(1): 51-83.
______. 2024b.「신냉전과 한반도 적대의 시대: '적대적 두 국가론' vs. '8.15 통일독트린'」.『한국과 국제정치』 40(4): 35-66.
국토통일원. 1988.『조선로동당대회 자료집』. 제4권. 국토통일원 조사연구실.

권헌익 · 정병호. 2013. 『극장국가 북한: 카리스마 권력은 어떻게 세습되는가?』. 파주: 창비.

김갑식. 2006. 「북한 민족주의의 전개와 발전: 민족공조론을 중심으로」. 『통일문제연구』 45(1): 149-177.

김범수 외. 2024. 『2024 통일의식조사』. 시흥: 서울대학교 통일평화연구원.

김성모 · 탁성일 · 김철만. 2002. 『조선의 집단체조』. 평양: 외국문출판사.

김수민. 2005. 「김정일의 민족공조론 함의와 평가」. 『통일전략』 5(2): 284-320.

김수민 · 윤황. 2005. 「김정일의 민족대단결론과 민족공조론에 대한 평가」. 『평화연구』 13(2): 87-124.

김양건. 2007. 「우리 민족끼리의 숭고한 리념에 따라 조국통일위업을 실현하자」. 『근로자』 제11호: 55-58.

김일성. 「국토의 안정과 조국의 통일을 위하여 궐기하자(1949/1/1)」. 『김일성저작집』.

______. 1980. 「정전협정체결에 즈음하여(1953/7/28)」. 『김일성저작집』 제7권. 평양: 조선로동당출판사.

______. 1984. 「조국통일의 3대원칙에 대하여(1972/5/3, 11/3)」. 『김일성저작집』 제27권. 평양: 조선로동당출판사.

______. 1987. 「조선로동당 제6차대회에서 한 중앙위원회사업총화보고(1980/10/10)」. 『김일성저작집』, 제35권. 평양: 조선로동당출판사.

______. 1994. 「우리 민족의 대단결을 이룩하자(1991/8/1, 조국평화통일위원회 책임일군들, 조국통일범민족련합 북측본부성원들과 한 담화)」. 『김일성저작집』 제10권. 평양: 조선로동당출판사.

______. 1996. 「조국통일을 위한 전민족대단결 10대강령(1993/4/6)」. 『김일성저작집』 44. 평양: 조선로동당출판사.

김정은. 2012. 「위대한 김일성동지는 우리 당과 인민의 영원한 수령이시다(2012/4/20)」. 『조선중앙통신』 2012/6/12.

______. 2013. 「신년사」. 『조선중앙통신』 2013/1/1.

______. 2017. 「신년사」. 『조선중앙통신』 2017/1/1.

______. 2018. 「신년사」. 『조선중앙통신』 2018/1/1.

______. 2019. 「신년사」. 『조선중앙통신』 2019/1/1.

______. 2022. 「재일본조선인총련합회 제25차 전체대회 참가자들에게 보낸 서한: 각계각층 동포군중의 무궁한 힘으로 총련부흥의 새시대를 열어나가자」. 『로동신문』 2022/5/28.

______. 2023. 「조선로동당 중앙위원회 제8기 제9차 확대회의에 관한 보도」. 『로동신문』 2023/12/31.

______. 2024. 「공화국의 부흥발전과 인민들의 복리증진을 위한 당면과업에 대하여」, 최고인민회의 제14기 제10차회의 시정연설. 『조선중앙통신』 2024/1/15.

김정일. 1997. 「조선민족제일주의 정신을 높이 발양시키자(1989/12/28)」. 『김정일선집』 제9권. 평양: 조선로동당출판사.

______. 1997. 「혁명과 건설에서 주체성과 민족성을 고수할데 대하여」. 『근로자』 제7호: 3-22.

______. 2011. 「주체사상에서 제기되는 몇가지 문제에 대하여(1986/7/15)」. 『김정일선집』 제11권. 평양: 조선로동당출판사.

______. 2011a. 「우리 민족의 우수성을 잘 알아야 한다(1986/4/27)」. 『김정일선집』 제11권. 평양: 조선로동당출판사.

______. 2011b. 「당과 혁명대오의 강화발전과 사회주의 경제건설의 새로운 앙양을 위하여 (1986년 1월 3일)」. 『김정일선집』 제11권. 평양: 조선로동당출판사.

______. 2011c. 「우리 식대로 살아나갈데 대한 당의 전략적방침을 철저히 관철하자(1979/ 12/19)」. 『김정일선집』 제9권. 평양: 조선로동당출판사.

______. 2011d. 「당의 전투력을 높여 사회주의건설에서 새로운 전환을 일으키자(1978/12/25)」. 『김정일선집』 제8권. 평양: 조선 로동당출판사.

______. 2012a. 「위대한 수령님을 영원히 높이 모시고 수령님의 위업을 끝까지 완성하자 (1994/10/16)」. 『김정일선집』, 제18권. 평양: 조선로동당출판사.

______. 2012b. 「위대한 수령 김일성동지를 우리 공화국의 영원한 주석으로 높이 모시자 (1994/7/11, 19)」. 『김정일선집』 제18권. 평양: 조선로동당출판사.

______. 2012c. 「예술영화《민족과 운명》은 우리 시대의 기념비적대걸작으로 되어야 한다 (1992/2/3)」. 『김정일선집』 제16권. 평양: 조선로동당출판사.

______. 2012c. 「당사업을 더욱 강화하며 사회주의건설을 힘있게 다그치자(1991/1/5)」. 『김정일선집』 제14권. 평양: 조선로동당출판사.

______. 2012d. 「주체사상의 기치높이 우리 식 사회주의를 고수하고 더욱 빛내여나가자 (1990/1/21)」. 『김정일선집』 제13권. 평양: 조선로동당출판사.

______. 2012e. 「당사업과 사회주의건설에서 전환을 일으켜 1990년대를 빛내이자(1990/1/1)」. 『김정일선집』 제13권. 평양: 조선로동당출판사.

______. 2013a. 「력사문화유적보존관리와 복구개건 사업을 잘할 데 대하여(2003/2/10)」. 『김정일선집』 제21권. 평양: 조선로동당출판사.

______. 2013b. 「대집단체조와 예술공연 〈아리랑〉은 새 세기를 대표하는 세계적인 대

걸작이다(2002/8/15)」. 『김정일선집』 제21권. 평양: 조선로동당출판사.
______. 2013c. 「조선로동당 중앙위원회 책임일군들과 한 담화: 민족주의에 대한 옳바른 리해를 가질데 대하여(2002/2/26, 28)」. 『김정일선집』 제21권. 평양: 조선로동당출판사.
______. 2013d. 「력사적인 남북조선 정당, 사회단체대표자련석회의 50돐기념 중앙연구토론회에 보낸 서한: 온 민족이 대단결하여 조국의 자주평화통일을 이룩하자(1998/4/18)」. 『김정일선집』 제19권. 평양:조선로동당출판사.
______. 2013e. 「위대한 수령 김일성동지의 조국통일유훈을 철저히 관철하자(1997/8/4)」. 『김정일선집』 제19권. 평양: 조선로동당출판사.
______. 2013f. 「혁명과 건설에서 주체성과 민족성을 고수할 데 대하여(1997/6/19)」. 『김정일선집』 제19권. 평양: 조선로동당출판사.
김중린. 1980. 「조선로동당 제6차대회 당중앙위원회사업총화에 대한 토론(1980/10/13)」. 『조선로동당대회 자료집』 제4집. 서울: 국토통일원.
동태관. 2004. 「기세차고 눈부신 새시대의 전진속도」. 『로동신문』 2004/5/4.
______. 2019. 「절세의 영웅 우리의 장군」. 『로동신문』 2019/10/18.
______. 2020. 「인민의 목소리-우리원수님!」. 『로동신문』 2020/11/18.
______. 2022. 「세상에 단 하나」. 『로동신문』 2022/9/3.
동태관 · 김철 · 리룡민. 2021. 「주체혁명위업은 영원히 승승장구할 것이다」. 『로동신문』 2021/12/22.
남근우. 2012. 「한민족의 준-종족화와 문화 분절화: 김일성민족, 중국조선족, 자이니치 사회의 비교연구」. 『국제정치연구』 15(1): 233-255.
박일범. 2010. 『위대한 주체사상총서』 2. 평양: 사회과학출판사.
배경호. 1996. 「수령의 위대성은 민족의 높은 존엄과 영예의 확고한 담보」. 『근로자』 1: 45-49.
서윤석. 1997. 「경애하는 김정일동지의 령도는 주체의 강성대국을 일떠세우기 위한 생명선」. 『근로자』 제11호: 41-46.
스미스, 앤서니 D. 강철구 역. 2012. 『민족주의란 무엇인가: 근대주의를 넘어선 새로운 모색』. 서울: 용의 숲.
오현철. 2007. 『선군과 민족의 운명』. 평양: 평양출판사.
안경모. 2013. 「북한의 선군노선과 권위구축동학: 정치적 계승의 위기를 중심으로」 서울대학교 정치학과 박사학위 논문.
______. 2023. 「'새로운 전략적 노선' 이후 북한의 국가전략: 균형전략으로의 재전환과 그 함의」. 『한국정치연구』 32(1): 165-195.

이종석. 2000.『새로 쓴 현대북한의 이해』. 고양: 역사비평사.
이희옥. 2009.「중국민족주의 발전의 이데올로기적 함의: 1990년대 이후를 중심으로」.『중국학연구』(47): 153-186.
임지현. 1999.『민족주의는 반역이다: 신화와 허무의 민족주의 담론을 넘어서』. 서울: 소나무.
장우진. 2002.『조선민족의 력사적 뿌리』. 평양: 사회과학출판사.
전문섭. 1995.「조국해방은 위대한 수령 김일성동지께서 민족재생과 나라의 번영을 위하여 이룩하신 불멸의 업적」.『근로자』 제8호: 14-18.
정영철. 2001.「북한 민족주의의 전개와 그 특징: 1980년대와 1990년대를 중심으로」.『현대북한연구』 4(2): 225-265.
______. 2020.「북한의 우리 국가제일주의: 국가의 재등장과 '체제 재건설'의 이데올로기」.『현대북한연구』 23(1): 8-38.
정일영. 2013.「북한에서 민족주의 담론의 형성과 전개: '민족공조'와 '김일성민족'을 중심으로」.『민족연구』(56): 122-142.
조선중앙통신 편. 1970.『조선중앙년감』. 평양: 조선중앙통신사.
조영남. 2002.「개혁기 중국 민족주의와 대외 관계: 기존 논의에 대한 비판적 검토」.『한국사회과학』 24(1): 171-194.
주진구. 2003.「우리 민족끼리 굳게 뭉쳐 자주통일을 앞당기자」.『근로자』 제3호.
최기환. 2004.『6.15시대와 민족공조』. 평양: 평양출판사.
편집국. 1995.「경애하는 수령 김일성동지는 우리 민족의 위대한 상징이시다」.『근로자』 제3호: 3-9.
______. 2002.「민족자주정신은 조국통일의 기초」.『근로자』 제12호.
히라이, 히사시. 2023.『김정은 정권의 지도이념 변천』. 파주: 한울.

『로동신문』.
『조선중앙통신』.

Anderson, Benedict. 2006. *Imagined Communities: Reflections on the Origin and Spread of Nationalism*. London · New York: Verso.
Breuilly, John. 1994. *Nationalism and the State.* Chicago: The University of Chicago Press.
Brown, David. 1994. *The State and Ethnic Politics in Southeast Asia*. London · New York: Routledge.

Chatterjee, Partha. 1993. The *Nation and Its Fragments: Colonial and Postcolonial Histories.* Princeton, New Jersey: Princeton University Press.

Deutsch, Karl W. and William J. Foltz. (eds.) 2010. *Nation Building in Comparative Contexts.* New Jersey: Transaction Publishers.

Dobbins, James, Seth G. Jones, Keith Crane, and Keith Crane. 2007. *The Beginner's Guide to Nation-Building*. California: RAND.

Gellner, Ernest. 1983. *Nations and Nationalism.* Ithaca: Cornell University Press.

Linz, Juan J. 1993. "State Building and Nation Building". *European Review* 1(4): 355-369. Cambridge University Press.

Marx, Karl and Friedrich Engels. 1872. "공산당 선언," 1991. 김재기 편역. 『마르크스·엥겔스 저작선』. 서울: 거름.

Tajfel, Henri and John C. Turner. 1986. "The Social Identity Theory of Intergroup Behavior." in Stephen Worchel and William G. Austin. (eds.) *Psychology of Intergroup Relations.* Chicago: Nelson-Hall Publishers.

Tilly, Charles. (ed.) 1975. *The Formation of National States in Western Europe.* Princeton: Princeton University Press.

Zhao, Suisheng. 1997. "Chinese Intellectuals' Quest for National Greatness and Nationalistic Writing in the 1990s." *The China Quarterly* 152: 725-745.

______. 2000. "Chinese Nationalism and Its International Orientations." *Political Science Quarterly* 115(1): 1-33.

Zheng, Yongnian. 1999. *Discovering Chinese Nationalism in China.* Cambridge: Cambridge University.

언론보도

『연합뉴스』. 1999/4/10. 「북한의 '민족대단결 5대방침이란'」. http://news.naver.com/main/read.nhn?mode=LSD&mid=sec&sid1=100&oid=001&aid=0004566501 (검색일: 2018/10/3).

______. 2023/08/17. 「김정은 '수령' 호칭 사용 및 공개활동 현황」. https://www.yna.co.kr/view/GYH20230817001000044 (검색일: 2025/4/25).

『자유아시아방송』. 2024/05/17. 「북, 김일성·김정일 영생 구호 삭제」, https://www.rfa.org/korean/in_focus/nk_nuclear_talks/idolization-05172024084647.html (검색일: 2025/4/20).

5장

국회도서관. 1968.『헌법제정회의록-제헌국회』.

김기승.「일제 강점기 조선독립=아시아평화론」.『독립정신』(국가보훈처, 2005).

김성호·최명호. 2008.「1948년 건국헌법 전문(前文)에 나타난 "우리들 大韓國民"의 정체성과 정당성」.『한국정치학회보』42(4): 87-112.

김수용. 2007.「해방 후 헌법 논의와 1948년 헌법제정에 관한 연구」. 서울대학교 대학원 법학과 박사학위논문.

김준엽·김창순·이일선 공편. 1983.『북한연구자료집』제Ⅷ집 서울: 고려대학교 출판부.

김철수. 2004.『독일통일의 정치와 헌법』. 서울: 박영사

남광규. 2007.「미소공위와 미소의 조선임시정부 수립대책」.『국제정치논총』47(3): 119-142.

미국 의회조사국. 1997.「북한의 국제적 승인에 관련된 법적 분석」(1996년 12월 6일),『전략연구』제Ⅳ권 2호(1997년 6월).

박명림. 2003.「한국의 초기 헌정체제와 민주주의: 혼합정부와 사회적 시장경제를 중심으로」.『한국정치학회보』37(1): 113-134.

______.「헌법, 국가의제, 그리고 대통령 리더십: '건국 헌법'과 '전후 헌법'의 경제조항 비교를 중심으로」.『국제정치논총』48(1): 429-454.

서희경. 2007a.「시민사회의 헌법 구상과 건국헌법에의 영향(1946-1947): 해방후 시민사 회헌법안, 미소공위답신안 제정을 중심으로」.『동양정치사상사』6(2): 27-54.

______. 2007b.「남한과 북한 헌법 제정의 비교 연구(1947-1948): 한국 근대국가와 입헌주의의 탄생, '진정한 민주주의'를 향한 두 가지의 길」.『한국정치학회보』41(2): 47-75.

신용옥. 2007.「대한민국 헌법상 경제질서의 기원과 전개(1945~54년): 헌법 제·개정 과정과 국가자본 운영을 중심으로」. 고려대 대학원 사학과 박사학위 논문.

신우철. 2008.『비교헌법사: 대한민국 입헌주의의 연원』. 파주: 법문사.

신채호. 최광식 역. 2004.『단재 신채호의 천고』. 서울: 고려대학교 아연출판부.

유진오. 1949.『헌법해의』. 명세당.

______. 1953.『신고 헌법해의』. 서울: 일조각.

윤경섭. 1995.「1948년 북한헌법의 제정배경과 그 성립」. 성균관대학교 대학원 사학과 석사학위 논문.

이승현 · 김명섭. 2007.「헌법개정논의의 정치적 원리-역사성, 민주성, 국제성」.『한국의 헌법질서와 민주주의: 과제와 전망』. 서울: 연세대학교 국가관리연구원.

장명봉. 2001.『분단국가의 통일과 헌법』. 서울: 국민대학교 출판부.

정경모 · 최달곤 편. 1990.『북한법령집 제1권』. 서울: 대륙연구소.

정종섭 편. 2002.『韓國憲法史文類』. 서울: 박영사.

조선중앙통신사. 1949.『조선중앙년감 1949』.

Bendix, Reinhard. 1977. *Nation-building and Citizenship: Studies of Our Changing Social Order.* Berkeley · Los Angeles: University of California Press.

Chyung, Y. H. (ed.) 1961. *The United Nations and the Korean Question.* Seoul: The U.N. Assocation of Korea.

Gellner, Ernest. 1983. *Nations and Nationalism.* Ithaca: Cornell University Press.

Habermas, Jurgen. 1992. "Citizenship and National Identity: Some Reflections on the future of Europe." *Praxis International* 12 in Bryan Turner and peter Hamilton. (eds.) 1994. *Citizenship: Critical Concepts* Vol. Ⅱ. London · New York: Routledge.

Hobsbawm, Eric. 1990. *Nations and Nationalism since 1780.* Cambridge: Cambridge University Press.

Katzenstein, Peter J. 1987. *Policy and Politics in West Germany: The Growth of a Semi-sovereign State.* Philadelphia: Temple University press.

Krasner, Stephan D. 1997. "Pervasive Not Perverse: Semi-sovereigns as the Global Norm," *Cornell International Law Journal* 30(3): 651-680.

Talmon, J. L. 1985. *The Origins of Totalitarian Democracy.* Boulder: Westview Press.

Nettl, J. P. "The State as a Conceptual Variable" in John Hall. (ed.) 1994. *The State: Critical Concepts* Vol. Ⅰ. London · New York: Routledge.

Tilly, Charles. "Reflections on the History of European State-Making." in Charles Tilly. (ed.) 1975. *The Formation of National States in Western Europe.* New Jersey: Princeton University Press.

Wheaton, Henry. 1855. *Elements of International Law* 6th ed. Boston: Little, Brown and Company.

Wolin, Sheldon. 1994. "Norm and Form: The Constitutionalizing of Democracy" in J Peter Euben, John Wallach, and Josiah Ober. (eds.) *Athenian Political Thought and the Reconstruction of American Democracy.* Ithaca: Cornell University Press.

미출간 자료

NA, RG 242, 2005 2/114. 『내각공보』(1949).

NA, RG 242, 2005 2/41, 김일성. "朝鮮臨時政府 樹立 앞두고 二十個 政綱 發表", 『김일성 장군 중요논문집-민주조선 자주독립의 길』(북조선로동당 중앙본부 선전선동부, 1947).

NA, RG 242, 2005 2/66-1, 김일성. 『民主主義 臨時政府 樹立에 關하여 각 政黨들과 社會團體들은 무엇을 要求할 것인가』(북조선인민위원회 선전부, 1947).

NA, RG 242, 2006 15/29, 므, 쁘, 까레바. 『쏘련헌법해설』(평양; 민주조선사, 1949).

NA, RG 242, 2006 15/39. 김두봉. "朝鮮臨時憲法準備에 關한 報告 - 第三次 北朝鮮人民會議 席上에서", 김두봉. 『朝鮮臨時憲法準備에 關한 報告』(평양특별시 인민위원회 선전부, 1947).

NA, RG 242, 2006 15/55. 『신민주주의 국가들의 헌법; 유고슬라비아 · 알바니야 · 蒙古人民共和國』(북조선로동당 중앙본부 선전선동부, 1948년 2월).

NA, RG 242, 2006 16/80. 『불가리야 인민공화국 헌법』 미간행 手稿.

NA, RG 242, 2006 16/85. 『유로슬라비아 인민공화국 연방헌법』 미간행 手稿.

NA, RG 242, 2006 16/86. 『루마니야 인민공화국 헌법』 미간행 手稿.

NA, RG 242, 2006 16/88. 『체코슬로바키아 공화국 헌법』 미간행 手稿.

NA, RG 242, 2006 16/90. 『알바니야 인민공화국 헌법』 미간행 手稿.

NA, RG 242, 2006 16/91. 『越南民主主義 人民共和國 憲法』 미간행 手稿.

NA, RG 242, 2008 10/40-3, 김일성. 『북조선 인민회의 특별회의에서 찬동한 조선민주주의 인민공화국 헌법 실시에 관하여』(1948년 7월).

NA, RG 242, 2008 10/71-2. 『쏘베트 사회주의 공화국 련맹 헌법』(모스크바; 외국문서 적 출판부, 1947).

NA, RG 242, 2008 40/53, 북조선 로동당 중앙본부 선전선동부. 『인민민주주의 및 인민 민주주의 국가의 성격』(1949).

NA, RG 242, 2008 8/68, 김덕영. 『조선민주주의 인민공화국 헌법의 근본원칙』(평양; 민주조선사, 1948).

NA, RG 242, 2009 1/104. 『쏘련은 가장 偉大한 國家이다』(평양; 북조선로동당 출판사, 1948).

NA, RG 242, 2009 1/107, 국제문제연구회. 『중화인민공화국 수립에 관한 문헌집』(1950).

NA, RG 242, 2009 1/120, 김택영. 『조선민주주의 인민공화국 최고 주권기관과 국가 중앙 집행기관』(평양; 민주조선사, 1949).

NA, RG 242, 2009 1/129. 『조선민주주의 인민공화국 헌법 초안』(북조선인민회의 상임 위원회, 1948/5/10).

NA, RG 242, 2009 1/156. 『조선민주주의 인민공화국 임시헌법 초안에 관하여』(북조선 민주주의민족통일전선중앙위원회, 1948).

NA, RG 242, 2009 2/54-1, 브 까르뻰스끼. 『쏘련의 사회구조와 국가구조』(모스크바; 외국문서적 출판부, 1949).

NA, RG 242, 2009 3/168, 조국전선 서기국. 『인민민주주의 국가들의 민주건설의 경험』(1949).

NA, RG 242, 2009 7/31-1. 〈쏘聯邦憲法〉, 조공(朝鮮共産黨) 진남포시당부 선전부 (날짜 미상).

NA, RG 242, 2009 7/31-2. 『쏘베트 사회주의 공화국 동맹 헌법초안』.

NA, RG 242, 2009 8/193-1, 조선 최고 인민회의 상임위원회. 『조선민주주의 인민공화국 헌법』(평양; 조선최고 인민회의 상임위원회 출판과, 1948년 11월 10일).

NA, RG 242, 2009 8/32. 「김일성 장군 략사」, 「조선민주주의 인민공화국 헌법채택과 그 내용」.

NA, RG 242, 2010 5/131. 『쏘베트 사회주의 공화국 동맹 헌법』(평양; 개진사, 1946/8/25).

「국회 헌법기초위원회 초안」 고려대학교 박물관 소장.

그 프 알렉산드로프 외. 『스탈린 약전』(모스크바 외국문 서적 출판부, 1948).

「대한민국 임시헌법」(원문그대로) 고려대학교 박물관 소장.

『레베데프 비망록』.

스탈린. 『십월혁명과 로시아 공산주의자들의 전술』(모스크바; 외국문 서적 출판부, 1949).

______. 『쏘련의 위대한 조국전쟁에 대하여』(모스크바; 외국문 서적 출판부, 1947).

______. 『쏘베트 사회주의 공화국 연맹 헌법초안에 대하여』(모스크바; 외국문서적 출판부, 1949).

「헌법초안」(원문그대로) 고려대학교 박물관 소장.

「헌법초안 법전 편찬위원회 헌법기초분과위원회 안」(원문그대로) 고려대학교 박물관 소장.

National Archives. RG 59, Entry No. Lot 58D245, "General Records of the Department of State, Records of the Division of Research for Far East, Information Notes, 1946-1952", Box. 6, "Constitution of the Democratic People's Republic of Korea".

National Archives(Maryland), RG 469, RECORDS OF THE U.S. FOREIGN ASSISTANCE AGENCIES, 1948-61, Office of Far Eastern Operations, Korea Subject Files. 1953-59, Entry 422, Box. 20. "Report on Economic Provisions of the Constitution of the Republic of Korea"(March 24, 1954).

United Nations Temporary Commission on Korea, [Draft Provisional Constitution of the Democratic People's Republic of Korea - Decision of the Fourth Plenary Session of the North Korea People's Council](원문그대로). 고려대학교 박물관 소장.

6장

강응천. 2019.『국호로 보는 분단의 역사』. 서울: 동녘.

강원택. 2011.「한국인의 국가정체성과 민족정체성」. 강원택 · 이내영 편.『한국인, 우리는 누구인가? 여론조사를 통해 본 한국인의 정체성』. 서울: 동아시아연구원.

김명섭. 2016.「조선과 한국: 두 지정학적 관념의 연속과 분화」.『한국정치연구』 25(1): 111-136.

김병로. 2024.『한국과 조선: 남북한 정통성 경쟁』. 서울: 서울대학교출판문화원.

김일성. 1980.「조국통일민주주의전선 결성에 대하여」.『김일성저작집 5』. 평양: 조선로동당출판사.

______. 1982.「현정세와 우리 당의 과업」.『김일성 저작집 20』. 평양: 조선로동당출판사.

______. 1983.「조선민주주의인민공화국은 우리 인민의 자유와 독립의 기치이며 사회주의, 공산주의 건설의 강력한 무기이다」.『김일성 저작집 22』. 평양: 조선로동당출판사.

______. 1984a.「조국통일의 3대원칙에 대하여」.『김일성저작집 27』. 평양: 조선로동당출판사.

______. 1984b.「민족의 분렬을 방지하고 조국을 통일하자」.『김일성저작집 28』. 평양: 조선로동당출판사.

______. 1984c.「조국통일 5대방침에 대하여」.『김일성저작집 28』. 평양: 조선로동당출판사.

______. 1984d. 「일본《이와나미》 서점 상무취체역 총편집장과 한 담화」. 『김일성저작집 28』. 평양: 조선로동당출판사.

______. 1987. 「조선로동당 제6차대회에서 한 중앙위원회 사업총화보고」. 『김일성저작집 35』. 평양: 조선로동당출판사.

______. 1996. 「구월산을 피서지로 꾸리며 고려태조왕릉을 개건할데 대하여」. 『김일성저작집 44』. 평양: 조선로동당출판사.

김정일. 1997. 「당사상교양사업에서 나서는 몇가지 과업에 대하여」. 『김정일선집 10』. 평양: 조선로동당출판사.

______. 1998a. 「일심단결을 더욱 강화하며 조선민족 제일주의정신을 높이 발양시키자」. 『김정일선집 13』. 평양: 조선로동당출판사.

______. 1998b. 「민족음악을 현대적 미감에 맞게 발전시킬데 대하여」. 『김정일선집 13』. 평양: 조선로동당출판사.

김학재 · 강채연 · 김범수 외. 2020. 『2019 통일의식조사』. 시흥: 서울대학교 통일평화연구원.

김한길. 1983. 『현대조선력사』. 평양: 사회과학출판사.

박광용. 1993. 「우리나라 이름에 담긴 역사계승의식: 한 · 조선 · 고려관」. 『역사비평』 (23): 16-34.

박명규. 2009. 『국민 · 인민 · 시민: 개념사로 본 한국의 정치 주체』. 서울: 소화.

사회과학출판사. 1971. 『력사사전 I』. 평양: 사회과학출판사.

손영종 · 박영해 · 김용간. 1991. 『조선통사(상)』. 평양: 사회과학출판사.

양영식. 1997. 『통일정책론: 이승만 정부로부터 김영삼 정부까지』. 서울: 박영사.

윤병석. 2011. 『대한과 조선의 위상: 격동과 시련의 조선말, 대한제국, 대한민국시대』. 서울: 선인.

이선민. 2013. 『'대한민국' 국호의 탄생』. 파주: 나남.

이완범. 2008. 「국호 '대한민국'의 명명」. 『황해문화』 60: 48-75.

정동준 · 천경효 · 문인철 외. 2019. 『북한주민 통일의식 2018』. 시흥: 서울대학교 통일평화연구원.

조선로동당 중앙위원회 당력사연구소. 1979. 『조선로동당략사』. 평양: 조선로동당출판사.

최선영. 2003. 「북, 국호 영문표기 시정 남북공조 주장」. 『연합뉴스』. 2003/1/20.

통일노력60년발간위원회 편. 2005. 『통일노력 60년』. 서울: 통일부.

황태연. 2016. 『대한민국 국호의 역사적 유래와 민국의 의미』. 서울: 청계.

언론보도

『연합뉴스』. 2003/1/20.

『朝鮮日報』. 1947/7/6.

기타자료

한국민족문화대백과사전. 2019. http://100.daum.net/encyclopedia/view/14XXE0051925 (검색일: 2019/3/21).

7장

기광서. 2021. 「한국전쟁 및 그 이후 시기 북한의 '신해방지구' 정책: 동화와 억압」. 『통일과 평화』 13(2): 115-154.

김귀옥. 1999. 『월남민의 생활 경험과 정체성』. 서울: 서울대학교출판부.

김동춘. 2000. 「20세기 한국의 '국민'」. 『근대의 그늘』. 서울: 당대.

김득중. 2009. 『빨갱이의 탄생: 여순사건과 반공 국가의 형성』. 서울: 선인.

김성보. 2000. 『남북한 경제구조의 기원과 전개』. 고양: 역사비평사.

______. 2009. 「남북국가 수립기 인민과 국민 개념의 분화」. 『한국사연구』 144: 69-95.

______. 2010. 「남북분단의 현대사와 開城: 교류와 갈등의 이중 공간」. 『學林』 31: 59-92.

김성칠. 정병준 해제. 2009. 『역사 앞에서: 한 사학자의 6.25 일기』. 파주: 창비.

김종군. 2011. 「구술을 통해 본 분단 트라우마의 실체」. 『통일인문학』 51: 37-65.

노관범. 2014. 「김택영과 개성 문인」. 『민족문화』 43: 371-415.

______. 2014. 「조선후기 개성의 유학 전통」. 『한국문화』 66: 307-359.

박명규. 2009. 『국민 · 인민 · 시민』. 서울: 소화.

박소영. 2012. 『개성 각쟁이의 사회주의 적응사』. 서울: 선인.

서동만. 2005. 『북조선사회주의 체제성립사 1945~1961』. 서울: 선인.

손전후. 1983. 『우리나라 토지개혁사』. 과학백과사전출판사.

송경록. 2000. 『북한 향토사학자가 쓴 개성 이야기』. 서울: 푸른숲.

와다, 하루키. 서동만 옮김. 1999. 『한국전쟁』. 파주: 창작과비평사.

이준희. 2015. 「한국전쟁 前後 '신해방지구' 개성의 농촌사회 변화」. 연세대학교 사학과 석사학위논문.

______. 2017. 「1950년대 '신해방지구' 개성의 농업협동화: 10월농업협동조합을 중심으로」. 『역사문제연구』 37: 481-517.

정근식 · 김윤애. 2015.「공단 밖의 변화: 개성주민과 북한사회」.『개성공단』. 서울: 진인진.
정창현. 2007.『김정일』. 서울: 중앙북스.
한모니까. 2010.「'수복지구' 주민의 정체성 형성과정: '인민'에서 '주민'으로 '주민'에서 '국민'으로」.『역사비평』(91): 128-150.
______. 2010.「한국전쟁기 미국의 북한 점령정책과 통치권 문제」.『역사와 현실』(78): 161-193.
______. 2015.「남 · 북한의 '수복지구'와 '신해방지구' 편입 비교: 영토 점령과 제도 이식을 중심으로」.『동방학지』170: 233-264.
______. 2016.「북한의 '신해방지구' 주민 편입 정책과 그 특징」.『역사문제연구』36: 385-428.
______. 2017.『한국전쟁과 수복지구』. 서울: 푸른역사.
______. 2018.「북한의 인민 만들기와 감정 정치: '신해방지구'『개성신문』분석을 중심으로」.『한국문화연구』35: 261-298.
허영철. 2006.『역사는 한 번도 나를 비껴가지 않았다』. 보리.

Hahn, Monica. 2020. "Reclaimed areas and newly liberated areas: Understanding the borderlands of division as the testing grounds for reunification." *Asian Journal of Peacebuilding* 8(2): 265-290.

기타자료
국무총리비서실. 1953.『각 부처』.
국사편찬위원회.『북한관계사료집』. 제7권, 제29권.
『개성신문』,『조선일보』,『동아일보』,『한국일보』.
북한연구소. 1990.『북한민주통일운동사: 함경북도 · 경기도미수복지구 · 강원도미수복지구 편』.
『수복지구 지방행정』(1955. 1. 2).
『위북수복지구 지방행정일주년감』.
『조선중앙년감 1951~1952년』.
철원군지 증보편찬위원회. 1992.『철원군지』.
강원대 사회과학연구원. 2009.『한국전쟁 전후 민간인 집단희생 관련 최종결과보고서: 강원도 인제군』. 서울: 진실 · 화해를위한과거사정리위원회.
경기도 건설국 지역계획과. 1954.『사무인계: 행정권이양인계서』. 국가기록원

BA0173414.
김일성. 1980. 『김일성 저작집』 7. 평양: 조선로동당출판사.
리운룡. 1954. 『수복연감』, 강원문화연구사.
리택정. 1954. 「신해방지구에 대한 정부의 시책을 철저히 리행할데 대하여」. 『인민』, 1954년 1호.
리현우. 1958. 「신해방지구 농민들의 앞장에 서서: 개성시 10월 농업 협동 조합」. 『농업 협동화 운동의 승리』 1.
북조선인민위원회기획국편찬. 1947. 「1946년도 북조선인민경제통계집」. 『북한경제통계자료집(1946 · 1947 · 1948년도)』.
김정호(가명) 구술. 2011. 11. 16. 인제군바르게살기운동협의회.
신영호(가명) 구술. 2006. 8. 4. 인제군 서화면 자택.
양재경(가명) 구술. 2007. 7. 7. 고성군문화원.
최용수(가명) 구술. 2009. 3. 11. 인제군 인제읍 상동리 자택.
유재인. 1974. 『강원도비사』. 춘천: 강원일보사.
윤희덕. 1968. 「주민구성과 심리동향」. 『접적 및 수복지구 실태조사보고서』. 강원도.
조선총독부 편. 1944. 『1944년 5월 인구조사결과보고』. 서울대학교 · 아시아태평양교육발전연구단 자료총서 4. 서울: 선인.
허학송. 1958. 「농업 협동 조합들에 대한 집중 지도 사업에서 얻은 몇 가지 경험」. 『농업 협동화 운동의 승리』 6.

8장

김성경. 2012. 「경험되는 북 · 중 경계지역과 이동경로: 북한이탈주민의 경계 넘기와 초국적 민족 공간의 경계 확장」. 『공간과 사회』 22(2): 114-158.
______. 2013. 「북한이탈주민의 월경과 북 · 중 경계지역: '감각'되는 '장소'와 북한이탈여성의 '장소감각'」. 『한국사회학』 47(1): 221-253.
김원섭. 2021. 『북한이탈주민 지원사업의 평가와 개선방향』. 서울: 통일부.
김은준. 2016. 「감각적 사유와 이질적 주체 구성: 송편의 탈북여성 재현의 정치」. 『한국콘텐츠학회 논문지』 16(12): 772-780.
김은하. 2016. 「탈북여성과 공감/혐오의 문화정치학」. 『여성문학연구』 38: 291-314.
김현경. 2015. 『사람, 장소, 환대』. 서울: 문학과지성사.
김화순. 2019. 『분단 체제의 노동: 북한출신주민이 경험한 남북한의 직업세계』. 서울: 선인.

남지해. 2003. Testimony of Mrs. Hae-Nam Ji, https://www.foreign.senate.gov/imo/media/doc/NamJiTestimony030605.pdf.

박영자. 2007.「경제난 이후 북한 체제와 젠더의 구조 및 변화」.『통일논총』25: 33-67.

박현선. 2005.「북한 경제개혁 이후 가족과 여성생활의 변화」.『여성학논집』22(1): 79-114.

박현옥. 김태균 역. 2023.『자본의 무의식: 자본주의의 꿈과 한민족 공동체를 향한 욕망』. 서울: 천년의 상상.

스피박, 가야트리 차크라보르티 외. 로절린드 C. 모리스 엮음. 태혜숙 역. 2013.『서발턴은 말할 수 있는가?: 서발턴 개념의 역사에 관한 성찰들』. 서울: 그린비.

이선민. 2014.「탈북 여성은 어떻게 말할 수 있는가?: 텔레비전 토크쇼 〈이제 만나러 갑니다〉(채널 A)에 대한 비판적 분석을 중심으로」.『미디어, 젠더&문화』29(2): 75-115.

이준희. 2024.「1945~1961 북한의 인구변동과 여성정책의 보수화」.『한국사학회』(205): 77-111.

이학준. 2020.「〈굿 비즈니스, A Good Business〉: 탈북 다큐멘터리에서 여성 캐릭터 역할 변화에 관한 연구」. 동국대학교 박사학위논문.

이혜경 · 정기선 · 유명기 · 김민정. 2006.「이주의 여성화와 초국적 가족」.『한국사회학』40(5): 258-298.

임정빈. 2012.「북한이탈주민 정착을 위한 지역사회 지원체계 및 이해관계자 분석」.『한국정책연구』12(2): 249-272.

좋은벗들. 1999a.『두만강을 건너온 사람들』. 서울: 정토출판.

______. 1999b.『사람답게 살고 싶소』. 서울: 정토출판.

______. 2004.『북한식량난과 북한인권』. 서울: 정토출판.

최종환. 2021.「'탈북민 유튜버'가 재현하는 정체성의 사회학: 〈놀새나라 TV〉에 대한 담론 분석을 중심으로」.『한국소통학보』20(4): 433-478.

통일부. 2025.『2025 북한이탈주민 정착지원 편람』. 서울: 통일부.

Ogawa, Haruhisa and Benjamin H. Yoon. 1998. *North Korean Refugees/Defectors*. Seoul: Life and Human Rights Press.

Choi, Eunyoung. 2014. "North Korean Women's Narratives of Migration: Challenging Hegemonic Discourses of Trafficking and Geopolitics." *Annals of the Association of American Geographers* 104(2): 271-279.

Christie, Nils. 1986. "The Ideal Victim." in E. A. Fattah. (ed.) *From Crime Policy to Victim Policy*. London: Macmillan.

Kim, Sung Kyung. 2014. "'I am well-cooked food': Survival Strategies of North Korean border-crossers and possibilities of empowerment." *Inter-Asia Cultural Studies* 15(4): 553-571.

______. 2016. "Mobile North Korean Women and Their Places in the Sino-North Korea Borderland." *Asian Anthropology* 15(2): 116-131.

Spivak, Gayatri Chakravorty. 1988. "Can the Subaltern Speak?", in C. Nelson and L. Grossberg. (eds.) *Marxism and the Interpretation of Culture*. Basingstoke: Macmillan Education.

언론보도

『뉴데일리』. 2019/8/23.「국민인데 … 아사 탈북민 모자, 무연고자 처리하자는 文정부」.

______. 2019/9/4.「'문재인 정부의 탈북민 외면정책 때문이다' '탈북 모자 아사 사건은 文정권 차원의 살인'」.

『조선일보』. 2019/3/11.「지원 끊긴 탈북단체… 대표는 사무실 월세 내려 대리운전」.

______. 2019/11/28.「[르포] '아사 탈북 모자' 넉달 만에 무연고 장례… 탈북민 '날치기 장례 인정 못해'」.

『연합뉴스』. 2019/11/15.「탈북민 지원 하나재단 이사장 퇴임 … '탈북모자 장례지연 유감'」.

______. 2025/3/5.「탈북민 전문직 양성과정으로 의사·법무사 등 10명 국시 합격」.

『KBS 뉴스』. 2011/7/8.「제2하나원 착공… '절반이 가족 도움받아 탈북'」.

______. 2024/1/24.「지난해 탈북민 196명 입국 … '엘리트 계층' 탈북민, 2017년 이후 가장 많아」.

기타자료

법제처. 2009.「북한이탈주민의 보호 및 정착지원에 관한 법령」. https://www.moleg.go.kr/mpbleg/mpblegInfo.mo?mid=a10402020000&mpb_leg_pst_seq=130728&utm_source=chatgpt.com

9장

강재언 · 김동훈. 2000. 『재일 한국 조선인-역사와 전망』. 서울: 소화.

고화정. 2007. 「이질적 타자, 재일조선인의 초상」. 『황해문화』 57: 103-116.

권준희. 2002. 「재일조선인 3세의 '민족' 정체성에 관한 연구」. 연세대학교 사회학과 석사학위논문.

권혁태. 2007. 「'재일조선인'과 한국사회-한국사회는 재일조선인을 어떻게 '표상'해 왔는가」. 『역사비평』 (78): 234-267.

김경득. 2003. 「〈재외동포법과 재일조선인의 법적 지위〉 재일조선인이 본 '재외동포법'과 향후의 과제」. 『한일민족문제연구』 5: 131-162.

김광열. 2004. 「전후 일본의 재일조선인 법적 지위에 대한 정책-1991년 특별영주(特別永住)제도를 중심으로」. 『한일민족문제연구』 6: 37-91.

김부자. 2007. 「'HARUKO': 재일여성 · 디아스포라 · 젠더」. 『황해문화』 57: 117-147.

김영순. 2000. 「「귀국협정」에 따른 재일조선인의 북한으로의 귀국」. 『일본문화학보』 9: 405-422.

김종곤. 2014. 「'재일' & '조선인'으로서의 정체성과 가치지향성: 재일조선인 3세를 중심으로」. 『통일인문학』 (59): 31-57.

김태기 외. 2007. 『일본의 한민족청소년 현황 및 생활실태 연구』. 서울: 한국청소년정책연구원.

다카하라, 모토아키. 정호석 옮김. 2007. 『한중일 인터넷 세대가 서로 미워하는 진짜 이유』. 서울: 삼인.

랏자라또, 마우리찌오. 2005. 「비물질노동」. 질 들뢰즈 외. 서창현 외 옮김. 『비물질노동과 다중』. 서울: 갈무리.

박경식. 박경옥 옮김. 2008. 『조선인 강제연행의 기록』. 서울: 고즈윈.

백형엽. 2004. 『일본 속에서의 재일한인의 경제환경』. 광주: 전남대학교출판부.

설동훈. 2002. 「국내 재중동포 노동자-재외동포인가, 외국인인가?」. 『동향과 전망』 (52): 200-223.

______. 2007. 「국제노동력 이동과 외국인 노동자의 시민권에 대한 연구」. 『민주주의와 인권』 7(2): 369-419.

손창섭. 2005. 『유맹』. 서울: 실천문학사.

송연옥. 2007. 「식민지주의에 대한 저항」. 『황해문화』 57: 148-178.

신명직. 2007. 『재일코리안 3색의 경계를 넘어』. 서울: 고즈윈.

신재민. 2023. 「1980년대 재일조선인 사회의 민족교육과 변화: 『삼천리(三千里)』,

『민도(民涛)』의 논의를 중심으로」. 『한림일본학』 (43): 91-123.
아즈마, 히로키. 이은미 옮김. 2007. 『동물화하는 포스트모던』. 파주: 문학동네.
양석일 외. 이한창 옮김. 1996. 『재일동포작가 단편선』. 서울: 소화.
유진아. 2021. 「한국이주 재일조선인 3세의 생애사 연구」. 『질적탐구』 7(2): 385-409.
이성. 2007. 「재일조선인과 참정권」. 『황해문화』 57: 76-102.
이경재. 2024. 「양영희의 『도쿄 조선대학교 이야기』에 나타난 재일조선인의 삶과 새로운 정체성」. 『한국현대문학연구』 (73): 407-445.
이종훈. 2003. 「〈재외동포법과 재일조선인의 법적 지위〉 재외동포법의 개정 문제」, 『한일민족문제연구』 5: 109-129.
이춘길. 1998. 『재일동포의 문화생활 실태 및 지원방안 연구』. 서울: 한국문화정책개발원.
이태규. 2022. 「분단 체제 하 재일조선인의 디아스포라적 정체성: 재일조선인 영화감독 양영희의 작품을 통해서 나타난 경계인적 이미지」. 『공존의 인간학』 (7): 287-325.
임영언. 2023. 「재일동포 차세대 정체성의 변용과 함양에 관한 고찰」. 『외교』 (147): 72-89.
정영환. 2007. 「'반동'의 시대」. 『황해문화』 57: 179-196.
조경희. 2007. 「한국사회의 '재일조선인' 인식」. 『황해문화』 57: 46-75.
______. 2024. 「재일조선인 여성의 교차성과 반혐오의 정동」. 『한일민족문제연구』 46: 167-197.
지은숙. 2011. 「디아스포라 관점에서 본 재일조선인 여성의 결혼문제: 30대 여성들의 결혼활동을 중심으로」. 『재외한인연구』 25: 41-78.
하트, 마이클. 2005. 「정동 노동」. 질 들뢰즈 외. 서창현 외 옮김. 『비물질노동과 다중』. 서울: 갈무리.
테사, 모리스 스즈키. 한철호 옮김. 2008. 『북한행 엑서더스』. 서울: 책과함께.
한국문화정책개발원. 1997. 『재일동포의 문화생활 실태 및 지원방안 연구』.
한일민족문제학회 편. 2003. 『재일조선인 그들은 누구인가』. 서울: 삼인.
홍인숙. 2001. 「제2차 세계대전 직후, GHQ의 재일조선인정책」. 『한일민족문제연구』 1: 139-184.

福岡安則. 金明秀. 『在日韓國人青年の生活と意識』, 東京大學出版會, 1998.
姜徹在日朝鮮韓國人史總合年表』. 雄山閣. 2002.
淺野豊美監修・解說. 明田川融譯. 『故郷へ帝國の解体・米軍が見た日本人と朝鮮人の

引揚げ』. 現代史料出版. 2005.
Blanc, Cristina Szanton, Linda Basch, and Nina Glick Schiller. 1995. "Transnationalism, Nation-States and Culture," *Current Anthropology* 36(4): 683-686.
Delgado-Moreire, Juan M. 1997. "Cultural Citizenship and the Creation of European Identity." *Electronic Journal of Sociology* 2(3): 1-24.
Guarnizo, Luis Eduardo and Michael Peter Smith. 1998. "The Location of Transnationalism." in Michael Peter Smith and Luis Eduardo Guarnizo. (eds.) *Transnationalism from Below*. New Brunswick: Transaction Publishers.
Mahler, Sarah J. 1998. "Theoretical and Empirical Contributions Toward a Research Agenda for Transnationalism." in Michael Peter Smith and Luis Eduardo Guarnizo. (eds.) *Tansnationalism from Below*. New Brunswick: Transaction Publishers.
Ong, Aihwa. 1999. *Flexible citizenship: The Cultural Logics of Transnationality*. Durham · London: Duke University Press.
Waldinger, Roger and David Fitzgerald. 2004. "Transnationalism in Question." *American Journal of Sociology* 109(5): 1177-1195.
Yúdice, George. 2003. *The Expediency of Culture*. Durham · London: Duke University Press.

10장

강성철. 2023.「재외동포법 제정 24년 … "비자 제한 여전한 고려인 포용해야"」.『연합뉴스』. 2023/9/4.
고용노동부. 2022.「보도자료: 방문취업 동포(H-2) 허용 업종 최소 규제 방식으로 전환」. https://www.moel.go.kr(검색일: 2025/3/2).
국가법령정보센터. 2025a.「재외동포의 출입국과 법적지위에 관한 법률」. http://www.law.go.kr(검색일: 2025/3/2).
______. 2025b.「재외동포의 출입국과 법적지위에 관한 법률 시행령」. https://www.law.go.kr(검색일: 2025/3/2).
국립국어원. 2025.「고려인」.『표준국어대사전』. http://stdweb2.korean.go.kr(검색일: 2025/3/2).
권숙인. 2008.「디아스포라 재일한인의 '귀환': 한국 사회에서의 경험과 정체성」.『국제지역연구』 17(4): 33-60.

명드미뜨리. 2007. 「카자흐스탄 고려인정주 70주년에 즈음하여 중앙아시아의 한인사회」. 『민족연구』(29): 198-207.

법무부 출입국관리국. 2007. 『방문취업제 어떤 제도인가요』. 서울: 법무부.

법무부 출입국 · 외국인정책본부. 2024. 『알기쉬운 외국국적동포 업무 매뉴얼』. 서울: 법무부.

______. 2025a. 「통계월보 2014년 12월호~2024년 12월호」. 서울: 법무부.

______. 2025b. 「외국인 체류관리」. https://www.immigration.go.kr(검색일: 2025/3/2).

법제처. 2019. 「찾기 쉬운 생활법령 정보: 외국국적동포의 국내취업」. http://easylaw.go.kr(검색일: 2019/3/4).

신명직. 2014. 「다(多)공화국 인민에서 '다(多)국가 시민'으로: 소비에트 공화국 연방의 해체와 고려인」. 『석당논총』(59): 65-109.

오정은 · 김경미 · 송석원. 2015. 『국내거주 러시아 · CIS(고려인) 현황 조사 II』. 서울: 재외동포재단.

이광규. 1998. 『러시아 연해주의 한인사회』. 서울: 집문당.

이원봉. 2001. 「중앙아시아 고려인 강제이주에 관한 연구」. 『아태연구』 8(1): 75-104.

이원용. 2011. 「1937년 고려인 강제이주의 원인 및 과정」. 『유럽사회문화』 7: 149-199.

이채문 · 박규택. 2003. 「중앙아시아 고려인의 러시아 극동 지역 귀환 이주」. 『한국지역지리학회지』 9(4): 559-575.

임채완 외. 2014. 『국내거주 고려인동포 실태조사』. 서울: 재외동포재단.

전신욱. 2007. 「중앙아시아 고려인의 재이주 요인과 정착현황: 연해주 지역을 중심으로」. 『한국정책과학학회보』 11(3): 77-107.

전용일 · 고선윤 · 이민영 · 손동희. 2017. 『재외동포의 장기적 활용 및 통합제고 방안 연구』. 법무부 출입국 · 외국인정책본부 2017년도 연구보고서. 서울: 법무부.

최한우. 2000. 「중앙아시아 민족주의 운동과 고려인 집단 정체성 문제」. 『아시아태평양지역연구』 3(1): 182-220.

황영삼. 2016. 「구소련 지역 고려인 사회에 대한 재인식과 구조적 특징」. 『민족연구』(68): 162-197.

Brubaker, Rogers. 2005. "The 'Diaspora' Diaspora." *Ethnic and Racial Studies* 28(1): 1-19.

Cohen, Robin. 2008. *Global Diasporas: An Introduction*, 2nd ed. London: Routledge.

Fehler, Benedicte Ohrt. 2011. "(Re)constructing Roots: Genetics and the 'Return' of African Americans to Ghana." *Mobilities* 6(4): 585-600.

Fox, Jon. 2009. "From National Inclusion to Economic Exclusion: Transylvanian Hungarian Ethnic Return Migration to Hungary." in Takeyuki Tsuda. (ed.) *Diasporic Homecomings: Ethnic Return Migration in Comparative Perspective* (pp. 186-207). Stanford: Stanford University Press.

Hedberg, Charlotta. 2009. "Ethnic 'Return' Migration to Sweden: The Dividing Line of Language." in Takeyuki Tsuda. (ed.) *Diasporic Homecomings: Ethnic Return Migration in Comparative Perspective* (pp. 159-185). Stanford: Stanford University Press.

Hess, Christin. 2008. "What Are 'Reverse Diasporas' and How Are We to Understand Them?" *Diaspora: A Journal of Transnational Studies* 17(3): 288-315.

King, Russell. 1979. "Return Migration: a Review of Some Case Studies from Southern Europe." *Mediterranean Studies* 1(2): 3-30.

King, Russell and Anastasia Christou. 2011. "Of Counter-Diaspora and Reverse Transnationalism: Return Mobilities to and from the Ancestral Homeland." *Mobilities* 6(4): 451-466.

Laitin, David D. 1998. *Identity in Formation: The Russian-Speaking Populations in the Near Abroad*, Ithaca: Cornell University Press.

Safran, William. 1991. "Diasporas in Modern Societies: Myths of Homeland and Return," *Diaspora* 1(1): 83-99.

______. 2005. "The Jewish Diaspora in a Comparative and Theoretical Perspective." *Israel Studies* 10(1): 36-60.

Tsuda, Takeyuki. 2003. *Strangers in the Ethnic Homeland: Japanese Brazilian Return Migration in Transnational Perspective*. New York: Columbia University Press.

Voutira, Eftihia A. 2006. "Post-Soviet Diaspora Politics: The Case of the Soviet Greeks." *Journal of Modern Greek Studies* 24(2): 379-414.

Yoon, In-Jin. 2012. "Migration and the Korean Diaspora: A Comparative Description of Five Cases." *Journal of Ethnic and Migration Studies* 38(3): 413-435.

찾아보기

ㄱ

가부장제 14
갈등성 199
강령 230
강제이주 15
개방성 194
개성 230
개입주의 125
개입주의적 근대론 125
개조파 205
개풍 230
건국 헌법 187, 188, 193, 194
건국정신 191
겔너(Ernest Gellner) 126
경계(boundaries) 1
경계선 229
경제적 약자 279
계급노선 123, 124
계급보다 민족 134
고구려 202, 212, 213
고구려연구재단 63, 74, 75
고려 202
고려공산당 205
고려공화국 207, 208
고려련방공화국 222
고려민주련방공화국창립방안 136
고려민주연방공화국창립방안 134
고려성균관 214
고려인 15, 329
고성 230
고조선 213
고종 203, 211
고향 15, 16, 331
과도성 182, 198
과도입법의원 167, 187
관계성 10
국가 정체성 10, 161-164, 182
국가건설 125
국가보안법 208, 219
국가성 4, 11, 16, 175, 181, 198
국가제일주의 9, 201, 218
국가형성 191
국민 1, 229, 230
국민국가 170, 175, 196
국민대표대회 205, 206
국민대표회의 223
국민민주주의 195, 199
국적 297, 298, 311, 313
국제성 11
국제적 합법성 188
국토완정 133
국회 헌법기초위원회 171
군사분계선 13
군사분계선(휴전선) 229
권승렬 172
귀환 331

근대국가 175, 195-197
근대국민국가 195, 197
근대론 125
근대성 178
글로벌 냉전 체제 184
글로벌 자본주의 14, 268
기본합의서 89, 98
기호
김규식 207
김두봉 166, 167, 170, 181
김욱 51, 52, 70, 72, 74, 76-78, 80
김원봉 206
김일성 165, 170, 174, 186, 190, 199
김일성민족 5, 100-102, 122, 141, 150, 153-155, 223
김일성민족론 122, 123, 130, 131
김정은조선론 10
김정일 애국주의 103
김정일조선 155
김택영 184, 185

ㄴ

남방계 79
남북관계발전법 208
남북교류협력법 208
남북기본합의서 216
남북분단 17
남북정상회담 224
남북통일 213
낮은 단계의 연방제 99, 113
느슨한 연방제 134

ㄷ

다문화 사회 64, 78
다문화 정책 61
다시 되돌아가야 할 고향 357
단군 213, 214
단군릉 213
단군의 자손 2
단순노무 15, 352
단일 국가 196
단일 국가성 196
단일 국민 196
단일 종족성 196
단일기원민족 85
단일민족 2, 21-23, 26-28, 30, 31, 33, 34, 39, 40, 42, 122, 140
단일민족 신화 52, 78, 86, 87
단일민족" 신화 61
단일민족주의 198
대면성 197
대쌍성 164, 197
대쌍성(對雙性) 164
대의민주주의 195
대중 민족주의(popular nationalism) 57, 59, 86
대한민국 161, 170-172, 197, 207, 208, 211, 221, 229, 230
대한민국 민족주의 4
대한민국 임시정부 168, 170, 172, 188, 190, 196, 197, 199, 223
대한민국 임시헌법 171
대한민국민족주의 215
대한민국임시정부 206
대한제국 203, 205, 207

대한조선 12, 225, 226
독점성 171, 176, 180, 183, 197
동맹성 198
동북공정 62, 85
동일 민족성 196
동족부정론 121
동질성 163
동포 331
동화 13
두 가지 '민족론' 123
두 개 조선 134
두 국가 91, 106, 111
두 국가론 115
디미트로프(Georgi Dimitrov) 186
디아스포라 정치(diaspora politics) 15, 330

ㄹ

러시아어 사용 주민(Russian-speaking populations) 346

ㅁ

마르크스 128
마르크스-레닌주의 130
만주 항일전쟁 190
망국성 181
먼저 온 통일 279
모스크바 3상회 164
모스크바 3상회의 166, 179
모스크바 협정 165
문화자본 297, 313, 314, 316, 321
미국 218, 229
미소공동위원회(미소공위) 164
미소공위 164-166, 179
미소분할점령 179
미소합의 165
민족 24, 28, 37, 42, 331, 346
민족 vs. 계급 128
민족 분절화 122
민족 분화 122
민족건설 121-127, 131, 147
민족공조론 135, 139, 140
민족과 운명 153
민족국가 201, 218
민족대단결 133, 138, 139
민족대단결 5대 방침 137
민족성 128, 178
민족주의 22, 26, 33, 178, 179, 196
민족주의를 올바르게 리해할 데 대하여 152
민족주의에 대한 올바른 이해를 가질 데 대하여 128
민족통일 132, 213
민족혁명당 206
민주성 194, 195, 199
민주주의민족전전(민전) 165, 207
민중성 199

ㅂ

바이마르 헌법 190
반(反)민족성 198
반(半)주권성 180, 198
반공주의 220
반동 128
반동파 167
반민족성 181

반민주성 167, 181
반인민성 167, 174, 181
반제국주의 220
반주권국가 180
발견 125
발명 125
발해 212, 213
방문취업 15
방문취업(H-2) 비자 336, 337
방문취업제 330, 336
배제(exclusion) 1, 15
배타성 171, 175, 176, 180
번호
법률적 관할권 198
보편주의 198
복지체계 14
부르주아 민족주의 8, 97, 129
부여 213
북방계 79
북조선인민회 166
북한 186
북한 민족주의 124
북한 식량난 270
북한 출신 주민 12
북한이탈주민 261
분단 2
분단 고착화 17
분단 체제 14
분단국가 162, 166
분단국가성 183
분단성 11, 178, 181, 182
브루일리(John Breuilly) 126
비교성 11
비대칭적 진화 161
비무장지대 13, 229

ㅅ

사회적 편견 353
사회주의 8, 210, 212, 213, 215
사회주의 전면발전론 10
사회주의(소비에트) 민족론 129
사회주의적 애국주의 130
사회주의적 애국주의론 129
3대 원칙 136
3대 조국통일헌장 139
38선 229
삼한 203, 212, 213
삼한정통론 212
상상된 공동체(imagined community) 92
상호 경화(crystallization) 166
상호성 197
서발턴(subaltern) 13, 262
서울올림픽 215, 343
선적 297
설의식 207
성애화된 피해자 270
소련 229
소련군정 184
소비에트화(sovietization) 342
손진태 207
수복지구 12, 229, 230
수복지구·신해방지구 주민 12
순혈주의 7, 23, 35-37, 40, 42
스탈린 92, 95, 97, 129
시장경제조항 188
식민성 181

신라 202, 212
신자유주의 14
신채호 179
신탁통치 7
신해방지구 12, 229, 230
심순택 204
심의성 194

ㅇ

아리랑 152, 153
안중근 179
애국주의 8, 95, 118
앤더슨 126
양구 230
양양(속초) 230
억압 13
언어 장벽 15, 353
여운형 179, 207
역디아스포라 330
역사성 11
역사적 국가 178
연방제 210, 221
연백 230
연천 230
영속론 125
영토성 183
영도고형 189
옹진 230
외국국적동포 335
우리 식 143-146
우리국가 제일주의 103, 104
우리민족 제일주의 100, 102, 104, 123, 141, 142, 144, 147, 148
우리민족끼리 101, 102, 139
우리민족의 대단결을 이룩하자 131
우즈베키스탄 330
원세훈 207
원수화 181
원초론 125
유사성 199
유엔 166, 198
유엔 결정 179, 188
유엔 북한인권조사위원회(COI) 271
유엔 승인 189
유엔 임시 한국위원단 169, 189
유엔군 230
유엔군정 230
유엔총회 166
유엔헌장 189
유일성 171, 180, 197
유일체제 191
유전적 동질성 76, 77, 81, 84
유전적 역사(genetic history) 52-54, 65, 70, 71, 73, 76, 78, 79, 84, 86
유전적 역사(genetic history) 52
유전적 동질성 84
유진오 171-173, 178, 184, 185
윤기섭 207
의회민주주의 194
이방인 1, 351
이승만 179, 188, 208
이주 331
이주의 여성화 269
이중 기원설 52, 78, 79, 82, 84, 85
이형 동질 197
인권 270

인권 보고서 272
인민 229, 230
인민경제계획 193
인민민주주의 210, 212
인민성 199
인민정권 177
인식론적 폭력 263
인제 230
일제강점기 172, 188, 195
임시성 175, 181-183
임시정부 190, 204
입헌국가 197

ㅈ

(자유)민주주의 210, 212
자발주의 125
자본주의 210, 212
자주성 184
잔혹 행위 230
잠정성 175, 182, 183, 198
장단 230
재외국민 335
재외동포(F-4) 비자 337
재외동포(F-4) 체류자격 335
재외동포의 출입국과 법적 지위에 관한 법률(재외동포법) 335
재이주 331
재일조선인 12
재일조선인 3세 297
재일조선인 3세대 302, 308
적대적 두 국가 222
적대적 두 국가 관계 5, 156
전 민족대단결 10대 강령 134, 136
전국성 176
전로공산당 205
전체성 180
절충주의 124
점령통치 230
접경지역 268
정당성 123
정착지원 280
정체성 229, 331
정치공동체 1
정통성 11, 16, 176
제국주의 179
제도적 장벽 15, 353
제헌의회 168
조국 15, 331
조국광복회 190, 191
조국통일 210
조국통일 3대 원칙 134
조국통일 3대 헌장 134, 136
조국통일 3대헌장기념탑 157
조국통일3대헌장탑 105, 106
조선 161-163, 177, 181, 183-185, 189, 191, 192, 197-199
조선공화국 205, 206, 208, 223
조선민족 12, 122, 123, 126, 132, 133, 136, 141
조선민족 제일주의 100, 223
조선민족론 9, 122, 130, 157
조선민족혁명당 206
조선민주주의인민공화국 161, 168-170, 174, 175, 177, 182, 183, 185, 191, 192, 195, 197, 229
조선인민공화국 207

조선인민민주주의공화국 230
조선임시약헌 167
조선임시헌법 166, 167, 173
조선적 297, 298, 305, 306, 313
조소앙 179
종속성 184
종족 346
종족 민족주의 55, 80, 178, 198
종족-상징주의 125
주권국가 180
주권성 175, 189, 198
주변인 12
주체사상 191, 214, 215, 217
중국 218
중앙성 171, 172, 175, 176, 180, 182, 183, 197, 198
중앙아시아 330
직접성 199
진영성 198
진정한 민족주의 97, 128

ㅊ

차별 15, 330, 331
차별성 163
참다운 민족주의 8
창조파 205, 223
칠원(김회) 230
청단 230
최고인민회의 174, 176, 183

ㅋ

카자흐스탄 330
코리안 드림 352, 357

ㅌ

타향(host society) 360
타협성 194
탈국경적 이동 297, 313, 324, 325
탈냉전 268
탈북민 267
토지개혁 176, 177, 191
통일 220
통일국가 202, 212, 214, 223, 226
통일근본주의 198
통일론 124, 131, 132, 137
통일방안 221
통일성 181, 183
통일유보론 115
통일전선 138
통일정부 173, 183, 198
통일정책 220
통일지향성 178, 181, 182, 198
통일포기론 115, 121
통치권 189
통치성 189, 198
통합의 논리 132
틸리(Charles Tilly) 126

ㅍ

판문 230
8.4노작 135, 137
페레스트로이카 342
포섭(inclusion) 1
포스트냉전 296, 313, 325
프롤레타리아 국제주의 129, 130
(피)점령 230

ㅎ

한국 161-163, 170, 171, 177, 181, 184, 189, 190, 192, 197-199, 208
한국민족혁명당 206
한국전쟁 17, 176, 189, 217, 229
한국화 184
한류 215
한반도 161, 167, 171-173, 175-177, 180, 183, 198, 229
한반도 유일 합법정부론 2
한반도 중앙성 173
한성옥 286
한성옥 씨 모자 사망 사건 286
한소국교정상화 343
한시성 183
한일월드컵축구대회 215
항일무장투쟁 191
해방 229
해방전쟁 176
헌법 161-164, 170, 183, 184
헌법개정 188
헌법국가주의 178, 198
헌법제정 161-164, 166, 168-170, 187, 190, 191, 194, 195, 197, 198
혁명과 건설에서 주체성과 민족성을 고수할 데 대하여 136, 150
혈통중심적 사고 23, 47
화천 230
흡수통일 220

❚ Abstract ❚

Eighty Years after Liberation: The Formation and Transformation of State and National Identities in Korea

Kim Bumsoo, Jeon Jae Ho,
Hyun Jaehwan, Chung Youngchul,
Kang Hyesuk, Park Myung Lim,
Kim Philo, Hahn Monica,
Kim Sung Kyung, Kim Yae Rim

This book, planned to commemorate the 80th anniversary of Korea's liberation in 1945, examines the formation and transformation of state and national identities in South and North Korea from liberation to the present, as well as the changing identities of Korean descendants who have settled outside the Korean Peninsula. Since the liberation, the Korean peninsula has undergone a series of historical events, including the division of Korea and the Korean War, Cold War rivalry, the simultaneous admission of both Koreas to the United Nations, and so on. Drawing on literature, North Korean studies, sociology, history, genetics, and political science, this book explores how state and national identities in South and North Korea have been formed and transformed over the past eight decades. It also pays particular attention to changes in the identities of the Korean diaspora abroad. Specifically, Part I, "The Concept of Nation and Nationalism in South and North Korea," investigates the changes in the concept of nation and nationalism in South and North Korea. Part II, "The Formation and Transformation of State Identity in South and North Korea," examines the processes through which state identities have been constructed, and considers the state identity problem that needs to be addressed in the event of Korean unification. Finally, Part III, "The Identities of Peripheral Groups Who Cross Borders," explores the identity issues faced by those who migrate across the boundaries of South and North Korea or between their homelands and host societies, including "residents of recovered territories," "migrants from North Korea," "*Zainichi* Koreans" living in South Korea, and Central Asian "*Koryŏin*" living in South Korea. By examining these themes, this book not only enhances our understanding of South and North Korean societies over the past eight decades, but also offers new perspectives on inter-Korean relations. At the same time, it contributes to ongoing discussions on social integration in South Korea, which has rapidly evolving into a multicultural society.

저자소개

대표 저자 김범수

서울대학교 외교학과 학사 · 석사

미국 시카고대학교 정치학 석사 · 박사

서울대학교 자유전공학부 학부장 · 부학부장, 서울대학교 평의원회 의원, 서울대학교 중장기발전계획위원회 위원 역임

한국정치학회 부회장 · 총무이사, 한국국제정치학회 연구이사, 한국정치사상학회 총무이사, 거버넌스 연구회 회장 역임

(현) 서울대학교 자유전공학부 교수

(현) 서울대학교 통일평화연구원 원장

(현) 한국정치학회 회장

전재호

서강대학교 철학과 학사

서강대학교 정치외교학과 석사 · 박사

하버드-옌칭(Harvard-Yenching) 연구소 초빙연구원

민주화운동관련자명예회복및보상심의위원회 전문위원

서강대학교 사회과학연구소와 성균관대학교 동아시아학술원 연구교수

서강대학교 트랜스내셔널 인문학연구소 교수

(현) 서강대 정치외교학과 부교수

현재환

한양대학교 사학과 · 철학과 · 과학기술학 전공 학사

서울대학교 과학사 및 과학철학 협동과정(현 과학학과) 과학기술학 석사 · 박사

UCLA 유전과사회 연구소 방문연구생

도쿄이과대학 일한문화교류기금 박사후연구원

독일 막스플랑크과학사연구소 박사후연구원

2023년 국제동아시아과학사회의(ISHEASTM) 주커전상 수상

(현) 부산대학교 교양교육원 부교수

정영철

서울대학교 사회학과 석사 · 박사

(현) 서강대학교 공공정책대학원 교수

(현) 어린이어깨동무 평화교육센터 소장

강혜석

서울대학교 정치학과 박사

통일부 정책자문위원

(현) 서울대학교 한국정치연구소 학술연구교수

(현) 민주평화통일자문회의 상임위원

박명림

고려대학교 아세아문제연구소 연구교수

하버드대학교 하버드-옌칭연구소 협동연구학자

프랑스 고등사회과학원과 베를린 자유대학교 초빙교수

지린대학교 해외석좌교수

(현) 연세대학교 지역학협동과정 교수

(현) 연세대학교 김대중도서관장 및 인간평화와 치유연구센터 소장

김병로

성균관대학교 사회학과 학사

인디애나주립대학교 사회학 석사

럿거스-뉴저지주립대학교 사회학 박사

(현) 서울대학교 통일평화연구원 HK부교수

(현) 김대중학술원 연구위원, 한반도평화연구원 연구위원

(현) 평화나눔재단 고문, 기독교통일포럼 상임대표

한모니까

가톨릭대학교 국사학과 박사

연세대학교 국학연구원 박사후국내연수(Postdoc.)

통일부 정책자문위원

(현) 서울대학교 통일평화연구원 HK교수

(현) 김대중학술원 연구위원

(현) 한반도평화포럼 연구이사

김성경

에식스대학교 사회학 박사

(전) 북한대학원대학교 조교수, 부교수

(전) 북한대학원대학교 심연북한연구소 소장

(현) 서강대학교 사회학과 부교수

(현) 우리민족서로돕기운동 평화나눔센터장

김예림

연세대학교 국어국문학과 박사학위

국제한국문학문화학회 회장, 상허학회 대표이사 역임

(현) 연세대학교 학부대학 교수

(현) 연세대학교 국학연구원 상임연구원

(현) 비교사회문화연구소 소장

서울대학교통일학연구총서

- 북한체제의 형성과 한반도 국제정치 | 김세균 외 7인
- 북한 산업개발 및 남북협력방안 - 지리적 접근 | 박삼옥 · 허우긍 · 박기호 · 박수진
- 탈북 가족의 적응과 심리적 통합 | 이순형 · 조수철 · 김창대 · 진미정
- 남북한 환경정책 비교연구1 - 자연환경, 자원 및 에너지 | 윤여창 외 6인
- 남북한 환경정책 비교연구2 - 물환경, 대기, 폐기물, 도시계획 | 김정욱 외 4인
- 남북통합지수, 1989 - 2007 | 김병연 · 박명규 · 김병로 · 정은미
- 통일한국의 어린이 영양 | 이연숙 · 윤지현 · 심재은 · 장수정
- 북미 대립 - 탈냉전 속의 냉전 대립 | 장달중 · 이정철 · 임수호
- 네트워크 세계정치 - 은유에서 분석으로 | 하영선 · 김상배 엮음
- 김일성사회주의청년동맹과 조선민주녀성동맹 - 사회변동과 체제유지의 기제
  이온죽 · 이인정
- 다플랫폼 다채널 시대의 통일방송 | 윤석민 · 배진아 · 곽정래 · 이현우 · 채정화
- 기초자료로 본 독일 통일 20년 | 임홍배 · 송태수 · 정병기
- 탈북인의 공 · 사적 관계와 의사소통 | 이순형 · 김창대 · 진미정
- 북한의 『조선어학전서』 연구 | 권재일
- 판례로 보는 남북한관계 | 이효원
- 북한 경제에서의 시장과 정부 | 김병연 · 양문수
- 통일농업 성장보고서(1991 - 2009) - 남북농업 교류협력 평가와 발전방향
  최정남 · 김완배 · 리금 · 최장호
- 남북한 교류협력 거버넌스의 구조와 동학 | 정근식 · 정은미 · 강동완
- 독일 통일과 여성 - 젠더 관점에서 조망한 독일의 분단과 재통일 | 한정숙 · 홍찬숙 · 이재원
- 북한사회와 굴절된 근대 - 인구, 국가, 주민의 삶 | 박경숙
- 북한이탈청소년과 남한청소년의 도덕성, 법의식과 권위 인식 | 이순형 · 김창대 · 진미정
- 남북 언어의 어휘 단일화 | 권재일
- 남북한 젊은 세대의 통일관 | 강원택 · 이재철 · 조진만 · 한정택 · 김새미

- 북한이탈주민의 종교경험 | 이순형 · 최연실 · 진미정
- 여성 북한이탈주민의 경제적 적응-취업, 소득, 소비 | 정진화 · 손상희
- 북한의 체육과 여가 | 나영일 · 현주 · 안진호 · 신영진 · 진현주 · 성제훈
- 중국의 대북 무역과 투자-단둥시 현지 기업 조사 | 김병연 · 정승호
- 북한주택의 질병관과 질병행태 | 김석주 · 이왕재 · 박상민 · 이혜원 · 최희란
- 북한의 수학 연구 현황 분석 | 김도환 · 신정선
- 한국전쟁 사진의 역사사회학-미군 사진부대의 활동을 중심으로 | 정근식 · 강성현
- 통일 의료-남북한 보건의료 협력과 통합 | 신희영 외 6인